Carsten Michael | Norbert Abraham

BERUFS- UND KARRIEREPLANER BANKEN 2009

Carsten Michael | Norbert Abraham

BERUFS- UND KARRIEREPLANER BANKEN 2009

GABLER

Bibliografische Information der Deutschen Nationalbibliothek
Die Deutsche Nationalbibliothek verzeichnet diese Publikation in der Deutschen Nationalbibliografie; detaillierte bibliografische Daten sind im Internet über <http://dnb.d-nb.de> abrufbar.

1. Auflage 2009

Lektorat: Guido Notthoff

Gabler ist Teil der Fachverlagsgruppe Springer Science+Business Media.
www.gabler.de

Umschlaggestaltung: KünkelLopka GmbH, Heidelberg
Bildnachweis: PhotoDisc
Satz: FROMM MediaDesign, Selters/Ts.

Gedruckt auf säurefreiem und chlorfrei gebleichtem Papier

ISBN 978-3-8349-1198-8

Vorwort

Veränderung, Innovationsdynamik, Komplexität und Vielfalt sind die Treiber moderner und zukunftsweisender Karrieren. Banken bieten diese Karrieren, doch sie haben ein Imageproblem: „Kreditkrise“ oder „Fusionsdruck“ - das klingt weder modern noch nach Zukunft. Die Karriere in einer Industrie planen, die derzeit ganz offensichtlich Probleme und vermutlich weniger Job-Chancen anzubieten hat? Nein Danke ...

Andererseits: Der Bedarf an „intelligenten“ Dienstleistungen, die ausschließlich von Professionals mit einer hohen persönlichen Banking-Kompetenz erbracht werden können, steigt ständig; die Banken stehen in einigen Bereichen unter hohem Einstellungsdruck, da sie sich in den vergangenen Jahren mit der Rekrutierung neuer Mitarbeiter zurückgehalten haben. Hinzu kommt eine attraktive monetäre Anreizstruktur, denn noch immer ist die Vergütungsdynamik in den Banken äußerst attraktiv - auch und gerade im Vergleich zu anderen Industrien.

Zudem beschleunigt sich die Innovationsdynamik. Ob kostenloses Girokonto im Retail Banking (inklusive Kreditkarte mit Guthabenzinsen und Versicherungsschutz), die Markteinführung des Debt-Equity-Swap in der Unternehmensfinanzierung oder der Differenzkontrakte (CFDs) im Kapitalmarkt für Derivate: Die Bandbreite und Komplexität der Produkte und Dienstleistungen in den unterschiedlichen Segmenten der Bankenwelt nimmt ständig zu.

Damit einher gehen ständig steigende Anforderungen an Wissen und Können der Banker. Die Grenzen zwischen den Firmenkunden-Bankern und den Investment-Bankern beginnen zu verschwimmen. Das Angebot an Fremdkapital und an Quasi-Eigenkapital wird vielschichtiger und kundenindividueller. Die Absicherung von Unternehmensrisiken mit Kapitalmarktprodukten wird mittlerweile schon für den unteren Mittelstand angeboten.

Nicht zuletzt werden die Marktteilnehmer immer internationaler. Ein Anbieter aus Indien avanciert zum Preisbrecher bei Tagesgeldeinlagen, eine französische Bank obsiegt im Bieterkampf für die Citibank Privatkunden AG, und die deutschen Großbanken suchen Anschluss an die internationalen Champions. Weitere Häuser stehen zum Verkauf, die Entstehung neuer Top-Institute zeichnet sich am Horizont ab, und manche Krise wirkt als Katalysator für längst überfällige Schritte hin zu neuer Stärke und zu interessanten Perspektiven. Also doch über eine Karriere in der Bank nachdenken?

Der Finanzsektor ist eine Schlüsselindustrie mit außerordentlicher Kundenspannweite und Dienstleistungstiefe. Vom Konsumenten bis zum Weltkonzern, von der Überweisung bis zum Börsengang. Dieses Buch gibt Ihnen einen Eindruck über die Vielfalt und Chancen, die sich jungen Talenten in dieser Branche bieten. Finden Sie heraus, an welcher Stelle im Bankenuniversum es sich für Sie persönlich lohnen könnte, eine erfolgreiche Karriere zu starten.

im Oktober 2008 — Carsten Michael, Norbert Abraham

Inhalt

FAIR
COMPANY
Die bessere Chance für AbsolventInnen
JUNGE Karriere

1

BANKING – EINE SCHLÜSSELINDUSTRIE

In einer Bank arbeiten heißt an zentraler Stelle in der Gesellschaft mitwirken. Denn Banken sind die Durchlauferhitzer der Wirtschaft: Wo Wachstum ist, sind Banken nicht weit, und wo Wachstum ist, steigt der Wohlstand. Banken haben einen erheblichen Anteil daran, wie sich der Wohlstand in einer Gesellschaft entwickelt – Banker arbeiten an entscheidender Stelle daran mit. Ohne Banken herrscht Stillstand und damit Rückschritt. Keine neuen Maschinen, keine neuen Fabriken, keine Solaranlagen auf dem Dach oder Windparks im Meer.

Banken sind dabei nicht die Instanz, die entscheidet, welchen Nutzen die neue Maschine hat, ob Kohlekraftwerke wirklich noch gebaut werden müssen, ob Windparks grundsätzlich abzulehnen oder zu begrüßen sind und ob es gut ist, dass die Feuchtwiese der neuen Einfamilienhaussiedlung weichen muss. Solche Entscheidungen fallen in Gesellschaft und Politik – und manches Mal vor Gericht. Ist der Flughafenausbau beschlossen, dann sind die Interessen zwischen Flughafenbetreiber, Anwohnern, Umweltschützern, anliegenden Industriebetrieben, Arbeitnehmern und vielen anderen gegeneinander abgewogen und (hoffentlich) zum Ausgleich gebracht. Dann ist es das Geschäft der Banken, das Projekt mit dem nötigen Kapital zu finanzieren.

Ein wesentlicher Zweck der Banken ist es, Investitionen und Innovationen überhaupt erst zu ermöglichen, indem sie das dafür notwendige Kapital zur Verfügung stellen – entweder in Form von Krediten oder in Form von Eigenkapital. Jede neue, von der Bank finanzierte Maschine, die eine alte ersetzt, verbraucht für dieselbe Produktionsmenge weniger Energie, weniger Material, weniger Schmieröl. Sie erzeugt weniger Schadstoffe, weniger Lärm und ist sicherer in der Bedienung. Das bedeutet mehr Effizienz, mehr Produktivität, mehr Wohlstand, weniger Schaden.

In der neueren Forschung wird das Finanzsystem zunehmend als ein zentraler Wachstumstreiber für eine Volkswirtschaft erkannt, heißt es in einer Veröffentlichung des Sachverständigenrats zur Begutachtung der gesamtwirtschaftlichen Entwicklung, dessen Mitglieder gemeinhin als die fünf Wirtschaftsweisen bekannt sind. In dieser Studie vom Juni 2008 bescheinigen sie der Branche: „Die Effizienz und Leistungsfähigkeit des Finanzplatzes ist für die Investitions- und Innovationsdynamik einer Volkswirtschaft von entscheidender

Bedeutung. Mit Blick auf die künftige wirtschaftliche Entwicklung gilt die Versorgung mit Krediten und Eigenkapital als wichtiger Standortfaktor für eine Volkswirtschaft."

Wie Banken das machen, zeigt diese Grafik:

Finanzsystem und Wachstum

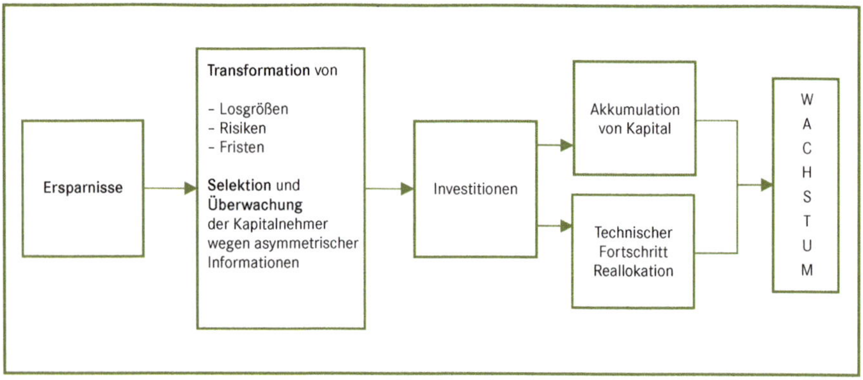

Quelle: www.sachverstaendigenrat-wirtschaft.de

Banken dienen als Kapitalsammelstellen, in denen die Ersparnisse Vieler zusammenfließen und so für die Finanzierung von Investitionen zur Verfügung stehen. Das ist die **Transformation der Losgrößen:** Aus 1.000 Spareinlagen von 1.000 Euro wird eine Finanzierung über eine Million Euro.

Über die **Transformation der Risiken** wird seit Mitte 2007 viel diskutiert - im Zusammenhang mit der so genannten Subprime-Krise (Kapitel 4.9.1 Risikomanagement). Banken, heißt es, „nehmen Risiken". Einen Kredit vergeben ist immer mit der Gefahr verbunden, dass er nicht zurückgezahlt werden kann. Doch der mit Risiko behaftete Kredit ist gegebenenfalls mit Spareinlagen finanziert, die für Kunden als absolut sicher gelten. Das erfordert die Kompetenz, Risiken richtig bewerten, also einschätzen zu können.

Zudem findet eine **Transformation der Fristen** statt. Aus Ersparnissen, die vielleicht auf ein Jahr angelegt sind, werden Kredite mit einer Laufzeit von fünf Jahren oder mehr. In dieser Zeit muss die Bank dafür sorgen, dass die Einlagen, mit denen der Kredit bezahlt wurde, nach Ablauf des Jahres zurückgezahlt werden können, indem sie durch neue Einlagen ersetzt werden. Und sie muss sicherstellen, dass der Zins sich nicht gegen sie entwickelt. Stiege etwa der Einlagenzins über das Niveau des Kreditzinses, bekäme die Bank ein Problem - sie müsste mehr Zinsen zahlen, als sie einnähme. Auch in der Fristentransformation stecken also Risiken: das Liquiditätsrisiko, weil die Bank die kurzfristigen Einlagen erneuern muss, um den langfristigen Kredit aufrecht zu erhalten. Und das Zinsänderungsrisiko.

Kreditnehmer haben immer einen Informationsvorsprung gegenüber Kreditgebern. Kreditgeber können die Qualität eines Kreditnehmers und der zu finanzierenden Investition in der Regel nur schwer beurteilen. Aufwändig ist es auch, Zinszahlung und Tilgung zu überwachen. Beides würde - gäbe es keine Banken - Kredite unmöglich oder wenigstens sehr teuer machen. Das Finanzsystem mildert diese Konsequenzen, indem es die Aufgabe der **Auswahl und Überwachung der Kreditnehmer** bei den Banken bündelt.

Mit dem Kapital der Bank finanzierte Investitionen dienen der Erweiterung der Produktionsmittel - zusätzliche Maschinen, Infrastruktur usw. Für das Wachstum einer fortgeschrittenen Volkswirtschaft wie Deutschland bedeutsamer ist jedoch die **Reallokation,** also die Erneuerung alter Produktionsmittel, um die Produktivität zu steigern. Zudem fließt mehr Finanzierungskapital in aufstrebende Branchen und weniger in solche, die an Bedeutung verlieren.

Indem Banken aufgrund ihres Auswahlverhaltens Kapital in die produktivsten Finanzierungsvorhaben leiten, werden neue Produkte und Produktionsverfahren eingeführt und auch die Konkurrenz zu einem noch wirtschaftlicheren Verhalten gezwungen. Damit erhöht sich zwar nicht die Menge („Akkumulation"), dafür aber die Effizienz der eingesetzten Produktionsfaktoren („Reallokation"). Zudem werden viel versprechende Innovationen und neue Unternehmen finanziert, was den Strukturwandel fördert. Wenn Kapital aus schrumpfenden in wachsende Sektoren fließt, gelangt es über die Banken in eine produktivere Verwendung. Dies schlägt sich letztlich in einer höheren Wachstumsrate der Volkswirtschaft nieder.

Das künftige Wirtschaftswachstum in Deutschland, betonen die Wirtschaftsweisen, wird angesichts der abnehmenden Erwerbsbevölkerung wesentlich von der **Produktivitätsentwicklung** abhängen. Somit ist das Finanzsystem ein entscheidender Faktor für das Wohlstandsniveau in den kommenden Jahrzehnten.

Je leistungsfähiger das Finanzsystem ist, sagen die Wirtschaftsweisen,

- desto schneller können neue Produktionstechnologien eingeführt werden,
- desto schneller erfolgt die Reallokation von Kapital hin zu wachsenden Unternehmen und Branchen,
- desto stärker wird der Prozess der schöpferischen Zerstörung stimuliert, weil es jungen Unternehmen den Marktzugang ermöglicht und
- desto dynamischer entwickeln sich Branchen, die in stärkerem Umfang auf einen hohen Kreditanteil für ihre Investitionen angewiesen sind.

Werden die Banken dieser Aufgabe gerecht? Trotz aller Diskussionen um eine Zurückhaltung der Banken bei der Kreditvergabe kommen die Wirtschaftsweisen zu dem Schluss: „Im internationalen Vergleich zeichnet sich Deutschland durch geringe Finanzierungshemmnisse für den Unternehmenssektor insgesamt aus. Von einer generellen Kreditrationierung kann in Deutschland keine Rede sein. [...] Eine empirische Analyse der Kreditentwicklung in den vergangenen Jahren liefert keine Hinweise auf maßgebliche Verknappungen beim Kreditangebot." Lediglich kleinere Unternehmen und einzelne Branchen verzeichnen demnach etwas ungünstigere Finanzierungsbedingungen, die mit einem risikobewussten Kreditvergabeverhalten der Banken erklärt werden können.

Doch es geht nicht allein um die Finanzierung von Investitionen in Form von Krediten. Banken unterstützen Unternehmen dabei, Geld in Form von Anleihen am Kapitalmarkt aufzunehmen. Und sie führen Börsengänge von Aktiengesellschaften durch, so dass diese an Eigenkapital gelangen. Das eingesammelte Geld kommt von Privatanlegern, die entsprechende Anlageprodukte bei den Banken kaufen, um ihre persönlichen Vermögen gewinnbringend anzulegen. Zu einem noch größeren Teil kommt es von Investoren wie Lebensversicherungen, Pensionskassen, Stiftungen und anderen Institutionen, die ihrerseits ihr eigenes Vermögen oder das ihrer Kunden mehren müssen. Banken unterstützen Unternehmen beim Export und beim Import von Waren, und sie nehmen den Währungsschwankungen und Unwägbarkeiten der Zinshöhe oder der Rohstoffpreise mit speziellen Instrumenten einen Teil ihrer Unberechenbarkeit. Sie sorgen mit ihren Dienstleistungen im Zahlungsverkehr für reibungslose Geldströme und sie tragen zum Funktionieren der Kapitalmärkte bei, indem sie dort teilweise auch im eigenen Namen als Investoren agieren.

Rund 680.000 Menschen arbeiten in den Banken in Deutschland - knapp zwei Prozent aller Erwerbstätigen, die aber nach Berechnungen des Sachverständigenrats mit 4,6 Prozent zur jährlichen Wertschöpfung beitragen. Zum jährlichen Wachstum tragen die Banken einerseits direkt und andererseits aufgrund ihrer Katalysatorwirkung mit rund einem Prozent bei. Das könnte mehr sein, sagen Beobachter, in Ländern wie Großbritannien sei der Wachstumsbeitrag der Finanzbranche deutlich höher. Dieses Potenzial zu heben, ist eine der großen Herausforderungen, vor denen die Branche derzeit steht. Warum sie ihre Möglichkeiten nicht voll ausschöpft, sehen manche Kritiker in der so genannten Drei-Säulen-Struktur der Branche begründet und in der damit einhergehenden Zahl sehr vieler sehr kleiner Institute auf dem Markt.

Web-Link Sachverständigenrat zur Begutachtung der gesamtwirtschaftlichen Entwicklung: www.sachverstaendigenrat-wirtschaft.de

Die Drei-Säulen-Struktur

Um seinen Platz in dieser Schlüsselindustrie zu finden, gibt es auf den ersten Blick geradezu unzählige Möglichkeiten: In ihrer Bankstellenstatistik 2008 zählt die Deutsche Bundesbank hierzulande immerhin 2.277 Kreditinstitute, die sich im Wesentlichen den privaten Geschäftsbanken, den öffentlich-rechtlichen Sparkassen oder den genossenschaftlich organisierten Volks- und Raiffeisenbanken zurechnen. Für diese Aufteilung hat sich in der Branche der Begriff „Drei-Säulen-Struktur" etabliert. Die Tortengrafik zeigt die Marktanteile der drei Bankengruppen. Zusammen kommen die Geschäftsbanken auf 38 Prozent, die Sparkassen auf 45,5 Prozent und die Genossenschaftsbanken auf 15,5 Prozent.

Bilanzsumme der verschiedenen Bankengruppen in Deutschland im Jahr 2007

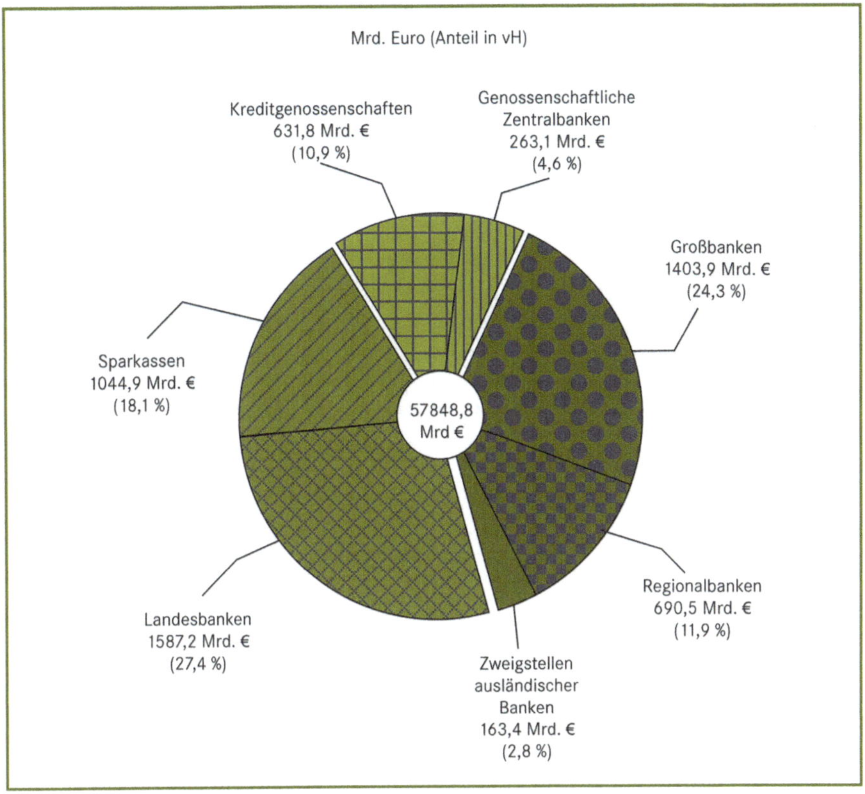

Quelle: Bundesbank

Das Größenspektrum dieser 2.277 Banken ist äußerst weit gespreizt, von der international agierenden Deutschen Bank, von deren 80.000 Mitarbeitern gerade einmal 30.000 in Deutschland arbeiten, bis zur Raiffeisenkasse Gammesfeld, irgendwo zwischen Mannheim und Nürnberg. Der Ein-Mann-Betrieb hatte Ärger mit der Bankenaufsicht, weil sich sein Vorstand Fritz Vogt ganz offensichtlich dem Vier-Augen-Prinzip widersetzte, nach dem jede Bank von zwei Geschäftsführern geleitet werden muss. Der Kontrolle wegen.

Karriere kann man in beiden Welten machen - vom ausgefeilten international ausgerichteten Trainee-Programm einer Großbank bis zur Direktbeförderung zum Vorstand, wie jüngst in der Raiffeisenkasse Gammesfeld geschehen, für die der 78-jährige Vogt 2008 endlich einen jungen Nachfolger gefunden hat. Es kommt eben auf die eigenen Ziele an - Bankvorstand ist ein geachteter Beruf im Hinterland, ein Status, den Lehrer und Pfarrer längst verloren haben. Wo der richtige Platz für einen selbst ist, hängt letztlich von den eigenen Karrierezielen ab.

Die Spreizung zwischen groß und klein ist ein besonderes Merkmal der deutschen Bankenlandschaft, wie der europäische Vergleich zeigt:

Marktanteil der Top-5 Banken*

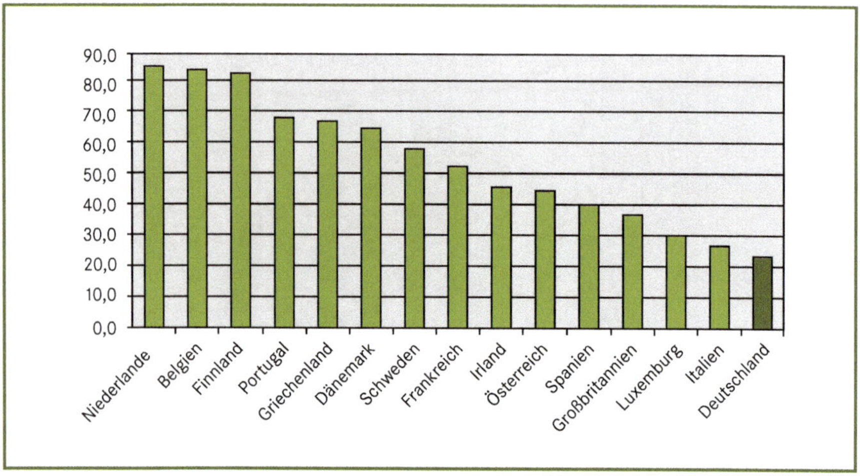

*Nach Bilanzsumme; Quelle: www.bankenverband.de; 2006

Die Top-5 Banken in Deutschland haben gerade einmal einen Marktanteil von gut 20 Prozent, im übrigen Europa ist die Konzentration in der Branche schon deutlich weiter fortgeschritten. Was das bedeutet, lässt sich mit dem Wort „Wettbewerb“ zusammenfassen. Dieser ist ausgeprägt, der Kampf um Kunden entfesselt und der Druck auf die Institute, sich mit der Konkurrenz zusammenzuschließen, ist hoch. Herausragende Leistung, Flexibilität, hohe Einsatz- und ständige Lernbereitschaft werden in diesem Umfeld belohnt. Dabei sind die drei Bankengruppen für die Mitarbeiter des jeweils anderen Lagers sehr durchlässig. So mancher Vermögenskundenberater aus einer Geschäftsbank konnte sich in der Sparkasse nebenan zum Bereichsleiter für Private Banking aufschwingen, so manches Vorstandsmitglied einer privaten Großbank wurde zum Vorstandschef einer öffentlich-rechtlichen Landesbank, und unzählige Mitarbeiter in Sparkassen und Genossenschaftsbanken haben in Geschäftsbanken neue Karrierechancen ergriffen. Hohe Qualifikation und Flexibilität zahlen sich nicht nur monetär aus, sondern auch in einer gewissen Sicherheit: Die Arbeitslosigkeit unter Bankern im Vergleich zur Gesamtwirtschaft ist äußerst gering.

Arbeitslosenquote – Vergleich Deutschland/Banker

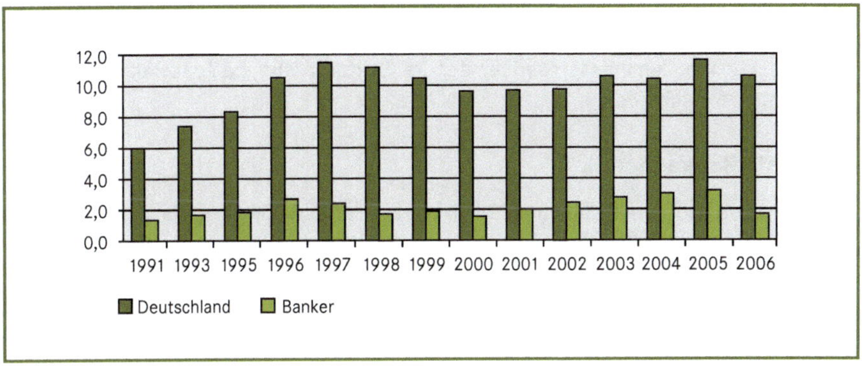

Quelle: www.agvbanken.de

Auf Ebene der Bankengruppen allerdings herrscht diese Durchlässigkeit nicht. Geschäftsbanken, Sparkassen und Genossenschaftsbanken bilden drei voneinander weitgehend abgeschottete Lager, zwischen denen es nie zu Zusammenschlüssen kommt. Konsolidierung findet ausschließlich innerhalb dieser Lager statt. Das ist insbesondere den Geschäftsbanken ein Dorn im Auge, die liebend gern die Möglichkeit nutzen würden, Sparkassen zu kaufen, um ihren Marktanteil ausweiten zu können. Gerade im Einlagengeschäft dominieren die Sparkassen zusammengenommen den Markt, wie diese Tortengrafik zeigt:

Marktanteile bei Spareinlagen

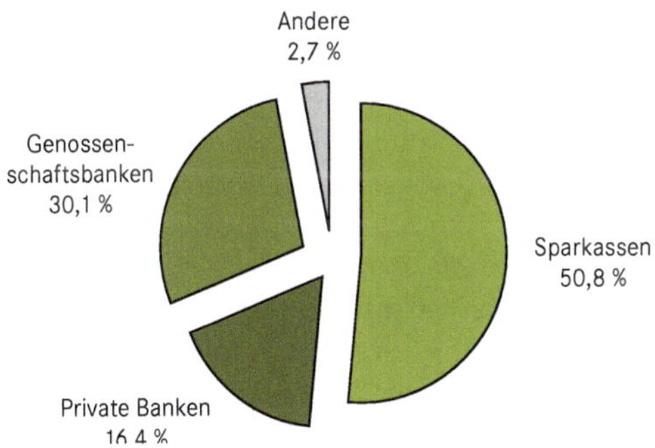

Quelle: www.bankenverband.de

Ähnlich sieht es beim Geschäft mit kleinen und mittelgroßen Firmenkunden aus. Auch hier dominieren Sparkassen und Genossenschaftsbanken, die Geschäftsbanken müssen sehr aufwändige Strategien verfolgen, um Marktanteile zu gewinnen. Kunden profitieren davon – nirgends in Europa sind die Kosten für Bankdienstleistungen so niedrig wie in Deutschland. Auf der anderen Seite brauchen gerade Banken eine hohe Ertragskraft, um insgesamt ein starkes Finanzsystem bilden und einen angemessenen Wachstumsbeitrag leisten zu können. Zumindest innerhalb der drei Sektoren wird die Konsolidierung deshalb stetig weiter fortschreiten.

Ein wenig Bankenpolitik

Im internationalen Vergleich kommt allein die Deutsche Bank unter die Top-10 der Welt, zieht man die Bilanzsumme als Vergleichsmaßstab heran, die Commerzbank ist in den zwanziger Rängen zu finden. Bei börsennotierten Banken wird gern die Marktkapitalisierung, also der Börsenwert (Zahl der gehandelten Aktien x Kurswert) zum Vergleich herangezogen. Hier sind die deutschen Banken eher günstig zu haben. Ende 2007 hatte die Commerzbank einen Börsenwert von 17 Milliarden US-Dollar, die Deutsche Bank erreichte 47 Milliarden – kaum zu vergleichen mit einer britischen HSBC, die bequem auf den vierfachen Wert kommt.

In Anspielung auf die Möglichkeit, eine große deutsche Bank könnte von einem ausländischen Institut übernommen werden, sagte der Präsident des Bundesverbandes deutscher Banken, Klaus-Peter Müller, auf einer Frankfurter Veranstaltung im November 2007: „Wären wir Tiere und nicht Banken, stünden die beiden einzigen großen börsennotierten deutschen Institute längst unter Artenschutz.“ Insbesondere den privaten Banken ist die Drei-Säulen-Struktur ein Dorn im Auge, sie sehen darin ihre Möglichkeiten, durch den Kauf kleinerer Institute zu wachsen, stark eingeschränkt. Ein Vertreter des Bankenverbandes drückte das so aus: „Das starke Gewicht des öffentlich-rechtlichen Bankensektors verhindert die Herausbildung einer optimalen Marktstruktur und lässt die Nutzung von Synergiepotenzialen nicht zu.“

Natürlich haben das die Sparkassen nicht auf sich sitzen lassen. Ihr Verbandspräsident Heinrich Haasis ließ wissen: „Leider hat der Privatbankensektor in den vergangenen Jahren die vielfach vorhandenen Chancen nicht genutzt, zu leistungsfähigeren Einheiten zu kommen.“ Will sagen, es gab einige Gelegenheit für die Großbanken, zu fusionieren. Doch alle sind gescheitert, bis dann Mitte 2008 doch zwei große Zusammenschlüsse gelangen: Die Commerzbank übernahm die Dresdner Bank, und die Deutsche Bank stieg mit knapp 30 Prozent bei der Postbank ein. Auch die Genossenschaftsbanken sehen die Verbalangriffe auf die Finanzverbünde nicht gern. Und so wurde ihr (Ex-)Verbandspräsident Christopher Pleister zitiert: „Während einige Marktteilnehmer über die Wettbewerbsintensität klagen und fälschlicherweise versuchen, die Strukturen der Kreditwirtschaft in Deutschland dafür verantwortlich zu machen, stellen sich die Volksbanken und Raiffeisenbanken der Herausforderung.“

Was stimmt nun? „Unser viel geschmähtes Drei-Säulen-Modell ist nicht das Kernproblem der deutschen Finanzindustrie. Jeder Sektor ist groß genug, um aus sich heraus einen Champion hervorzubringen“, meinte dazu jedenfalls Frank Mattern, Chef der Unternehmensberatung McKinsey in Deutschland Ende 2007 im Handelsblatt. Mit Champion ist eine Bank gemeint, die zu den ganz großen in der Welt aufschließen kann. Hinter dieser Diskussion steckt unter anderem auch der von vielen Politikern formulierte Wunsch, Deutschland müsse eigene starke Finanzinstitute haben und dürfe nicht von ausländischen Banken abhängig sein. Wie gut es einer Bank nach dem Kauf durch ein ausländisches Institut gehen kann, zeigt allerdings die Hypovereinsbank, die vor einigen Jahren von der italienischen Unicredit gekauft wurde.

Mittlerweile ist es um den Drei-Säulen-Streit wieder etwas ruhiger geworden - die Banken sind 2008 zu sehr damit beschäftigt, die Finanzkrise zu verdauen. Zudem gibt es verstärkt die lang erhofften Fusionstendenzen unter den öffentlich-rechtlichen Landesbanken.

TIPP Verkauft und fusioniert wird auch in anderen Branchen - das kann Karrierestartern überall begegnen. Wie man sich darauf einstellt, lesen Sie in den Kapiteln 7 ff. dieses Buches.

Für jede Interessenlage der passende Verband

Auch bei den Banken blüht das Verbandswesen. Jede Gruppe hat ihren nationalen Verband, auf EU-Ebene ist man mit einer Interessenvertretung präsent, und teilweise sogar weltweit. Hier wird Bankpolitik betrieben, die Existenz des öffentlich-rechtlichen Bankensektors verteidigt, die Stärke des genossenschaftlichen Finanzverbundes betont, die gesellschaftliche Bedeutung der privaten Banken hervorgehoben, die Wirkung der neuesten EU-Richtlinie auf die eigene Bankengruppe kommentiert und so weiter. Daneben gibt es Verbände, in denen die Banken säulenübergreifend zusammenarbeiten, teils, um sich auf technische Standards zu einigen, teils, um gemeinsame Interessen der Finanzbranche gegenüber der Politik zu formulieren.

Um einen Einblick in die Interessenlage der einzelnen Bankengruppen und der Finanzbranche insgesamt zu bekommen, lohnt es sich, die Seiten dieser Verbände etwas genauer zu studieren - zumindest des Verbandes, dem der eigene künftige Arbeitgeber angehört.Hier eine Aufstellung:

Kreditbanken	
Bundesverband deutscher Banken	www.bankenverband.de
Bankenfachverband	www.bankenfachverband.de
Arbeitgeberverband Banken	www.agvbanken.de
Verband der Auslandsbanken in Deutschland	www.verband-der-auslandsbanken.de
European Banking Federation	www.fbe.be
EuropFinServRoundTable	www.efr.be

Öffentlich-rechtliche Banken	
Deutscher Sparkassen- und Giroverband	www.dsgv.de
Bundesverband Öffentlicher Banken Deutschlands	www.voeb.de
Freie öffentliche Sparkassen	www.verband-freier-sparkassen.de
European Savings Banks Group	www.esbg.eu
World Savings Banks Institute	www.wsbi.org

Genossenschaftsbanken	
Bundesverband der Dt. Volksbanken und Raiffeisenbanken	www.bvr.de
Sparda-Banken	www.sparda.de
European Association of Co-operative Banks	www.eurocoopbanks.coop

Gemischt	
Zentraler Kreditausschuss	www.zentraler-kreditausschuss.de
Euro Banking Association	www.abe-eba.eu
European Banking Industry Committee	www.eubic.org
The Institute of International Finance	www.iif.com

Gewerkschaften	
Deutscher Bankangestellten Verband	www.dbv-gewerkschaft.de
Verdi	http://fidi.verdi.de/

Kreditbank und Investmentbank

Die großen Banken in Deutschland sind überwiegend Universalbanken, betreiben also zugleich das Kredit- und Einlagengeschäft auf der einen sowie das Investmentgeschäft auf der anderen Seite. Zum Investmentbanking gehören die Vermögensverwaltung, der Wertpapierhandel im Auftrag des Kunden und im eigenen Namen sowie das Kapitalmarktgeschäft, das im Wesentlichen die Emission festverzinslicher Wertpapiere und anderer Kapitalmarktprodukte für Unternehmen sowie die Begleitung von Börsengängen umfasst. Hinzu kommt das Geschäft mit Fusionen, Unternehmenskäufen und -verkäufen, das als „Mergers & Acquisitions, kurz „M&A“ bezeichnet wird. Die großen reinen Investmentbanken in den USA konzentrieren sich vor allem auf die großen „Transaktionen“, sind aber im Zuge der Finanzkrise überwiegend von Universalbanken übernommen worden. Das Geschäftsmodell der reinen Investmentbank könnte damit ausgedient haben. Aber auch in der Nische ist Platz, und so haben sich in Deutschland zahlreiche kleinere Häuser auf das M&A-Geschäft im Segment der kleinen bis mittelgroßen Unternehmen spezialisiert.

Im Einlagen- und Kreditgeschäft verdienen Banken größtenteils an ihren Zinsmargen, im Investmentgeschäft erzielen sie Provisionserträge. Die Zinsmargen sind eng, Provisionserträge dagegen schwanken sehr stark. Wie Banken damit umgehen, zeigen verschiedene Beispiele: Ein großes Institut nennt sich „Investmentbank mit einem starken Privatkundengeschäft", das Nächste will als „Deutschlands größte Privatkundenbank" wahrgenommen werden, das Dritte könnte seine Sparte „Investmentbanking" abspalten und veräußern. Es gibt kein Patentrezept, jede dieser Strategien kann erfolgreich sein. In Jahren, in denen die Kapitalmärkte, insbesondere die Aktienbörsen, sich gut entwickeln, können Banken im Investmentbanking außerordentlich hohe Gewinne erzielen, das Zinsgeschäft dagegen gilt als stabiler und verstetigt die Ertragslage. Ähnlich ist es mit der Beschäftigungslage. Extrem hohe Einkommen sind eher im Investmentbanking in Form von Bonuszahlungen möglich, dafür müssen sich Investmentbanker in schlechten Marktphasen immer wieder auf Entlassungswellen einstellen. Erholen sich die Märkte wieder, schlägt das Pendel zur anderen Seite aus, es wird eingestellt.

Im Investmentbanking sind vor allem die Großbanken auf internationalem Parkett aktiv - insbesondere aber auch internationale Banken auf dem deutschen Parkett. Im M&A-Geschäft zum Beispiel finden sich gerade einmal zwei deutsche Institute unter den Top-10, die restlichen acht Plätze teilen amerikanische und Schweizer Banken unter sich auf. Bei Emissionen von Anleihen ist das Bild gemischter, britische, französische und niederländische Banken beherrschen hier den deutschen Markt, nur eine deutsche Bank ist unter den Top-10 zu finden. Doch man muss nicht unbedingt in eine Groß- oder Auslandsbank einsteigen, um Investmentbanking betreiben zu können. Auch die dem Sparkassensektor zugehörigen Landesbanken und die genossenschaftlichen Zentralbanken haben relevante Investmentbanking-Einheiten, konzentrieren sich aber eher auf den nationalen Markt. Darüber hinaus gibt es eine Reihe kleinerer Geschäftsbanken, die M&A-Transaktionen sowie Börsengänge kleinerer Unternehmen begleiten. Auch manche größere Sparkasse ist hier aktiv.

Was die Branche beschäftigt

Industrialisierung

Immer wieder wird auf Bankenkongressen die Automobilindustrie zum Vergleich herangezogen: Dort liegt die Fertigungstiefe bei den Herstellern bei vielleicht 20 Prozent, der weit überwiegende Teil wird von Zulieferern eingekauft. So liefert derselbe Spezialist für Front- und Heckscheinwerfer seine Produkte von BMW bis Seat an die unterschiedlichsten Hersteller. Bei den Banken ist es - trotz aller Fortschritte der vergangen Jahre - noch immer genau umgekehrt. In diesem Zusammenhang fallen häufig die Stichwörter „Produktbank", „Abwicklungsbank" und „Vertriebsbank", mit denen letztlich eine Spezialisierungsstrategie in eine der drei Richtungen gemeint ist. Beim Zahlungsverkehr etwa ist dies schon weit fortgeschritten, einige wenige Banken wickeln Überweisungen und Lastschriften nicht nur für sich selbst, sondern auch für konkurrierende Institute ab, weil hier mit dem Mengenvorteil beträchtlich die Kosten sinken. Ähnlich ist es im Wertpapiergeschäft, und selbst im

Kreditgeschäft nehmen so genannte Kreditfabriken anderen Banken sämtliche administrativen Arbeiten ab. Ein gutes Beispiel für Produktbanken sind Fondsgesellschaften. Sie konzentrieren sich auf ihre Kernleistung, Investmentfonds aufzulegen und zu verwalten, verkauft werden diese Produkte jedoch in anderen Banken. Auch Fondsgesellschaften können sämtliche administrativen Pflichten an Spezialisten auslagern. Die derzeit unter Anlegern sehr beliebten Anlagezertifikate werden von zwei Dutzend Banken angeboten, aber sämtliche Banken verkaufen sie an ihre Kunden. Nicht zuletzt können sich Banken - ähnlich wie Einzelhändler - darauf konzentrieren, die Produkte verschiedenster Anbieter zu verkaufen und ihre Erträge mit Vertriebsprovisionen zu erzielen. Wenige Institute bilden eines dieser Geschäftsmodelle in Reinform ab, doch es gibt manche Prognose, dass sich der Markt in diese Richtung entwickeln könnte.

Bürokratieabbau

Nach einer Studie des Instituts der deutschen Wirtschaft kosten bürokratische Auflagen, zum Beispiel Meldepflichten, die Finanzbranche in Deutschland jedes Jahr 3,1 Milliarden Euro. Allein für die Verpflichtungen im Zusammenhang mit der Bekämpfung der Geldwäsche wenden die Institute jährlich 775 Millionen Euro auf. Die Forderung nach Bürokratieabbau ist deshalb ein Dauerthema der Banken- und Sparkassenverbände.

Bankenaufsicht

Nur wenige Branchen werden so stark reguliert und so eng beaufsichtigt wie die Bankenindustrie - ein weiterer Hinweis auf die volkswirtschaftliche Bedeutung dieses Sektors.

Die beiden Institutionen, die sich die Bankenaufsicht teilen, sind die Deutsche Bundesbank (www.bundesbank.de) und die Bundesanstalt für Finanzdienstleistungsaufsicht BaFin (www.bafin.de).

Die Bundesbank ist für die laufende Überwachung aller Kreditinstitute zuständig und bewertet dabei die Risiken, die sich für einzelne Institute ergeben können. Zusätzlich führt sie routinemäßige Aufsichtsgespräche bei den Banken durch. Deckt sie dabei einen Mangel auf, kommt die BaFin ins Spiel. Sie bestimmt die aufsichtsrechtlichen Maßnahmen und legt fest, wie die Institute die Mängel inhaltlich und zeitlich zu beseitigen haben. Die Bundesbank wiederum überwacht die von der BaFin eingeleiteten Maßnahmen. Praktisch bedeutet das für die Banken, Monat für Monat ein umfangreiches Zahlenwerk an die Bundesbank zu liefern. Dieses findet unter anderem seinen Niederschlag im Monatsbericht der Bundesbank und anderen Publikationen. Ab und zu kommt ein Prüfer ins Haus. Dabei kann es passieren, dass die BaFin eine Bank als „aufsichtsintensiv" oder als „Probleminstitut" einstuft. Dann kommen die Prüfer noch häufiger.

Wegen der internationalen Verflechtungen der Finanzmärkte ist die Diskussion aufgekommen, ob die nationale Bankenaufsicht durch eine Europa-Behörde ergänzt werden sollte. So, meinen die Befürworter, könnten sich anbahnende Krisen früher erkannt werden. Das ist aber umstritten. „Europa braucht eine zentrale Bankenaufsicht", fordert etwa das Handelsblatt im Dezember 2007. Obwohl die Konsolidierung der Kreditwirtschaft rasch voranschreite und an Landesgrenzen schon lange nicht mehr halt mache, sträubten sich die nationalen Aufsichtsbehörden hartnäckig, auch nur ein kleines Stück ihrer Entscheidungsfreiheit an Brüssel abzutreten. Wer dem zustimmt, befindet sich in prominenter Gesellschaft: „Es gibt dringenden Handlungsbedarf, um die Kooperation und Abstimmung der nationalen Kontrolleure zu verbessern, die an der Überwachung internationaler Bankengruppen beteiligt sind", zitiert die Börsen-Zeitung EU-Kommissar Charlie McCreevy. Auch Deutsche-Bank-Chef Josef Ackermann macht sich stark für eine europäische Bankenaufsicht, die ausschließlich internationale Finanzkonzerne regulieren soll. Die Sparkassen sind dagegen: „Die von Herrn Ackermann geforderte zentrale europäische Bankenaufsicht für internationale Bankkonzerne wäre ein bürokratisches Monster, das in keinem Land wirklich nah an den Märkten wäre," sagte Heinrich Haasis, Präsident des Deutschen Sparkassen- und Giroverbandes (DSGV) im Handelsblatt.

Basel II

Seit Anfang 2008 bestehen zudem neue Vorschriften für Kreditinstitute und Wertpapierhäuser zur Erfassung von Risiken bei der Kreditvergabe und sonstigen Geschäften. Das deutsche Gesetz über das Kreditwesen (KWG) wurde an die neuen internationalen und europäischen Eigenkapitalregelungen Basel II angepasst. Dies bedeutet, dass die Banken ihre Geschäftsrisiken differenzierter als früher erfassen und die Risiken der Kreditnehmer und Vertragspartner individuell einstufen müssen. Während bislang pauschal acht Prozent der Kreditsumme mit Eigenkapital der Bank unterlegt werden mussten, hängt dies nun von der Bonität des Kunden ab. Je höher das Risiko, desto mehr Eigenkapital der Bank ist gebunden, und desto höher ist der Zins, den der Kunde zu zahlen hat. Im Firmenkundengeschäft hat diese Regelung zu viel Klärungsbedarf geführt, werden doch Unternehmen seitdem von ihren Banken mit einer Bonitätsnote versehen, die über den Kreditzins entscheidet, den sie zahlen müssen (siehe auch Kapitel 4.9.1 Risikomanagement).

Europäische Richtlinien

Die Umsetzung europäischen Rechts ist ein Thema, das Banker ständig begleitet. Neue europäische Regelungen für die Finanzbranche entstehen vor dem Hintergrund des 1999 verabschiedeten Aktionsplans für Finanzdienstleistungen, kurz FSAP (Financial Services Action Plan). Er sieht die Vereinheitlichung von Regelungen auf dem europäischen Finanzmarkt vor. Die Ziele des FSAP sind verbesserter Anlegerschutz, verstärkter Wettbewerb und die Harmonisierung des europäischen Finanzmarktes.

Seit November 2007 gilt zum Beispiel die europäische „Markets in Financial Instruments Directive" (MiFID). Mit dieser Richtlinie will die Europäische Kommission im Wertpapiergeschäft mehr Wettbewerb, besseren Anlegerschutz und geringere Kosten durchsetzen. Zudem soll sie die Investitionsmöglichkeiten für private und institutionelle Anleger europaweit verbessern, indem sie das Angebot grenzüberschreitender Wertpapierdienstleistungen erleichtert. Dies sind die zentralen Regelungen der MiFID:

- Banken sind zu Beginn einer Anlageberatung verpflichtet, vom Kunden alle Informationen einzuholen, die erforderlich sind, um die für ihn persönlich geeigneten Finanzanlagen empfehlen zu können, zum Beispiel ihre finanziellen Verhältnisse und ihre Anlageerfahrung („Know your Customer“).
- Wertpapiergeschäfte müssen zu den bestmöglichen Konditionen bezüglich Kurs, Kosten und Qualität ausgeführt werden. Dies sicherzustellen hat nach Aussagen der Branche einen enormen informationstechnischen Aufwand erfordert („Best Execution“).
- Kunden müssen rechtzeitig und verständlich über die Eigenschaften der ihnen angebotenen Finanzprodukte informiert werden, damit sie diese verstehen und einordnen können. Dazu gehört es, ausdrücklich die Risiken zu benennen.

MiFID ist mit Sicherheit nicht die letzte europäische Richtlinie, die der Finanzbranche neue Standards gebracht hat – und es werden noch viele folgen.

> **Web-Links** Wer wissen will, was sich in Europa in Sachen Finanzmärkte tut, schaut hier nach: Europäische Kommission: http://ec.europa.eu/ → „Politikbereiche“ → „Wirtschaft, Finanzen, Steuern“ → „Binnenmarkt für Kapital“ →„Finanzdienstleistungen“. Die meisten Initiativen, den Finanzmarkt betreffend, gehen von Binnenmarktskommissar Charlie McCreevy aus. Ihn findet man hier: http://ec.europa.eu/ → „Wer ist wer bei der EU?“ → „Kommissionsmitglieder“.

SEPA

Auch der Zahlungsverkehr steht im Fokus des europäischen Binnenmarktes. Bislang herrschten bei elektronischen Zahlungsvorgängen innerhalb Europas noch unterschiedliche technische Standards, so dass grenzüberschreitende Überweisungen häufig mit hohen Gebühren verbunden waren. Die Single Euro Payments Area (SEPA) ändert dies und vereinheitlicht den bargeldlosen Zahlungsverkehr innerhalb der Euro-Länder. Die Vorgabe: Eine Überweisung von Berlin nach Barcelona soll nicht mehr kosten als eine Überweisung von Darmstadt nach Düsseldorf.

Steuern

Steuern sind im Bankgeschäft immer ein wesentlicher Faktor. Kaum ein Banker kommt ohne Steuerwissen aus, in manchem Bereich ist es geradezu erfolgsentscheidend. Ein Beispiel: Das Jahr 2008 war vor allem im Fondsgeschäft geradezu beherrscht vom Thema Abgeltungsteuer. Immer wieder erzeugen solche Themen zwischen Hysterie und Goldgräberstimmung schwankende Aktivität in der Branche. In diesem Fall galt die bisherige zwölfmonatige Spekulationsfrist nur noch für Wertpapiere, die bis zum 31. Dezember 2008

gekauft wurden - nach dieser Frist waren alle Kursgewinne steuerfrei. Ab 1. Januar 2009 ist sie ersatzlos gestrichen, jeder nach einem Verkauf realisierte Kursgewinn wird pauschal mit 25 Prozent besteuert.

„Ein Viertel ist weg", so die Botschaft der Branche an den Kunden. Da werden Torten zerschnitten, Euros angebissen, Uhren und Mona Lisas zerstümmelt, um dem Kunden zu zeigen: „Kaufe jetzt Investmentfonds, sonst verlierst du viel Geld". Damit haben die Banken und Fondsgesellschaften durchaus Recht, wie der Bundesverband Investment und Asset Management (www.bvi.de) mit seinem Abgeltungsteuer-Rechner belegt: Wer bis zum 31. Dezember 2008 10.000 Euro in einen Aktienfonds investiert hat, freut sich nach 30 Jahren bei angenommenen acht Prozent Rendite über 100.627 Euro auf dem Konto. Wird das Geld einen Tag später angelegt, sind es am Ende nur noch 83.710 Euro - die kaufkraftzehrende Wirkung der Inflation einmal außen vor gelassen. Somit liefert der Steuerstaat den Banken immer wieder gute Verkaufsargumente, verzerrt aber auch die Beratung hinsichtlich einer sachgerechten Anlagestrategie. Zwar, so die Banken, sollte das Steuernsparen nie im Vordergrund einer Anlageentscheidung stehen. Die Praxis aber sieht anders aus. Denn der Steuerspartrieb, so heißt es, sei in Deutschland weit ausgeprägter als der Sexualtrieb.

2

GEFRAGT SIND ...

Interesse am Wirtschaftsgeschehen und am Kapitalmarkt ist unumgänglich, will man es in der Bank zu etwas bringen. Eines jedoch steht fest: Wer in die Bank will, muss nicht unbedingt Betriebswirtschaft studiert haben. Manchmal sind ganz andere Qualifikationen gefragt.

2.1 Betriebswirte

Reden wir zunächst über die klassische Kombination „erst Banklehre, dann BWL-Studium mit Schwerpunkt Bankbetriebslehre", sehr häufig kombiniert mit einer engen Bindung an die ausbildende Bank, zahlreichen Praktika und der Teilnahme an Kontaktprogrammen. Mancher weiß eben schon sehr genau, wohin er will. Allerdings lohnt es sich auch hier, noch weit genauer hinzusehen, denn die Bank ist groß, es bieten sich vielfältige Möglichkeiten. Wer auf der Ebene des allgemeinen Hineinschnupperns verbleibt, bezahlt dies möglicherweise mit einem längeren Trainee-Programm und mit noch mehr Hineinschnuppern. Das kostet Zeit. Wer sich dagegen schnell fokussiert – Immobiliengeschäft vielleicht, oder strukturierte Produkte, oder Kreditanalyse, oder Bondemissionen – hat gegenüber seinen noch nicht ganz entschiedenen Mitstreitern bereits die Nase vorn und gewinnt im Karriererennen wichtige Meter. Es ist eben ein Unterschied, ob ich Bank-Trainee bin, oder Immobilien-Trainee oder sogar direkt einsteige, weil ich bereits im Vorfeld umfassende Erfahrung in diesem Bereich gesammelt habe. Da sind schnell zwölf Monate gewonnen – mit höherem Gehalt, umfassenderer Verantwortung und mehr Gelegenheit, auf sich aufmerksam zu machen. Beste Startchancen hat ohnehin, wer sich bereits bekannt gemacht hat.

Wer nicht den ganz geraden Weg gewählt hat, muss anders überzeugen – Betriebswirtschaftslehre allein genügt meist nicht. Natürlich, allen anders lautenden Aussagen zum Trotz überzeugt eine hervorragende Diplomnote noch immer am meisten. Wer sein Studium schnell, sicher und mit sehr gutem Erfolg abschließt, hat eine gute Chance, auf dem richtigen Stapel zu landen, nachdem der Personalmanager in 20 Sekunden seinen Lebenslauf gescannt hat. Mehr Zeit hat man nämlich nicht, im ersten Schritt auf sich aufmerksam zu machen. So sehr betont wird, auch die etwas ungewöhnlicheren Lebenswege würden gern gesehen (Stichwort „ein Jahr Indien"), die dann zu leistende Überzeugungsarbeit ist weit anspruchsvoller.

Betriebswirte sind häufiger als andere Absolventen in den so genannten kundennahen Bereichen zu finden, oft dürfen sie sich „Customer Relationship Manager" nennen, Kundenbetreuer also. Das macht Spaß, wenn man stark ist im Umgang mit Menschen und sich lieber ein breites Wissen aneignet über die vielfältigen Finanzlösungen, die man dem Kunden zusammenstellen kann, als sich in ein Spezialthema tief einzugraben. Sie sind einerseits viel draußen beim Kunden, tüfteln dann aber auch die passenden Lösungen für dessen Anforderungen aus und arbeiten dabei eng mit den Spezialisten im Haus zusammen. Sie bekommen auch den Markt und den Wettbewerb mit anderen Häusern sehr viel intensiver zu spüren, denn selten haben die Kunden nur eine Bank und fast immer geht es darum, das bessere Angebot zu stricken - sei es hinsichtlich der Konditionen oder hinsichtlich anderer Faktoren, die den Kunden überzeugen.

Gut sein am Kunden, fachlich über den Tellerrand sehen und weit vernetzt sein im Haus - das schafft darüber hinaus gute Voraussetzungen für eine Führungskarriere in der Bank. Es genügt freilich bei Weitem nicht. Wer wirklich Karriere machen will, nehme sich den Karrierekodex in Kapitel 8 zu Herzen.

2.2 Volkswirte

Jede größere Bank unterhält eine eigene volkswirtschaftliche Abteilung - viele Institute definieren einen Teil ihres Selbstverständnisses und ihrer Kernkompetenz über ihre Fähigkeit, das Geschehen an den Märkten zu verstehen, es richtig zu interpretieren und daraus Prognosen abzuleiten. Im Gegensatz zur Arbeit an der Universität oder an einem Wirtschaftsforschungsinstitut können die Arbeitsergebnisse der Volkswirte in einer Bank allerdings sehr konkrete Folgen haben. Kunden müssen zum Beispiel wissen, wie sich die Zinsen entwickeln. Jede Bank, die etwas auf sich hält, hat dazu eine Meinung, die Zinsmeinung. Und die kommt aus der volkswirtschaftlichen Abteilung. Woher sonst?

Ähnlich ist es mit den Devisenmärkten. Ob der Dollar weiter fallen oder sich wieder erholen wird, wie Pfund, Krone, Franken und Renminbi sich entwickeln, hat unmittelbaren Einfluss auf das Geschäft vieler Unternehmen. Vielleicht müssen Sicherungsgeschäfte durchgeführt werden, oder es sind Erträge aus Währungsgewinnen möglich, indem die Barmittel nicht in Euro bereitgehalten werden, sondern in einer Währung, deren Wert steigt. Hier kann eine unzutreffende Prognose zu unangenehmen Verlusten führen.

Doch es geht nicht nur um Zins und Währung, sondern um ganze Volkswirtschaften. Viele Kollegen in der Bank und viele Kunden interessieren sich dafür, wie die Wirtschaft wachsen wird und wie sich einzelne Branchen entwickeln werden. Die Firmenkundenberater etwa sollten wissen, ob ihre Kunden in einer Krisenbranche, in einem stagnierenden oder einem wachstumsstarken Markt zuhause sind - das hat einen wesentlichen Einfluss auf deren Kreditwürdigkeit. Immobilieninvestoren wollen Klarheit über die wirtschaftlichen Aussichten eines Landes bekommen, weil sie nur dann abschätzen können, ob sich das zum Kauf angebotene Bürohochhaus auch noch in drei Jahren gut vermieten lassen wird.

Auch zum tieferen Verständnis des Marktgeschehens tragen Volkswirte bei. Warum, fragen sich viele, gab es in den Siebzigerjahren regelrechte Ölkrisen mit autofreien Sonntagen nach aus heutiger Sicht vergleichsweise moderaten Preissteigerungen - und ab welchem Ölpreis kommt die Konjunktur heute ernsthaft in Gefahr? Auch die Wachstumstreiber in den aufstrebenden Wirtschaftsnationen in Asien, Osteuropa und Südamerika sind das Objekt eingehender Studien volkswirtschaftlicher Abteilungen. Selbst mit Themen wie alternder und schrumpfender Gesellschaft, dem Rentensystem, dem Zustand der Infrastruktur eines Landes und dem Klimawandel wird man bisweilen konfrontiert.

Es lohnt für Volkswirte also, sich einmal genauer in der Bank umzusehen - der Satz: „90 Prozent aus dem Studium habe ich nie gebraucht", wird ihnen später kaum über die Lippen gehen. Die besten Aussichten auf einen der begehrten Plätze haben sicher Absolventen, die ihre Stärken nicht allein in Volkswirtschaftstheorie und -politik nachweisen, sondern auch schon intensiv mit Ökonometrie in Kontakt gekommen sind, also zeigen, dass sie gut mit Zahlen und Statistik umgehen können.

Natürlich haben Volkswirte auch in anderen Bereichen der Bank gute Einstiegsmöglichkeiten und können sich über ein Trainee-Programm das passende bankfachliche Wissen aneignen. Schließlich haben sie mit ihrem Studium ihr eingehendes Interesse am Wirtschaftsgeschehen unter Beweis gestellt und bringen einiges an Vorwissen mit. Ob im Immobilienbereich, im Firmenkundengeschäft oder verschiedenen Sparten des Investmentbankings - grundsätzlich ist alles möglich, nur gut begründen muss man es können.

2.3 Mathematiker | Physiker | Informatiker

Wer als Mathematiker oder Physiker nicht in Forschung und Lehre seinen weiteren Karriereweg sieht, wird schnell mit der Finanzbranche in Berührung kommen. Hier können Sie zwar nicht das Geheimnis der dunklen Materie ergründen, sich auf die Suche der Weltformel machen oder die Riemann'sche Vermutung beweisen. Herausforderungen gibt es aber auch in der Finanzbranche genug - und wer sich für die Berechnung von Sterbetafeln oder die Wahrscheinlichkeiten von Naturkatastrophen nicht erwärmen mag, wendet sich den Banken zu.

In der Vermögensverwaltung zum Beispiel werden quantitative Modelle immer beliebter. Bei diesen Modellen werden bestimmte Anlagestrategien in eindeutige Regeln gegossen und in einen Algorithmus verpackt. Ausgerüstet mit einem solchen Programm erkennt der Computer zum Beispiel Kauf- oder Verkaufssignale für Aktien, die dann von der Handelsabteilung umgesetzt werden. Dahinter steckt die Idee, dass derjenige erfolgreich an der

Börse handelt, der sich konsequent an eine Strategie hält und sich nicht von Gefühlen leiten lässt. In diesem Sinne seien Computerprogramme besser geeignet als Fondsmanager aus Fleisch und Blut. Häufig sind es Mathematiker und Physiker, die für Banken, Fondsgesellschaften oder andere am Kapitalmarkt aktive Institutionen solche Strategien entwickeln und in Formeln ausdrücken.

Vor dem realen Einsatz einer solchen Strategie steht immer der Backtest, in dem mithilfe von Kursverläufen der Vergangenheit geprüft wird, ob die neue Strategie bei vergleichbarer Marktlage in Zukunft erfolgreich sein könnte. Wenn sich die Strategie dann sogar in der Realität bewährt, beginnt ihre Lebensuhr bereits abzulaufen. Denn spricht sich ihr Erfolg im Markt herum, finden sich schnell Nachahmer, die mit derselben Strategie agieren. Verfolgen zu viele Marktteilnehmer dieselbe Strategie, geht ihre Wirksamkeit verloren. Viele Strategien funktionieren auch nur eine Zeit lang in einem bestimmten Marktumfeld, und sobald neue Faktoren das Marktgeschehen bestimmen, verliert die Strategie an Wert. Deshalb arbeiten in den Banken unablässig Experten an neuen Investmentstrategien – Mathematiker und Physiker sind häufig unter ihnen.

Ein anderes großes Feld ist das Risikomanagement einer Bank. Auch hier werden aufwändige mathematische Modelle verwendet, um Eintrittswahrscheinlichkeiten bestimmter Marktereignisse oder Ausfallwahrscheinlichkeiten von Krediten zu berechnen oder um die Finanzkraft einer Bank einem Stresstest zu unterziehen. Dabei wird getestet, wie sich die Bank unter extremen Marktbedingungen verhält, etwa wenn sich die Zinsen stark verändern, wenn eine Währung ungewöhnlich stark an Wert verliert oder wenn es einen Börsencrash gibt. Für das Kreditgeschäft entwickeln mathematisch versierte Mitarbeiter Ratingmodelle, um die Bonität von Firmen- und Privatkunden zu bewerten.

Auch im Controlling einer Bank können sich Mathematiker und Physiker einbringen, denn je genauer und besser eine Bank ihre Finanzzahlen auszuwerten und zu interpretieren weiß, desto eher ist sie im Wettbewerb im Vorteil. Im Sammeln von Daten sind Banken gut, doch die richtigen Schlüsse aus diesen Zahlen zu ziehen und aus ihnen verwertbare Informationen abzuleiten, kann sich als relevanter Wettbewerbsvorteil erweisen. Wer die Kunst beherrscht, aus einem Datenberg wenige relevante und aussagekräftige Zahlen zu kondensieren, ist beim Vorstand gern gesehen – denn der braucht Entscheidungsvorlagen, keinen Datenwust.

2.4 Geistes- und Sozialwissenschaftler

Es gibt sie: die Historiker im Bankvorstand, die Soziologen im Großkundensegment und die Theologen in der Immobiliensparte. Aber sie sind die Ausnahme. Wer sich in seinem bisherigen Werdegang nicht für wirtschaftliche Zusammenhänge interessiert hat, wird es schwer haben, seinen Weg als Trainee direkt ins Bankgeschäft zu finden – da wird auch kein Nebenfach Volkswirtschaft mit drei Vorlesungen in Wirtschaftspolitik helfen. Es gilt, sich mit guten Argumenten zu positionieren und eine möglichst schlüssige Verbindung zwischen den im Studium erworbenen und den im angestrebten Beruf geforderten Kompetenzen herzustellen. Wer etwa im Studium das Fach Statistik nicht nur als lästige Pflicht empfunden hat, sondern sich dafür begeistern konnte und seine Diplomarbeit darauf aufgebaut hat, qualifiziert sich durchaus für manche Bereiche in der Bank, in denen der Umgang mit statistischen Modellen gefragt ist.

Aber die Bank besteht neben dem eigentlichen Bankgeschäft auch aus zahlreichen Querschnittsfunktionen wie dem Personalwesen oder der Unternehmenskommunikation – und vermutlich liegen den meisten Geistes- und Sozialwissenschaftlern diese Themen ohnehin näher als das Strukturieren von Kreditderivaten, die Ermittlung eines Unternehmenswerts oder die Analyse eines privaten Millionenvermögens. Doch auch die Arbeit in diesen Abteilungen erfordert ein hohes Maß an strukturiertem Denken, sicheren Umgang mit Zahlen und hohe Einsatzbereitschaft.

Womit Geisteswissenschaftler in Banken punkten können:

- Nachweisbares Interesse an wirtschaftlichen Zusammenhängen
- Unternehmenspraktika in Finanzunternehmen
- Relevante Projektarbeiten und -erfolge
- Hohe soziale Kompetenz, Netzwerkerqualitäten
- Interkulturelle Kompetenz
- Ausgeprägte Sprachbegabung
- Urteilsfähigkeit
- Überzeugungskraft

Umgang mit Menschen, Einschätzen von Verhalten, eine Antenne haben für Trends in der Gesellschaft sind Qualifikationen, die einer Bank an verschiedenen Stellen zugute kommen. Mit solchen Eigenschaften kann man auch eine Tätigkeit in der Kundenbetreuung anstreben. Immerhin nennen alle in solchen Bereichen arbeitenden Banken „den Umgang mit den Kunden“ als einen der größten Motivationsfaktoren, aber eben auch als eine der größten Herausforderungen ihres Jobs. Wer sich als teamfähig, offen, flexibel und hinreichend ehrgeizig präsentiert, sollte wissen: Die bankfachlichen Kenntnisse lassen sich auch in einem generalistisch angelegten Trainee-Programm erwerben. Nur sollte der Kandidat bald klare Interessen entwickeln und sich in einer bestimmten Richtung spezialisieren. Wer weiter Karriere machen will, kommt um zusätzliche Fortbildungen nicht umhin, kann auf seinen Bachelor zum Beispiel einen Master of Finance oder einen MBA setzen.

Interview mit Dr. Katja Hölsch

Dr. Katja Hölsch ist Analystin bei der Landesbank Baden-Württemberg

Sie haben Kommunikationswissenschaft studiert – ein ungewöhnlicher Einstig in die volkswirtschaftliche Abteilung einer Bank ...

Auf den ersten Blick vielleicht schon, aber es kommt darauf an, was man daraus gemacht hat. Ich habe mich bereits im Studium intensiv mit Politik, BWL und VWL beschäftigt. Ein Schwerpunkt lag dabei auf dem Fach Statistik, und darin war ich ziemlich gut. So kam es, dass ich am Lehrstuhl für Statistik eine Doktorandenstelle antreten konnte. Nach einigen Jahren an der Uni wollte ich in die Praxis wechseln. Es kam mir darauf an, mein Wissen auch weiterhin einzusetzen und auszubauen. Dabei ging es im Wesentlichen um Ökonometrie, also die Anwendung statistischer Methoden auf ökonomische Fragen. Da stößt man automatisch auf die Finanzbranche.

Auf was für eine Stelle haben Sie sich beworben?

Die Landesbank Baden-Württemberg hatte Trainee-Stellen für den Bereich Capital Markets Trading and Sales ausgeschrieben. Das Trading umfasst den Handel mit Anleihen, Devisen, Rohstoffen sowie Derivaten und strukturierten Produkten, die darauf basieren. Im Sales geht es um die Betreuung von institutionellen Kunden, Unternehmen, Gebietskörperschaften und Banken, die in entsprechende Produkte investieren oder sich gegen für sie ungünstige Entwicklungen absichern möchten. Weil in der Stellenbeschreibung ausdrücklich die Beherrschung quantitativer Methoden gefordert war, habe ich mich beworben.

Aber dorthin sind Sie dann nicht gekommen.

Nein, ich wurde zum Assessment Center eingeladen, und dort hat mir die Bank anstelle der ausgeschriebenen Position diese Stelle im Research angeboten. Und damit bin ich sehr zufrieden, weil ich gerne analytisch arbeite, viel mit Excel und mit speziellen Statistikprogrammen.

Was genau machen Sie?

Ich bin im Bond Research/Economics und auf die Volkswirtschaften der nordischen Länder spezialisiert. Außerdem entwickle ich quantitative Prognosemodelle hinsichtlich der Zins- und Währungsentwicklung, oder auch der allgemeinen Wirtschaftsentwicklung. Zum Beispiel hatten wir die Islandkrone schon lange als überbewertet eingestuft und damit gerechnet, dass sie früher oder später abwerten würde – was dann auch so gekommen ist. Solche Informationen sind für viele Kollegen in der Bank wichtig.

Was macht Ihnen Spaß an Ihrem Job?

Neben der sehr analytischen Arbeit bin ich nah an den Finanzmärkten der Welt – und die sind fast immer in Bewegung. Ich weiß am Morgen nie, ob etwas Ungewöhnliches passieren wird, und wenn etwas passiert, müssen wir schnell reagieren und unsere Prognosen überarbeiten – die Kunden wollen dann wissen, wie sich die unerwartete Zinsanhebung der Europäischen Zentralbank auf die Schwedische Krone auswirkt, oder der Ausgang der US-Präsidentenwahl auf den Dollarkurs. Das ist spannend und sehr abwechslungsreich.

2.5 Schulabgänger und Abiturienten

Sie stehen noch vor der Wahl „Studium oder Berufsausbildung?" Gratulation! Sie setzen sich zum richtigen Zeitpunkt intensiver mit Ihren Optionen auseinander – nämlich früh. Seit Einführung des Bachelors ist diese Frage noch relevanter geworden, dauert ein Studium heute doch kaum noch länger als eine Berufsausbildung. Welche Möglichkeiten Sie mit einem Studium haben, darüber informiert Sie dieses Buch in seinen anderen Kapiteln. Auf dieser Seite ein paar Worte zur Option „direkt zur Bank".

Berufsausbildung

Die klassische Berufsausbildung zum Bankkaufmann/zur Bankkauffrau dauert zweieinhalb Jahre und kann auf zwei Jahre abgekürzt werden – sie stellt also die schnelle Alternative mit direktem Praxiseinstieg und Gehaltszahlung dar. Manche Institute differenzieren nach Schwerpunkten, etwa Privatkunden- und Firmenkundengeschäft, oder nach bestimmten internen Bereichen. Wer sich allerdings auf seinem IHK-Abschluss ausruht, hat in Sachen Karriere abgeschlossen – weiterführende Fortbildung ist unumgänglich. Diese läuft selbstverständlich nach Feierabend, an Wochenenden und im Urlaub. Teilweise übernimmt die Bank die Kosten, doch ein Teil muss meist selbst bezahlt werden.

Das sind die wichtigsten Möglichkeiten:

- Bankfachwirt/-in (IHK), darauf aufbauend Bankbetriebswirt/-in
- Investment-Fachwirt/-in (IHK)
- Fachberater/-in für Finanzdienstleistung (IHK)
- Fachwirt/-in für Finanzberatung (IHK)

Mache Institute unterstützen ihre Mitarbeiter zeitlich und finanziell beim Erwerb eines Bachelors und darauf aufbauend eines Masters. Hinzu kommen zahlreiche spezialisierende Fortbildungen von wenigen Tagen bis zu mehreren Monaten, etwa im Immobilien-, Wertpapier- oder Kreditbereich. Jede der drei Bankengruppen arbeitet dabei bevorzugt mit einer der folgenden Institutionen zusammen:

Geschäftsbanken	
Frankfurt School of Finance & Management	www.frankfurt-school.de

Sparkassen	
Sparkassenakademie mit ihren regionalen Sparkassenakademien	www.deutsche-sparkassenakademie.de
Sparkassenhochschule	www.sparkassenhochschule.de

Genossenschaftsbanken	
Akademie der Genossenschaften	www.adgonline.de

Insgesamt, scheint es jedoch, kann sich der schnelle Weg der Berufsausbildung als Umweg erweisen. Zwar bieten Banken ihren besten Auszubildenden nach bestandener IHK-Prüfung häufig Förderprogramme an („In zwei Jahren zum Filialleiter") – doch auch dann sind die weiteren Karriereaussichten eher verhalten. Wer gleich studiert, begibt sich mit etwas Talent zügig auf die Überholspur.

Bankbetriebswirt/-in für Abiturienten

In der Regel machen Bankkaufleute nach Abschluss ihrer Berufsausbildung den Bankfachwirt und setzen später noch den Bankbetriebswirt darauf. Wer allerdings Wert auf einen akademischen Abschluss legt, ohne auf Praxiserfahrung verzichten zu wollen, findet bei genauerem Hinsehen auch interessante Alternativen. Die Sparkassenakademie Baden-Württemberg zum Beispiel hat den Ausbildungsgang „Bankbetriebswirt/-in (SBW) für Abiturienten und Bachelor of Science" entwickelt. Der Vorteil: Die Stufe „Bankfachwirt" kann in diesem Programm direkt übersprungen und in Kooperation mit der Sparkassen-Hochschule noch der Bachelor erworben werden.

Dabei bereitet sich der Kandidat nach der Bankausbildung über ein halbes Jahr im Selbststudium auf den Lehrgang zum Bankbetriebswirt vor. Dann folgt ein Jahr an der Sparkassenakademie, in dem sich jeweils dreimonatige Phasen im Vollzeitstudium mit drei Monaten Praxis abwechseln. Darauf folgen noch einmal zwei Semester an der Sparkassen-Hochschule mit Abend- und Wochenendstudium. Von den dort geforderten 36 Modulen werden zehn aus der bereits absolvierten Ausbildung angerechnet.

Absolventen haben so nach insgesamt viereinhalb Jahren drei Abschlüsse in der Tasche: Den Bankkaufmann, den Bankbetriebswirt und den Bachelor of Science. Dabei haben sie durchgehend Gehalt bezogen und sind im Anschluss direkt an verantwortlicher Stelle einsetzbar. Zum Vergleich: Wer nach drei Jahren Bachelor-Studium noch 18 Monate Trainee-Programm anschließt, ist auch nicht weiter – hat aber bis zu diesem Zeitpunkt weniger verdient und deutlich weniger Praxiserfahrung gesammelt. Es kann also nützlich sein, sich genauer über die Ausbildungsprogramme einer Bank oder Sparkasse zu informieren.

Berufsakademie

Einer der besten Einstiegswege derzeit: Integrierte Bildungsangebote verbinden ein dreijähriges Studium an einer Berufsakademie mit der Praxis in der Bank – inklusive Gehalt und Urlaub. Gelehrt werden in der Regel wie an der Universität allgemeine Betriebswirtschaftslehre und Volkswirtschaftslehre, Bankbetriebslehre als Vertiefungsfach ist selbstverständlich, hinzu kommen Mathematik und Statistik, Managementthemen und methodische Fertigkeiten wie Präsentieren, Verhandeln und Verkaufen. Am Ende steht meist der Abschluss Bachelor of Arts, aber auch andere Schwerpunkte sind je nach Bedarf und Neigung möglich. Der weitere Weg in der Bank führt wie die Berufsausbildung meist in kundennahe Bereiche, umfasst also vor allem beratende und vertriebliche Tätigkeiten. Nach Abschluss einer integrierten Ausbildung bietet es sich an, einen Master darauf zu setzen und sich über weitere Lehrgänge zu spezialisieren.

Banken arbeiten meist mit mehreren der zahlreichen Berufsakademien in Deutschland zusammen. Unter www.banklounge.de finden Sie eine Link-Liste. Viele Berufsakademien führen auf ihren Internetseiten ihre Bankenpartner auf. Die Bewerbung allerdings geht wie bei der klassischen Berufsausbildung auch an die Bank. Nicht jede Bank bietet ein solches Programm. Ob die Wunschbank es anbietet, sollte man im Voraus mit einem kurzen Anruf in der Personalabteilung klären.

3 SPIELER IM BANKENMARKT

3.1 Karriereanbieter im Vergleich

Sie stehen vor der Frage, ob Sie eine Karriere im Bankenmarkt anstreben sollen, möchten sich zunächst grob orientieren und halten nach ersten Selektionskriterien für die Wahl eines möglichen Arbeitgebers Ausschau. Dann sollten Sie neben Ihren persönlichen Neigungen und Präferenzen die Profile der Karriere-Anbieter studieren und einen Blick auf „Karriereziele" und auf „Karrierebeschleuniger" richten.

Karriereziele

Für die Chancen-Profile haben wir aus der Vielzahl möglicher Karriereziele vier ausgewählt:

- Das Ziel **Imagefaktor** beschreibt das Ansehen des möglichen Arbeitgebers im Markt.
- Die **Vergütungsdynamik** beschreibt die Wahrscheinlichkeit, schneller eine hohe Vergütung zu erzielen.
- Die **Work-Life-Balance** beschreibt den persönlichen Zeitaufwand, den Sie für eine Karriere einplanen sollten. Ein Stern: „Freizeit" wird zum Fremdwort. Fünf Sterne: Es wird bequem (siehe Tabelle auf der nächsten Seite).
- Die **Jobsicherheit** drückt aus, mit welcher relativen Sicherheit Sie rechnen können.

Karrierebeschleuniger

Karrierebeschleuniger sind Umstände, die ein schnelleres Erreichen der nächsten Karrierestufe wahrscheinlicher machen:

- Der Beschleuniger **Karrierevielfalt** bewertet das Angebot des einzelnen Arbeitgebers im Hinblick auf die Anzahl der möglichen Karrierepfade.
- **Karrieredynamik** steht für die Wahrscheinlichkeit, bei diesem Arbeitgeber rasch von einer Karrierestufe zur nächsten aufzusteigen.
- **Mobilitätsdynamik** gibt Auskunft über die Wahrscheinlichkeit, für diesen Arbeitgeber an unterschiedlichen Orten zum Einsatz zu kommen.

In den Steckbriefen der Karriereanbieter auf den folgenden Seiten sind diese Faktoren im „Chancen-Profil" zusammengefasst. Fünf Sterne stehen dabei für die höchste Ausprägung eines Faktors. Die Bewertung beruht, ohne Anspruch auf mathematische Präzision, auf der Begleitung unzähliger Karrieren.

Beispiel: Chancen-Profil „Auslandsbanken"

Karriereziele		Karrierebeschleuniger	
Imagefaktor	★ ★ ★	Karrierevielfalt	★ ★ ★
Vergütungsdynamik	★ ★ ★	Karrieredynamik	★ ★
Work-Life-Balance	★ ★ ★	Mobilitätsdynamik	★ ★ ★ ★ ★
Jobsicherheit	★ ★		

Eines zeigen die Profile nicht: Karriere ist immer im Kontext von formeller Einstiegsqualifikation und persönlichem Anspruch zu sehen. Für viele ist die Karriere schon erfolgreich, wenn die ersten Stufen der tariflichen Vergütung erklommen sind, für einige wenige ist Karriere erst dann erfolgreich, wenn sie in der Ebene direkt unterhalb der Vorstände oder sogar im Vorstand selbst Platz nehmen können.

Noch ein paar Worte zu den bewerteten Faktoren:

Jobsicherheit: Langfristige Jobsicherheit hängt nicht von der Wahl der Arbeitgebers ab; sie ist Folge des persönlichen Angebotes an den (nächsten) potenziellen Arbeitgeber: Je mehr Sie zu bieten haben, desto attraktiver werden Sie auf dem Karrieremarkt. Dabei gilt grundsätzlich: Karrierechancen und Jobsicherheit schließen sich nicht gegenseitig aus. Viel zu oft werden Chancen der Sicherheit geopfert.

Karrierevielfalt: Karrierechancen bieten sich immer auch relativ zur Menge der möglichen Positionen in einem Segment. Ein Anbieter von Karrieren wird grundsätzlich attraktiver, wenn er viele unterschiedliche Karrierepfade anbietet.

Karrieredynamik: Je dynamischer eine Organisation, desto wahrscheinlicher wird Karriere. Anders formuliert: Karriere in eher statischen Organisationen ist weniger wahrscheinlich. Karriereanbieter, die schnell wachsen und deshalb nach kurzer Zeit erste Führungsaufgaben bereithalten, bieten mehr Dynamik und schnelleren Aufstieg.

Mobilitätsdynamik: Mobilität ist Grundvoraussetzung einer Karriere - Karrierechancen sind oft eine Folge der Bereitschaft, einen neuen Einsatzort zu akzeptieren. Doch der Karrierebeschleuniger „Mobilität" geht über das aktuelle Unternehmen hinaus. Er bedeutet auch, den Anbieter von Karrieren im richtigen Augenblick zu wechseln. Je länger eine Person in einem Unternehmen bleibt, desto wahrscheinlicher wird es, dass sie hinter die Einkommens- und Karriereentwicklung vergleichbarer Personen im Markt zurückfällt.

3.2 Nationale Top-Banken

Zwar buhlen in Deutschland 2.277 Banken um die Gunst von Geschäfts- und Privatkunden. Wer jedoch mit einem Bachelor oder Master in der Tasche seine ersten Karriereschritte gehen will, sollte sich zunächst auf die größten Banken konzentrieren. Allerdings sprechen nicht einmal unter den Top 100 alle Institute systematisch Universitätsabsolventen an. Die folgende Tabelle führt die 44 Banken unter den Top 100 an, die auf ihren Internetseiten explizit auf ihre Trainee-Programme für Jungakademiker hinweisen oder zumindest in ihren Job-Angeboten entsprechende Positionen ausgeschrieben haben.

Einige der nicht aufgeführten Häuser weisen jedoch auf Praktikumsangebote für Studierende hin. Hier erfolgt die Rekrutierung von Absolventen offenbar bevorzugt über das Kennenlernen schon während des Studiums. Wiederum andere, insbesondere aus dem Sparkassenlager, bevorzugen ausdrücklich Studenten, die bereits in einer Sparkasse eine Berufsausbildung absolviert haben. Natürlich bieten sich auch in vielen der Häuser ohne explizite Trainee-Programme Einstiegsmöglichkeiten. Wenn das Profil einer solchen Bank zu den eigenen Ambitionen passt, sollten Interessenten nicht den Anruf in der Personalabteilung scheuen, mit der Frage, ob eine Bewerbung auf Interesse stoßen würde.

Internationale Ambitionen lassen sich am besten bei den Top-10 der deutschen Bankenliga verfolgen. Einige unter ihnen ermöglichen es ihren jungen Mitarbeitern bereits sehr früh, jenseits der Ländergrenzen Berufserfahrung zu sammeln. Karriereförderung wird in diesen Häusern systematisch betrieben, häufig mit besonderen Programmen, die auf spätere Führungsaufgaben vorbereiten. Mitglied in einem solchen Programm zu sein, heißt, sich in seinem ohnehin fordernden Alltag zusätzlich in speziellen Projektteams zu engagieren. Wer sich hier positiv hervorhebt und in der Lage ist, sich ein Netzwerk aufzubauen und - noch besser - einen Förderer zu finden, dem stehen alle Möglichkeiten offen. Zudem liegt das Gehaltsniveau in den großen international agierenden Häusern deutlich über dem der zweiten und dritten Reihe. Aber auch die nicht ganz so großen Häuser bieten durchaus internationale Perspektiven. Wer anstrebt, schnell umfassende Führungsverantwortung zu übernehmen, könnte unter Umständen in einem der kleineren Häuser schneller zum Ziel kommen. Eine Expertenkarriere oder die Übertragung von Vertriebsaufgaben stellt sich in kleineren Häusern als ebenso große Herausforderung dar wie in den großen - teilweise mit umfassenderen Verantwortungsbereichen. Für die Bezahlung gilt wie überall die Faustregel: Je größer das Unternehmen, desto höher das Gehaltsniveau, in den Kreditbanken wird tendenziell mehr bezahlt als im öffentlich-rechtlichen Sektor und bei den Genossenschaftsbanken.

Chancen-Profil

Karriereziele		**Karrierebeschleuniger**	
Imagefaktor	★ ★ ★ ★ ★	Karrierevielfalt	★ ★ ★ ★ ★
Vergütungsdynamik	★ ★ ★ ★	Karrieredynamik	★ ★ ★ ★
Work-Life-Balance	★ ★	Mobilitätsdynamik	★ ★ ★ ★
Jobsicherheit	★ ★ ★		

Expertise: www.ingeniam.de; Bewertung relativ zu den anderen Jobprofilen

Die 44 größten Banken in Deutschland mit Absolventen-Programmen

Rang	Institut	Ort	*	Internet
1	Deutsche Bank	Frankfurt/M.		www.db.com/careers/de/
2	Commerzbank	Frankfurt/M.		www.commerzbank.de → Karriere
3	Dresdner Bank	Frankfurt/M.		www.dresdner-bank.jobs
4	DZ Bank	Frankfurt/M.		www.dzbank.de → Karriere
5	Landesbank Baden-Württemberg	Stuttgart		www.lbbw.de → Beruf & Karriere
6	KfW Bankengruppe	Frankfurt/M.		www.kfw.de → Karriere
7	HVB Group	München		www.hypovereinsbank.de → Jobs & Karriere
8	BayernLB	München		www.bayernlb.de → Karriere
9	WestLB	Düsseldorf		www.westlb.de → Jobforum
11	Norddeutsche Landesbank	Hannover		www.nordlb.de → Karriere
12	HSH Nordbank	Hamburg/Kiel		www.hsh-nordbank.de → Jobs & Karriere
13	Postbank	Bonn		www.postbank.de → Die Postbank → Karriere
14	Landesbank Hessen-Thüringen	Frankfurt/M.		www.helaba.de → Karriere
15	Hypo Real Estate Holding	München		www.hyporealestate.com → Karriere
16	Landesbank Berlin	Berlin		www.lbb.de → Jobs & Karriere → Die LBB als Arbeitgeber
17	NRW.Bank	Düsseldorf		www.nrwbank.de → Karriere → Einstieg
18	DekaBank	Frankfurt/M.		www.dekabank.de → Karriere
22	WGZ Bank	Düsseldorf		www.wgzbank.de → Karriere
23	LRP Landesbank Rheinland-Pfalz	Mainz		www.lrp.de → Karriere
27	IKB Deutsche Industriebank	Düsseldorf/ Berlin		www.ikb.de → Jobs & Karriere → Einstiegspfade
28	Landeskreditbank Baden-Württemberg	Karlsruhe		www.l-bank.de → Karriere
29	SEB	Frankfurt/M.		www.seb-bank.de → Unternehmen/Presse
32	Berlin-Hannoversche Hypoth.bk.	Berlin		www.berlinhyp.de → Karriere → Berufseinstieg
34	Aareal Bank AG	Wiesbaden		www.aareal-bank.com → Jobs & Karriere → Ihr Weg zu uns

35	Bausparkasse Schwäbisch Hall	Schwäbisch Hall	www.schwaebisch-hall.de → Karriere
37	Sal. Oppenheim	Köln	www.oppenheim.de → Karriere → Einstiegsmöglichkeiten
39	Dt. Hypothekenbank	Hannover/ Berlin	www.deutsche-hypo.de → Karriere
40	Hamburger Sparkasse AG	Hamburg	www.haspa.de → Die Haspa → Karriere
43	Münchener Hypothekenbank eG	München	www.muenchener-hyp.de → Unternehmen → Karriere
45	Düsseldorfer Hypothekenbank AG	Düsseldorf	www.duesshyp.de → Bewerber
48	Volkswagen Bank GmbH	Braunschweig	www.volkswagenbank.de
51	Wüstenrot Bausparkasse AG	Ludwigsburg	www.wuestenrot.de → Karriere → Ausbildung
52	HSBC Trinkaus & Burkhardt	Düsseldorf	www.hsbctrinkaus.de → Karriere
53	BHF-Bank	Frankfurt/M.	www.bhf-bank.com → Die Bank → Karriere
54	Nassauische Sparkasse	Wiesbaden	www.naspa.de → Naspa → Jobbörse
55	Santander Consumer Bank	Mönchen-gladbach	www.santander.de → Wir über uns
57	Mercedes-Benz Bank	Stuttgart	www.mercedes-benz-bank.de → Karriere
58	Debeka Bausparkasse	Koblenz	www.debeka.de → Jobs & Karriere
61	Stadtsparkasse München	München	www.sskm.de → Karriere
62	Citibank	Düsseldorf	www.citibank.de → Karriere
70	Sparkasse Pforzheim Calw	Pforzheim	www.sparkasse-pforzheim-calw.de → Unser Unternehmen → Beruf & Karriere
73	Ostsächsische Sparkasse	Dresden	www.ostsaechsische-sparkasse-dresden.de
79	Oldenburgische Landesbank	Oldenburg	www.olb.de → Jobs & Karriere
84	Sparkasse Essen	Essen	www.sparkasse-essen.de → Sparkasse → Jobs & Karriere

* ■ Geschäftsbanken ■ Sparkassen-Finanzgruppe ■ Genossenschaftsbanken

Quelle: www.bankenverband.de → Statistik-Service; Stand 2006; nach Bilanzsumme

EXPERTENTIPP Die Auswahl des ersten Arbeitgebers ist für die Karriereziele und die persönlichen Karriereambitionen von besonderer Bedeutung. Treffen Sie Entscheidungen mit Perspektive und nicht aus Zufall. Der erste Arbeitgeber, der Ihnen eine Zusage gibt, muss nicht der richtige sein.

3.3 Internationale Top-Banken

Deutschland zieht als eine der größten Volkswirtschaften der Welt auch Banken aus aller Welt an: Ob Privatkunden, Vermögende, Mittelstand oder Investmentbanking, in allen Sparten des Geschäfts suchen Auslandsbanken ihre Chancen. In einigen Bereichen, im Investmentbanking zum Beispiel, teilweise auch bei Konsumentenkrediten, sind sie sogar dominant bis marktbeherrschend. 2007 waren 205 ausländische Institute in Deutschland aktiv, ein Jahr zuvor waren es noch 176.

Welche Bedeutung Auslandsbanken für den Finanzplatz Deutschland haben, zeigt ihre Dominanz an den Kapitalmärkten. So trugen sie zum Beispiel 2007 zur Hälfte zum Aktienumsatz an der Frankfurter Wertpapierbörse bei, in guten Börsenjahren können es deutlich mehr als 50 Prozent sein. Und die an der Derivatebörse Eurex (hier werden Finanzinstrumente wie Optionen und Futures gehandelt) zum Handel zugelassenen Marktteilnehmer kommen zu 80 Prozent aus dem Ausland.

Chancen-Profil

Karriereziele		Karrierebeschleuniger	
Imagefaktor	★★★★★	Karrierevielfalt	★★★★★
Vergütungsdynamik	★★★★★	Karrieredynamik	★★★★★
Work-Life-Balance	★	Mobilitätsdynamik	★★★★★
Jobsicherheit	★★		

Expertise: www.ingeniam.de; Bewertung relativ zu den anderen Jobprofilen

EXPERTENTIPP Die Bandbreite der internationalen Banken ist sehr weit gefächert. Von der fokussierten Retail Bank bis hin zur Weltelite des Investmentbanking. Beachten Sie für Ihre Entscheidung immer das relative Gewicht des deutschen Standortes zum jeweiligen Heimatstandort. Die unbedeutende Filiale einer internationalen Großbank in Deutschland bietet für die Karriereentwicklung mitunter weniger als ein nationaler Champion aus der zweiten Reihe.

Die meisten Top-Banken der Welt sind auch in Deutschland vertreten, meist konzentrieren sie sich auf bestimmte Geschäftsfelder. Die Tabelle zeigt 20 Banken, die im Internet mit Karriereseiten aktiv Absolventen ansprechen. Viele unter ihnen leiten deutsche Interessenten direkt zu ihrem deutschen Angebot und werben offensiv mit den internationalen Perspektiven, die sie ihren Mitarbeitern öffnen können.

Top-Banken* international mit Absolventen-Programmen

Institut	Land	Internet
Barclays Bank	GB	www.barclays.com → Careers
UBS	CH	www.ubs.com/1/g/career_candidates.html
HSBC Holdings	GB	www.hsbctrinkaus.de → Karriere
Citigroup	USA	www.citigroup.com → Careers
BNP Paribas	F	www.bnpparibas.de → Jobs & Karriere
Crédit Agricole Group	F	www.credit-agricole.com → Recrutement
Royal Bank of Scotland	GB	www.makeitrbs.com
Bank of America Corp	USA	http://careers.bankofamerica.com
JP Morgan Chase & Co	USA	www.jpmorganchase.com → Careers
ABN AMRO Bank	NL	www.abnamro.com/ → Careers
Credit Suisse Group	CH	www.credit-suisse.com/careers
Société Générale	F	http://careers.socgen.com
ING Bank	NL	www.ing.jobs/careers
Santander Central Hispano	E	www.santander.com → Jobs at Santander
HBOS	GB	www.hbosplc.com → Recruitment
Uni Credit	I	www.unicreditgroup.eu → Career
Fortis Bank	B	www.fortis.com/career
Groupe Caisse d'Epargne	F	www.groupe.caisse-epargne.com → Recrutement
Dexia	B	www.dexia.com → Candidate
Rabobank Group	NL	www.rabobank.com → Careers

* Nach Bilanzsumme

Direkt im Ausland bewerben

Tatsächlich ist es so, dass viele Auslandsbanken auf ihre deutschen Töchter verweisen, bewirbt man sich direkt in deren Heimatzentrale. Kommentar aus einer großen französischen Bank: „Die Zahl von deutschen Alumni, die sich direkt bei unserem Mutterhaus bewerben, ist gering. Grundsätzlich erfolgt die Einstellung in den jeweiligen Ländern und internationale Entwicklungsmöglichkeiten werden - bei Eignung - angeboten." Aber natürlich, so der Personaler weiter, stehe jedem die Möglichkeit offen, sich über das Online-Karriereportal direkt in Paris zu bewerben.

Eine große britische Bank berichtet von immerhin 267 Bewerbungen aus deutschen Universitäten. Acht dieser Kandidaten haben 2008 ein Trainee-Programm aufgenommen - allerdings in Deutschland. Zwei Deutsche konnten direkt in London ihre Karriere beginnen; diese beiden haben aber bereits in England studiert. Wenn auch nicht repräsentativ, bestätigt doch die Umfrage bei einigen weiteren Banken: Besonders aussichtsreich dürften Direktbewerbungen im Ausland für die meisten Absolventen nicht sein. Wie es aussieht, haben direkt im Ausland nur Bewerber eine echte Chance,

- die möglichst bereits im Wunschland studiert haben,
- ... noch besser mit Abschluss,
- die sich während eines Praktikums bekannt gemacht haben,
- die zumindest die Sprache perfekt beherrschen,
- die auch sonst sehr gute Argumente für ihren Schritt haben.

Schließlich sollte man nicht die Herausforderung unterschätzen, die ein Direkteinstieg im Ausland mit sich bringt: Bürokratie, interkulturelle Fettnäpfchen, ein meist komplett fehlendes privates Umfeld und berufliches Netzwerk - es ist etwas anderes auszuwandern, als drei Monate zu hospitieren. Eine Karrieregarantie gibt dieser Weg auch nicht - hier gelten die gleichen Gesetze wie zuhause. Nur wer nachweisen kann, dass er stetig mehr Verantwortung übernommen, die richtigen Qualifikationen erworben sowie ehrgeizig und erfolgreich gearbeitet hat, wird bei einer späteren Rückkehr Interesse bei deutschen Instituten wecken. Eines aber fehlt dann in jedem Fall: Das für eine zügige Karriere unverzichtbare Netzwerk aus Mitstreitern und Förderern. So dürfte der Weg zurück nach Deutschland eher über die eigene Bank führen - wenn der Mitarbeiter das überhaupt noch will. Eine deutsche Bankerin in London drückt es so aus: „Ich habe mir hier sieben Jahre lang etwas aufgebaut, in Deutschland müsste ich quasi von vorne anfangen. Deshalb bleibe ich hier."

Web-Link Sehr ausführliche Hinweise für Bewerbungen in ausgewählten Ländern gibt die Seite www.internet-bewerbung.de/bewerbung-international.

3.4 Investmentbanken

Goethe war kein Investmentbanker, seinem Werk „Egmont" aber entstammt ein Wort, das zur Branche nicht besser passen könnte: „Himmelhoch jauchzend, zum Tode betrübt". Was in diesem Zusammenhang nichts anderes bedeutet, als dass das Geschäft äußerst zyklisch verläuft, sich also Phasen exzessiver Gewinne (und Gehälter) mit Phasen bisweilen unglaublich anmutender Verluste (und Entlassungswellen) abwechseln. Das gilt zumindest für die Hochburgen dieser Profession, nämlich London und New York. In abgeschwächter Form sind diese Zyklen aber auch in Frankfurt oder München zu spüren. Auch die 2007 und 2008 den Finanzmarkt und die Wirtschaftspresse beherrschende Subprime-Krise (siehe Kapitel 4.9.1 Risikomanagement) ist ein Phänomen aus dem Investmentbanking.

Die zentralen Geschäftsfelder im Investmentbanking sind diese:

Kapitalmarktgeschäft: Investmentbanken unterstützen Unternehmen dabei, Eigenkapital oder Fremdkapital für Investitionen aufzunehmen. Der bekannteste Weg, an Eigenkapital zu gelangen, ist die Aktienemission mit Börsengang, in der Branche gern „IPO" genannt, was für „Initial Public Offering" steht. Auch Kapitalerhöhungen werden von Investmentbanken begleitet. Das Instrument für Fremdkapital ist die Anleihe, schicker klingt aber „Bond". Wer erzählt, er arbeitet im „Fixed Income", hat in irgendeiner Weise mit Anleihen zu tun. Hier gibt es unzählige Formen: „Inflation Linked", „Floater", „Convertibles", „Genussscheine" und viele mehr.

Mergers & Acquisitions: Die wohl schillerndste Facette des Investmentgeschäfts. Banken beraten Unternehmen dabei, andere Unternehmen zu kaufen oder einen Käufer zu finden. In der Erinnerung bleiben häufig die großen Übernahmeschlachten, die bei so genannten feindlichen Übernahmen geschlagen werden, wenn sich das Zielunternehmen gegen die Übernahme wehrt - etwa als die britische Vodafone den deutschen Mobilfunkanbieter Mannesmann gekauft hat. Dabei stehen Investmentbanken den Beteiligten auf beiden Seiten beratend bei.

Wertpapiergeschäft: Banken handeln im Namen von Kunden oder auf eigene Rechnung mit allem, was die Kapitalmärkte zu bieten haben: Aktien, Anleihen, Zinsen, Währungen und Rohstoffe sind die bekanntesten Handelsobjekte. Bei einigen Banken spielt der Eigenhandel eine große Rolle für den Jahresgewinn. Mit ihrem Handel sorgen sie einerseits für die an den Kapitalmärkten notwendige Liquidität (nur wenn tatsächlich gehandelt wird, lassen sich Preise ermitteln), andererseits neigen sie dazu, Trends zu verstärken und zu überzeichnen - dann entstehen die berühmten Blasen, die irgendwann platzen. Untrennbar mit dem Handel verbunden sind die Analysten, also die Auguren künftiger Markt- und Kursentwicklungen.

Verbriefungen: Investmentbanken investieren in neue Finanzmarktinstrumente wie zum Beispiel verbriefte Kreditportfolios. Diese kommen von Hypothekenbanken und anderen Instituten, die hohe Kreditvolumina in ihren Bilanzen haben und am Kapitalmarkt weiterverkaufen, um sich selbst davon zu entlasten. Verbrieft heißt, dass Kredite so aufbereitet werden, dass sie gehandelt werden können.

Vermögensverwaltung: Investmentbanken verwalten die Vermögen von Privatpersonen und Institutionen. Asset Management nennt sich die Disziplin. Auch Fondsgesellschaften könnte man in diesem Sinne dem Investmentbanking zuordnen.

Die großen Spieler

Beim Thema Investmentbank stehen vor allem die großen amerikanischen Namen im Vordergrund, die sich allein auf dieses Geschäft konzentrieren. Einlagen und Kredite findet man bei ihnen nicht, ihre Kunden sind die großen Unternehmen der Welt. In der Branche werden die ganz Großen „Bulge Brackets" genannt, sie heißen Goldman Sachs, Lehman Brothers, Merrill Lynch und Morgan Stanley. Viele von ihnen sind jüngst allerdings der Finanzkrise zum Opfer gefallen - eine Presse-Recherche gibt Aufschluss über die neueste Entwicklung.

Und auch europäische Universalbanken haben sich im Investmentbanking etabliert, wie die Aufstellung der deutschen Marktführer im M&A-Geschäft und bei den Bond-Emissionen zeigen:

Top-10 Investmentbanken M&A in Deutschland 2007

Rang 2007	Institut	Land	M&A-Volumen 2007 (Mrd. €)	Internet
1	Goldman Sachs	USA	86,8	www.gs.com/careers
2	Morgan Stanley	USA	72,9	www.morganstanley.com → Careers
3	Deutsche Bank	D	62,3	www.db.com/careers/de/
4	JP Morgan Chase	USA	55,7	www.jpmorganchase.com → Careers
5	UBS	CH	49,0	www.ubs.com/1/g/career_candidates.html
6	Dresdner Kleinwort	D	47,3	www.dresdnerkleinwort.com → Careers
7	Rothschild	GB	43,4	www.rothschild.com/careers
8	Citigroup	USA	38,7	www.citigroup.com → Careers
9	Credit Suisse	CH	31,3	www.credit-suisse.com/careers
10	Lehman Brothers	D	26,9	www.lehman.com/careers

Quelle: Verband der Auslandsbanken

Top-10-Bond-Emissionen in Deutschland 2007

Rang 2007	Institut	Land	M&A-Volumen 2007 (Mrd. €)	Internet
1	Deutsche Bank	D	101,3	www.db.com/careers/de/
2	Barclays Capital	GB	91,2	www.barclays.com → Careers
3	Société Générale	F	66,6	http://careers.socgen.com
4	ABN AMRO	NL	61,5	www.abnamro.com/ → Careers
5	Citigroup	USA	59,0	www.citigroup.com → Careers
6	BNP Paribas	F	57,4	www.bnpparibas.de → Jobs & Karriere
7	Royal Bank of Scotland	GB	52,2	www.rbs.com → Careers
8	JP Morgan	USA	51,4	www.jpmorganchase.com → Careers
9	HSBC	GB	46,4	www.hsbctrinkaus.de → Karriere
10	Natixis	F	38,3	www.natixis.com → Ressources humaines

Quelle: Verband der Auslandsbanken

In der zweiten Reihe

... lebt es sich im Investmentbanking auch spannend. Beinahe sämtliche in den Kapiteln „Nationale Top-Banken" und „Internationale Top-Banken" aufgeführten Institute haben Geschäftsbereiche im Investmentbanking und bearbeiten täglich anspruchsvolle Mandate. Der Kauf oder Verkauf eines Mittelständlers mit 250 Millionen Euro Umsatz, die Emission einer Schuldverschreibung, der Börsengang eines aufstrebenden Komponentenanbieters für Solaranlagen - im Kapitalmarktgeschäft passiert viel übers Jahr.

Darüber hinaus konzentrieren sich viele sehr kleine Banken auf das M&A-Geschäft für den Mittelstand. Manche Privatbank verknüpft die Vermögensverwaltung für ihre Kunden mit anderen Dienstleistungen aus dem Investmentbanking. Solche Mandate sind zumeist national geprägt, Millionenboni wie in der Londoner City oder der Wall Street sind hier nicht zu erwarten.

Mitarbeiter haben gute Aussichten auf attraktive Gehälter und Jahresboni, der variable Gehaltsanteil ist immer sehr hoch. Aber die Bank will etwas dafür sehen. Kein Geschäft im Banking ist so kompetitiv wie das M&A- und das Kapitalmarktgeschäft, besonders auf dem internationalen Parkett. Eine junge Investmentbankerin, die bei einer internationalen Großbank beschäftigt ist, beschreibt das so: „Der Samstag ist zum Einkaufen und für Erledigungen da. Am Sonntag sollte man dann so ab zehn wieder im Büro sein." Zeitdruck, Leistungsdruck, Erfolgsdruck - wer dazu nicht bereit ist, sollte sich lieber ein anderes Geschäftsfeld suchen.

Chancen-Profil

Karriereziele		Karrierebeschleuniger	
Imagefaktor	★ ★ ★ ★	Karrierevielfalt	★ ★ ★
Vergütungsdynamik	★ ★ ★ ★ ★	Karrieredynamik	★ ★ ★ ★
Work-Life-Balance	★	Mobilitätsdynamik	★ ★ ★ ★ ★
Jobsicherheit	★ ★		

Expertise: www.ingeniam.de; Bewertung relativ zu den anderen Jobprofilen

EXPERTENTIPP Die Investmentbanken suchen die Elite der Studienabgänger. Sie verlangen Außerordentliches in fachlicher und persönlicher Kompetenz; dafür bieten sie - für die Erfolgreichen - Außerordentliches in der Vergütung. Aber immer nur dann, wenn die Bank hervorragend verdient.

Web-Link Einen Einblick in das sehr angelsächsisch geprägte Investmentbanking ermöglicht die Seite www.careers-in-finance.com/ib.htm

3.5 Kreditbanken

Alle Banken, die nicht zum öffentlich-rechtlichen Sektor oder zu den Genossenschaftsbanken gehören, werden in der hier maßgeblichen Statistik der Deutschen Bundesbank als „Kreditbanken“ bezeichnet, häufig hört man den Begriff „Geschäftsbanken“. Natürlich vergeben auch die anderen Institute Kredite und machen Geschäft. Der zweite Ausdruck passt aber insofern, als das Gewinnstreben der vornehmliche Zweck dieser Banken ist, während sich die öffentlich-rechtlichen Institute satzungsgemäß dem öffentlichen Wohl verpflichtet fühlen und die Genossenschaftsbanken ihre Existenz darüber definieren, ihre „Mitglieder zu fördern“.

Zu den Kreditbanken gehören

- die fünf Großbanken (Deutsche Bank, Commerzbank, Dresdner Bank, HypoVereinsbank, Postbank)
- zahlreiche Regionalbanken,
- die Privatbankiers,
- Institute mit Sonderaufgaben (Förderbanken),
- Hypothekenbanken, Bausparkassen und andere
- Auslandsbanken.

Die im Bundesverband Deutscher Banken zusammengeschlossenen gut 370 Kreditbanken mit ihren über 11.000 Filialen vereinen eine Bilanzsumme von mehr als 2,3 Billionen Euro auf sich. International sind sie nach Angaben ihres Verbandes mit fast 170 Zweigstellen und über 300 Auslandstöchtern vertreten. Damit gehören sechs von zehn ausländischen Zweigstellen sowie drei Viertel der Auslandstöchter deutscher Kreditinstitute zu den privaten Kreditbanken - eine große Spielwiese für Absolventen mit internationalen Ambitionen.

Während die Kreditbanken im Spargeschäft weit hinter den anderen beiden Bankengruppen stehen, zeigt sich ihre Stärke im Wertpapiergeschäft. Die bei ihnen geführten rund 9,3 Millionen Wertpapierdepots haben gemessen am Kurswert der in ihnen gehaltenen Aktien, Anleihen und anderen Finanzinstrumente einen Marktanteil von über 60 Prozent.

In der Diskussion um die Zurückhaltung der Banken bei der Kreditvergabe an Unternehmen, weist der Bankenverband darauf hin, dass die Branche ihre Kredite an diese Gruppe 2007 um 6,4 Prozent ausgeweitet hat, die Kreditbanken allein haben das Volumen sogar um 11,5 Prozent gesteigert. Solche Zahlen werden akribisch von der Bundesbank erhoben.

Zudem spielen die Kreditbanken eine wesentliche Rolle bei der Finanzierung der staatlichen Haushalte. 2007 wiesen die Institute in ihren Büchern Kredite an Bund, Länder und Kommunen in Höhe von rund 140 Milliarden Euro aus. Ein großer Teil der Finanzierung erfolgt über die Emission öffentlicher Anleihen. In der Bietergruppe Bundesemissionen zum Beispiel sind 25 von 33 Instituten private Banken. Auch die Mehrzahl der deutschen Primärhändler von Staatsanleihen gehört zu den Kreditbanken. Als Primärhändler stellen sie mit sicher, dass die Anleihen auf den internationalen Kapitalmärkten platziert werden.

Web-Link Mehr über die Kreditbanken unter www.bankenverband.de

Heterogene Bankengruppe

Die Kreditbanken haben außer ihrer privaten Rechtsform wenig gemein. Alles ist vertreten: Von der global agierenden „Investmentbank mit starkem Privatkundengeschäft“ über die regionale auf das Privatkundengeschäft fokussierte Filialbank bis zur kleinen feinen Privatbank für Vermögende. Entsprechend unterschiedlich sind die Perspektiven, die sich den Absolventen in den Häusern bieten.

Von diesen Perspektiven und den Erwartungen an den künftigen Arbeitgeber hängt es ab, wo es sinnvoll ist genauer hinzusehen und sich zu bewerben. Eine internationale Karriere startet am besten in einem der großen Häuser. Wer sich örtlich gebunden fühlt, kann in einer Filialbank oder Privatbank eine ganze Reihe von Stärken ausspielen - Kunden lieben es, wenn ihr Gegenüber sich mit der Region verbunden fühlt, sich auskennt und mitreden kann. Solche Berater sind zudem im Vertrieb häufig die erfolgreicheren - und verdienen entsprechend gut.

Sinnvoll ist es auch, sich zunächst anzuschauen, welche Banken in dem gewünschten Geschäftsfeld besonders stark sind, und sich dort gezielt zu bewerben. Es erweist sich häufig als Vorteil, sich bereits mit dem künftigen Arbeitsgebiet auseinandergesetzt zu haben und zu wissen, wer die relevanten Anbieter auf dem Markt sind. Ohnehin steigen die Chancen auf einen Job exponenziell, wenn man mehr zu schreiben weiß als „Ich möchte Banker werden“, zum Beispiel „Mich fasziniert seit Jahren die Welt der Anlagezertifikate. Bei Ihnen als führendem Zertifikate-Emittenten in Deutschland möchte ich dieses Interesse zum Beruf machen“. Sie wollen ins M&A-Geschäft? Dann informieren Sie sich, welche Banken darin etabliert sind. Es ist nicht verkehrt, im Vorstellungsgespräch mit Marktkenntnis zu glänzen. Genauso funktioniert es in der Projektfinanzierung, im Immobilien- oder dem Auslandsgeschäft. Wer so vorgeht, zeigt Zielstrebigkeit und Systematik, er belegt, dass er weiß, was er will und wie er es erreichen kann. Schon deshalb wird er erfolgreicher sein als jemand, der wie mit der Gießkanne Bewerbungen in der Bankenlandschaft verteilt.

Auch jemand, dem es nicht auf Anhieb gelingt, die Traumstelle bei der internationalen Großbank zu ergattern, kann sich zunächst in einem nicht ganz so großen Haus seine ersten Erfolge verdienen und so auf sich aufmerksam machen. Ein späterer Wechsel ist immer möglich, hat man erst einmal seine Leistungsfähigkeit unter Beweis gestellt.

Chancen-Profil

	Regionalbanken	Auslandsbanken
Karriereziele		
Imagefaktor	★ ★ ★	★ ★ ★
Vergütungsdynamik	★ ★	★ ★ ★
Work-Life-Balance	★ ★	★ ★ ★
Jobsicherheit	★ ★ ★	★ ★
Karrierebeschleuniger		
Karrierevielfalt	★ ★ ★	★ ★ ★
Karrieredynamik	★ ★	★ ★
Mobilitätsdynamik	★	★ ★ ★ ★ ★

Expertise: www.ingeniam.de; Bewertung relativ zu den anderen Jobprofilen

EXPERTENTIPP Die der Bankenstatistik zu verdankende „Gruppe" ist für Karriereüberlegungen zu heterogen. Die Karrierepfade sind zu unterschiedlich. Analysieren Sie die Karriereanbieter dieser Gruppe immer im Kontext der konkreten Aufgabe.

3.6 Privatbankiers

Die echten Privatbanken in Deutschland zeichnen sich durch ihre persönlich haftenden Gesellschafter aus. Daneben gibt es eine Reihe weiterer Häuser, die längst in der Rechtsform der Aktiengesellschaft unter das Dach einer großen Kreditbank geschlüpft sind und von angestellten Vorständen geleitet werden. Manche Privatbank hat eine Firmengeschichte von mehr als 200 Jahren - und kokettiert gerne mit ihrer Symbiose aus traditionsreichem und modernem Banking. Rund 40 Privatbanken gibt es in Deutschland, die wenigsten von ihnen bieten jedoch explizit Trainee-Programme für Universitäts-Absolventen an (siehe folgende Tabelle).

Kerngeschäft dieser Häuser ist die Vermögensberatung und -verwaltung für Kunden mit Vermögen ab 250.000 Euro oder mehr, die Grenzen werden von Anbieter zu Anbieter unterschiedlich gezogen, manche haben sich ganz auf Millionenvermögen spezialisiert. Wer in diesem Bereich arbeitet, muss bereit und in der Lage sein, ein besonderes Verhältnis zu seinen Kunden und seiner Bank zu pflegen, will er seinen Beruf erfolgreich ausüben. Solche Mitarbeiter sind „Botschafter der Bank", wie es Matthias Wesseling ausdrückt. Der Leiter der Kölner Niederlassung der Delbrück Bethmann Maffei AG erwartet von seinen Mitarbeitern „die Bank zu verkörpern" - und das nicht nur zwischen 9 und 17 Uhr.

Daneben bieten viele der Häuser Kapitalmarktberatung für Unternehmen an, sind im Bereich Mergers & Acquisitions tätig, bieten strukturierte Finanzierungen, positionieren sich als Analystenhäuser für bestimmte Aktienmarktsegmente oder legen ihre eigenen Investmentfonds auf. So gesehen kann man Privatbanken auch als die kleinen und feinen Häuser unter den Investmentbanken bezeichnen. Wer in diesem Bereich seine Zukunft sieht, findet in den Privatbanken einen guten Start. Mitunter treiben die Häuser in bestimmten Segmenten sogar ihre Internationalisierung voran, was ihren Mitarbeitern entsprechend Perspektiven eröffnet.

Chancen-Profil

Karriereziele		Karrierebeschleuniger	
Imagefaktor	★ ★ ★	Karrierevielfalt	★ ★
Vergütungsdynamik	★ ★	Karrieredynamik	★ ★ ★
Work-Life-Balance	★ ★ ★	Mobilitätsdynamik	★ ★ ★
Jobsicherheit	★ ★ ★		

Expertise: www.ingeniam.de; Bewertung relativ zu den anderen Jobprofilen

> **EXPERTENTIPP** Die Privatbanken schmücken sich oft mit dem Nimbus des Etablierten und Außergewöhnlichen. Das trifft gelegentlich zu oder auch nicht. Für Ihre Karriereüberlegungen sollten Sie das jeweilige Angebot an Karrierevielfalt und Karrieredynamik sorgfältig prüfen.

Privatbanken mit Absolventen-Programmen

Bankhaus	Ort	Internet
B. Metzler seel. Sohn & Co. KGaA	Frankfurt/M.	www.metzler.com → Karriere
Hauck & Aufhäuser Privatbankiers KGaA	Frankfurt/M.	www.hauck-aufhaeuser.de → Karriere
HSBC Trinkaus & Burkhardt AG	Düsseldorf	www.hsbctrinkaus.de → Karriere
Joh. Berenberg, Gossler & Co. KG	Hamburg	www.berenberg.de → Karriere
M. M. Warburg & CO KgaA	Hamburg	www.mmwarburg.com → Karriere
Merck Finck & Co oHG Privatbankiers	München	www.merckfinck.de → Karriere
Sal. Oppenheim jr. & Cie. KGaA	Köln	www.oppenheim.de → Karriere

Adressen aller Privatbanken: www.bankenverband.de → Private Banken

3.7 Sparkassen-Finanzgruppe

Sie sind wie eine große Familie, die zahlreichen Mitglieder der öffentlich-rechtlichen „Sparkassen Finanzgruppe" legen höchsten Wert auf ihre rechtliche und wirtschaftliche Eigenständigkeit, und zugleich betonen sie nach außen gern ihre Geschlossenheit, ihre gemeinsame Größe und ihre daraus resultierende Stärke. Hier ein Überblick über die Gruppe:

- 446 rechtlich eigenständige Sparkassen
- 7 Landesbankkonzerne mit Zentralbankfunktion für die Sparkassen in den einzelnen Bundesländern und mit unterschiedlichen Geschäftsschwerpunkten
- 10 Landesbausparkassen
- 12 Erstversicherungsgruppen
- die DekaBank als Fondsgesellschaft der Gruppe

Zusammengenommen haben die Landesbanken und Sparkassen mit einer Bilanzsumme von über 3.000 Milliarden Euro - rund ein Drittel mehr als die Deutsche Bank und sogar weit mehr als die Royal Bank of Scotland, die 2008 nach einem Kauf von Teilen der niederländischen ABN Amro Bank zur größten Bank der Welt avanciert ist.

Für Bewerber sind diese kumulierten Zahlen zunächst einmal nicht relevant, sie interessieren sich für die Perspektiven in ihrer künftigen Bank. Allerdings gehört zur Identität jedes einzelnen Hauses untrennbar die Zugehörigkeit zur „Gruppe". Deshalb hier noch ein paar weitere Zahlen:

- Die Institute der Sparkassen-Finanzgruppe sind der größte Anbieter von gewerblichen Arbeitplätzen in Deutschland. 356.000 Arbeitsplätze werden in allen Regionen Deutschlands angeboten.
- Damit arbeitet fast jeder zweite Beschäftigte der Finanzwirtschaft in Deutschland in der Gruppe. Die Zahl der Auszubildenden liegt in derselben Größenordnung, in der die Deutsche Bank Mitarbeiter in Deutschland beschäftigt (rund 30.000).
- Drei von vier Unternehmen haben Geschäftsbeziehungen zu einer Sparkasse oder Landesbank. Über 43 Prozent der Unternehmenskredite kommen aus der Gruppe.
- Das Volumen dieser Kredite ist fast drei Mal höher als von allen deutschen Großbanken zusammen.
- Von 2003 bis 2007 haben Sparkassen und Landesbanken die Kreditbestände an Unternehmen und Selbstständige um 10,3 Milliarden Euro gesteigert.
- Allein die Sparkassen haben im ersten Quartal 2008 Darlehen in Höhe von 13,2 Milliarden Euro neu zugesagt, knapp 13 Prozent mehr als im Vorjahresquartal 2007.
- Die Sparkassen haben in den vergangenen Jahren zwischen 1,6 und 2,3 Milliarden Euro gewinnabhängige Steuern gezahlt.

Nicht zuletzt sitzen die Sparkassen auf einem üppigen Finanzpolster: Nach Angaben des Deutschen Sparkassen- und Giroverbandes (DSGV) haben die Häuser 120 Milliarden Euro mehr Einlagen als Kredite zur Verfügung.

Wie verwoben die Gruppe miteinander ist, zeigen die Eigentumsverhältnisse. Die Deka-Bank zum Beispiel gehört etwa hälftig dem DSGV mit seinen zwölf Landesverbänden (und damit indirekt den Sparkassen selbst) sowie den einzelnen Landesbanken. Eine Landesbank Baden-Württemberg wiederum (beispielhaft) gehört dem Land Baden-Württemberg, den Sparkassenverbänden der Länder Baden-Württemberg und Rheinland-Pfalz (also letztlich wieder den dortigen Sparkassen selbst), der Landeshauptstadt Stuttgart und der L-Bank (die Förderbank des Landes). Zur Landesbank Baden-Württemberg gehören die SachsenLB und die Rheinland-Pfalz Bank. Jede einzelne Sparkasse wiederum ist zu einem wesentlichen Teil im Eigentum ihrer Gemeinde. Strategische Entscheidungen erfordern deshalb immer einen Konsens zwischen Bürgermeister(n), Verbänden und anderen öffentlichen Eigentümern.

Für den Einstieg mögen solche Informationen noch nicht entscheidend sein - für den Verlauf des weiteren Berufsweges vielleicht aber doch. Denn wer „aus der Gruppe kommt" hat immer einen gewissen Vorteil, zum Beispiel wenn er sich örtlich verändern möchte - oder muss. Hier kommt das schöne Wort vom „Stallgeruch" ins Spiel, das soviel ausdrückt wie „der weiß, wie wir funktionieren, worauf wir Wert legen, wie das hier alles läuft". 446 Sparkassen bedeuten eben auch mindestens 892 Vorstandsposten und unzählige andere Stellen, die vorzugsweise mit Leuten besetzt werden, die den richtigen Stallgeruch mitbringen. Wen die große weite Welt und die Hochfinanz nur am Rande begeistern, der kann auch hier spannende Aufgaben finden.

Web-Link Weitere Informationen über die Sparkassen Finanzgruppe unter www.dsgv.de

Landesbanken

Sie sind einerseits die Zentralbanken der Sparkassen. Das bedeutet, Sparkassen können sich bei ihnen mit Liquidität versorgen und der Zahlungsverkehr läuft über sie. Zudem bieten die Landesbanken großen Unternehmen zahlreiche Dienstleistungen, für die Sparkassen zu klein wären, etwa im Auslandsgeschäft, bei bestimmten Finanzierungsformen oder wenn es um den Unternehmensverkauf eines Mittelständlers geht. Darüber hinaus haben sich einzelne Landesbanken auf bestimmten Spezialfeldern einen Namen gemacht oder betreiben mit einer eigenen Sparkasse das Filialgeschäft mit Privatkunden.

Unter den Landesbanken gibt es klare Konzentrationstendenzen, die allein wegen der Eigentümerschaft der Bundesländer nicht zügiger in die Tat umgesetzt werden. Insgesamt hat sich die Erkenntnis durchgesetzt, dass die Sparkassen in Deutschland keine sieben Landesbanken brauchen und dass wenige größere Landesbanken - auch mit mehr internationalem Gewicht - wirtschaftspolitisch wünschenswert sind.

Die führenden Landesbanken allerdings stehen den privaten Großbanken in nichts nach, was Internationalität, Renommee der Kunden, Größe und Komplexität einzelner Finanzierungsprojekte und die Qualität der Ausbildung angeht. Alle sieben Gruppen gehören zu den Top-20 unter den Banken in Deutschland. Man sollte sich die Häuser allerdings genau ansehen, jedes hat seine eigenen Schwerpunkte und geschäftlichen Perspektiven.

Landesbank Baden Württemberg (LBBW)

Die größte unter den Landesbanken ist gleichzeitig Konzernmutter der Rheinland-Pfalz Bank und der Sachsen Bank. Sie ist mit ihren 12.250 Mitarbeitern nach eigener Beschreibung „auf allen Geschäftsfeldern einer modernen Großbank tätig", was auch das Privat- und Firmenkundengeschäft über die Filialbanktochter BW-Bank einschließt. Von der Sachsenbank aus wird die Auslandsexpansion nach Polen und Tschechien gesteuert, die Rheinland-Pfalz Bank ist im Unternehmenskundengeschäft sowie im Private Banking tätig. Die Landesbank Baden-Württemberg hat derzeit die beste Ausgangslage, in der Konsolidierung unter den Landesbanken eine bestimmende Rolle zu spielen. Immer wieder wird die Fusion mit der Bayern LB zu einer großen „SüdLB" diskutiert.

Bayerische Landesbank (Bayern LB)

Lange Zeit hat es in Bayern geheißen: „Von allen Beteiligungen können wir uns trennen – nur nicht vom Hofbräuhaus und der Bayerischen Landesbank." Seit die Bank im Zusammenhang mit der Subprime-Krise viel Geld verloren und den Freistaat eben solches gekostet hat, sind die Meinungen dazu flexibler geworden. Dennoch zeigt das Bonmot, wie schwer sich die Politik tut, von ihrem Einfluss zu lassen und der von vielen Seiten als Notwendigkeit erachteten Konsolidierung den Weg zu bereiten. Neben ihren Zentralbankaufgaben sieht sich die Bayern LB als „weltweit tätige Geschäftsbank", und tatsächlich treibt sie ihre Internationalisierung konsequent voran. Zur Bayern LB gehört die SaarLB, die ihren Kernmarkt im Saarland und im benachbarten Frankreich definiert hat. 19.200 Mitarbeiter.

Landesbank Hessen-Thüringen (Helaba)

Die Helaba bezeichnet sich als „europäische Regionalbank mit internationaler Reichweite", mit Niederlassungen, Beteiligungen und Repräsentanzen in den wichtigen Finanzzentren der Welt. Großkunden, Investmentbanking, Mittelstand gehören zum Angebot, ebenso mit der Frankfurter Sparkasse das Privatkundengeschäft und mit der 1822direkt eine der bekannten Direktbanken in Deutschland. Zwischenzeitlich war die Übernahme der WestLB im Gespräch. Welche Rolle die Helaba darüber hinaus bei einer Landesbankenkonzentration spielen könnte, ist offen. 5.947 Mitarbeiter.

Westdeutsche Landesbank (WestLB)

Die WestLB mit Sitz in Düsseldorf hat ein ähnlich regional-europäisch-internationales Profil wie die zuvor genannten drei Häuser, ist in den vergangenen Jahren gegenüber diesen allerdings ins Hintertreffen geraten und gilt seit 2007 nach hohen Verlusten im Eigenhandel als angeschlagen. Ihr Verkauf an einen der größeren Mitspieler scheiterte am Widerstand der Landesregierung in Nordrhein-Westfalen. Im ersten Quartal 2008 hat die Sanierung der Bank zu greifen begonnen. Die Bank unterzieht sich einer grundlegenden Neustrukturierung, wozu auch die Schließung zahlreicher Auslandsniederlassungen und -aktivitäten gehört. Wie sie sich neu aufstellen wird, war zu diesem Zeitpunkt noch offen. Ein besonderes Profil hat sie sich im Bereich strukturierte Produkte erarbeitet. Die WestLB gehört zu den großen Emittenten von Anlagezertifikaten. 6.477 Mitarbeiter.

Nord/LB

Die Nord/LB sieht sich als „führende Geschäftsbank im Norden Deutschlands mit geschäftspolitischer Konzentration auf Nord- und Nordosteuropa". Einen besonderen Namen hat sie sich bei nationalen und internationalen Anleihe-Emissionen sowie in der Schiffs- und Flugzeugfinanzierung gemacht. Auch die Nord/LB hat im Raum Braunschweig als Sparkasse ein Standbein im Privatkundengeschäft und betreut über die Berenberg Bank vermögende Privatkunden. Zum Konzern gehört auch die Bremer Landesbank. Die Nord/LB ist Landesbank für die Sparkassen in Niedersachsen, Sachsen-Anhalt und Mecklenburg-Vorpommern. 5.563 Mitarbeiter.

HSH Nordbank

Heimatregion der HSH Nordbank ist Schleswig-Holstein und Hamburg. Sie ist die einzige Landesbank, die teilweise in Besitz einer privaten Investorengruppe ist (26,61 Prozent). Die Bank hat einen Schwerpunkt bei den internationalen Geschäftsfeldern Shipping, Transport, Immobilien und Erneuerbare Energien, ist ein führender Finanzdienstleister im Transportbereich und weltweit größter Schiffsfinanzierer. Wie die anderen Häuser auch ist sie im Ausland mit vielen Standorten vertreten. 4.756 Mitarbeiter.

Landesbank Berlin (LBB)

Eine gewisse Sonderrolle spielt die Landesbank Berlin – sie ist eine Aktiengesellschaft und über eine Beteiligungsgesellschaft im Eigentum sämtlicher Sparkassen in Deutschland. Auch die öffentlich-rechtliche Berliner Sparkasse wird als Niederlassung der Landesbank Berlin geführt. Neben dem Privatkundengeschäft liegen die Schwerpunkte im Firmenkundengeschäft, dem Kapitalmarktgeschäft und der Immobilienfinanzierung. Ihr Geschäftsbereich erstreckt sich über Berlin und Brandenburg, im Ausland ist die LBB in Luxemburg und in London vor Ort. 5.965 Mitarbeiter.

> **EXPERTENTIPP** Die Landesbanken bieten aktuell sehr attraktive Positionen an. Die Suche nach den tragfähigen Geschäftsmodellen der Zukunft rückt die Landesbanken immer näher an die Großbanken heran. Die geringer ausgeprägte Wettbewerbskultur innerhalb der Mitarbeiterschaft bietet Gelegenheit zur Suche nach der richtigen Aufgabe.

Großsparkassen

Unter den Top-100 Banken in Deutschland sind auch sechs Sparkassen, die Hochschulabsolventen aktiv ansprechen, die größte unter ihnen ist die Hamburger Sparkasse. Ab dieser Ebene ist Internationalität kaum noch ein Thema, die Unternehmenskunden werden kleiner und das Privatkundengeschäft wird dominant. Interessante Führungs- und Fachkarrieren sind freilich auch hier möglich, im Vertrieb, in der Kreditanalyse, im Risikomanagement, im Marketing, Immobiliengeschäft und so weiter. Wer hier Hervorragendes leistet, kann es zügig zu etwas bringen, hat Einfluss und manchen Gestaltungsspielraum, den er in einer Groß- oder Landesbank vielleicht nie bekommen hätte.

Zudem werden die großen Sparkassen in den kommenden Jahren und Jahrzehnten immer weiter wachsen, weil die Konsolidierung im Sparkassensektor stetig voranschreitet. Kleinere Institute gehen in größeren auf, die Einheiten wachsen und damit entwickeln sich auch die beruflichen Perspektiven.

Übrige Sparkassen

Die kleinere Sparkasse ist üblicherweise nicht das Feld, auf dem die Saat für ganz große Karrieren gedeiht, auch eine Nachfrage nach Akademikern besteht hier in der Regel nicht. Sparkassen rekrutieren ihren Nachwuchs noch immer vornehmlich aus der klassischen Bankausbildung oder bieten zusammen mit einer Berufsakademie berufsintegrierte Bachelor-Studiengänge an. Die Vorstandsebene ist fest in der Hand von Sparkassen-Betriebswirten. Volksnähe und ein wenig Hemdsärmeligkeit helfen beim Geschäft mit den Firmenkunden in der Region. Als Sparkasse ist man der Platzhirsch, mit einem für die anderen Anbieter erdrückenden Marktanteil in allen Geschäftsbereichen. Die größte Herausforderung für die meisten Sparkassen dürfte im ständigen Fusionsdruck liegen, sinkende Erträge zwingen die Institute, sich zu größeren Einheiten zusammenzuschließen. Kaum ein Sparkässler, der nicht schon einmal eine Fusion miterlebt hat - mit allem Drum und Dran, vom „Integrations-Workshop" bis zur Ausgabe neuer Kundenkarten. Dieses Erlebnis allerdings dürfte in Zukunft an den wenigsten Bankern vorbeigehen, unabhängig davon, in welchem Institut sie arbeiten.

Chancen-Profil

	Landesbanken	Sparkassen
Karriereziele		
Imagefaktor	★ ★ ★	★ ★
Vergütungsdynamik	★ ★ ★	★ ★
Work-Life-Balance	★ ★ ★	★ ★ ★
Jobsicherheit	★ ★ ★	★ ★ ★ ★

Karrierebeschleuniger		
Karrierevielfalt	★ ★ ★	★ ★ ★
Karrieredynamik	★ ★	★ ★
Mobilitätsdynamik	★ ★	★ ★

Expertise: www.ingeniam.de; Bewertung relativ zu den anderen Jobprofilen

3.8 Genossenschaftsbanken

Was den öffentlich-rechtlichen Instituten ihre „Finanzgruppe", das ist im Genossenschaftssektor der „FinanzVerbund". Er funktioniert ähnlich, die Eigentumsverhältnisse sehen jedoch komplett anders aus: Die 1.230 rechtlich und wirtschaftlich eigenständigen Volks- und Raiffeisenbanken („Ortsbanken") geben Genossenschaftsanteile heraus und nennen ihre mehr als 16 Millionen Teilhaber, die zugleich immer Kunden der Bank sind, „Mitglieder". Bei rund 30 Millionen Kunden ist mehr als jeder zweite von ihnen auch Mitglied seiner Bank, ebenso wie Vorstand und Aufsichtsrat immer Mitglieder ihrer Genossenschaftsbank sein müssen. Die beiden Spitzeninstitute DZ Bank und WGZ Bank wurden beide bereits vor Jahren in Aktiengesellschaften umgewandelt und stehen im Eigentum der Ortsbanken. Hinzu kommt eine Reihe von Spezialbanken und anderen Finanzdienstleistern, die ihre Produkte über die Ortsbanken als Vertriebskanal verkaufen. Zusammen kommen Spitzensinstitute und Ortsbanken auf eine Bilanzsumme von über 960 Milliarden Euro, insgesamt arbeiten 187.000 Menschen im genossenschaftlichen Bankensektor.

Der Genossenschaftsgedanke

Ähnlich wie die Sparkassen eine gemeinsame Identität pflegen, verbindet die Volks- und Raiffeisenbanken der Genossenschaftsgedanke. Auch wenn sich die Institute im täglichen Geschäft nicht von den Häusern der anderen beiden Bankengruppen unterscheiden, betonen sie gern die Besonderheiten ihrer Rechtsform.

Die Genossenschaftsbanken gehören zum Deutschen Genossenschafts- und Raiffeisenverband (DGRV), dem auch tausende von Waren- und Dienstleistungsgenossenschaften angehören. Bisweilen gibt es hier sogar Überschneidungen: 214 Genossenschaftsbanken betreiben auch ein Warengeschäft. Genossenschaften sind laut Satzung zur wirtschaftlichen Förderung ihrer Mitglieder verpflichtet. Im Vordergrund steht der genossenschaftliche Förderzweck und nicht die Gewinnmaximierung. Dies bedeutet jedoch nicht, Genossenschaften wollten keine Gewinne erwirtschaften. Auch sie streben ein marktkonformes und betriebswirtschaftlich effizientes Wirtschaften an, um im Wettbewerb bestehen und die Mitglieder langfristig fördern zu können. Allen Genossenschaften ist das Identitätsprinzip gemein, nach dem ihre Mitglieder zugleich Eigentümer und Kunden sind.

Der DGRV ist überzeugt, dass die Genossenschaft (vielleicht als Gegenentwurf zur Aktiengesellschaft?) die in der globalisierten Zukunft überlegene Rechtsform darstellt. Im Zuge der Globalisierung seien flexible Verbünde wie Kooperationen den zentral gesteuerten Großkonzernen überlegen. Dafür sprächen maßgebliche Erfolgsfaktoren im Strukturwandel wie Flexibilität, kurze Entscheidungswege, schnelle Reaktionszeiten und unbürokratische Strukturen.

Web-Links

- www.bvr.de – Weitere Informationen über den FinanzVerbund
- www.dgrv.de – Mehr zum Genossenschaftsgedanken

Spitzeninstitute im genossenschaftlichen FinanzVerbund

Interessant für Hochschulabsolventen sind in erster Linie die beiden Spitzeninstitute im FinanzVerbund, die DZ Bank (Rang 4 in Deutschland) und die WGZ Bank (Rang 22). Beide Häuser bieten sämtliche Leistungen einer großen Bank und Trainee-Programme an. Mehrfach in der Vergangenheit haben sie Versuche einer Fusion unternommen und Mitte 2008 erneut Verhandlungen aufgenommen. Bis diese zum Erfolg führen, teilen sie sich den Markt wie folgt auf:

Die DZ Bank betreut rund 1.000 Volks- und Raiffeisenbanken als Zentralbank und betreibt darüber hinaus ihr eigenes Unternehmenskundengeschäft. Sie bietet nach eigenen Angaben „das komplette Leistungsspektrum eines international ausgerichteten insbesondere europäisch agierenden Finanzinstitutes an" und ist mit rund 20 Niederlassungen weltweit vertreten. Investmentbanking und Corporate Finance bilden die Schwerpunkte ihrer Geschäftstätigkeit.

Die WGZ Bank ist die genossenschaftliche Zentralbank der rund 230 Volksbanken und Raiffeisenbanken im Rheinland und in Westfalen. Wie die DZ Bank betreibt sie kein eigenes Privatkundengeschäft, sondern konzentriert sich auf große Firmenkunden. Ein Netz eigener Niederlassungen im Ausland betreibt sie nicht, sondern ist eine Reihe von Kooperationen eingegangen. Ein wichtiges Standbein hat sich die Bank in den vergangenen Jahren im Zertifikatebereich aufgebaut, mit dem sie zu den führenden Emittenten in Deutschland gehört.

Die Ortsbanken, selbst die größten, sprechen Hochschulabsolventen nicht mit expliziten Trainee-Programmen an, insgesamt gelten ähnliche Rahmenbedingungen wie bei den Sparkassen, auch im FinanzVerbund zieht man zudem Mitarbeiter mit „Stallgeruch" vor. Noch deutlich ausgeprägter als bei den Sparkassen ist das Fusionsgeschehen. Erklärtes Ziel ist es, die Zahl von 800 Ortsbanken zu erreichen – und dort wird man sicher nicht stehen bleiben.

EXPERTENTIPP Die Genossenschaften sind schon allein wegen der Komplexität der Organisation weniger dynamisch als Banken mit schlanker Struktur. Dieses Manko wird bei Karriereüberlegungen oft überlagert durch das Argument der Jobsicherheit. In wie weit diese auch bei der sich beschleunigenden Fusionsgeschwindigkeit erhalten bleibt, ist fraglich.

Chancen-Profil

	Zentralbanken	Ortsbanken
Karriereziele		
Imagefaktor	★ ★ ★	★ ★
Vergütungsdynamik	★ ★	★
Work-Life-Balance	★ ★ ★	★ ★ ★ ★
Jobsicherheit	★ ★ ★	★ ★ ★ ★
Karrierebeschleuniger		
Karrierevielfalt	★ ★ ★	★ ★ ★
Karrieredynamik	★ ★	★ ★
Mobilitätsdynamik	★	★

Expertise: www.ingeniam.de; Bewertung relativ zu den anderen Gruppen

3.9 Direktbanken

Online-Banking gehört für immer mehr Menschen zum Alltag. Nach einer Meldung des IT-Verbandes Bitkom vom Juni 2008 führen bereits 35 Prozent der Bankkunden in Deutschland zwischen 16 und 74 Jahren ihre Konten über das Internet, in Finnland und Holland sind es sogar zwei Drittel der Kunden - das zeigt, wo die Reise hingeht. Die meisten Kunden nutzen dabei das Online-Angebot ihrer Filialbank, doch der Anteil der Kunden, die eine reine Direktbank ohne eigenes Filialnetz wählen, wächst stark. In der Tabelle (Folgeseite) sind die bekanntesten Anbieter aufgeführt, nach Zahl der Kunden führend ist die ING-Diba mit rund 6,5 Millionen Kunden, Comdirect und DAB Bank haben Kunden im Millionenbereich. Direktbanken sind reine Privatkundenbanken, ihre Produktpalette ist übersichtlich und konzentriert sich in der Regel auf das Giro-, Spar- und Wertpapiergeschäft.

Chancen-Profil

Karriereziele		**Karrierebeschleuniger**	
Imagefaktor	★ ★ ★	Karrierevielfalt	★ ★
Vergütungsdynamik	★ ★	Karrieredynamik	★ ★
Work-Life-Balance	★ ★ ★	Mobilitätsdynamik	★ ★
Jobsicherheit	★ ★		

Expertise: www.ingeniam.de; Bewertung relativ zu den anderen Gruppen

Explizit nach Hochschulabsolventen sucht allein die Comdirect und bietet zwölfmonatige Trainee-Programme für Bereiche wie Produktmanagement, Unternehmensentwicklung, Risikomanagement oder Controlling. Die anderen Häuser suchen eher junge Bankkaufleute mit einigen Jahren Berufserfahrung oder besetzen offene Stellen nach Bedarf, eine systematische Rekrutierungspolitik gibt es eher nicht. Veränderung sieht man hier aktuell bei der ING-DiBa, die ein „Young-Professionals-Programm“ entwickelt hat, sich dabei auch verstärkt bei Hochschulabsolventen umsieht und in diesem Rahmen zum Beispiel begonnen hat, Diplomarbeiten zu vergeben.

Insgesamt ist die Arbeit in einer Direktbank noch stärker von der Technik getrieben als in den Banken ohnehin, „ohne IT geht bei uns gar nichts“, drückt es Jörg Schlicker, Personalreferent und zuständig für die Auswahl von Fach- und Führungskräften bei der ING-Diba, aus. Birgit Mogler, Ressortleiterin Aus- und Weiterbildung, konkretisiert das am Beispiel des Wachstums der Bank: „Deshalb ist besonders wichtig, dass wir unsere Prozesse ständig weiterentwickeln und an neuen Verhältnissen ausrichten.“

Direktbank	Muttergesellschaft	Ort	Internet
1822 direkt	Frankfurter Sparkasse	Frankfurt	www.1822direkt.de
Comdirect	Commerzbank	Quickborn	www.comdirect.de
Cortal Consors	BNP Paribas	Nürnberg	www.cortalconsors.de
DAB Bank	HypoVereinsbank	München	www.dab-bank.de
DKB	BayernLB	Berlin	www.dkb.de
ING-DiBa	ING Gruppe	Frankfurt	www.ing-diba.de
Netbank	Landesbank Berlin	Hamburg	www.netbank.de
S-Broker	Sparkassen Finanzgruppe	Wiesbaden	www.s-broker.de

Das bedeutet nicht, dass nur IT-Fachleute gesucht werden. Gefragt sind auch Mitarbeiter für das Projektmanagement, für Marketing, für die eigentlichen Produktthemen wie beispielsweise Wertpapiergeschäft, Baufinanzierung, Sparen oder Giro, aber auch für Funktionen wie das Risikomanagement. Es ist beides möglich: Sich funktional zu spezialisieren, oder bankfachlich in die Tiefe zu gehen und sich auf eine Produktgattung wie das Wertpapiergeschäft zu konzentrieren.

Das Ausbildungskonzept sieht dabei vor, dass die Young Professionals on the Job einen individuellen Entwicklungsplan erhalten. Hierzu gehört auch der Blick über den Tellerrand, mit Projekteinsätzen, internen Jobwechseln und Auslandseinsätzen bei anderen Direktbanktöchtern der ING-Gruppe im Ausland.

Die Beispiele von ING-Diba und Comdirect zeigen, dass Ausbildungskonzepte sehr unterschiedlich aussehen können – vom durchgeplanten Trainee-Programm über ein organisiertes Training on the Job bis zum Sprung ins kalte Wasser bei einem Institut ohne systematische Rekrutierung. Informieren Sie sich über das Ausbildungsprogramm möglicher Zielbanken – bevor Sie sich bewerben.

> **EXPERTENTIPP** Die Direktbanken sind erlebbarer Ausdruck der Beschleunigung der Bankenwelt durch das Internet. Sie fokussieren sich nach dem Modell „Scope & Scale“. Sie schaffen dabei neue Job-Familien und bewegen sich sehr nah an Technologie und Zeitgeist. Ihnen gehört in jedem Falle ein Teil der Zukunft.

Porträt: Frühe Führungsverantwortung

Volker Hiete ist mit seinen 28 Jahren bereits Teamleiter und führt ein Team von 15 Mitarbeitern. Er arbeitet im Kundendialog der ING-Diba, die Kundenbetreuer in seinem Team nehmen telefonische Kundenanfragen entgegen und leiten bei Bedarf Aufträge an die betreffenden Fachabteilungen weiter. Hiete hat selbst als Werkstudent in dieser Abteilung angefangen, um sich sein Studium zu finanzieren, „dann habe ich meine Chance genutzt, als die Stelle des Teamleiters ausgeschrieben wurde". Sein Team betreut Kunden rund um das Girokonto sowie das Kredit-, Spar- und Wertpapiergeschäft. Er selbst ist für die Führung und Entwicklung der Mitarbeiter zuständig, ist fachlicher Ansprechpartner und Kontaktmann zu den Fachbereichen. Die ersten anderthalb Jahre in seiner neuen Position hat er ein Trainingsprogramm für Führungskräfte durchlaufen und wurde dabei in Seminaren fachlich und persönlich für seine Aufgabe ausgebildet. „Dabei konnte ich ein Netzwerk mit Jung-Führungskräften aus vielen anderen Bereichen knüpfen", beschreibt Hiete einen der aus seiner Sicht wichtigsten Aspekte dieser Zeit, „das hat sich als sehr nützlich erwiesen". Die weiteren Hierarchiestufen im Kundendialog sind Ressort-, Abteilungs- und Bereichsleiter. Aber auch der Wechsel in andere Bereiche der Bank ist möglich. Derzeit denkt Hiete daran aber nicht, „15 Mitarbeiter zu führen ist eine sehr verantwortungsvolle Aufgabe, die Arbeit mit dem Team macht mir großen Spaß." Neben der Führungsaufgabe bleibt die größte Herausforderung der eigentliche Kundendialog: „Nähe zum Kunden aufzubauen ist in diesem Geschäft nicht so einfach", sagt Hiete, „manche Kunden rufen einmal im Jahr an - das ist dann unsere Chance, für ein positives Serviceerlebnis beim Kunden zu sorgen, hier zeigt sich die große Herausforderung des Kundendialogs".

3.10 Spezialinstitute

3.10.1 Europäische Zentralbank

Die Europäische Zentralbank (EZB) zeigt sich wählerisch: Ausdrücklich werden hoch talentierte Bewerber mit Doktortitel besonders gern gesehen. Wer sich für das zweijährige „Graduate Programme" erfolgreich qualifiziert hat, wird in dieser Zeit von einem erfahrenen Professional als Mentor begleitet und unterstützt - zum Beispiel bei den beiden Studienarbeiten, die während des ersten und zweiten Jahres in jeweils einer anderen Abteilung zu erstellen sind. Hinzu kommt im zweiten Jahr eine größere Projektarbeit. Daneben arbeiten die Absolventen „on the Job" in ihren Abteilungen, lernen die Arbeit der gesamten Institution kennen und besuchen eine Reihe interner und externer Schulungen. Am Ende der Ausbildungszeit steht eine Prüfung vor dem Graduate Programme Committee. Eine automatische Übernahme gibt es nicht - jeder Teilnehmer muss sich nochmals auf eine freie Stelle bewerben.

Wer die Arbeit der EZB schon vorher kennen lernen will, bewirbt sich online für eines der ausgeschriebenen Praktika - unspezifische Anfragen hingegen werden nicht bearbeitet. Interessenten finden die Ausschreibungen, indem sie auf der Internetseite „Working for Europe" (siehe Web-Link) unter „New Search" das Wort „internship" eingeben. Zudem bietet die EZB ein „ECB Student Research Assistantship Programme“ und ein „ECB Statistics Internship Programme“. In der Regel werden Absolventen und Doktoranden für diese Programme bevorzugt.

Nach dem Graduate Programme findet man sich in einer der EZB-Aufgaben wieder: Festlegung und Ausführung der Geldpolitik, Devisengeschäfte, Verwaltung der Währungsreserven der Mitgliedstaaten, Überwachung der Zahlungssysteme, Ausgabe von Banknoten, Erhebung und Auswertung statistischer Daten, Aufsicht über die Kreditinstitute und die Stabilität des Finanzsystems, Zusammenarbeit mit internationalen Finanzinstitutionen.

> **EXPERTENTIPP** Die EZB ist eine europäische Institution, die sich nur zu einem Teil im deutschen Arbeitsmarkt bewegt. Die Auswahl potenzieller Karriere-Kandidaten ist oft eine Frage internationaler Besetzungsgremien und auch eine Frage des europäischen Proporzes.

Chancen-Profil

Karriereziele		Karrierebeschleuniger	
Imagefaktor	★ ★ ★	Karrierevielfalt	★ ★
Vergütungsdynamik	★ ★	Karrieredynamik	★ ★
Work-Life-Balance	★ ★ ★	Mobilitätsdynamik	★ ★
Jobsicherheit	★ ★ ★ ★		

Expertise: www.ingeniam.de; Bewertung relativ zu den anderen Gruppen

Web-Link
www.ecb.eu → „for job applicants“ → Banner „Working for Europe“

3.10.2 Deutsche Bundesbank

Die Deutsche Bundesbank ist eine der größten Zentralbanken weltweit. Als Zentralbank ist sie die „Bank der Banken“. Oberstes Ziel ihrer Tätigkeiten ist, die Stabilität des allgemeinen Preisniveaus und des Finanzsystems zu sichern. Ihre Aufgaben konzentrieren sich auf fünf Kerngeschäftsfelder:

- Mitwirkung an der europäischen Geldpolitik und ihre Umsetzung in Deutschland,
- Überwachung des nationalen und internationalen Finanz- und Währungssystems,
- Sicherung der Stabilität und Funktionsfähigkeit des Finanzsektors durch die Bankenaufsicht,
- Sicherstellung des reibungslosen Zahlungsverkehrs im Inland und mit dem Ausland,
- Ausgabe von Eurobanknoten und -münzen und Gewährleistung eines sicheren Bargeldverkehrs.

In allen Kerngeschäftsfeldern arbeitet die Bundesbank aktiv in europäischen und internationalen Gremien mit. Außerdem verwaltet sie die offiziellen Währungsreserven der Bundesrepublik Deutschland.

Aufgrund von Veränderungen im Aufgabenzuschnitt der Bundesbank sowie Entwicklungen in der Bankenlandschaft befindet sich die Deutsche Bundesbank bereits seit einigen Jahren im Umbau. „Unsere Aufgaben sind zunehmend europäisch und international ausgerichtet", sagt dazu Katrin Nölting aus dem Personalmanagement der Bank. Die Bundesbank sucht circa 40 bis 50 Akademiker jedes Jahr. Diese verteilen sich etwa hälftig auf Trainees und den Beamtennachwuchs sowie auf Direkteinsteiger. Die Deutsche Bundesbank, so Nölting, biete vielfältige Aufgaben kombiniert mit einer relativ hohen Arbeitsplatzsicherheit. Außerdem legt die Bundesbank viel Wert auf Qualifizierung und Weiterbildung ihrer Mitarbeiter - auch im europäischen Kontext - sowie auf die Förderung der Vereinbarkeit von Familie und Beruf.

Gesucht werden vor allem Wirtschaftswissenschaftler, Mathematiker und Juristen. Auf vielen Stellen „ist sicher im Vorteil, wer ökonometrisches und statistisches Methodenwissen mitbringt", wie es in der VWL und in der Statistik, aber auch in der Bankenaufsicht vermehrt von Bedeutung ist. Betriebswirte finden bevorzugt ihren Platz in den operativen Bereichen, zum Beispiel Umsetzung der Geldpolitik oder Zahlungsverkehr sowie in den Innenbereichen wie Controlling oder Personal. Volkswirte sind häufiger dort zu finden, wo es um die Geldpolitik geht, um internationale Beziehungen, das Erstellen von Analyse- und Prognosemodellen und andere volkswirtschaftlich geprägte Themen.

Als eine Besonderheit der Arbeit bei der Deutschen Bundesbank hebt die Personalfrau die Möglichkeit des „forschungsnahen Arbeitens" hervor. So betreibe die Bank zum Beispiel ihr eigenes Forschungszentrum. Hier werden unter anderem die Wirkungen der Geldpolitik untersucht und auch schon mal in der Volkswirtschaftslehre fest verankerte Erkenntnisse hinterfragt: Stimmt es zum Beispiel noch, dass bei steigender Geldmenge auch die Inflation anzieht? „Wir betreiben nicht das klassische Bankgeschäft, wir blicken aus der Vogelperspektive auf die Banken und auf das gesamte Finanzsystem - national und international", sagt Nölting. Zwar weise die Bundesbank Jahr für Jahr erhebliche Gewinne aus (2007: 4,3 Milliarden Euro), doch „weil der Zweck der Bank nicht das Gewinnstreben ist, besteht auch kein Vertriebs- und Verkaufsdruck". Die Deutsche Bundesbank verfolge „gesamtgesellschaftliche Aufgaben". Mathematiker und Statistiker steuern in allen Bereichen das notwendige Methodenwissen bei. Starr ist diese Aufgabenverteilung jedoch bei weitem nicht, letztlich kommt es auf die individuelle Qualifikation und auf das Interesse an.

Der Einstieg

Das Trainee-Programm dauert maximal zwölf Monate und richtet sich an Absolventen wirtschaftswissenschaftlicher Studiengänge. In den ersten sechs Monaten liegt der Schwerpunkt auf der theoretischen Ausbildung, in der zweiten Hälfte stehen Projektarbeiten im Vordergrund. Dabei wird das Programm inhaltlich auf die Qualifikation der Trainees und auf den Bedarf der Fachbereiche ausgerichtet. Nach dem Programm werden die Trainees ins Angestelltenverhältnis übernommen.

Das Beamtennachwuchsprogramm steht nur Volks- und Betriebswirten sowie Juristen mit Universitätsdiplom oder Master offen. Es dauert 21 Monate und endet nach der so genannten Laufbahnprüfung im höheren Bankdienst. Nach bestandener Abschlussprüfung werden diese Mitarbeiter als Generalisten in allen Tätigkeitsbereichen der Deutschen Bundesbank eingesetzt.

Der Direkteinstieg wird nach Bedarf angeboten. Nach einer Einarbeitungszeit übernehmen die neuen Mitarbeiter ein bestimmtes Aufgabengebiet und entwickeln sich zum Spezialisten. Karriereperspektiven ergeben sich mit der Übernahme von Projekt- oder Personalverantwortung oder zusätzlicher höherwertiger Aufgaben.

> **EXPERTENTIPP** Die nationale Zentralbank ist Garant makroökonomischer Konstanz und Stabilität, sie ist Regulator und Instanz. Eine Karriere in dieser Organisation folgt besonderen und einzigartigen Bedingungen, die mit dem Kampf im Wettbewerb nur wenig gemeinsam haben.

Tätigkeiten

Die Deutsche Bundesbank ist in diversen Zentralbereichen organisiert. Zu ihnen gehören unter anderem die Bereiche „Märkte", „Statistik", „Bankenaufsicht", „IT" und weitere. Welche Aufgaben in der Bundesbank anfallen, lässt sich beispielhaft am Zentralbereich „Märkte" beschreiben. Wer sich hier mit „Grundsatzfragen" beschäftigt, forscht zum Beispiel an den Instrumenten der Geldpolitik und arbeitet an ihrer Weiterentwicklung mit. Andere setzen sich mit dem Thema „Sicherheiten" auseinander - diese spielen bei der Geldversorgung der Geschäftsbanken eine große Rolle. In der Abteilung Marktanalysen werden unter anderem die Devisen- und Kapitalmärkte beobachtet. In der Folge der Finanzkrise 2007/2008 zum Beispiel kam es an den Märkten teilweise zu erheblichen Liquiditätsengpässen. Solche Phänomene werden beobachtet und hinsichtlich ihrer Ausprägungen, Ursachen und Wirkungen analysiert. In der Abteilung Marktoperationen wird die Geldpolitik der Europäischen Zentralbank umgesetzt, es werden Refinanzierungsgeschäfte mit den Banken durchgeführt, die Gold- und Devisenbestände der Bundesbank werden verwaltet.

Chancen-Profil

Karriereziele		**Karrierebeschleuniger**	
Imagefaktor	★ ★	Karrierevielfalt	★ ★
Vergütungsdynamik	★ ★	Karrieredynamik	★ ★
Work-Life-Balance	★ ★ ★	Mobilitätsdynamik	★ ★
Jobsicherheit	★ ★ ★ ★ ★		

Expertise: www.ingeniam.de; Bewertung relativ zu den anderen Gruppen

Interview mit Ulrike Pfeiffer

Ulrike Pfeiffer arbeitet bei der Deutschen Bundesbank an Bonitätsanalysen

Was genau machen Sie bei der Bundesbank?

Ich bin im Zentralbereich Märkte in der Abteilung Grundsatzfragen tätig und befasse mich mit notenbankfähigen Sicherheiten. Wenn sich Geschäftsbanken bei der Bundesbank mit Liquidität versorgen, also Kredit beanspruchen, müssen sie dafür Sicherheiten hinterlegen, zum Beispiel in Form von Kreditforderungen gegenüber Unternehmen. Ich arbeite an der Bonitätsanalyse solcher Unternehmen mit, die nach dem internationalen Standard IFRS (International Financial Reporting Standards) bilanzieren. Ist die Bonität dieser Unternehmen ausreichend hoch, können Banken die Kredite als Sicherheit hinterlegen.

Sie bewerten also die Bonität von Unternehmen?

Nicht direkt, die eigentliche Bonitätsanalyse machen die Kollegen in den regionalen Hauptverwaltungen. Ich stelle ihnen dafür die Werkzeuge zur Verfügung – konkret gesagt handelt es sich dabei um Fragebögen auf Excel-Basis, mit deren Hilfe wir die Abschlüsse der Unternehmen analysieren. Es geht vor allem darum, die Spielräume der Bilanzgestaltung zu durchschauen und zu erkennen, ob ein Unternehmen wirklich gesund ist oder sich nur gesund darstellt. Dafür muss ich mich mit IFRS auf dem Laufenden halten, verstehen, was hinter einzelnen Bilanzierungstechniken steht und letztlich die richtigen Fragen formulieren, um aussagekräftige Antworten zu bekommen.

Warum sind Sie zur Bundesbank gegangen?

Mir hat das sehr breit angelegte Referendariat gefallen. Es war am Anfang sehr offen, wo ich am Ende hinkommen würde. Zudem bietet die Bundesbank als öffentliche Institution einige Vorteile. Außerdem ist sie sehr international aufgestellt. Häufig haben wir ausländische Besuchergruppen hier zu Gast. Vor kurzem war ich in Russland und habe dort einen Vortrag über unsere Bonitätsanalyse gehalten – der internationale Austausch ist sehr intensiv. Einige Kollegen sind nach dem Referendariat sehr schnell Mitglieder in europäischen Arbeitsgruppen geworden.

Wo liegen die Herausforderungen in Ihrem Job?

Ich muss immer mit der Entwicklung bei den nationalen und internationalen Bilanzierungsstandards Schritt halten. Dann muss ich bewerten, welche Auswirkungen bestimmte Änderungen auf die Bonitätsanalyse haben und die notwendigen Anpassungen vornehmen. Zum 1. Januar 2007 zum Beispiel gab es wesentliche Änderungen im Ausweis von Finanzinstrumenten – mit vielen Möglichkeiten der Bilanzgestaltung. Jetzt werden diese Neuerungen relevant, und ich habe unsere Analyse entsprechend aktualisiert. Zum anderen beschäftigt mich momentan auch das Bilanzrechtsreformgesetz sehr, mit dem das HGB den internationalen Standards angenähert wird.

Welche Qualifikation müssen Sie dafür mitbringen?

Neben fundiertem volks- und betriebswirtschaftlichem Wissen benötige ich insbesondere Kenntnisse in der Unternehmensbilanzierung. Ein wenig Mathematik und Statistik sind auf meiner Stelle ebenfalls notwendig. Letztlich formuliere ich vor allem die fachlichen Anforderungen. In Sachen IFRS muss ich mich laufend fortbilden, Kommentare und Auslegungen lesen, verstehen und für meine Arbeit einordnen. Notwendige externe Fortbildungen werden problemlos genehmigt.

3.10.3 Förderbanken

Förderbanken sind öffentlich-rechtliche Banken, die von ihren Eigentümern, den Bundesländern oder dem Bund, mit Kapital ausgestattet wurden, um Wirtschaftsförderung zu betreiben oder andere staatlich gewollte Ziele zu unterstützen. Sehr verbreitet sind zum Beispiel Förderprogramme zur Investition in Energiesparmaßnahmen, etwa die Wärmedämmung von Einfamilienhäusern oder die Nutzung alternativer Energiequellen. Förderbanken treten dabei ausdrücklich nicht als Geschäftsbanken auf. Dazu gehört, dass sie nicht direkt Kredite ausgeben. Wer die Leistungen einer Förderbank in Anspruch nehmen will, kann dies nur über seine Hausbank als ergänzende Finanzierungsquelle beantragen. Auch Hilfen in Form von Bürgschaften sind verbreitet, um kleinen und mittelgroßen Unternehmen den Zugang zu Bankkrediten zu öffnen.

Chancen-Profil

Karriereziele		Karrierebeschleuniger	
Imagefaktor	★★★★	Karrierevielfalt	★★★
Vergütungsdynamik	★★★	Karrieredynamik	★★
Work-Life-Balance	★★★★	Mobilitätsdynamik	★★
Jobsicherheit	★★★★★		

Expertise: www.ingeniam.de; Bewertung relativ zu den anderen Gruppen

EXPERTENTIPP Die Förderbanken bieten Karrieren in der Schnittstelle zwischen Finanzwelt und Politik entlang ihrer regionalen und makroökonomischen Förderzwecke. Sie sind oft exzellente Ausbildungsinstitute und sie fördern systematisch die eigenen Talente.

Interview mit Fabian Tscharf

Fabian Tscharf ist bei der KfW-Bankengruppe in der Beteiligungsfinanzierung tätig

Die KfW ist die größte öffentliche Förderbank Deutschlands. Sie gibt Impulse für Wirtschaft, Gesellschaft und Ökologie. Ihre Förderaktivitäten bündelt sie in fünf verschiedenen Marken: der KfW Mittelstandsbank, der KfW Förderbank, der KfW IPEX-Bank, der KfW Entwicklungsbank und der DEG. Jedes Jahr stellt die KfW bis zu 90 Trainees ein. Fabian Tscharf war einer von ihnen und ist seit Januar 2008 Projektmanager bei der KfW Mittelstandsbank im Bereich Finanzierung von Innovationen und Beteiligungen.

Wie sind Sie zur KfW gekommen?

Nach dem Abschluss meines BWL-Studiums in Lancaster und Reutlingen startete ich im Oktober 2006 das 15-monatige Trainee-Programm „Kredit- und Beteiligungsfinanzierung" bei der KfW Mittelstandsbank in Frankfurt am Main. Während des Programms habe ich nicht nur meinen jetzigen Bereich kennen gelernt, sondern auch in Schnittstellenabteilungen wie dem Risikocontrolling, der Frühphasenfinanzierung und der Grundsatzabteilung mitgearbeitet. Zu meinen Stationen gehörten auch die Kreditverbriefung sowie die KfW IPEX-Bank.

Was machen Sie im Beteiligungsgeschäft?

Die KfW Mittelstandsbank bietet ein umfassendes Spektrum an Finanzierungsinstrumenten, von Krediten über Mezzanine-Kapital bis hin zu Beteiligungen. Ziel der Beteiligungsfinanzierung der KfW ist es, die Eigenkapitalbasis von Start-ups sowie kleinen und mittleren Unternehmen nachhaltig zu verbessern. Hier arbeitet die KfW-Mittelstandsbank mit privaten Risikokapitalgebern in Form von Business Angels, Kapitalbeteiligungsgesellschaften, Venture Capital oder Private Equity Fonds zusammen.

Bitte geben Sie uns ein Beispiel ...

Ein junges Technologieunternehmen mit einem interessanten Konzept benötigt Finanzierungsmittel, um ein Produkt bis zur Marktreife zu entwickeln und es anschließend am Markt einzuführen. Ein mit der KfW kooperierender Risikokapitalgeber wird auf dieses Unternehmen aufmerksam und schlägt der KfW vor, gemeinsam in dieses Unternehmen zu investieren. Sofern die Due Diligence der KfW zu einem positiven Ergebnis führt, beteiligt sich die KfW gemeinsam mit dem Partner an dem Unternehmen.

Was genau ist dabei Ihre Aufgabe?

Mein Aufgabenbereich umfasst hauptsächlich die Betreuung von Kapitalbeteiligungsgesellschaften sowie Venture Capital und Private Equity Fonds. Dies umfasst sowohl Prüfung und Abschluss von neuen Fonds und einzelnen Beteiligungen als auch das Monitoring bestehender Investments bis hin zum Exit. Darüber hinaus gehören zu meinem Aufgabengebiet auch Schuldscheindarlehen sowie die Koordination von abteilungsbezogenen IFRS-Themen.

Wie sehen Ihre weiteren Perspektiven aus?

Im Rahmen der Beteiligungsfinanzierung habe ich die Möglichkeit, sowohl mein fachliches Wissen zu vertiefen, zum Beispiel über Sonderthemen und interne Projekte, als auch meine persönlichen Verantwortungsbereiche zu erweitern. Darüber hinaus bietet mir die KfW vielfältige Einsatzmöglichkeiten über meine aktuelle Tätigkeit hinaus. Wechsel innerhalb der Bankengruppe zum Beispiel in Schnittstellenfunktionen werden in der KfW stark gefördert. Somit haben Mitarbeiter die Möglichkeit, sich fachlich breiter zu qualifizieren und die Gesamtbank aus verschiedenen Perspektiven kennen zu lernen. Ergänzend dazu gibt es ein breites internes Weiterbildungsprogramm. Eine weitere Perspektive ist eine Führungsposition - Führungskräfte werden in der KfW häufig intern rekrutiert.

Förderbanken in Deutschland

KfW	www.kfw.de Karriere
LfA Förderbank Bayern	www.lfa.de → Karriere
NRW Bank	www.nrwbank.de → Karriere
L-Bank	www.l-bank.de → Karriere
NBank	www.nbank.de → Stellenausschreibungen
Sächsische Aufbaubank	www.sab.sachsen.de → Kontakt → Stellen
Thüringer Aufbaubank	www.aufbaubank.de
Landwirtschaftliche Rentenbank	www.rentenbank.de → Bank → Stellen

3.10.4 Bausparkassen

Seit Ende des Zweiten Weltkrieges haben die deutschen Bausparkassen nach Angaben des Verbandes der privaten Bausparkassen mehr als 1000 Milliarden Euro für die Wohnungsfinanzierung zur Verfügung gestellt. Damit sind über 13 Millionen Wohnungen, darunter neun Millionen Neubauten, mithilfe von Bausparmitteln mitfinanziert worden. Hinzu kommt eine nicht im Einzelnen erfassbare Zahl von Finanzierungen, die für Modernisierungs- und Renovierungsvorhaben, für Um- und Ausbauten sowie für Baulandkäufe verwendet wurden. Ende 2007 lagen bei den 15 privaten Bausparkassen und den zehn öffentlich-rechtlichen Instituten 31 Millionen Verträge mit einer gesamten Vertragssumme von 743 Milliarden Euro. 35 Milliarden Euro wurden zur Wohnungsfinanzierung ausgezahlt.

> **EXPERTENTIPP** Die Bausparkassen sind Anbieter von Karrieren in der Schnittstelle zum Versicherungswesen, zu den Retailbanken, zu Vertriebsnetzwerken, zu den Förderbanken und zur Bauwirtschaft. Ihr fokussiertes Angebot für Konsumenten und die Reichweite ihres Produktangebotes sind im Vergleich zur den Banken eher begrenzt.

Chancen-Profil

Karriereziele		**Karrierebeschleuniger**	
Imagefaktor	★ ★ ★	Karrierevielfalt	★ ★
Vergütungsdynamik	★ ★	Karrieredynamik	★ ★
Work-Life-Balance	★ ★ ★ ★	Mobilitätsdynamik	★ ★
Jobsicherheit	★ ★ ★		

Expertise: www.ingeniam.de; Bewertung relativ zu den anderen Gruppen

Web-Links
- www.bausparkassen.de – Verband der Privaten Bausparkassen
- www.lbs.de – Landesbausparkassen
- www.efbs.org – Europäische Bausparkassenvereinigung

3.10.5 Pfandbriefbanken

Pfandbriefbanken haben Gewicht in der Immobilien-, Staats- und Schiffsfinanzierung. Die 34 in Deutschland aktiven Institute aus dem privaten, öffentlich-rechtlichen und genossenschaftlichen Lager gehören nach Angaben ihres Verbandes zu den bedeutendsten Kapitalgebern für den Wohnungs- und Gewerbebau sowie für den Staat und seine Institutionen. Auf sie fallen knapp ein Viertel der Wohnungskredite, über die Hälfte der gewerblichen Ausleihungen und mehr als 50 Prozent der Staatskredite. Die in der Schiffsfinanzierung tätigen Häuser belegen auf ihrem Gebiet weltweit Spitzenplätze. Das klassische Refinanzierungsinstrument der Pfandbriefbanken, der Pfandbrief, ist mit rund einer Billion Euro an umlaufenden Papieren eines der größten Segmente des europäischen Rentenmarktes.

EXPERTENTIPP Diese Banken emittieren Pfandbriefe und andere festverzinsliche Papiere für die Refinanzierung der Banken in der globalen Finanz- und Kapitalmarktwelt. Sie bieten Karrieren in einem spezialisierten Segment mit internationaler Reichweite.

Chancen-Profil

Karriereziele		**Karrierebeschleuniger**	
Imagefaktor	★ ★ ★	Karrierevielfalt	★ ★
Vergütungsdynamik	★ ★	Karrieredynamik	★ ★
Work-Life-Balance	★ ★ ★	Mobilitätsdynamik	★ ★
Jobsicherheit	★ ★ ★		

Expertise: www.ingeniam.de; Bewertung relativ zu den anderen Gruppen

Web-Link www.hypverband.de – Verband Deutscher Pfandbriefbanken

3.10.6 Leasing-Gesellschaften

Leasing hat sich in den vergangenen Jahren zu einer der wichtigsten Finanzierungsformen entwickelt - und eine ganze Reihe von Banken hat selbst eigene Leasing-Unternehmen gegründet. Nach Angaben des Branchenverbandes BDL ist Leasing mit einem Anteil von rund 24 Prozent an den gesamtwirtschaftlichen Ausrüstungsinvestitionen die bevorzugte Investitionsalternative und in allen Zweigen der Wirtschaft weit verbreitet - vor allem jedoch beim Mittelstand. Dabei erzeugt die Leasing-Wirtschaft ein jährliches Investitionsvolumen von derzeit mehr als 57 Milliarden Euro. Das Wachstum ist hoch - allein im zweiten Quartal 2008 ist die Branche um 13 Prozent gewachsen. Auch die Internationalität des Geschäfts ist hoch, etwa 70 der rund 200 BDL-Mitglieder sind weltweit in über 50 Ländern tätig, die Mehrzahl davon in West- und Südeuropa, besonders dynamisch wachsen jedoch die Reformstaaten in Mittel- und Osteuropa.

EXPERTENTIPP Leasing-Gesellschaften bieten Karrieren als fokussierte Spezialisten mit einem begrenzten Leistungsangebot gegenüber den Generalisten des Firmenkundenkredits. Die nationalen Champions wachsen ebenso wie die Leasingtöchter der Automobilkonzerne international mit einer hohen Dynamik.

Chancen-Profil

Karriereziele		Karrierebeschleuniger	
Imagefaktor	★ ★ ★	Karrierevielfalt	★ ★ ★
Vergütungsdynamik	★ ★ ★ ★	Karrieredynamik	★ ★ ★
Work-Life-Balance	★ ★ ★	Mobilitätsdynamik	★ ★ ★ ★
Jobsicherheit	★ ★ ★		

Expertise: www.ingeniam.de; Bewertung relativ zu den anderen Gruppen

Web-Links

- www.bdl-leasing-verband.de - Bundesverband Deutscher Leasing-Unternehmen
- www.leaseurope.org - Leaseeurope

3.10.7 Factoring-Gesellschaften

Unter Factoring versteht man den Kauf von Geldforderungen. Der Factor übernimmt dabei die kurzfristige Umsatzfinanzierung, indem er für die angekauften offenen Forderungen sofort Zahlungen leistet. Dies erhöht die Liquidität des Factorkunden parallel zum Umsatz. Außerdem übernimmt der Factor das volle Ausfallrisiko und das Debitorenmanagement. Factoring wird in Deutschland vor allem von mittelständischen Unternehmen aus Industrie, Großhandel und Dienstleistungssektor genutzt. Der kumulierte Umsatz ist von

knapp vier Milliarden Euro 1984 auf 55,1 Milliarden Euro im Jahr 2005 gestiegen und hat bis Ende 2007 noch einmal auf über 83 Milliarden Euro zugelegt. Der Umsatz nahm allein 2007 im Vergleich zum Vorjahr um knapp 16 Prozent zu. Auch im Factoring sind einige Banken und Bankengruppen mit eigenen Tochtergesellschaften am Markt.

EXPERTENTIPP Das Segment der gewerblichen Forderungsfinanzierung wächst kontinuierlich Jahr für Jahr. Von den nationalen Mittelstandsbanken lange Zeit etwas vernachlässigt und damit für internationale Factors mit Ziel deutscher Mittelstand hochattraktiv. Karrieren für Spezialisten in dynamischen, zunehmend internationalen Märkten.

Chancen-Profil

Karriereziele		Karrierebeschleuniger	
Imagefaktor	★ ★ ★	Karrierevielfalt	★ ★
Vergütungsdynamik	★ ★ ★	Karrieredynamik	★ ★ ★
Work-Life-Balance	★ ★ ★	Mobilitätsdynamik	★ ★
Jobsicherheit	★ ★ ★		

Expertise: www.ingeniam.de; Bewertung relativ zu den anderen Gruppen

Web-Link
www.factoring.de - Deutscher Factoring Verband

4

JOB-PROFILE IM BANKING

4.1 Karriere-Chancen im Vergleich

Vergleichbar den Karriere-Anbietern (siehe Kapitel 3.) lassen sich auch die Job-Profile in Banken nach den vier Karrierezielen

- Imagefaktor
- Vergütungsdynamik
- Work-Life-Balance
- Jobsicherheit

bewerten, ebenso wie nach den drei Karrierebeschleunigern

- Karrierevielfalt
- Karrieredynamik
- Mobilitätsdynamik

Deshalb finden Sie auch in den folgenden Job-Profilen diese Übersichten:

Beispiel: Chancen-Profil „Syndications“

Karriereziele		Karrierebeschleuniger	
Imagefaktor	★ ★ ★ ★	Karrierevielfalt	★ ★ ★
Vergütungsdynamik	★ ★ ★	Karrieredynamik	★ ★ ★ ★
Work-Life-Balance	★ ★ ★	Mobilitätsdynamik	★
Jobsicherheit	★ ★ ★		

Die relative Gewichtung einzelner Jobfamilien untereinanderer beruht auf der persönlichen Erfahrung, die aus der Begleitung vieler Karrieren und aus einer langjährigen Beobachtung des Bankenmarktes entstanden ist. Auch hier folgt die Bewertung einigen Grundregeln:

- Je größer und je ergebniswirksamer der jeweilige Geschäftsbereich ist, umso wahrscheinlicher wird Karriere.

- Je mehr Anbieter im gleichen Segment zur Verfügung stehen, umso wahrscheinlicher wird Karriere.
- Spezialisierung und Karriere schließen sich nicht grundsätzlich aus. Wird die Spezialisierung zu groß, sinken die Karrierechancen (zum Beispiel ein Jurist für Insolvenzrecht gegenüber einem Juristen für Vertragsrecht).
- Das prognostizierte Wachstum einer Jobfamilie - weil diese Jobfamilie gegenüber einer anderen in Zukunft an Gewicht und Anzahl der Beschäftigten zunehmen wird - beeinflusst Karrierechancen (zum Beispiel Private Banking gegenüber Operations).
- Je höher die Anforderungen an die individuelle Intelligenzleistung, desto höher die Karrierechancen

4.2 Corporate Banking

Der Markt

Das Geschäft mit den Firmenkunden heißt insbesondere bei den größeren Banken vor dem Hintergrund einer längst globalisierten Wirtschaft „Corporate Banking“. Rund 3,5 Millionen Unternehmen gibt es in Deutschland, doch nach Angaben der Kreditanstalt für Wiederaufbau (KfW) haben davon etwa 3,15 Millionen Unternehmen einen Jahresumsatz von nur bis zu zwei Millionen Euro. Diese werden bei den meisten Banken noch dem Privatkundensegment zugeordnet, die Mehrzahl von ihnen sind Freiberufler oder kleine Dienstleister und Handwerker. Der Firmenkunde fängt meist erst darüber an (siehe auch Kapitel 4.7 Retail Banking).

Nur etwa 280.000 Unternehmen in Deutschland haben einen Umsatz zwischen zwei und zehn Millionen Euro, keine 60.000 kommen auf bis zu 50 Millionen und weniger als 18.000 liegen noch darüber. Nicht einmal 1.500 Unternehmen erzielen laut KfW einen Jahresumsatz von mehr als 500 Millionen Euro. Der Markt ist also relativ eng, er ist aber auch attraktiv: Im Durchschnitt liegt die Eigenkapitalquote der Unternehmen nach Berechnungen der Bundesbank bei rund 25 Prozent, bei Großunternehmen ist der Anteil tendenziell höher, bei kleineren liegt er teilweise erheblich darunter. Der Rest ist Fremdkapital in Form von Krediten oder anderen Finanzierungsinstrumenten. Hinzu kommt, dass die überwiegende Mehrzahl der Firmen zu den Familienunternehmen gehört und ihre Eigentümer häufig zur attraktiven Zielgruppe für das Private Banking (siehe Kapitel 4.6) zählen. Der Ehrgeiz der Banken ist es, Unternehmer nicht nur als Geschäftskunden, sondern auch fürs ertragsstarke Private Banking zu gewinnen.

Wie überall im Bankgeschäft werden auch die Firmenkunden „segmentiert“, also in bestimmte Größenklassen untergliedert, um sie entsprechend ihrer Bedürfnisse (und Wichtigkeit für die Bank) bedienen zu können. Das sieht beispielsweise so aus: Mittelstand von 3 bis 15 Millionen Euro, gehobener Mittelstand bis 250 Millionen Euro, darüber Großkunden (oder „Corporates“ oder „Multinationals“) - jeweils mit spezialisierten Abteilungen und Beratern. Die Geschäftsaussichten mit Firmenkunden sind gut, die Dresdner

Bank etwa rechnet beim Mittelstand für 2009 mit einem Umsatzwachstum von 6,5 Prozent. Insbesondere dieser „Mittelstand“ hat es den Banken angetan. Während Sparkassen und Genossenschaftsbanken diesem Segment „schon immer“ ihre Aufmerksamkeit geschenkt haben und die Deutsche Bank sich als Marktführer erfolgreich vom Image befreien konnte, „dem Mittelstand den Rücken zu kehren“, hat sich die Commerzbank in den vergangenen Jahren sichtbar als „Mittelstandsbank“ positioniert - worin ihr insbesondere Hypovereinsbank und Dresdner Bank in nichts nachstehen wollen.

Web-Links

- www.ifm-bonn.org - Institut für Mittelstandsforschung Bonn
- www.banklounge.de - Weitere

Eines der wichtigsten Themen im Firmenkundengeschäft sind die seit einiger Zeit verpflichtenden Eigenkapitalvorschriften des international gültigen Regelwerks „Basel II“ (siehe Kapitel 4.9.1 Risikomanagement). Vor diesem Hintergrund müssen Banken die Bonität ihrer Kunden streng formalisiert bewerten und das Ergebnis in Form eines Ratings zum Ausdruck bringen - mit Konsequenz für die Höhe des angebotenen Kreditzinses. Dieses Rating zu verstehen und für sich positiv zu beeinflussen ist eine der großen Herausforderungen für Unternehmer. Immer stärker jedoch ermöglichen Banken ihren Firmenkunden ergänzend Zugang zum Kapitalmarkt. Früher waren Emissionen von Anleihen nur den Großunternehmen vorbehalten. Nun ist dies auch dem Mittelstand möglich, indem der Kapitalbedarf vieler kleinerer Unternehmen in einem Papier gebündelt wird. Dafür werden verschiedene Formen der „Verbriefung“ eingesetzt.

Banken können noch an weit mehr Stellen helfen, wenn Unternehmer der Schuh drückt. Sie unterstützen bei der Unternehmensnachfolge, bieten Instrumente, um die Folgen der eklatant steigenden Energie- und Rohstoffkosten abzumildern und finanzieren die Umsetzung strenger werdender Umweltschutzauflagen. Der Banker ist dem Unternehmer in vielen Bereichen ein wichtiger Gesprächs- und Sparringspartner. Nur leider: Häufig haben Firmenkunden mehrere Bankverbindungen. Der Wettbewerb ums nächste Geschäft ist deshalb immer eine Herausforderung, die nur mit bester Kundenbeziehung, guten Konditionen und einer gehörigen Portion Kreativität beim Lösungsvorschlag bestanden wird.

Die Tätigkeit

Marcel Mühlich, Unternehmenskundenberater bei der Baden-Württembergischen Bank in Karlsruhe, findet sich manchmal auch auf dem Werksfahrrad wieder. „Neulich hat mir ein Kunde seine neue CNC-Fräsmaschine gezeigt, dafür sind wir zusammen über das ganze Gelände gefahren“, berichtet er über einen wichtigen Teil seiner Arbeit - sich für den Kunden interessieren und verstehen, was genau er in seinem Unternehmen macht. Mühlich ist viel unterwegs, sieht Produktionsstätten, Maschinen, Lager. Er trifft Mitarbeiter, spricht den Geschäftsführer und verhandelt mit dem kaufmännischen Leiter. Bei ihm laufen alle Fäden der Kundenbeziehung zusammen, er nimmt den Bedarf des Kunden auf, macht erste Lösungsvorschläge, zieht die entsprechenden Experten unter seinen Kollegen hinzu und entwirft maßgeschneiderte Finanzierungskonzepte. Manche seiner Kunden haben einen dreistelligen Millionenumsatz. Kredit allein vergeben kann er freilich nicht, es gilt – wie überall im Kreditgeschäft – das Vier-Augen-Prinzip. Die Kollegen aus der „Marktfolge" analysieren zunächst Bilanz, Gewinn- und Verlustrechnung und die Betriebswirtschaftliche Auswertung, bevor es zu einer Entscheidung kommt. Diese Arbeitsteilung findet sich in allen Banken – die breit qualifizierten Kunden-Kümmerer und die im Hintergrund arbeitenden Analytiker und Experten.

Chancen-Profil

	Allgemein	Firmenkunden/ Large Caps	Export/ Trade Finance	Risk Advisory
Karriereziele				
Imagefaktor	★★★★	★★★★	★★★	★★★
Vergütungsdynamik	★★★	★★★	★★★	★★★
Work-Life-Balance	★★★	★★	★★	★★
Jobsicherheit	★★★	★★★	★★	★★★
Karrierebeschleuniger				
Karrierevielfalt	★★★	★★★	★★	★★
Karrieredynamik	★★★	★★★	★★★	★★★
Mobilitätsdynamik	★★★	★★★	★★	★★

Expertise: www.ingeniam.de; Bewertung relativ zu den anderen Gruppen

Der Kredit ist zwar das „Ankerprodukt" in diesem Geschäft, doch daneben kann auch die Vermögensanlage ein Thema sein. „Viele Unternehmen haben in den vergangenen Jahren Liquiditätsüberschüsse angesammelt", sagt Mühlich. Die werden am Kapitalmarkt rentierlich geparkt, bevor sie wieder im Unternehmen investiert werden. Spezieller wird es beim Zins-Währungs-Management. Hier geht es darum, sich mithilfe spezieller Finanzinstrumente, zum Beispiel Zinsswaps, bestimmte Zinsniveaus zu sichern oder zu verbilligen. Ähnlich ist es im Währungsmanagement, mit dem ein bestimmter Wechselkurs gesichert oder Währungsgewinne erzielt werden können. Unternehmen, die Rohstoffe verarbeiten, können mithilfe von innovativen Finanzinstrumenten Einkaufspreise verlässlich kalkulieren. Exporteure nutzen die Leistungen ihrer Bank im Auslandsgeschäft.

„International weit verzweigte Unternehmen nutzen unser Cash Management", erklärt Unternehmensbanker Mühlich. „Dabei werden die Konten in verschiedenen Ländern zu einem Pool zusammengefasst und am Ende eines Tages weltweit zum Ausgleich gebracht. So muss das Unternehmen weniger Zinsen bezahlen, kann anderswo höhere Zinsen einnehmen und unter Umständen Währungsgewinne erzielen." Solche Unternehmen erreichen häufig eine Größe und einen Kapitalbedarf, bei dem strukturierte Finanzierungen zum Einsatz kommen. Dabei werden die unterschiedlichsten Finanzierungsinstrumente wie Unternehmensanleihen, Schuldscheindarlehen, Zertifikate, Mezzanine, öffentliche Fördermittel und viele mehr zu einem für das Unternehmen idealen Paket geschnürt („strukturiert"). Der Kundenberater arbeitet dafür mit den entsprechenden Experten zusammen, etwa aus dem Kapitalmarktbereich.

Auch an Großunternehmen werden Kredite vergeben, doch ein Kredit ist bei großen Projekten lange nicht mehr einfach ein Kredit: Er setzt sich aus verschiedenen „Tranchen" zusammen, die sich hinsichtlich Laufzeiten, Währungen, Zinssätzen und anderen Faktoren unterscheiden. Wichtig sind dabei auch „Covenants", also Nebenvereinbarungen, die zum Beispiel festlegen, welche betriebswirtschaftlichen Kennzahlen während der Kreditlaufzeit eingehalten werden müssen. Egal was kommt - Mühlich steht als Kundenbetreuer immer im Mittelpunkt des Geschehens. Will ein Kunde sein Unternehmen verkaufen, holt Mühlich einen Kollegen aus dem Bereich M&A (Kapitel 4.4.3) hinzu. Kunden dagegen, die mit der Existenz kämpfen, werden an die Kreditüberwachung in die Stuttgarter Zentrale übergeleitet. Denn in diesem Fall, sagt Mühlich „muss man, gerade im Sinne des Kunden, sowohl im Bereich Sanierung als auch im Insolvenzrecht firm sein".

WISSEN UND ERFAHRUNG

Unternehmenskundenbrater

- Gute Kenntnisse in den wirtschaftlichen Kernthemen (Preise, Märkte, Kosten, Technologie, Prozesse, Finanzen ...)
- Betriebswirtschaftliche Analytik: Bilanz, G&V, Cash-Flow-Analysen, Investitionsrechnung, Rentabilität, Finanzmathematik
- Präsentations- und Vertriebserfahrung

Kreditanalysten („Marktfolge") und Experten

- Betriebswirtschaftliche Analytik: Bilanz, G&V, Cash-Flow-Analysen, Investitionsrechnung, Rentabilität
- Kreditrisikoprüfung, Ratingverfahren, Asset- und Sicherheitenbewertung
- Expertenwissen zu Märkten, Branchen, Produkten, Wachstumsprojektionen

Der Einstieg

Seit 2007 ist Sven Stipkovic im Corporate Banking der Hypovereinsbank. Seine spezielle Aufgabe: Er arbeitet eng mit einem Private Equity Fonds zusammen. Solche Fonds kaufen Unternehmen mit dem Ziel, ihren Wert zu erhöhen und sie nach einigen Jahren mit Gewinn weiterzuverkaufen. Hat der Fonds ein neues „Target" in Aussicht, kommt Stipkovic hinzu und prüft, wie weit seine Bank diesen Kauf mit finanzieren kann. Damit wird das Unternehmen zu Stipkovics Kunden.

Eingestiegen ist er über das Trainee-Programm „Unternehmensfinanzierung", das heute den Namen „Corporate Banking" trägt. Eine Ausbildung zum Bankkaufmann, ein BWL-Studium mit Schwerpunkt Bankbetriebslehre und ein dreitägiges Assessment Center, „bei dem mich meine künftigen Chefs überzeugt haben", lagen hinter ihm. Zwar hatte Stipkovic auch Kontakte zu einer Unternehmensberatung, doch „in der Großbank habe ich sehr gute Entwicklungsmöglichkeiten in alle Richtungen gesehen, sowohl fachlich als auch für eine mögliche Führungskarriere", begründet er seine Entscheidung.

Während seiner Trainee-Zeit hat er verschiedene Bereiche im Corporate Banking kennen gelernt. So war er in der Marktfolge, lernte Kreditstrukturen zu analysieren, setzte sich in der Liquiditäts- und Investmentberatung mit Zins- und Währungsfragen auseinander, lernte das Außenhandelsgeschäft kennen, den Zahlungsverkehr und das Cash-Management.

„Man ist in diesem Beruf ganz automatisch als Unternehmensberater tätig", erklärt Stipkovic. Das kann er, weil er mit seiner Tätigkeit auch einen guten Branchenüberblick bekommt. Ist etwa die Lagerhaltung im Vergleich zu anderen Kunden aus der Branche sehr hoch, weiß Stipkovic, hier ist unnötig Liquidität gebunden. Und mangelnde Liquidität ist die häufigste Ursache für Insolvenzen. „Also sage ich meinem Kunden, du nutzt die Finanzkraft deines Unternehmens nicht optimal, du solltest dein Umlaufvermögen verringern." Regelmäßig spricht er mit seinen Kunden über strategische und operative Ziele, er kennt die Bilanzen, das Management, die Produktionsanlagen. „Und man arbeitet automatisch international, weil die Kunden international sind."

KOMPETENZ UND NEIGUNG

Unternehmenskundenberater

- Ausgeglichenheit, Erfolgsstreben, Selbstmotivation und Initiativkraft, Geschäftssinn,
- Zuhören können, sich auf die Argumente und Motive des Gegenübers einstellen können
- Argumentieren und überzeugen können, rasch die Anerkennung von anderen gewinnen können
- Gute Allgemeinbildung und sicheres Auftreten

Kreditanalysten („Marktfolge") und Experten

- Analytisch-mathematische Neigung, wissenschaftliches Denken und Problemlösungskompetenz
- Überblickskompetenz und die Fähigkeit, aus einer Vielzahl von Details die Relevanten herausfiltern zu können
- Hohes Urteilsvermögen, Ausgeprägte Besonnenheit und Detailgenauigkeit, Sorgfalt

Interview mit Tina Vogt

Tina Vogt ist Senior Beraterin Corporate Banking bei der Dresdner Bank

Sie arbeiten im Bereich Treasury und Wertpapiere. Was bedeutet das?

Ich betreue mittelständische Firmenkunden ab einem Jahresumsatz von 7,5 Millionen Euro. Dabei bin ich spezialisiert auf Zins- und Währungsabsicherungen. In meinem Team ist der Kreditexperte das erste Gesicht zum Kunden. Hinzu kommen Experten aus Bereichen wie dem Auslandsgeschäft oder dem Zahlungsverkehr - und ich. Zusammen decken wir alle Bedürfnisse ab, die unser Firmenkunde in Sachen Bankgeschäft hat.

Mit welchen Problemen kommt der Kunde zu Ihnen?

Unsere Kunden möchten ihre Währungs- und Zinsrisiken bei uns absichern. Nehmen wir an, unser Kunde hat eine Rechnung in Dollar ausgestellt und erwartet in drei Monaten den Zahlungseingang. Wenn er nicht absichert, hat er das Risiko, dass der Euro/Dollar-Kurs steigt und er somit bei Zahlungseingang in drei Monaten einen geringeren Euro-Gegenwert erzielt, als er vorab kalkuliert hat. Das wäre ein ernsthaftes Problem für ihn. Aber mithilfe von Optionen und anderen Finanzinstrumenten können wir es lösen - und es gibt noch weit kompliziertere Fälle. Ähnlich sieht es im Zinsbereich aus.

Was tun Sie noch für Ihre Kunden?

Das ist sehr unterschiedlich und vielseitig. Normalerweise bin ich mit dem Team mindestens zweimal im Jahr beim Kunden, um mit ihm gemeinsam Ansätze zu finden. Hat er zum Beispiel Kreditbedarf, könnte es sein, dass eine Finanzierung in Schweizer Franken günstiger für ihn ist als in Euro? Solche Fragen rechne ich durch, präsentiere meine Lösung, und wenn er zustimmt, setze ich sie um. Derartige Lösungen auszuarbeiten und zu präsentieren macht einen großen Teil meiner Arbeit aus.

Wie sieht sonst Ihr Tag aus?

Mit am wichtigsten ist es für mich, immer zu wissen, was an den Märkten passiert. Deshalb stehen auf meinem Schreibtisch auch zwei Bildschirme - auf dem einen laufen die Informationsdienstleister wie Bloomberg oder Reuters. Auf dem anderen meine eigenen lokalen Anwendungen. Mein Blick morgens geht immer zuerst auf die Märkte. Wenn ich limitierte Orders aufgegeben habe, schaue ich nach, ob sie über Nacht ausgeführt worden sind. Wenn ja, rufe ich die Kunden an und informiere sie darüber. Häufig ergeben sich für Kunden aus dem aktuellen Marktgeschehen auch gute Möglichkeiten oder sogar Notwendigkeiten zu handeln. Auch dann rufe ich an und biete passende Instrumente an.

Heißt das, Sie geben auch Anlageempfehlungen?

Nein, das machen meine Kollegen von der Anlageseite für Kunden, die cash-rich sind. Die haben Liquidität vom Kunden zur Verfügung und können diese am Kapitalmarkt anlegen. Ich bin hier für die Risikoseite verantwortlich. In meinem Job geht es immer darum, Risiken einzugrenzen und abzusichern.

Wie sind Sie in diesen Bereich gekommen?

Ich habe VWL studiert, deshalb wohl auch meine Affinität zu den Themen Zinsen und Währungen. Jetzt bin ich seit zwei Jahren in diesem Bereich, vorher habe ich ein einjähriges Trainee-Programm bei der Dresdner Bank im Corporate Banking absolviert. Während dieser Zeit habe ich mich schon früh fürs Treasury interessiert und bin schließlich auch hier eingestiegen.

Perspektiven

Erfahrung und Menschenkenntnis sind für Unternehmenskundenberater die wichtigsten Erfolgsfaktoren. „Ein gestandener Firmenkundenberater hat auf jede Frage beim Kunden eine Antwort", sagt Marcel Mühlich von der Baden-Württembergischen Bank. Es gilt, sein Wissen beim Kunden anzuwenden und daraus kreative Finanzlösungen zu entwickeln, die den Unternehmer überzeugen, vielleicht auch positiv überraschen. Nur so behält die Bank den Fuß in der Tür und setzt sich gegen die Konkurrenz durch. Was dabei vor allem hilft, ist Kontinuität. Geschäftsführer können es nicht leiden, immer wieder einem neuen Berater ihr Geschäft erklären zu müssen. Das Firmenkundengeschäft ist sehr personenbezogen („People's Business"), man hat auch viel auf Kundenveranstaltungen und außerhalb der normalen Geschäftszeiten miteinander zu tun.

Unternehmenskundenberater wachsen mit der Größe ihrer Kunden, aber auch mit den Kompetenzen, mit denen sie ausgestattet sind. Dabei geht es vor allem um den Entscheidungsrahmen bei der Kreditvergabe. Der hängt von vielen Faktoren ab: Wie sich die Rückzahlungsquellen aus dem operativen Geschäft des Unternehmens gestalten, welche Sicherheiten es für den Kredit gibt, in welcher Währung er ausgezahlt wird, wer der Kunde überhaupt ist (zum Beispiel eine öffentliche Körperschaft), ob es ein kurzfristiger oder ein langfristiger Kredit ist und vieles mehr. In jedem Fall gehören mindestens zwei Unterschriften unter einen Kreditantrag: die des Kundeberaters und die des Kollegen aus der Marktfolge. Je nach Volumen des Kredits kommen weitere Unterschriften höherer Hierarchieebenen hinzu: die der Abteilungsleiter, der Bereichsleiter, hoch bis zum Vorstand. „Da können dann auch acht Unterschriften der Bank unter einem Kreditantrag stehen", berichtet Mühlich. Der möchte sich nicht nur fachlich weiterentwickeln und wird bereits auf weiterführende Aufgaben vorbereitet.

Viele Häuser gehen die Förderung von Führungskarrieren ähnlich systematisch an. Sven Stipkovic von der Hypovereinsbank zum Beispiel ist Mitglied im „Talent Development Program", das auf spätere Führungsaufgaben vorbereiten soll. Daneben bietet die Muttergesellschaft Unicredit Group ein internationales Förderprogramm, in dem sich junge Mitarbeiter in multinationalen Projektgruppen zusammenfinden und divisions- wie länderübergreifend bestimmte Themen bearbeiten, zum Beispiel den Filialvertrieb in Bulgarien betreffend. Ein Beispiel für die interne fachliche Fortbildung ist der berufsbegleitende Studiengang „Master in Corporate Banking", den Mitarbeiter der Unicredit Group mit Präsenzveranstaltungen an Universitäten in Mailand, München und Wien absolvieren können. Solche Kooperationen mit Universitäten und Business Schools bieten gerade die großen Häuser - es lohnt sich, schon im Bewerbungsverfahren nach solchen Möglichkeiten zu fragen.

Darüber hinaus hört auch im Corporate Banking das Lernen nie auf. Sämtliche Banken bieten selbst oder über externe Bildungspartner die unterschiedlichsten fachbezogenen Seminare an, im Firmenkundengeschäft von Bilanz- und Unternehmensanalyse, Investitions- und Finanzierungsrechnung und Kreditsicherheiten bis zu neuesten Bestimmungen die Bekämpfung der Geldwäsche betreffend. Und sicher - wer noch nicht das Rotwein- vom Weißweinglas zu unterscheiden weiß, wird auch mit einem Etikette-Kurs versorgt. Besonders im Firmenkundengeschäft.

Interview mit Sascha Jungwirth

Sascha Jungwirth ist Firmenkundeberater bei der Frankfurter Sparkasse ... und betreut dort Unternehmer mit einem jährlichen Umsatz zwischen 2,5 und 50 Millionen Euro aus den Branchen Produktion, verarbeitendes Gewerbe und Hotelgewerbe. Ein Schwerpunkt liegt auf Druckereien.

Wo liegen für Sie die besonderen Herausforderungen im Firmenkundengeschäft?

Wer Erfolg haben will, muss eine Antenne entwickeln für die Themen seiner Firmenkunden, er muss sensibel dafür sein, was den Geschäftsführer bewegt. Ganz wichtig ist es, keine Standardprodukte zu verkaufen - das merkt der Kunde. Jedes Unternehmen ist anders, und so muss auch jede Lösung anders aussehen. Solche Lösungen zu strukturieren, zu präsentieren und den Kunden damit zu überzeugen, das ist die große Herausforderung, die sich beinahe täglich stellt. Dabei hilft natürlich auch Branchenkenntnis - man muss ja mitreden können.

Die Druckereien zum Beispiel ...

Richtig, das ist eine Branche, in der ein rasanter technischer Wandel stattfindet, zugleich stehen die Druckereien untereinander in einem enormen Konkurrenzkampf. Die Auslastung der teuren Druckmaschinen ist eine ständige Sorge. Nicht zuletzt setzt ihnen die fortschreitende Digitalisierung zu. In der Londoner U-Bahn zum Beispiel hingen früher an den Rolltreppen Werbeplakate. Die sind alle von TFT-Displays verdrängt worden - da wird nichts mehr gedruckt. Solche Tendenzen wird es auch bei uns verstärkt geben, und es ist spannend zu beobachten, welch unterschiedliche und teilweise sehr kreative Antworten die Druckereien darauf finden.

Welche besonderen Eigenschaften erfordert das Geschäft?

Gerade bei großen Kreditengagements sind viel Erfahrung und ein Gespür für die Risiken gefragt. Wenn ich mit einem Geschäftsführer spreche, muss ich merken, ob er mit sich und seinem Unternehmen zufrieden ist, ob die Firma gut läuft oder ob es notwendig ist, einmal genauer hinzuschauen. Zudem erfordert das Verhandeln mit Geschäftsführern und Mitgliedern der Unternehmensleitung eine gute Portion Selbstsicherheit - Umgang auf Augenhöhe ist da gefordert.

Was macht Ihnen besonders Spaß?

Für einen Kunden ein komplexes Finanzierungsproblem zu bearbeiten und mit ihm eine kreative Lösung zu entwickeln. Da spielen viele Faktoren eine Rolle, und zu Beginn ist nie klar, was am Ende dabei herauskommt - Leasing vielleicht, eine bestimmte Kreditlösung oder Derivate. Es ist immer anders, das macht die Arbeit so abwechslungsreich und so spannend.

Und worauf könnten Sie gerne verzichten?

Ich kann wenig Negatives über den Beruf des Firmenkundenbetreuers berichten. Verzichten würde ich gerne auf die Gespräche, in denen ich eine negative Kreditentscheidung erläutern muss. Dies gehört aber genauso zu meiner Tätigkeit wie das Überbringen guter Nachrichten.

Fortbildung

Insbesondere im analytisch geprägten Marktfolgebereich des Firmenkundengeschäfts, also dort, wo die Bilanzen der Unternehmen untersucht und die Kreditrisiken beurteilt werden, ist der Certified Credit Analyst (CCrA) eine weit verbreitete Zusatzqualifikation. Erworben werden kann sie bei der Deutschen Vereinigung für Finanzanalyse und Asset Management (DVFA). Der CCrA umfasst sowohl die klassische Kreditseite wie auch das so genannte kapitalmarktorientierte Kreditgeschäft, von einfachen Unternehmensanleihen bis zur Verbriefung. Die Ausbildung dauert vier Monate inklusive 17 Tagen Präsenzunterricht. Zur Vorbereitung wird eine Reihe von ein- oder zweitägigen Seminaren angeboten, zu deren Inhalten vor Absolvierung des CCrA zumindest Grundkenntnisse vorhanden sein müssen: **Analyse von Zinsinstrumenten; Bilanzierungsmethoden; Bilanzanalyse und Kennzahlen; derivative und strukturierte Finanzprodukte; Finanzmathematik und Finanzstatistik.**

Web-Link
www.dvfa.de → Aus- & Weiterbildung

EXPERTENTIPP Hier schlägt das Herz der Konjunktur. In den Bilanzen der deutschen Unternehmen stecken ganz grob etwa 20 Prozent Eigenkapital und 80 Prozent Fremdkapital. Dieses Fremdkapital wird überwiegend von Banken durch Kredite zur Verfügung gestellt. Ein Karrierespielfeld, das durch das Zusammenwachen mit den modernen Kapitalmarktprodukten noch auf lange Zeit interessante Perspektiven für Talente bieten wird.

FACHGESPRÄCH

Club Deal Größere Kredite werden nicht von einer Bank allein, sondern von mehreren Banken vergeben, die sich in einem Konsortium zusammenschließen. Solche Geschäfte werden Club Deal genannt.

Covenants Das sind Bedingungen und Nebenvereinbarungen, unter denen eine Kreditzusage erteilt wird. Meist betreffen sie bestimmte betriebswirtschaftliche Kennzahlen, die sich in einem bestimmten Rahmen bewegen müssen.

Debt Capacity Wie viel Kredit kann ein Unternehmen überhaupt vertragen? Diese Frage beantwortet die Kennzahl „Debt Capacity".

Marktfolge Allein auf Grundlage von Unternehmenszahlen soll hier über eine Kreditvergabe entschieden werden. Zudem werden hier die nach Basel II erforderlichen Unternehmensratings erstellt.

Net Debt Das Vermögen abzüglich der Schulden.

Rating Adjusted Pricing (RAP) Je besser das Rating, desto günstiger der Zins.

Vier-Augen-Prinzip Die Zusammenarbeit zwischen Kundenberater und Marktfolge.

4.3 Immobilien Banking

Der Markt

Die Zahlen sind groß: Acht Billionen Euro soll der gesamte Immobilienbestand in Deutschland mittlerweile erreichen. Nach Angaben der Immobilien-Zeitung wechseln jedes Jahr Grundstücke und Gebäude im Wert von etwa 150 Milliarden Euro ihren Eigentümer. 3,6 Millionen Menschen arbeiten nach Berechnung des Münchener Ifo-Instituts in diesem Sektor – etwa zehn Prozent aller Beschäftigten in Deutschland, die zu etwa 17 Prozent zur volkswirtschaftlichen Bruttowertschöpfung beitragen. Mittendrin: die Banken. Sie finanzieren Immobilienkäufe und sie offerieren Immobilien als Kapitalanlageform.

Immobilienfinanzierung

Das Häuschen im Grünen ist sicher einer der häufigsten Anlässe für eine Immobilienfinanzierung. Doch es gibt weit spannenderer Objekte. Büroimmobilien bis hin zum 40-Geschoss-Turm, Portfolios von Wohnimmobilien mit zehntausenden von Mietwohnungen, Hotelimmobilien, Logistikzentren, Einzelhandelsimmobilien und so weiter. Aufwändige Pakete aus Eigenkapital und verschiedenen Fremdkapitalformen werden geschnürt, um solche Projekte möglich zu machen. Selten ist an diesen Großprojekten eine einzelne Bank beteiligt. Manche Konsortien setzen sich aus einem Dutzend verschiedener kreditgebender Institute zusammen. Doch schon lange ist der Markt nicht mehr auf Deutschland beschränkt, deutsche Investoren suchen Objekte in ganz Europa und überall auf der Welt. Asien gilt als die große Boom-Region. Wer bei einer großen Bank in der Immobilienfinanzierung seinen Platz findet, kann mit spektakulären Vorhaben auf dem gesamten Globus in Berührung kommen.

Immobilien als Kapitalanlage

Die Grenzen sind fließend – wer sich den Kauf einer Immobilie finanzieren lässt, sieht diese immer auch als Investitionsobjekt, das eine attraktive Rendite erwirtschaften muss, um nicht zuletzt auch den Kredit bedienen zu können. Das Miets- und das Bürohaus will gut vermietet sein, das Hotel gut ausgebucht, das Einkaufszentrum von Konsumenten stark frequentiert und das Stadion mit Zuschauern gefüllt. Niemals jedoch wird so ein Objekt ausschließlich mit Fremdkapital finanziert, immer muss ein gewisser Anteil Eigenkapital vorhanden sein, bevor eine Bank bereit ist, das Geschäft mit Kredit zu ermöglichen. Die meist verbreiteten Vehikel zum Kapitaleinsammeln sind offene und geschlossene Immobilienfonds sowie Immobilienaktiengesellschaften. Diese Vehikel sammeln Eigenkapital von Investoren ein, suchen nach attraktiven Immobilien (oder planen selbst den Bau), beschaffen sich das notwendige Fremdkapital und erwarten eine attraktive Rendite. Offene Immobilienfonds sind häufig Tochtergesellschaften von Banken. Sie geben zeitlich unbegrenzt Fondsanteile aus und investieren mitunter in Dutzende verschiedener Gewerbeimmobilien. Andere Investmentfonds investieren in Immobilienaktiengesellschaften, deren Anteile an der Börse gehandelt werden, sowie in deren steuerlich begünstigte Sonderform, die Reits [riet]. Geschlossene Fonds werden meist von darauf spezialisierten Emissionshäusern „initiiert", die Banken dienen als Vertriebskanal für die Fondsanteile. Investiert wird nur in ein oder sehr wenige Objekte. Ist das Kapital eingesammelt, wird der Fonds geschlossen. Er läuft 10 oder 15 Jahre, bis das Objekt verkauft und das Kapital an die Investoren ausgezahlt wird - möglichst mit Gewinn (Kapitel 5.3 Geschlossene Fonds).

Galt die Immobilie noch bis vor wenigen Jahren als „Alternative Investment", also als Spezialität wie Hedgefonds, Private Equity (außerbörslicher Kauf von Unternehmen) oder Rohstoffe, ist sie mittlerweile neben Aktien und festverzinslichen Wertpapieren in den Kreis der großen Anlageklassen aufgestiegen - die Immobilie hat sich zum Handelsobjekt gewandelt. Wurden Immobilien früher gekauft und im Bestand gehalten, werden sie heute nach 10, spätestens 15 Jahren weiterverkauft. Hinzu kommt, dass immer mehr Unternehmen ihre Immobilienbestände an Investoren verkaufen - das setzt Kapital fürs Kerngeschäft frei. Kaum eins der größeren Unternehmen residiert noch im Immobilieneigentum.

Das Immobiliengeschäft ist ein sehr lokal geprägtes, auf dem gewerblichen Immobilienmarkt dreht sich alles um die Lage. A-Lagen, B-Lagen und C-Lagen geben wesentliche Auskunft über das Risiko einer Investition und die Renditechancen. Die Innenstadt für ein Einkaufzentrum? Grundsätzlich sehr gut - wenn ausreichend Parkplätze vorhanden sind. Und das Hotel sollte eine gute Verkehrsanbindung haben. Hinzu kommen die Wirtschaftskraft der Stadt, die Perspektiven des Stadtviertels und die Nachbarschaft. Wer das beurteilen muss, ist viel unterwegs.

Gefragt wird immer auch nach den Mietverträgen, nach ihrer Laufzeit, nach den Mietern selbst, nach der Auslastung einer Immobilie und nach den Chancen einer Neuvermietung. Gern gesehen sind lang laufende Mietverträge mit renommierten Unternehmen. Leerstände sind ein wichtiger Indikator für die Qualität eines Immobilienstandorts - die Zahlen werden in den einschlägigen Publikationen veröffentlicht und gelten als Stimmungsbarometer für die Branche. Das Immobiliengeschäft hat etwas sehr konkretes, als Banker arbeitet man hier dicht und unmittelbar an der Realwirtschaft.

Der Immobilienmarkt folgt einem Zyklus, der eng mit der allgemeinen Wirtschaftslage verknüpft ist. Das Beratungsunternehmen Jones Lang La Salle hat dies mit der Immobilienuhr verdeutlicht, auf der Städte im Zyklus der Immobilienkonjunktur positioniert sind. Erstes Viertel: Die Mietpreise sinken. Zweites Viertel: Der Mietverfall verlangsamt sich. Drittes Viertel: Die Mietpreise ziehen immer stärker an. Viertes Viertel: Der Mietanstieg verlangsamt sich. Wohin sich die Stadt wann bewegen wird, betonen Kritiker, sagt die Uhr allerdings nicht, sie hat eine sehr eingeschränkte Prognosekraft. Die Grafik zeigt eine Immobilienuhr für das erste Quartal 2008, Büroimmobilien betreffend.

Die Immobilienuhr

Büroimmobilien 1. Quartal 2008

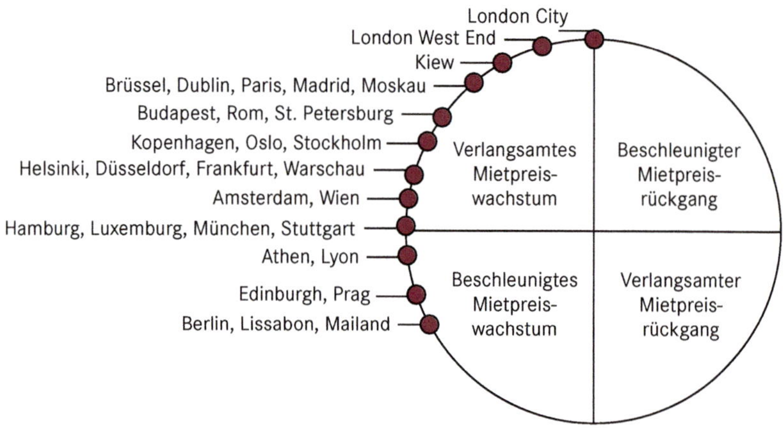

Quelle: JLL; www.immobilienmanager.de

Interview mit Katrin Gluns

Katrin Gluns arbeitet im Real Estate Finance der Landesbank Baden-Württemberg

Wie sind Sie in Ihre Aufgabe hinein gewachsen?

Nach meiner Trainee-Zeit im Bereich 'Strukturierte Finanzierungen und internationales Geschäft' habe ich Bestandsfälle von Kollegen übernommen. Dabei geht es vor allem um die Überwachung laufender Kredite. Spannender ist allerdings das Neugeschäft, das nach und nach hinzukam. Seit kurzer Zeit bin ich nun Mitglied im internationalen Transaction Team und kümmere mich um das Neugeschäft.

Wo liegen die besonderen Herausforderungen in Ihrem Geschäft?

Jede Immobilienfinanzierung und somit jeder Fall ist eine neue Herausforderung. Im internationalen Geschäft kommt hinzu, dass ich diese Woche beispielsweise mit einem Office-Projekt in London zu tun habe, kommende Woche mit einem Retail-Objekt in Paris und danach mit der Erstellung eines Mixed-Use-Objektes in Singapur oder eines Residential-Objekts in Prag. Gerade diese Vielfalt macht den besonderen Reiz der Tätigkeit aus.

Was genau tun Sie?

Mein Tätigkeitsfeld umfasst die Analyse, das Erstellen der Kreditvorlage und die vertragliche Ausgestaltung der Immobilienfinanzierung. Landen Finanzierungsanfragen auf meinem Tisch, prüfe ich gemäß unserer Kreditrisikostrategie, ob und in welcher Höhe wir eine Finanzierung übernehmen können. Dafür müssen viele Fragen beantwortet werden. Das geht von einer Analyse der Volkswirtschaft und des speziellen Makro- und Mikrostandorts in Verbindung mit der Nutzungsart bis hin zur Analyse der Mietverträge. Es spielen auch viele nationale Besonderheiten eine Rolle, die ich kennen muss. So sind in Asien sehr kurze Mietvertragslaufzeiten üblich, zwei bis drei Jahre. In Frankreich dagegen sind Neunjahresverträge die Regel, mit bestimmten Kündigungsoptionen. Liegt ein positives Votum vor, beginnen die Vertragsverhandlungen. Diese erfolgen in Abstimmung mit Kunde und Anwälten. Wurde ein Konsens gefunden, werden die Verträge im Rahmen des so genannten Closings unterzeichnet.

Welche Fragen klären Sie außerdem?

Die Vermietungssituation ist besonders wichtig. Wer sind die Mieter? Wie ist deren Bonität? Entscheidend ist auch die Struktur der Finanzierung, das Verhältnis zwischen Eigen- und Fremdkapital. Welchen Mietertrag erwartet der Investor bei Vollvermietung und bei Mietausläufen? Sind seine sonstigen Annahmen aus unserer Sicht realistisch? Oft wäge ich auch ganz triviale Dinge ab, zum Beispiel ob ein Shoppingcenter ausreichend Parkplätze zur Verfügung stellt. Bummeln die Passanten dort nur oder kaufen sie tatsächlich ein?

Wer macht was ...

Die Marktseite

Die Kundenberater sind „die Marktseite“ im Kredit- und auch im Immobiliengeschäft. Sie haben ihr Ohr am Markt und am Kunden, koordinieren die Tätigkeiten in der Bank für diesen Kunden. Sie bereiten die Finanzierungsanfragen vor und leiten sie an die Kollegen des Transaktionsteams weiter, wo über Teilnahme am Geschäft oder Absage entschieden wird.

Die Immobiliengutachter

Sie plausibilisieren den im externen Gutachten genannten Marktwert des zu finanzierenden Objekts und legen den Beleihungswert fest. Dafür müssen sie auch vor Ort sein.

Die Marktfolge

Die Tätigkeit von Katrin Gluns bei der Landesbank Baden-Württemberg (siehe Interview) ist in der Marktfolge angesiedelt. Dort werden die vom Kundenberater und Immobiliengutachter zusammengetragenen Informationen ausgewertet und die Kreditentscheidung vorbereitet.

Zur Marktfolge gehört auch die laufende Überwachung der bestehenden Kreditengagements. Bei der LBBW findet dies im „Riskmanagement-Team“ statt. Die Mitarbeiter dort beobachten, wie sich der Markt und die Lage insgesamt entwickeln. Sie prüfen, ob die Mieten tatsächlich gezahlt werden. Sie haken nach, wenn die geforderte Gebäude- und Terrorversicherung noch nicht abgeschlossen worden ist. Und sie achten darauf, dass Instandhaltungsmaßnahmen vertragsgemäß durchgeführt werden. Zudem überwachen sie die laufende Einhaltung der so genannten Financial Covenants. Hier ist zum Beispiel geregelt, ob und in welchem Umfang der Kunde weitere Kredite aufnehmen darf, was bei Gesetzesänderungen geschieht oder welche betriebswirtschaftlichen Kennzahlen er einhalten muss. Und sie leiten Maßnahmen ein, falls irgendetwas nicht so läuft, wie man es sich ursprünglich vorgestellt hat.

Die volkswirtschaftliche Abteilung

Stellt Länderanalysen zu Verfügung, Inflations- und Wachstumsprognosen, die erwartete Zinsentwicklung und schätzt, wohin sich die betreffende Landeswährung bewegen dürfte.

Der Handel

Häufig werden auf Grundlage der Prognosen aus der volkswirtschaftlichen Abteilung Sicherungsgeschäft bezüglich Zinsen- und Währungsrisiken getätigt – dies geschieht in der Handelsabteilung.

Die Rechtsabteilung

Die juristischen Aspekte jeder internationalen Immobilienfinanzierung werden in Zusammenarbeit mit der Rechtsabteilung erörtert. Jede Immobilienfinanzierung wird in einem umfangreichen Vertrag nach internationalem Recht dokumentiert. Hinzu kommen zahlreiche Sicherheitenverträge und weitere Dokumente.

Treasury

Die Kollegen aus dem Treasury stellen nach Vertragsclosing den zugesagten Kreditbetrag zur Verfügung und kümmern sich um die Refinanzierung des Kredits.

Zahlungsverkehr

Wickelt die Auszahlung des Betrages ab. Zuvor hat Katrin Gluns den Auszahlungsauftrag erteilt. Wie für den Beitrag an den Sportverein. Nur der Betrag ist oft achtstellig.

Das Beteiligungsmanagement

Hier sind Katrin Gluns und ihre Kollegen selbst Dienstleister für eine andere Abteilung. Kauft die Bank ein Unternehmen, umfasst dies häufig einen Immobilienbestand, dessen Wert die Immobiliengutachter beurteilen. Die Finanzierungsstruktur wird in der Marktfolge geprüft.

WISSEN UND ERFAHRUNG

Kundenberater

- Substanzielle Kenntnis der Wirkzusammenhängen der Makroökonomie
- Kenntnisse der analytischen Vergleichsrechnung (Standort, Entwicklung, Auslastung etc.)
- Erfahrung

Marktfolge/Experte

- Kenntnis der Immobilenbranche und der wesentlichen internationalen Strukturen
- Erfahrung in der Bewertung komplexer, internationaler Unternehmensstrukturen

KOMPETENZ UND NEIGUNG

Kundenberater

- Blick für langfristige Trends und Entwicklungen
- Fähigkeit, komplexe Themen anschaulich und einfach darzustellen
- Bereitschaft, ständig die Brücke zwischen Marktwert und Finanzierungs-Know-how zu finden

Marktfolge/Experte

- Interesse und Verständnis für zyklische Märkte
- Interesse an Risikobewertungen außerhalb der Bilanz
- Neigung, komplexe unübersichtliche Bewertungsstrukturen transparent zu machen

Perspektiven

„Man muss schon eine Reihe von Immobilientransaktionen begleitet haben, um ein erfahrener Immobilienfinanzierer zu sein“, sagt Katrin Gluns von der Landesbank Baden Württemberg. Dann aber hat vielfältige Möglichkeiten, wer sich verändern möchte, entweder auf der Immobilien- oder auf der Finanzierungsschiene. Die Disziplinen des Immobiliengeschäfts sind recht durchlässig, ein Wechsel in die Immobilienverwaltung, zu einem Immobilienfonds oder in die Immobilienbewertung ist möglich. Darüber hinaus bietet die Immobilienwirtschaft zahlreiche Möglichkeiten der Weiterentwicklung - zum Beispiel bei Beratungsunternehmen, die sich auf Immobilientransaktionen spezialisiert haben. Sein besonderes Finanzierungs-Know-how kann man aber auch in anderen Bereichen der Bank einbringen, beispielsweise bei Projektfinanzierungen oder im Bereich der Leveraged Finance.

EXPERTENTIPP Das Immobiliengeschäft ist durch eine große Anbietervielfalt gekennzeichnet: Baukonzerne und Großbanken, Hedgefonds und Public Private Partnerships, lokale Immobilienentwickler und globale Investoren. Die Karrierevielfalt der Branche öffnet sehr viele Einstiegschancen außerhalb der Banken.

Fortbildung

CREA

Der „Certified Real Estate Investment Analyst” verbindet das Know-how der Immobilienbranche mit den Instrumenten und Methoden von Finanzanalysten und Investoren, die auch in die Immobilienwelt Einzug gefunden haben. Das Studium dauert rund vier Monate, mit 18 Tagen Präsenzunterricht.

Web-Link www.dvfa.de

Immobilienökonom

Die Immobilienökonomie befasst sich mit allen Phasen des Lebenszyklus' von Immobilien - von der Projektentwicklung über die Erstellung bis hin zur Nutzungsphase. Besondere Bedeutung kommt den funktionalen Managementaspekten Immobilieninvestition und -finanzierung, Immobilienanalyse und -bewertung sowie dem Immobilienmarketing zu. Das Kontaktstudium Immobilienökonomie dauert 15 Monate. Der Abschluss ist von der Royal Institution of Chartered Surveyors (RICS) anerkannt.

Web-Link www.ebs-immobilienakademie.de

Real Estate Finance

Inhalte (Auszug): Immobilienbewertung; Grundlagen der Immobilienfinanzierung; Kapitalmarkt und Refinanzierungsinstrumente der Hypothekenbanken; Risikomanagement im Real Estate Banking; Immobilienfinanzierung Corporate; Real Estate Investmentbanking; Workout. Dauer: etwa zwölf Monate.

Web-Link www.frankfurt-school.de

Diplom-Immobilienwirt

Aufbauend auf einen wirtschaftswissenschaftlichen Studienabschluss umfasst das Programm neben einer ökonomischen Vertiefung unter anderem Ansätze für die Entwicklung von innovativen Immobilienanlagekonzepten. Es umfasst zwei Semester.

Web-Link www.dia-vwa.de

> **!**
>
> **FACHGESPRÄCH**
>
> **So reden Immobilien-Banker:**
>
> **Cash Sweep/Cash Trap** Wenn sich bei einer Immobilie das Verhältnis von Zinszahlungen zu Mieterträgen verschlechtert, muss Geld als Sicherheit hinterlegt werden.
>
> **Core** Investmentstrategie, bei der nur in Immobilien in bester Lage und mit hoher Sicherheit investiert wird. Für höhere Risken und damit auch höhere Chancen stehen in steigender Reihenfolge die Strategien Core+, Value Added und Opportunity.
>
> **Exit Szenario** Prognose, mit welchem Erfolg die Immobilie am Ende des Vertrages oder bei zwischenzeitlichen Problemen verkauft werden kann.
>
> **LTV** Kredit im Verhältnis zum Immobilienwert (Loan to Value)
>
> **REITs** Immobilienaktiengesellschaften, die einen signifikant hohen Anteil ihres Jahresgewinns an ihre Aktionäre ausschütten müssen und dafür steuerliche Vorteile genießen.
>
> **Waterfall Clause** Klärt, wer in welcher Reihenfolge Zins, Tilgung, Sicherheiten, Verkaufserlös ausgezahlt bekommt. Wird vor allem dann relevant, wenn der Kredit notleidend wird.
>
> **Workout** Die Sanierung eines notleidenden Immobilienkredits

Chancen-Profil

Karriereziele		Karrierebeschleuniger	
Imagefaktor	★ ★ ★	Karrierevielfalt	★ ★ ★
Vergütungsdynamik	★ ★ ★	Karrieredynamik	★ ★ ★
Work-Life-Balance	★ ★	Mobilitätsdynamik	★ ★
Jobsicherheit	★ ★		

Expertise: www.ingeniam.de; Bewertung relativ zu den anderen Gruppen

Web-Links

- www.immobilien-zeitung.de
- www.banklounge.de

4.4 Investmentbanking

4.4.1 Einstieg

Karriere

Wer im Investmentbanking startet, muss mit langen Tagen rechnen. Die Arbeit ist anspruchsvoll, schnell, mitunter hektisch. Das persönliche Risiko ist hoch, denn wer nicht „performt“, ist schnell wieder draußen. In schlechten Jahren kann es aber jeden treffen. Umso besser sind die guten Jahre - die Bezahlung ist äußerst erfolgsorientiert, und über Bonuszahlungen können Mitarbeiter schon früh ein hohes Einkommen erzielen. Das Geschäft ist angelsächsisch geprägt, selbst in den weniger global agierenden deutschen Häusern trifft man auf die typischen Hierarchiestufen. Hier ein Überblick:

Einstiegsposition ist der Analyst. Er ist der „Number Cruncher“, der Branchenzahlen zusammenträgt, Unternehmensanalysen erstellt, Statistiken aufbereitet, Fragenkataloge von Kunden bearbeitet und überhaupt seinem Vorgesetzten mit allem und stets zu Diensten steht - auch wenn es darum geht, in der Mittagspause (so ab 20 Uhr ...) die Pizza zu besorgen.

Das gilt auch noch für den Associate, der im Grunde dieselben Aufgaben hat. In dieser Position gilt es, auf sich aufmerksam zu machen, indem man exzellent recherchierte und aufbereitete Ergebnisse präsentiert - pünktlich. Indem man unter Beweis stellt, auch dann zu funktionieren, wenn es hektisch wird. Indem man durch seine Arbeit seinen Vorgesetzten glänzen lässt (er kann noch viel für einen tun in der Zukunft). Indem man sich als traumwandlerisch fit in Excel und Powerpoint zeigt und aus der Datenbank des Finanzdatenanbieters Bloomberg die überraschendsten Zusammenhänge zaubert. Indem man Ideen einbringt, wie die Datenbank noch besser laufen könnte - und dies dann auch umsetzt (nach der Mittagspause ...).

Als Vice President wird dem jungen Investmentbanker nun zugetraut, auch eigene Kunden zu betreuen. Vice Presidents gibt es viele im Investmentbanking, manche bleiben es über viele Jahre oder sogar für immer. Nun hängt die weitere Karriere nicht mehr allein an der Fähigkeit, hart zu arbeiten. Es geht ums Geschäft - also darum, gut zu sein im Umgang mit Kunden und damit Umsatz zu erzeugen.

Der Director betreut wichtigere Kunden und trägt deutlich mehr Verantwortung für das Ergebnis der Bank. Hier beginnt die Luft dünner zu werden - die Stellen sind seltener, und wer nicht permanent Leistung zeigt, ist seinen Job schnell wieder los. Wer aber weiterhin glänzt, wird irgendwann zur rechten Hand des Managing Directors und kommt in direkten Kontakt mit dem ganz großen Geschäft.

Der Managing Director schließlich kann von sich sagen, er hat es geschafft. Um sich hier zu halten, muss er als „Rainmaker” glänzen, als jemand, der die großen Deals an Land zieht, der Kunden zu überzeugen und zu begeistern weiß. Doch sein exorbitant hohes Einkommen, sein Eckbüro mit zwei Fensterseiten und sein hohes Ansehen sind nur geborgt - so lange, wie er Umsatz bringt.

Web-Links

- www.careers-in-finance.com
- www.banklounge.de

Fähigkeiten und Fertigkeiten

Betriebswirtschaftliche Analytik

Bilanzen lesen, analysieren und auswerten und die richtigen Schlüsse daraus ziehen ist das tägliche Brot der Analysts. Im M&A-Geschäft gehört die „Due Diligence“, die Prüfung des Zielunternehmens mit Blick auf die Bilanz, zu den entscheidenden Schritten im Fusionsprozess. Im Kapitalmarktgeschäft geht es letztlich immer darum, die Bilanzstruktur des Kunden zu optimieren. Und im Research, der Unternehmensanalyse, gehören Bilanzzahlen sowie die Analyse der Märkte, Produkte, Chancen und Risiken zu den zentralen Informationen, auf denen die Prognose der Kursentwicklung einer Aktie fußt.

Mathematik

Teilweise ist sehr viel Mathematik gefragt im Investmentbanking, etwa bei der Strukturierung von Finanzinstrumenten und der Entwicklung neuer Produkte. Hier sind auch Physiker gern gesehen. Doch auch sonst ist ein ausgeprägtes Zahlenverständnis unverzichtbar, um sich überhaupt auf der Stufe des Analysts halten zu können und jemals darüber hinaus zu kommen. Als Händler den fairen Wert einer Option abschätzen und ein kurzer Plausibilitätscheck im Kopf - das muss möglich sein.

Naturwissenschaften

Als Biologe ins Investmentbanking? Warum nicht - Biotechnologie ist eines der heißen Felder im Investmentbanking, wer hier relevantes Fachwissen mitbringt und sich im Studium nicht nur mit dem Verhalten der Gans beschäftigt hat, kann gute Argumente vortragen. Als Ingenieur? Genauso. Nanotechnologie, erneuerbare Energien, Automobilindustrie: Fachwissen in diesen Bereichen, gekoppelt mit nachweisbarem Interesse am Wirtschaftsgeschehen, öffnet manche Tür im Investmentbanking.

Kommunikation

Mit Kunden perfekt interagieren und Deals erfolgreich aushandeln - nur wer das beherrscht, wird nicht ewig Vice President sein. Dazu gehört es, das Geschehen an den Märkten zu durchschauen, die politische und wirtschaftliche Landschaft zu deuten und darüber souverän mit dem Kunden zu sprechen. Mit solchen Leuten kommt man gern ins Geschäft. Investmentbanking ist „People’s Business“.

Teamwork

Vice Presidents sind nur erfolgreich, wenn sie es schaffen, die Kräfte ihres Teams zu kanalisieren und gemeinsam unter hohem Zeitdruck erstklassige Kundenpräsentationen auszuarbeiten und dabei souverän mit den Wünschen (und Egos) ihrer Vorgesetzten umzugehen. Nur wer dauerhaft mit seinem Teamergebnis glänzt, wird weiterkommen. Man ist aufeinander angewiesen - allein ist Karriere im Investmentbanking nicht zu schaffen.

Chancen-Profil

Karriereziele		Karrierebeschleuniger	
Imagefaktor	★ ★ ★ ★	Karrierevielfalt	★ ★ ★ ★
Vergütungsdynamik	★ ★ ★ ★	Karrieredynamik	★ ★ ★
Work-Life-Balance	★	Mobilitätsdynamik	★ ★
Jobsicherheit	★ ★ ★		

Expertise: www.ingeniam.de; Bewertung relativ zu den anderen Gruppen

4.4.2 Structured Products

Der Markt

Strukturierte Produkte bezeichnen Finanzinstrumente, die sich wiederum aus verschiedenen anderen Finanzinstrumenten zusammensetzen. Diese Kombination ergibt Produkte mit vollkommen neuen Eigenschaften. Bei professionellen Investoren gehören solche Konstrukte bereits seit langem zum Anlageuniversum, seit einigen Jahren interessieren sich zunehmend auch Privatanleger für die vielfältigen Möglichkeiten, die solche Produkte bieten. Nach Angaben des Deutschen Derivate Verbandes nutzen bereits rund 4,5 Millionen Menschen diese „Zertifikate" als Geldanlage. Ihr Volumen wuchs in den vergangenen Jahren rasant (siehe Grafik). Im Mai 2008 wurden allein für Privatanleger über 130 Milliarden Euro in weit mehr als 300.000 verschiedenen Zertifikaten verwaltet.

In Zertifikate investiertes Vermögen

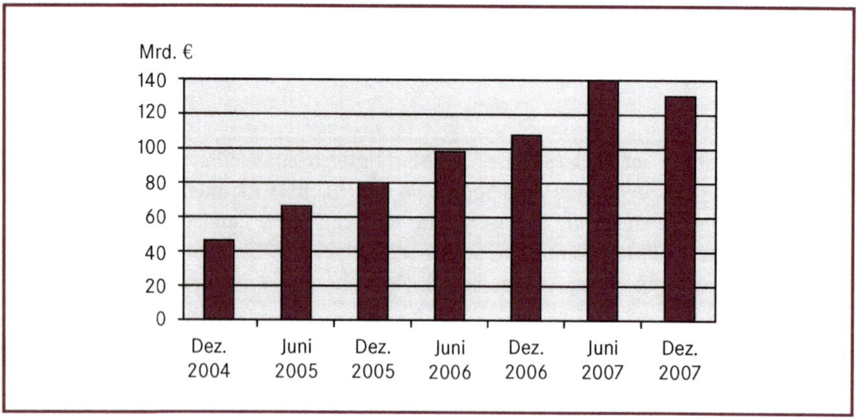

Quelle: www.deutscher-derivate-verband.de

Zertifikate sind bei professionellen und privaten Investoren so beliebt, weil sie je nach Ausstattung

- Risiken begrenzen,
- auch bei stagnierenden oder fallenden Märkten Gewinne ermöglichen,
- überproportionale Gewinne in Aussicht stellen,
- klare und transparente Chancen-Risiko-Profile aufweisen,
- Zugang zu an sich unzugänglichen Anlageformen öffnen (zum Beispiel „Weizen")
- und - je nach Zertifikat - noch vieles mehr.

In einem Zertifikat wird ein Basiswert (zum Beispiel eine bestimmte Aktie, ein Index oder ein Rohstoff) mit einer oder mehreren Optionen kombiniert. Optionen sind so genannte Termingeschäfte, die es dem Inhaber erlauben, einen Basiswert zu einem bestimmten Termin in der Zukunft zu einem jetzt schon festgelegten Preis zu kaufen oder zu verkaufen. Was eine solche Kombination bewirken kann, zeigt das folgende Auszahlungsdiagramm beispielhaft an einem fiktiven Zertifikat:

- Die X-Achse zeigt die möglichen Kurse des Basiswerts (schwarze Kurve) am Tag der Fälligkeit
- Die Y-Achse zeigt den Ertrag des Zertifikats (blaue Kurve), der sich daraus ergibt.
- Rechts vom Punkt A macht der Anleger mit dem Zertifikat mehr Gewinn, als wenn er direkt in den Basiswert investiert hätte.
- Links vom Punkt A macht der Zertifikate-Anleger Gewinn, obwohl der Basiswert in der Verlustzone liegt.
- Erst links vom Punkt B verhält sich das Zertifikat nicht besser als der Basiswert.

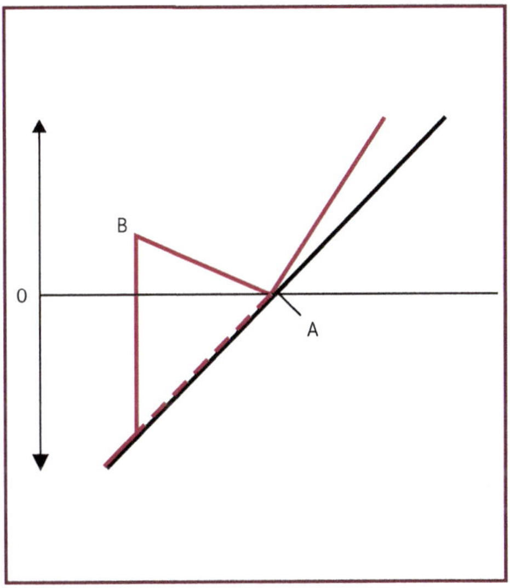

Der Zertifikatemarkt wird von den im Deutschen Derivate Verband zusammengeschlossenen Banken dominiert (siehe folgende Tabelle), neben ihnen gibt es nur noch wenige weitere in Deutschland aktive Emittenten. Diese Anbieter verkaufen Zertifikate nicht nur unter ihrem eigenen Namen, sondern bieten ihre Produktkompetenz auch anderen Banken an. So kann es sein, dass eine Regionalbank bei mehreren Emittenten ein bestimmtes Zertifikat anfragt. Wer dann die besten Konditionen bietet, erhält von der Regionalbank den Zuschlag und strukturiert für sie das Zertifikat. Die Regionalbank verkauft das neue Anlageprodukt dann unter ihrem eigenen Namen an ihre Kunden.

Emittent	Internet
ABN Amro Bank	www.abn-zertifikate.de
BNP Paribas	derivate.bnpparibas.com/de
Citibank	www.citiwarrants.com
Commerzbank	www.zertifikate.commerzbank.de
Deutsche Bank	www.x-markets.db.com
Dresdner Bank	www.warrants.dresdner.com
DZ Bank	www.dzbank-zertifikate.de
Goldman Sachs	www.goldman-sachs.de
HSBC Trinkaus	www.hsbc-zertifikate.de
Hypovereinsbank	www.hvb.de/zertifikate
JP Morgan	www.jpmorgansp.com
LBBW	www.LBBW-zertifikate.de
Sal. Oppenheim	www.oppenheim-derivate.de
Société Générale	www.sg-zertifikate.de
UBS	www.ubs.com/keyinvest
Vontobel	www.vontobel-zertifikate.de
WestLB	www.westlb-zertifikate.com
WGZ Bank	www.wgz-zertifikate.de

Die Margen im Geschäft mit strukturierten Produkten sind hoch, zudem sind die Emittenten nicht verpflichtet, die Gesamtkosten für den Kunden transparent auszuweisen. Auch das ist ein Grund, warum diese Anlageform in den vergangenen Jahren einen solchen Boom erfahren hat. Ein Blick auf die Internetseiten der Emittenten zeigt, dass die Branche zudem ein hohes Maß an Kreativität entwickelt, um immer wieder neue Konstruktionen am Markt zu platzieren und zu etablieren. Es gibt unzählige der oben beschriebenen Auszahlungsprofile – alle mit sehr verschiedenen Konsequenzen für den Anleger. Zudem werden immer neue Basiswerte erschlossen, Milch zum Beispiel, ein Preisindex aus der Containerschifffahrt oder erneuerbare Energien. Am weitesten verbreitet sind jedoch noch immer Aktien oder Körbe aus mehreren verschiedenen Aktien. Hinzu kommen Strategiezertifikate, die zum Beispiel in Aktien mit hohen Dividendenzahlungen investieren, oder in potenzielle Übernahmekandidaten, oder ... – der Fantasie sind keine Grenzen gesetzt.

Web-Links

- www.deutscher-derivate-verband.de
- www.banklounge.de

Für künftige Mitarbeiter in diesem Bereich heißt es: Innovation gehört zum Tagesgeschäft, Kreativität ist gefragt. Ausdruck findet dieser Hang zum Neuen in unzähligen jährlichen

Preisverleihungen, in denen die Kategorie „Innovation des Jahres" zu den wichtigsten der Branche gehört.

EXPERTENTIPP Die Komplexität der Kapitalmarktprodukte wird weiter zunehmen, die Vielfalt und Dynamik der Jobprofile ebenfalls. Ein Karrierespielfeld für Menschen mit starker mathematisch-wissenschaftlicher Orientierung und der Fähigkeit zur offenen Interaktion.

Fortbildung

Gelernt wird immer – on the Job. Einsteiger besuchen manchmal einwöchige Crashkurse. Solche werden auch von Vermögensverwaltern besucht, oder von Produktmanagern, die für ihre Bank Zertifikate von den Emittenten einkaufen und deshalb beurteilen können müssen. Einen solchen Crashkurs bietet zum Beispiel die Deutsche Vereinigung für Finanzanalyse und Asset Management (DVFA) mit dem ISSP (Investment Spezialist für strukturierte Produkte) an. Internet: www.dvfa.de → Aus- & Weiterbildung. Das beim Emittenten selbst erforderliche Wissen geht jedoch weit darüber hinaus.

WISSEN UND ERFAHRUNG

- Ausgeprägte Kenntnis der wichtigen strukturierten Produkte und ihrer Märkte
- Breites Kapitalmarktwissen, insbesondere zu den Wirkungszusammenhängen zwischen Wertpapier und Derivat
- Kenntnisse und Erfahrungen in der Wahrscheinlichkeitsrechnung

KOMPETENZ UND NEIGUNG

- Analytisch-quantitative Neigung, wissenschaftliches Denken und Problemlösungskompetenz
- Kommunikative Kompetenz
- Schnelle Auffassung und die Fähigkeit, mit Kreativität und Fantasie konzeptionell zu arbeiten
- Ausgeprägte Besonnenheit und Detailgenauigkeit

Chancen-Profil

Karriereziele		Karrierebeschleuniger	
Imagefaktor	★ ★ ★	Karrierevielfalt	★ ★ ★
Vergütungsdynamik	★ ★ ★ ★ ★	Karrieredynamik	★ ★ ★
Work-Life-Balance	★	Mobilitätsdynamik	★ ★
Jobsicherheit	★ ★ ★ ★		

Expertise: www.ingeniam.de; Bewertung relativ zu den anderen Gruppen

Interview mit Christine Kiefer

Christine Kiefer* arbeitet für Goldman Sachs als „Analyst Equity Derivatives" in London (* Bild: Goldman Sachs - all rights reserved)

Wie sind Sie an Ihre jetzige Stelle gelangt?

Ich habe Wirtschaftsinformatik an der Saar Universität studiert und schon während dieser Zeit Praktika im Vertrieb strukturierter Produkte gemacht. Auch zu Goldman Sachs bin ich zunächst als Praktikantin gekommen, aber schon bald wurde mir eine feste Stelle angeboten.

Was genau macht Ihre Tätigkeit aus?

In meinem Team bedienen wir den deutschen und den Schweizer Markt mit strukturierten Produkten. Dafür arbeiten wir eng mit den Kollegen aus dem Vertrieb und dem Handel zusammen und entscheiden gemeinsam, welche Produkte wir platzieren wollen. Gemeinsam mit dem Technik-Team legen wir dann die dafür notwendigen technischen Rahmenbedingungen fest. Das ist mit umfangreichen Programmierarbeiten verbunden und kommt dem sehr nahe, was ich bereits im Studium gemacht habe. Zusätzlich entwerfe ich die gesetzlich vorgeschriebenen Dokumente, die jede Emission begleiten, und stimme sie mit unseren Juristen in Deutschland und der Schweiz ab.

Das klingt sehr vielseitig ...

Ja, das ist es. Ich mag diese Verbindung aus Finanzmarktwissen, juristischen und technischen Aspekten. Mir hat das Programmieren immer Spaß gemacht, deshalb liegt hier auch ein Schwerpunkt meiner Arbeit, während sich Kollegen mehr auf die rechtlichen Fragen und den Finanzmarkt konzentrieren. Alles in allem kommt es dabei ganz auf die eigenen Stärken an, wo man am Ende landet - wir haben die Freiheit uns den Platz zu suchen, auf den wir am besten passen.

Ganz praktisch: Wie sieht ein typischer Tag bei Ihnen aus?

Ein typischer Tag beginnt am Morgen mit meinem E-Mail-Postfach. Jeden Tag kommt viel Post rein, und morgens lese ich, was sich über Nacht angesammelt hat. Wenn wir den ersten Handelstag eines neuen Produkts haben, prüfe ich, ob alle Daten für den Start korrekt sind und der Handel reibungslos beginnen kann.

Morgens geht es in der Regel auch darum, welche neuen Produkte wir platzieren wollen. Ich selbst verantworte die Rolling Turbos, die Minis und die Optionsscheine. Wofür wir uns genau entscheiden, hängt von der aktuellen Marktlage und von der Nachfrage der Investoren ab. Wenn die Entscheidung gefallen ist, informieren wir zum Beispiel unsere Kollegen in Frankfurt über die weiteren Schritte. Ich bereite die juristischen Dokumente vor und schicke sie zu unseren Juristen. Außerdem informiere ich die Börsen über die neuen

Emissionen. Hektisch wird es vor allem bei Börsenstart und dann wieder bei Börsenschluss. Nach 18 Uhr wird es insgesamt deutlich ruhiger, dann kann ich mich auch um andere Dinge als den aktuellen Handel kümmern.

Was sind das für weitere Aufgaben?

Ich arbeite auch an strategischen Projekten. Es geht zum Beispiel darum, so viele Prozesse wie nur möglich zu automatisieren - nur so können wir mit der wachsenden Nachfrage mithalten. Das bedeutet, laufend unsere Prozesse zu überprüfen und sie immer weiter zu optimieren. Wenn wir Änderungen haben, entwickle ich das konzeptionelle Design und diskutiere es mit unseren Kollegen von der Technik. Oder ich arbeite gleich selbst an der Änderung mit.

Welche Qualifikationen erfordert Ihre Tätigkeit?

Alles was wir tun, läuft im Team ab. Mein Job ist sehr interaktiv und erfordert viel Kommunikation mit meinen Kollegen und vielen Menschen außerhalb. Es ist deshalb sehr wichtig, ein guter Teamplayer zu sein. Daneben muss ich sehr gut organisiert sein, denn so nah an den Finanzmärkten bewege ich mich in einem Umfeld, das sich sehr schnell verändert. Jeder Tag ist anders, und es ist schwierig, irgendetwas vorauszuplanen. Ich muss in der Lage sein, mit mehreren Projekten gleichzeitig zu jonglieren, und ich muss Prioritäten setzen.

Wie sehen Ihre weiteren Perspektiven aus?

Mein nächster Schritt wäre die Beförderung zum Associate. Es ist durchaus üblich, im Laufe der Karriere hier im Unternehmen das Team zu wechseln. Ich könnte mir gut vorstellen, auch einmal in der Strukturierung zu arbeiten, oder im Handel.

Was raten Sie Studenten, die sich für diesen Bereich interessieren?

Interessierte Studenten sollten sich ein sehr breites Wissen über die Finanzmärkte aneignen und schon während des Studiums ein tiefes finanzmathematisches Verständnis erarbeiten. Schon von Beginn an wird viel verlangt - je mehr man also bereits weiß, desto besser. Um herauszufinden, welche Tätigkeit genau zu einem passt, sollte man sich überlegen, wo die eigenen Stärken liegen: In der Analyse vielleicht, oder im Kundengespräch? Auch gibt es neben den sehr operativ geprägten Tätigkeiten Positionen, auf denen an längerfristigen Projekten gearbeitet wird. Es ist wichtig zu wissen, worin man gut ist - nur so wird man Erfolg haben. Außerdem ist es sehr hilfreich, sich mit so vielen Menschen wie möglich auszutauschen, die bereits Erfahrung im Job gesammelt haben.

4.4.3 Mergers & Akquisitions

Der Markt

Das Geschäft mit Fusionen und Unternehmenskäufen (Mergers & Acquisitions) ist wohl das schillerndste in der Branche. Selbst wirtschaftlich weniger Interessierten noch lebhaft in Erinnerung sind Ereignisse wie 1999 der Zusammenschluss des Chemieriesen Hoechst mit der französischen Rhône-Poulenc zur Aventis (heute Sanofi-Aventis), große Übernahmeschlachten wie die von Vodafone mit Mannesmann im Jahr 2000, oder 2007 der Kauf und die anschließende Zerschlagung der niederländischen Großbank ABN Amro durch ihre drei Konkurrenten Royal Bank of Scotland, Fortis und Santander. Die wenigsten „Deals" oder „Transaktionen" dieser Art sind vergleichbar spektakulär, doch es gibt hunderte davon in Deutschland jedes Jahr, die groß genug sind, von einschlägigen Branchendiensten erfasst zu werden, und häufig sind die M&A-Abteilungen der größeren Banken daran beteiligt - bei Mega-Deals (früher „Elefantenhochzeiten") häufig ein halbes Dutzend oder mehr auf jeder Seite.

Die Tabelle zeigt, was sich im ersten Halbjahr 2008 auf dem deutschen Markt getan hat:

M&A-Transaktionen H1/2008

Branche	Anzahl
IT/Software/Kommunikationstechnologien	72
Anlagenbau/Maschinenbau/Metallindustrie	59
Sonstiges	56
Dienstleistungen	51
Pharma/Chemie/Life Sciences	47
Immobilien	35
Elektro/Optik/Laser/Hardware	33
Lebensmittel/Konsumgüter/Handel/Textil	32
Medien/Verlag	30
Banken/Versicherungen	30
Regenerative Energien/Umweltschutz/Entsorgung	28
Automotive/-Zulieferer	20
Bau/Bauzulieferer	20
Internet	17
Transport/Logistik	11
Energie/Holz/Rohstoffe/Papier	10
Gesamt	**551**

Quelle: www.vc-facts.de

Die Fieberkurve der Branche jedoch misst sich an den jährlichen Volumina - nach dem Wert der Transaktion richtet sich die Höhe der Provisionen, die gezahlt werden. Die Grafik unten zeigt deutlich, wie volatil das Geschäft ist - Flautejahre und Boomjahre wechseln sich ab. Wer in diesem Geschäft Fuß fassen will, sollte wissen: Genauso ist es mit den Arbeitsplätzen, mit der Branchenkonjunktur schwankt die Zahl der benötigten M&A-Berater - die Industrie atmet schwer.

2007 war weltweit ein außerordentlich gutes Jahr für die Branche, über 32.000 Transaktionen mit einem Gesamtvolumen von rund 4,5 Billionen US-Dollar ließ die Provisionen sprudeln - die Boni der Investmentbanker in London und New York schossen in die Höhe. Wer in diesem Geschäft an die wirklich großen Deals mit den exorbitanten Boni gelangen will, kommt nicht umhin, seine Chancen in einer der ganz großen, meist amerikanischen Investmentbanken zu suchen (siehe Tabelle in Kapitel 3.4 Investmentbanken), in Deutschland zeigt hier nur noch die Deutsche Bank international sichtbar Flagge. Doch auch jenseits der „Bulge Brackets" (Branchenslang für die führenden Investmentbanken) ist das Geschäft spannend und fordernd.

M&A-Transaktionen deutschlandweit

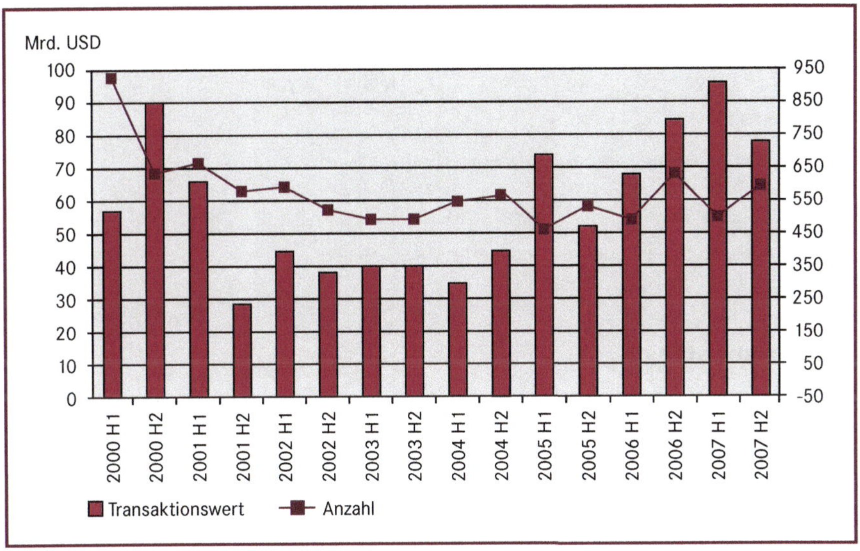

Quelle: www.vc-facts.de

Der Bedarf

M&A-Berater kommen ins Spiel, sobald mit ganzen Unternehmen gehandelt wird. Etwa dann, wenn ein Unternehmen im organischen Wachstum aus eigener Kraft Grenzen sieht und es Möglichkeiten des externen Wachstums sucht - mit Akquisitionsobjekten. Oder umgekehrt, wenn ein Konzern ein Tochterunternehmen verkaufen will, suchen M&A-Experten nach Kaufinteressenten. Auch wenn das Zielunternehmen („Target") an der Börse gehandelt wird und sich der Übernahme widersetzt, wird es einen M&A-Berater engagieren, der Abwehrmaßnahmen durchführen soll - bis hin zur Suche eines „Weißen Ritters", also eines bevorzugten Fusionspartners.

Die M&A-Berater sichten den Markt, halten nach geeigneten Unternehmen Ausschau und begleiten den gesamten Kaufprozess. Dabei geht es bei den Targets nur zu einem geringen Teil um freundliche oder feindliche Übernahmen börsennotierter Unternehmen; die meisten dieser Transaktionen finden außerhalb des Aktienmarktes statt. Ein typischer Fall ist das inhabergeführte mittelständische Unternehmen. Die Erben des Eigentümers sind nicht daran interessiert, den Betrieb fortzuführen, also sucht der Unternehmer nach einem Käufer - nicht allein um Kasse zu machen, sondern auch, um den Fortbestand seines Lebenswerks zu sichern.

Chancen-Profil

Karriereziele		Karrierebeschleuniger	
Imagefaktor	★ ★ ★ ★ ★	Karrierevielfalt	★ ★ ★
Vergütungsdynamik	★ ★ ★ ★ ★	Karrieredynamik	★ ★ ★
Work-Life-Balance	★	Mobilitätsdynamik	★ ★
Jobsicherheit	★ ★		

Expertise: www.ingeniam.de; Bewertung relativ zu den anderen Gruppen

Web-Links

- www.bm-a.de - Bundesverband Mergers & Acquisitions
- www.banklounge.de - weitere

Die Dienstleistung

Unternehmenskauf

- Die Investmentbank erstellt ein Anforderungsprofil möglicher Zielunternehmen. Kriterien können eine Ausweitung des Geschäfts, das Heben von Synergien und das Erzielen von Größenvorteilen sein oder die Erweiterung der eigenen Leistungen auf derselben Wertschöpfungsstufe oder die Ausweitung des Angebots auf vor- und nachgelagerte Wertschöpfungsstufen.
- Klärung der Frage, was sich der Käufer leisten kann, wie groß das Ziel sein darf, wie viel es kosten darf.
- Klärung mit den Kollegen aus dem Kapitalmarktgeschäft, mit welchen Instrumenten benötigtes Kapital strukturiert und am Markt eingesammelt werden kann.

- Suche nach entsprechenden Unternehmen. Erster Schritt ist ein Blick in die eigene Datenbank – hat man schon Kunden mit Verkaufsabsichten? Dann wird priorisiert.
- Ansprache der Zielunternehmen.
- Bei Interesse des Ziels: Formulierung eines „Letter of Intent“ (Absichtserklärung).
- „Due Diligence“: Das Zielunternehmen gewährt Einblick in seine Bücher, Unternehmensprozesse und Risikopositionen (zum Beispiel mögliche Schadensersatzansprüche).
- Verhandlung über den Kaufpreis und weitere Bedingungen.
- Bei Erfolg: rechtliche und wirtschaftliche Abwicklung der Übernahme.

Verkauf

- Formulierung der Ziele, vor allem angestrebter Verkaufserlös. Die Investmentbank ermittelt den voraussichtlich erzielbaren Marktwert des Unternehmens.
- Veröffentlichung einer Ausschreibung mit angestrebtem Kaufpreis und sonstigen Nebenbedingungen.
- Direkte Ansprache möglicher Kaufinteressenten.
- Bei mehreren Interessenten: Priorisierung.
- Öffnen der Bücher für die priorisierten Interessenten.
- Weiterhin mehrere Interessenten: möglicherweise Einleitung einer Auktion.
- Der Meistbietende erhält den Zuschlag

Bei sämtlichen Schritten arbeitet die Investmentbank eng mit Wirtschaftsprüfern, Rechtsanwälten, Gutachtern, Immobilienexperten und anderen Beratern zusammen. In der Bank selbst laufen alle Fäden zusammen – ein Großteil der Arbeit ist Projektmanagement.

WISSEN UND ERFAHRUNG

- Sichere Methodenkenntnisse und souveräne Beherrschung der betriebswirtschaftlichen Analytik
- Solide Kenntnis des Gesellschafts- und Steuerrechts
- Branchenkompetenz und tiefes Wissen in einer Zielbranche

KOMPETENZ UND NEIGUNG

- Erfolgsstreben und ausgeprägter Ehrgeiz
- Ziel- und ergebnisorientierte Denkweise
- Unbedingter Leistungswille und Bereitschaft Außerordentliches zu leisten
- Sehr schnelle Auffassungsgabe, Disziplin und Kundenorientierung

Interview mit Dirk Felsmann

Dirk Felsmann ist Associate bei Dresdner Kleinwort

Wie erfolgt der Einstieg ins M&A-Geschäft?

Bei mir entstand das Interesse am M&A-Geschäft während meines BWL-Studiums in der Vorlesung eines Junior-Professors über diesen Bereich. Ich habe daraufhin ein dreimonatiges Praktikum bei Dresdner Kleinwort absolviert und konnte nach Abschluss meines Studiums direkt als First Year Analyst einsteigen. Trainee-Programme sind in diesem Geschäft unüblich, allerdings habe ich die ersten zwei Monate in London verbracht und wurde in Themen wie Bewertung und Rechnungslegung fit gemacht - ein solides Grundwissen aus dem Studium wird aber vorausgesetzt.

Was macht ein Associate bei Ihnen?

Im M&A-Geschäft läuft vieles über Präsentationen - und die erstellen die Junior Banker, also Analysts und Associates. Bewirbt sich die Bank um ein Verkaufsmandat, muss der Kunde davon überzeugt werden, dass das Team ein sehr gutes Verständnis von seinem Unternehmen und der Industrie hat. Für die Präsentation müssen daher eine Markt- und Wettbewerbsanalye erstellt, potenzielle Käufer identifiziert und der Verkaufsprozess sinnvoll strukturiert werden. Die notwendigen Informationen recherchieren wir und bereiten sie in einer Präsentation auf - alles in Englisch. Gewinnen wir das Mandat, kommt im Verkaufsprozess viel Projektmanagement hinzu, denn an einem solchen Deal sind neben der Investmentbank auch Unternehmensberater, Anwälte, Wirtschaftsprüfer und sogar Umweltgutachter beteiligt. Deren Arbeit wird über uns koordiniert.

Wie sehen die weiteren Perspektiven aus?

Je länger man dabei ist, desto weniger Zeit verbringt man mit dem Erstellen der Präsentationen oder der Bewertungsmodelle, und desto mehr muss man Analysen aufsetzen und die Umsetzung koordinieren. Analysts sind in der Regel mit einem konkreten Projekt ausgelastet. Je höher man in der Hierarchie kommt, desto mehr Arbeit kann man delegieren und desto mehr Projekte betreuen. So entwickelt sich der Analyst über die Stufe Associate hin zum Vice President. Auf jeder Stufe wächst er zudem automatisch in immer mehr Führungsverantwortung hinein und steht dem Kunden immer öfter gegenüber. Director und Managing Director schließlich haben selbst Transaktionsverantwortung, pflegen Kundenbeziehungen und müssen neues Geschäft bringen.

Was macht Ihre Arbeit spannend?

Da es sich im M&A-Geschäft immer um wichtige strategische Entscheidungen handelt, sind die Gesprächspartner in der Regel die Geschäftsführung oder der Vorstand des Unternehmens. Zudem ist die Arbeit sehr abwechslungsreich. Ich muss mich immer wieder in neue Branchen hineindenken mit anderen Wettbewerbsstrukturen, anderen Regularien, vollkommen anderen Erfolgsfaktoren. Ein Verkaufs- oder Kaufmandat vom Kick-off-Meeting bis zur Unterzeichnung des Kaufvertrages dauert erfahrungsgemäß rund vier Monate - man kann daher nicht zwei Monate damit verbringen, sich in ein neues Unternehmen einzulesen. Häufig geben die Kunden enge Zeitpläne vor, sie brauchen kurzfristig Informationen oder Analysen - man muss auf alles vorbereitet, und vor allem immer für den Kunden erreichbar sein.

Das müssen Junior Banker leisten

Im M&A-Geschäft arbeiten Analysts und Associates in einem Umfeld, in dem Kunden auf sehr hohem Niveau beraten werden - es geht immer um viel und manchmal um sehr viel Geld. Unternehmen müssen bewertet, Finanzierungsstrukturen entwickelt und aufgesetzt sowie Verhandlungen erfolgreich abgeschlossen werden. Die Recherchen und Auswertungen der Junior Banker bilden die Grundlage für alle weiteren Schritte im Kauf- oder Verkaufsprozess. Einsteiger werden sich mit unzähligen Unternehmensbewertungen beschäftigen und dabei die verschiedensten Modelle kennen lernen und einsetzen. Für lange Zeit wird ihr bester Freund „Excel" heißen, aufwändige Tabellen („Spreadsheets") werden sie über Jahre durch ihren Alltag begleiten. Erfolgreiche Analysts

- wissen im Schlaf, wie ein Unternehmen anhand des Discounted Cash Flow bewertet wird,
- sind virtuos in der Kunst, Unternehmen als potenzielle Kaufobjekte oder Käufer zu finden,
- sind exzellent im Networking und machen sich schnell allen wichtigen Personen in ihrem näheren und weiteren Umfeld bekannt,
- kommen mit jeder Art von Charakter (bei Vorgesetzten und Kunden) zurecht,
- bereiten Kundenmeetings bis ins kleinste Detail perfekt vor.

> **EXPERTENTIPP** Hier ist der Deal alles! Ohne Deal keine Honorare. Zeitdruck, Kompetenz, Know-how, Präzision, kommunikative Brillianz, treffsichere Analytik. Spielfeld für Höchstleistungskarrieren. Ein Umfeld mit außerordentlichen Anforderungen für die Besten.

Weitere Perspektiven

Um im M&A-Geschäft seinen Platz zu finden, muss man nicht zwingend nach London oder New York schauen, nicht einmal die deutschen Top-10 unter den Banken sind die einzigen potenziellen Anbieter einer Karriere in diesem Bereich. Es gibt eine ganze Reihe von Gesellschaften, die M&A-Beratung durchführen oder sich ganz darauf spezialisiert haben. Unter www.vc-facts.de finden sich Informationen zu einschlägigen Adressen. Hier ein Auszug:

M&A-Berater

Firma	Internet
ABEL & CIE Merchant Banking Services	www.abel-merchant-banking.com
Angermann M&A International GmbH	www.angermann-ma.de
Arthur D. Little GmbH	www.adlittle.de
Augusta & Cie GmbH	www.augustaco.com
Bauer & Partner Mergers & Acquisitions Aktiengesellschaft	www.bauer-ma.de
Blue Ribbon Partners GmbH	www.blueribbon.de
Cartagena Capital GmbH	www.cartagena-capital.com
CatCap GmbH	www.catcap.de
CEO advise GmbH	www.CEOadvise.de
Concentro Management AG	www.concentro.de
Corporate Finance Partners CFP Beratungs-GmbH	www.cfpartners.com
Deloitte & Touche GmbH	www.deloitte.com/de/
Weitere	www.banklounge.de

Quelle: VC-Facts M&A Yearbook H1/2008

> **INTERNET-TIPP** Perfekte Englischkenntnisse, etwas Geld und keine Scheu vor US-Bürokratie und dem Großstadtdschungel New York vorausgesetzt, können sich ganz Vorwitzige auch der Hinweise auf dieser Seite annehmen und direkt bei den großen Adressen an der Wall Street vorsprechen: www.careers-in-finance.com/ibnytrip.htm

4.4.4 Capital Markets

Der Markt

Der Kredit ist bei weitem nicht das einzige Finanzierungsinstrument für Unternehmen – je größer sie sind, desto interessanter wird es, für sie die globalen Kapitalmärkte als Geldquelle zu erschließen. Investmentbanker im Bereich Capital Markets tun genau das. Sie entwerfen auf Basis des Finanzbedarfs von Unternehmen umfassende Konzepte, wie diese mithilfe der unterschiedlichsten Finanzinstrumente das benötigte Kapital einsammeln können. Zu diesen Instrumenten gehören Aktien, Anleihen, Wandelanleihen, Genussscheine, Preferred Securities, Asset Backed Securities, derivative Instrumente und einiges mehr in den verschiedensten Ausprägungen.

Der Markt ist riesig. Allein der US-Aktienmarkt soll eine Marktkapitalisierung von 11 Billionen US-Dollar haben – das ist die Summe aller Aktienkurse multipliziert mit der Zahl der gehandelten Aktien. In Deutschland betrug dieser Wert im August 2008 immerhin über

1,1 Billionen Euro. Die Anleihenmärkte sind noch weit größer und vielfältiger. Bereits vor einigen Jahren schätzte die US-Investmentbank Merrill Lynch den Marktwert aller Anleihen weltweit auf runde 45 Billionen US-Dollar. Der Wert der derivativen Finanzinstrumente übersteigt diesen wiederum um ein Vielfaches. Jede dieser Emissionen wurde von einer Bank initiiert und durchgeführt.

EXPERTENTIPP Der Zugang zum Kapital der Investoren bestimmt den Erfolg großer und mittlerer Unternehmen. In diesem Segment der Finanzdienstleistungen sitzen auf beiden Seiten des Tisches ausschließlich Profis. Anspruchsvolle Karrieren rund um Börsenkurse und Kapitalverzinsungen.

WISSEN UND ERFAHRUNG

- Sichere Methodenkenntnisse und souveräne Beherrschung der betriebswirtschaftlichen Analytik
- Technische Aktien- und Anleiheanalyse
- Kenntnis historischer Markt- und Bewertungsszenarien

KOMPETENZ UND NEIGUNG

- Analytisch-quantitative Neigung, wissenschaftliches Denken und Problemlösungskompetenz
- Überzeugungskraft und Fähigkeit, sich schnell auf Sachverhalte und Personen einzustellen
- Ausgeprägte Qualitätsorientierung

Debt Capital Markets

Der Bereich Debt Capital Markets umfasst alle Formen von Fremdkapital, die an den Märkten gehandelt werden. Wichtigstes Instrument ist die Emission von Anleihen. Eine Übersicht der größten Spieler in Deutschland ist im Kapitel 3.4 Investmentbanken abgebildet. Innerhalb der Sparte „DCM“ finden sich Investmentbanker in den Zweigen Origination, Structuring und Syndication wieder.

Origination

In der Origination wird Akquise betrieben, um attraktive Mandate zu gewinnen. Eine Quelle neuer Mandate sind die Kollegen aus dem Bereich M&A, die bei Capital Markets anklopfen, wenn ein Unternehmenskauf finanziert werden muss. Große Unternehmen schreiben ihren Bedarf aus (Pitch), und der Zuschlag wird an die Bank vergeben, deren Strukturierungskonzept, deren Konditionen und deren Präsentation insgesamt überzeugt – viel Vorbereitungsarbeit für Analysts und Associates. Die Bank macht in dieser Präsentation Vorschläge, welche Instrumente sie in welcher Kombination einsetzen will, wo und wie sie diese Instrumente am Markt zu platzieren gedenkt und wie sie für den Erfolg der Transaktion sorgen wird.

Structuring

Im Bereich Structuring wird das dem Kunden präsentierte und von ihm abgesegnete Konzept umgesetzt – die Finanzierung wird strukturiert. Dazu gehört vom Pricing und dem Festzurren der genauen Konditionen über die Berücksichtigung sämtlicher rechtlicher Aspekte bis hin zur Börsennotierung alles, was ein Papier braucht, um schließlich auf dem Kurszettel zu erscheinen und gehandelt zu werden.

Syndication

In der Syndication wird die neue Emission am Markt konkret platziert. Die Wertpapiere müssen ihre Abnehmer finden, doch nicht immer ist der Kapitalmarkt im ausreichenden Maß aufnahmebereit. Die Experten in der Syndication kennen den Markt, den aktuellen Bedarf an Kapitalanlagen bei den Investoren und die Erwartungen, die der Markt an Neuemissionen hat. Dieses Wissen fließt bereits bei der Strukturierung einer neuen Emission mit ein.

Equity Capital Markets

Börsengänge und Kapitalerhöhungen – also Eigenkapitalfinanzierungen – werden von Investmentbankern im Bereich ECM begleitet und durchgeführt. Grundsätzlich läuft das Geschäft wie unter „Debt Capital Markets" beschrieben. Ein Mandat muss gewonnen, ein vom Markt und vom Emittenten gleichsam akzeptierter Preis ermittelt, Analysten überzeugt, erste Investoren gefunden, die Emission an der Börse angemeldet und alle rechtlichen Vorgaben eingehalten werden. Ganz wichtig: Der erste Handelstag muss ein Erfolg sein. Auch hier greift ECM ein, sollte sich der Kurs nicht wie gewünscht entwickeln.

Chancen-Profil

Karriereziele		Karrierebeschleuniger	
Imagefaktor	★ ★ ★	Karrierevielfalt	★ ★ ★ ★
Vergütungsdynamik	★ ★ ★ ★ ★	Karrieredynamik	★ ★ ★ ★
Work-Life-Balance	★	Mobilitätsdynamik	★ ★
Jobsicherheit	★ ★		

Expertise: www.ingeniam.de; Bewertung relativ zu den anderen Gruppen

4.4.5 Research, Sales, Trading

Research

Im Auftrag der eigenen Bank, von Fondsgesellschaften, Vermögensverwaltern und anderen institutionellen Investoren beobachten Analysten im Research bestimmte Segmente am Kapitalmarkt, meist im Bereich Aktien (Equity Research) oder im Bereich Anleihen (Fixed Income Research). Weil die Märkte vielfältig sind, ist die Spezialisierung hoch. So gibt es Aktien-Analysten für europäische Konsumaktien, für die Automobilbranche weltweit oder für südamerikanische Small Caps (Unternehmen mit niedriger Marktkapitalisierung). Ebenso findet man Renten-Analysten für asiatische High-Yield Anleihen (hochverzinsliche), US-Unternehmensanleihen oder europäische Staatsanleihen. Der Titel „Analyst" ist hier nicht als Hierarchiestufe zu verstehen – manche Stars der Branche sind unabhängig von Berufsjahren, Erfahrung und Einkommen einfach als Analysten bekannt.

Analysten interessieren sich für Unternehmenszahlen wie Auftragslage oder Verschuldungsgrad und vor allem für auf die Zukunft gerichtete Informationen, zum Beispiel welche neuen Medikamente ein Pharmaunternehmen in den kommenden Jahren auf den Markt bringen will oder wie sich ein Automobilhersteller auf den Megatrend „Klimawandel" einstellt. Sämtliche Faktoren je nach ihrer Relevanz gewichtet ergeben Gewinnerwartungen, die wiederum in Empfehlungen wie „Buy" oder „Sell" oder „Overweight" und einigen anderen münden. Diese klare Positionierung macht die Arbeit von Analysten sehr transparent – entsprechend stehen sie in der Branche und in der Öffentlichkeit unter Beobachtung.

Analysten arbeiten entweder im Buy-Side-Research oder im Sell-Side-Research. Auf der Buy Side werden im Auftrag institutioneller Investoren Branchen- und Unternehmensberichte mit entsprechenden Kauf- oder Verkaufsempfehlungen erstellt. Auf der Sell Side findet das Research im Interesse des Emittenten eines Wertpapiers statt – es geht darum, die Anleihe oder die Aktie bei Investoren unterzubringen und den Kollegen vom Sales die passenden Argumente an die Hand zu geben.

Im Research sind Mitarbeiter mit Branchenkenntnis besonders gern gesehen. Als Biologe hat man also gute Aussichten, im Research für Biotechnologie-Unternehmen zu landen. Noch besser freilich ist es, bereits selbst einige Jahre in der Branche gearbeitet zu haben.

Chancen-Profil

Karriereziele		Karrierebeschleuniger	
Imagefaktor	★ ★ ★	Karrierevielfalt	★ ★
Vergütungsdynamik	★ ★	Karrieredynamik	★ ★
Work-Life-Balance	★ ★	Mobilitätsdynamik	★ ★
Jobsicherheit	★ ★		

Expertise: www.ingeniam.de; Bewertung relativ zu den anderen Jobprofilen

EXPERTENTIPP Ausgesprochene ökonomisch-analytische Kompetenz und tiefe Branchenkenntnisse sind der Schlüssel erfolgreicher Karrieren. Exzellente Analysten bewegen Märkte und Aktien. Die Karrieren der Analysten wachsen langfristig mit Reputation und Erfahrung.

WISSEN UND ERFAHRUNG

- Sichere Methodenkenntnisse und souveräne Beherrschung der betriebswirtschaftlichen Analytik
- Tiefes Branchenwissen in internationalen Märkten
- Erfahrung mit makro- und mikroökonomischen Bewertungsmodellen

KOMPETENZ UND NEIGUNG

- Neugierde und wissenschaftsorientierte Denkweise; faktenbasierte Entscheidungsfindung
- Neigung, komplexe unübersichtliche Bewertungsstrukturen transparent zu machen
- Hohes Urteilsvermögen, ausgeprägte Besonnenheit und Detailgenauigkeit, Sorgfalt

Sales

Im Institutional Sales werden institutionelle Investoren dafür gewonnen, sich an Aktien- und Anleihen-Emissionen zu beteiligen und zu investieren. Unterstützt werden die Sales-Leute von ihren Kollegen aus dem Sell-Side-Research, die sie mit den passenden Argumenten über die Qualität der Investition versorgen. Es wird viel telefoniert mit Portfoliomanagern, die viele solcher Anrufe bekommen. Es geht aber nicht nur um Neuemissionen. Auch bereits im Handel stehende Papiere werden im Auftrag der Emittenten „verkauft", ebenso wie die eigenen Leistungen und Broker-Services im Bereich Trading.

Chancen-Profil

Karriereziele		Karrierebeschleuniger	
Imagefaktor	★ ★	Karrierevielfalt	★ ★
Vergütungsdynamik	★ ★ ★	Karrieredynamik	★ ★
Work-Life-Balance	★ ★ ★	Mobilitätsdynamik	★
Jobsicherheit	★ ★		

Expertise: www.ingeniam.de; Bewertung relativ zu den anderen Jobprofilen

EXPERTENTIPP Im Zeitalter globalen Wissens und transparenter Informationen findet professioneller Sales zu neuer Stärke. Die professionellen Investoren sind in ihren Entscheidungen ausgesprochen anspruchsvoll, ihre Erwartungen an diejenigen, die ihnen Investitionen empfehlen, ebenfalls.

WISSEN UND ERFAHRUNG

- Kenntnis der Märkte und Strukturen institutioneller Investoren
- Interkulturelle Kompetenz
- Präsentations- und Vertriebserfahrungen

KOMPETENZ UND NEIGUNG

- Hohe Selbstmotivation, hohes Erfolgsstreben und ausgeprägter Ehrgeiz
- Argumentieren und überzeugen können, rasch die Anerkennung anderer gewinnen können
- Hohe Extraversion und Kontaktfähigkeit

Trading

Banken treten als Broker für institutionelle Investoren auf, das bedeutet, sie führen in deren Auftrag Handelsgeschäfte an den Börsen aus. Am „Trading Desk“ werden sämtliche Handelsgeschäfte durchgeführt, die in der (Investment-) Bank, einer Fondsgesellschaft oder einem sonstigen institutionellen Vermögen anfallen – Aktien, Anleihen, Währungen, Optionen, Futures, Zinskontrakte und vieles mehr. Das Geschäft verlangt hohe analytische Kompetenz, vor allem im Bereich strukturierter Produkte, und immer kurze Reaktionszeiten. Im Währungshandel ist vor allem Marktgefühl gefragt, und die Fähigkeit, politische und gesamtwirtschaftliche Ereignisse richtig zu interpretieren. Egal auf welchem Markt, häufig geht es hektisch zu. Zudem sind Sensibilität und Geschick erfolgsentscheidend, etwa dann, wenn große Kauf- oder Verkaufsaufträge (Orders) ausgeführt werden. Denn hohe Volumina bewegen oft selbst die Kurse, und die Auftraggeber wollen deshalb nicht, dass ihre Transaktion im Markt auffällt.

Lange Jahre trug der Handel auf eigene Rechnung („Eigenhandel“) bei vielen Banken einen sehr wesentlichen Teil zum Jahrsüberschuss bei – ganze Etagen waren nur damit beschäftigt, Handelsgewinne für die eigene Bank zu erzielen. Mittlerweile findet hier ein Umdenken statt, die meisten Banken agieren nur noch im Auftrag ihrer Kunden.

Interview mit Michael Grohmann

Michael Grohman ist Associate im Equity Sales Trading bei Dresdner Kleinwort

Was bedeutet "Equity Sales Trading"?

Einfach erklärt: Der institutionelle Investor, also zum Beispiel eine Fondsgesellschaft, eine Versicherung oder eine Pensionskasse, will eine Aktie kaufen oder verkaufen. Diesen Auftrag gibt sie an ihren Handelstisch weiter. Das sind meine Kunden. Ich nehme die Handelsaufträge, die Orders, entweder direkt vom Fondsmanager entgegen, in der Regel aber vom Handelstisch, kläre die Einzelheiten der gewünschten Ausführung und gebe diese an unsere Händler weiter. Die sind mit ihren Systemen direkt an die Börse angeschlossen und führen die Orders den Kundenwünschen entsprechend aus. Ist das passiert, bestätige ich diese Ausführung.

Worin liegen die Anforderungen der Kunden?

Die einfachste Order könnte lauten „verkaufe Aktie A bestens, also zum aktuell bestmöglichen Preis". Aber so einfach ist es meistens nicht. Es werden Preislimits gesetzt, es werden die zu handelnden Volumina festgelegt und vieles mehr. Bei größeren Orders muss man zum Beispiel den eigenen Einfluss auf den Kurs möglichst gering halten. Würde etwa der Fondsmanager 100.000 Aktien eines Unternehmens auf einmal auf den Markt werfen, könnte das den Kurs drücken. Dafür gibt es dann Ausführungsmodalitäten mit schönen Namen. Beim „Eisberg" stückelt man die große Order in viele kleine und arbeitet sie nacheinander ab, vielleicht in Paketen zu 5.000 Stück.

Wie sieht Ihr Tagesablauf aus?

Ich bin ab sieben Uhr an meinem Tisch. Dann sehe ich nach, was die Märkte in den USA und Japan gemacht haben, welche Neuigkeiten es aus den Unternehmen gibt und welche Termine am Tag anstehen, auf die ich achten sollte. Um kurz nach acht gibt es den Morning Call, das ist eine interne Telefonkonferenz, in der unsere Analysten berichten, was sie für den Tag erwarten. Aus all diesen Informationen schreibe ich für meine Kunden den täglichen Newsletter, um diese über den kommenden Tag zu informieren. Und ich rufe auch an, um ihnen Nachrichten und Handelsideen zu präsentieren, die sich aus dem erwarteten Tagesgeschehen ergeben. Ab neun gehen dann die Schranken an der Börse hoch, und es geht los. Natürlich passieren auch sehr viele unerwartete Dinge, auf die wir reagieren müssen. Dann rufe ich die Kunden an, für die die neue Marktlage interessant ist.

Auf diese Weise erzeugen Sie Geschäft für Ihre Händler ...

Auch das, aber meistens eher indirekt. Es geht darum, unseren Kunden mit solchen Informationen Mehrwert über den eigentlichen Handel hinaus zu bieten. Ein Fondsmanager kann nicht den ganzen Tag den gesamten Markt im Auge behalten, zumal er auch viel unterwegs ist. Also versorgen wir ihn beziehungsweise den Handelstisch mit relevanten Informationen. Des Weiteren versorgt Sales und unser Research das Fondsmanagement mit Informationen, lädt zu Roadshows ein, bringt zum Beispiel Vorstände der Unternehmen zum Kunden, um für den Kunden einen Mehrwert zu schaffen.

Nach welchen Kriterien wählen die Kunden ihren Broker aus?

Vor allem wichtig für den eigentlichen Handel ist die Qualität der Ausführung - wie schnell war sie, wie gut war der erzielte Preis, wie läuft die Kommunikation und Abrechnung der Geschäfte. Darüber hinaus werden die Leistungen und die Qualität der Analysten, die Arbeiten der Sales-Leute und auch des Middle/Back-Office bewertet. Diese Bewertungen finden sich in den so genannten Broker-Rankings wieder, eine quasi Qualitätsüberwachung durch unsere Kunden, die sich letztlich in der Position der Broker-Listen wiederfindet. Die Position in diesem Broker-Ranking ist wichtig für die Quantität der Geschäfte mit dem Kunden und wird halbjährlich oder jährlich neu ausgewertet.

Wie sind Sie für Ihre Arbeit ausgestattet?

Wir haben hier Arbeitsplätze mit vier bis sechs Monitoren, die uns die ganze Breite der Märkte zeigen, dazu kommen News von Nachrichtenagenturen, Excel-Sheets, die für uns relevante Informationen direkt aufbereiten. Sämtliche Informationen werden abgewogen, ob sie kursrelevant sind oder nicht - und wenn sie es sind, für welchen Kunden sie es sind. Am Anfang ist es eine ziemliche Herausforderung, die wirklich relevanten Informationen aus diesem Datenstrom zu filtern - aber das kommt mit der Zeit. Die Orders hier in Frankfurt gebe ich an die Händler in London oder Frankfurt über unser Ordersystem weiter. Die Kommunikation bezüglich dieser Orders läuft per Telefon oder über unser Boxensystem, in dem wir direkt mit den Händlern mit einer Art Standleitung verbunden sind. Mit den Händlern in Frankfurt läuft die Kommunikation direkt auf Zuruf. Des Weiteren kommunizieren natürlich die Sales Trader in den verschiedenen Büros zum Beispiel in Frankfurt, London, Paris, Madrid, New York auch untereinander.

Welche Qualifikationen sind da gefordert?

Neben dem Finanzwissen vor allem eine echte Passion für dieses Geschäft - wem das nicht wirklich Spaß macht, der wird es auch nicht lange machen können. Hinzu kommt, dass man natürlich absolut serviceorientiert sein muss, um den Kunden die bestmögliche Dienstleistung liefern zu können. Schnelles und möglichst fehlerfreies Arbeiten ist genauso wichtig. Stressresistenz gehört unbedingt dazu, denn die Tage können sehr hektisch werden. Und ich muss die Relevanz von Informationen für unsere Kunden richtig beurteilen können. Die werden von vielen Seiten täglich angerufen und sie nehmen nur den Hörer ab, wenn sie wissen, der Anrufer hat ihnen etwas Interessantes zu sagen. Wir dürfen nicht stören - wir müssen Mehrwert bieten.

Wie sind Sie zur Dresdner Kleinwort gekommen?

Ich habe die Bank in mehreren Praktika während des Studiums kennen gelernt, und auch schon das Team, in dem ich jetzt arbeite. Gerade wenn es hektisch wird, ist es wichtig, dass man gut miteinander auskommt. Das war hier der Fall. Nach dem Studium war es ein Direkteinstieg auf diese Position.

Chancen-Profil

Karriereziele		Karrierebeschleuniger	
Imagefaktor	★ ★ ★	Karrierevielfalt	★ ★
Vergütungsdynamik	★ ★ ★ ★	Karrieredynamik	★ ★ ★
Work-Life-Balance	★ ★ ★ ★	Mobilitätsdynamik	★
Jobsicherheit	★ ★		

Expertise: www.ingeniam.de; Bewertung relativ zu den anderen Jobprofilen

> **EXPERTENTIPP** Hohe Informationstransparenz, Reaktionszeiten im Mikrosekundenbereich und systemgestützte Entscheidungsempfehlungen bestimmen die Welt der Händler. Die Spezialisierung der einzelnen Tische ist außerordentlich hoch, die Tätigkeit des Händlers stark reguliert und sein Handlungsspielraum durch Risikosysteme eingeschränkt.

WISSEN UND ERFAHRUNG

- Kapitalmarktkenntnisse und Investmenterfahrungen
- Chart- und Aktienanalyse
- Aktien-, Unternehmens-, Branchen- und Marktanalyse

KOMPETENZ UND NEIGUNG

- Schnelle Auffassungsgabe und hohe analytisch-mathematische Kompetenz
- Ausgesprochene Konzentrationsfähigkeit, Besonnenheit, Detailgenauigkeit, Sorgfalt
- Hohe Ergebnis- und Zielorientierung

4.5 Asset Management

Der Markt

Gut 12 Prozent des privaten Geldvermögens sind in Investmentfonds angelegt - Tendenz stetig steigend. 2007 waren das 730 Milliarden Euro, allein 31 Milliarden davon waren der Branche neu zugeflossen. Gut 16 Millionen Anleger in Deutschland nutzen diese Sparform als Geldanlage. Doch das ist nur die eine Hälfte dieses Marktes. Hinzu kommen die Vermögen der institutionellen Investoren. Zu ihnen gehören Pensionseinrichtungen, Stiftungen, kirchliche Vermögen, Versicherungsgelder, Unternehmensvermögen und so weiter. Von ihnen flossen den Fondsgesellschaften noch einmal 29 Milliarden Euro zu, der Bestand liegt bei 690 Milliarden Euro. Dieses Geld zu vermehren ist das Ziel der Fondsmanager.

Das Tortendiagramm zeigt, wie sich der Markt in Deutschland verteilt. Größte Anbieter sind die DWS, die Fondsgesellschaft der Deutschen Bank, und die DekaBank der Sparkassen Finanzgruppe. Union Investment gehört zum genossenschaftlichen FinanzVerbund, Cominvest zur Commerzbank und Allianz Global Investors zur Allianz Gruppe, zu der auch die Dresdner Bank gehört. Alle großen Gesellschaften bieten für Absolventen Trainee-Programme an. Zwar dominieren diese fünf den Markt, doch es gibt bei weitem mehr Fondsgesellschaften, die in Deutschland aktiv sind. Eine ganze Reihe der deutschen Top-100 Banken betreibt eigene Fondsgesellschaften, viele der Privatbanken führen eigene Investmentfonds in ihrer Produktpalette, zahlreiche ausländische Anbieter verkaufen ihre Fonds in Deutschland, und vereinzelt sitzen hier auch ihre Fondsmanager. Hinzu kommen unzählige kleinere Vermögensverwalter mit eigenen Fondsprodukten. Auf der Internetseite des Bundesverbandes Investment und Asset Management (BVI) findet sich die lange Liste seiner Mitglieder.

Die größten deutschen Fondsgesellschaften

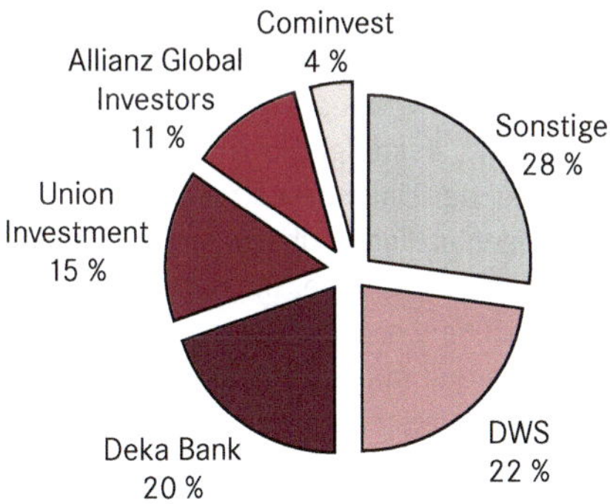

Quelle: www.bvi.de

Das Fondsgeschäft ist ein wesentlicher Teil der Vermögensverwaltung, die in der Branche nur noch „Asset Management“ heißt, aber es gibt viele weitere Anlagevehikel. Die Tabelle unten zeigt die größten Asset Manager weltweit. Darunter sind Banken wie die UBS, Bankentöchter wie Barclays Global Investors, Versicherungskonzerne wie Axa und Allianz, aber auch reine Asset Manager wie Fidelity oder Blackrock. Die größte deutsche Fondsgesellschaft DWS trägt mit weltweit 255 Milliarden Euro „Assets under Management“ (verwaltetem Vermögen) zum gesamten Vermögen der Deutschen Bank bei (siehe Tabelle).

Die größten Vermögensverwalter weltweit per Ende 2007

Rang	Vermögensverwalter	Land	Vermögen in Mrd. Euro
1	UBS	CH	1.927
2	Barclays Global Investors	GB	1.412
3	State Street Global	USA	1.344
4	Axa Group	F	1.281
5	Allianz Group	D	1.280
6	Fidelity Investments	USA	1.084
7	Capital Group	USA	1.020
8	Deutsche Bank	D	952
9	Crédit Suisse	CH	940
10	Black Rock	USA	922

Quelle: Allianz Global Investors

Web-Link Weitere Informationen über die Fondsbranche unter www.bvi.de

Der Einstieg

Wer ins Fondsmanagement einsteigen will, hat es vermutlich ohnehin schon immer gewusst. „Um überhaupt ernsthafte Chancen zu haben, muss man schon in der Bewerbung sein Interesse am Kapitalmarkt glaubhaft nachweisen“, bestätigt Florian Leipacher. Der 29-jährige hat Mitte 2006 sein Trainee-Programm bei der Union Investment abgeschlossen und dort im Dezember 2007 seinen ersten eigenen Fonds übernommen. Seitdem verwaltet er für institutionelle Investoren 170 Millionen Euro, die er in „High Yield Unternehmensanleihen“ investiert. Begriffe wie „High Yield“ sind natürlich auch dem Bewerber schon bekannt. „Den Branchen-Jargon drauf zu haben und mitreden zu können ist sicher ein Pluspunkt“, sagt Leipacher. Den hat der Kandidat spätestens bei seinen Praktika mitbekommen, „die man nicht unbedingt bei einer Fondsgesellschaft gemacht haben muss“, erklärt der junge Fondsmanager, „aber schon irgendwo mit Bezug zu den Kapitalmärkten“.

Hat man seinen künftigen Arbeitgeber überzeugt, findet der übliche Einstieg über eine Trainee- oder Junior-Stelle statt. Während des Trainee-Programms durchlaufen die künftigen Fondsmanager verschiedene Stationen wie Aktien- und Anleihenmanagement, lernen das institutionelle Geschäft kennen, aber auch Abteilungen wie Marketing, Vertrieb, Risikomanagement, die Performanceanalyse, die Fondsbuchhaltung oder den Handel. „Dabei ist sehr viel Eigeninitiative gefragt", sagt Leipacher, „man liest sich vieles selbst an, und im täglichen Geschäft ist hohe Auffassungsgabe gefordert", schließlich seien die Senior-Manager nicht nur für die Trainees dar, sondern müssten sich auch um ihre Fonds kümmern.

Chancen-Profil

Karriereziele		Karrierebeschleuniger	
Imagefaktor	★ ★ ★ ★	Karrierevielfalt	★ ★ ★
Vergütungsdynamik	★ ★ ★ ★	Karrieredynamik	★ ★ ★
Work-Life-Balance	★ ★ ★	Mobilitätsdynamik	★ ★ ★
Jobsicherheit	★ ★ ★		

Expertise: www.ingeniam.de; Bewertung relativ zu den anderen Jobprofilen

Der Einstieg ins eigentliche Fondsmanagement startet typischerweise mit Analysetätigkeiten. Dabei wird man schnell zum Spezialisten für ein bestimmtes Land, eine bestimmte Region, eine bestimmte Assetklasse (erfolgreiche Bewerber wissen, was das ist) und eine bestimme Branche. Bei Leipacher liest sich das so: Er ist Analyst für „nichtzyklische Konsumwerte und Services" (die Branche), auf High Yield Unternehmensanleihen bezogen (die Assetklasse), und das weltweit (die Region). Der Analyst spricht seine Empfehlungen aus, wird in seinem Urteil immer sicherer und bekommt irgendwann zusätzlich die Verantwortung für einen Fonds übertragen. Je nach Politik einer Fondsgesellschaft können Management und Analystentätigkeit aber auch auf verschiedene Personen verteilt sein - es gibt also auch die reinen Analysten und die „Nur"-Fondsmanager. Viele Gesellschaften betonen zudem ihren Teamansatz. So holt sich Leipacher beispielsweise die Analysen für „Anleihen zyklischer Konsumwerte" von einem darauf spezialisierten Kollegen und setzt im Regelfall dessen Empfehlungen in seinem Fonds um.

Fähigkeiten und Fertigkeiten

„Interesse" allein freilich genügt nicht, um erfolgreich Vermögen anderer Leute verwalten - also mehren - zu können. „Man muss eine große Portion Verantwortungsbewusstsein mitbringen, schließlich handelt man mit Kundengeldern", bringt es Leipacher auf den Punkt. In der Regel haben Einsteiger in dieser Branche ein wirtschaftswissenschaftliches Studium abgeschlossen, können virtuos mit Excel umgehen und sprechen fließend Englisch, denn „viele Händler, mit denen man zu tun hat, sitzen in London oder New York".

Unverzichtbar ist zudem analytisches Denken. „Ohne Mathematik geht es nicht", sagt dazu Christian Schütz, der nach seinem Studium der Wirtschaftsinformatik mit Schwerpunkt Finanzen bei der Cominvest startete. Finanzmathematische Kenntnisse sind im Fondsmanagement insgesamt gefordert, noch mehr aber im so genannten quantitativen Fondsmanagement, dem Feld, auf dem sich Schütz größtenteils bewegt. Im Unterschied zum qualitativen Fondsmanagement, bei dem Faktoren wie die Qualität der Unternehmensführung, die Auftragslage, die Branchenkonjunktur und vieles mehr eine Rolle spielen, die dem Fondsmanager immer auch einen Interpretationsspielraum geben, basiert das quantitative Fondsmanagement ausschließlich auf historischen Daten, gießt diese in ein Modell in Form mathematischer Funktionen und lässt den Computer berechnen, welche Anlageentscheidungen gemäß dieses Modells zu treffen sind. Solche Modelle sind ständig zu überprüfen und zu optimieren.

Perspektiven

Mit der Erfahrung des Managers wächst mitunter die Zahl der von ihm verwalteten Fonds, die Volumina einzelner Fonds werden größer, und bisweilen steigt auch die Prominenz in der Öffentlichkeit. Im institutionellen Geschäft gewinnt der Kundenkontakt an Bedeutung. Regelmäßig finden Sitzungen im Anlageausschuss statt. Dort erklärt der Fondsmanager den Investoren seine Anlageentscheidungen und gibt einen Ausblick auf die zu erwartende Wertentwicklung. Bei den an Privatanleger verkauften „Publikumsfonds" kommt die Öffentlichkeitsarbeit hinzu, es gilt, Finanzjournalisten Rede und Antwort über einen bestimmten Fonds zu stehen, Prognosen über die weitere Entwicklung einer Branche oder Region zu stellen oder die aktuelle Lage an den Finanzmärkten zu kommentieren. Mancher Fondsmanager erreicht dabei den Status eines Branchenstars. Zudem sind sie an der Entwicklung neuer Investmentfonds beteiligt.

Auch in einer Fondsgesellschaft gibt es die typischen Managerkarrieren, die Geschäftsführung rekrutiert sich häufig aus ehemaligen oder noch aktiven Fondsmanagern. Die eigentliche Motivation der meisten Fondsmanager liegt jedoch im Erfolg der von ihnen verantworteten Fonds. Man lebt wie in einem ewigen olympischen Dorf, die Disziplin ist die Vermögensverwaltung. Es gibt verschiedene Distanzen, von einem Monat bis zu fünf oder zehn Jahren, und das Erfolgsmaß ist die Wertentwicklung auf diesen Distanzen. Wer einen Fonds managt, befindet sich im Dauerwettstreit mit seinen konkurrierenden Kollegen aus den anderen Häusern – die Motivation ist es, hier der Beste zu sein. Ein kompetitives Wesen ist zwar kein Muss, kann aber von Vorteil sein in dieser Branche. Einem Wettbewerb mit allen Mitteln freilich sind Riegel vorgeschoben. Denn gesetzliche Vorschriften und Anlagerichtlinien legen fest, welches Risiko erlaubt ist. Nur innerhalb dieses Rahmens kann der Fondsmanager handeln. Der Spielraum allerdings ist noch immer groß genug, wie die mitunter sehr unterschiedlichen Ergebnisse vergleichbarer Fonds zeigen.

Interview mit Christian Schütz

Christian Schütz ist Analyst im Multimanagement der Cominvest

Dort unterstützt er den Fondsmanager unter anderem mit quantitativen Analysemodellen. Das heißt, er formuliert Anlagestrategien, die allein auf historischen Markt- und Kennzahlen beruhen. Kauf- und Verkaufsempfehlungen werden von einem Computer berechnet. Hier berichtet er über die Herausforderungen, die sich ihm und seinen Kollegen täglich stellen.

Herr Schütz, was macht die Arbeit im Fondsmanagement aus?

Das Besondere ist für mich das direkte Feedback, das ich täglich bekomme. Ich muss jeden Tag Entscheidungen treffen und sehe am nächsten Tag direkt, ob diese richtig waren. Erfolg oder Misserfolg - diese Information bekommen Fondsmanager unmittelbar vom Markt geliefert. Daraus kann ich dann meine Schlüsse ziehen und reagieren - muss aber gleichzeitig meiner Strategie treu bleiben und darf nicht in Aktionismus verfallen. Auch wenn wir im Team arbeiten - am Ende ist immer einer verantwortlich.

Wo liegen die Herausforderungen in Ihrem Beruf?

Unsere Leistung ist für die Firma, für unsere Kunden und für unsere Konkurrenten sehr transparent. Nicht nur wir sehen, wie sich unser Fonds entwickelt - alle sehen es. Letztlich ist seine Wertentwicklung ein sehr objektives und gut vergleichbares Leistungskriterium. Große Beachtung findet die Peer Group, also die Gruppe vergleichbarer Fonds anderer Gesellschaften. Hier ist das Ziel, sich mit seinem Fonds mindestens im oberen Viertel zu bewegen. Zudem wird jeder Fonds an einem Index gemessen, der die Entwicklung des Marktes nachzeichnet, in den man investiert. Der Fonds muss sich besser entwickeln als der Index, dann hat man gute Arbeit geleistet. Danach bemisst sich auch ein großer Teil unseres Einkommens - es ist sehr leistungsabhängig.

Wenn die Märkte insgesamt fallen, haben Sie aber keine Chance ...

Wenn der Markt sagen wir um 20 Prozent fällt, und unser Fonds im selben Zeitraum nur zehn Prozent Verlust gemacht hat, dann hat sich das Fondsmanagement in einem schwierigen Umfeld gut geschlagen - das lässt sich auch unseren Kunden vermitteln.

Was macht einen Fondsmanager erfolgreich?

Ein Fondsmanager muss mit der Informationsflut, der er täglich ausgesetzt ist, umzugehen wissen und auf die Schnelllebigkeit des Marktes immer eine Antwort finden. Er hat teilweise wenig Zeit, um Entscheidungen zu treffen. Und die können auch darin bestehen, nichts zu verändern und zu seinen Ansichten zu stehen, selbst wenn sich der Fonds teilweise schlechter entwickelt als erwartet - das kann sich später auszahlen. Tritt etwa eine außergewöhnliche Marktsituation ein, auf die mein Modell nicht vorbereitet ist, und der Fonds macht Verluste, muss ich überlegen, ob ich das Modell anpasse oder unverändert beibehalte.

Was die Zukunft bringt

Die Fondsindustrie ist äußerst innovativ. Noch vor wenigen Jahren gab es viele Produkte nicht, die heute jeder kennt, zum Beispiel Zertifikatefonds oder Lebenszyklusfonds. Andere Produkte gibt es schon lange, erfahren aber jetzt einen Boom, derzeit etwa die Exchange Traded Funds (ETF), aber auch das quantitative Management. Eine der beliebtesten Anlageformen heute, der Geldmarktfonds, war vor 20 Jahren noch gänzlich unbekannt. Auch die Anlagethemen wandeln sich laufend. Heute sind mineralische Rohstoffe das große Thema, bald können es Agrarrohstoffe, Wasser oder alternative Energien sein. Noch vor wenigen Jahren absolute Exoten, liegen heute Anlageregionen wie Südamerika, Asien und Osteuropa in vielen Wertpapierdepots der Investoren. Investmentfonds erschließen den Privatanlegern damit Anlageklassen und -regionen, in die man eigenständig niemals sinnvoll investieren könnte. Immer neue Anlagestrategien werden entwickelt, um der Masse des Marktes eine Nasenlänge voraus zu sein und Chancen zu nutzen, die andere nicht sehen.

> **EXPERTENTIPP** Ein Segment ausgeprägter Vielfalt und Dynamik. In den Genen der Karriereinteressenten sollte verankert sein: Das Motiv Kapital anzulegen und zu vermehren, eine ausgeprägte analytisch-mathematische Grundkompetenz und die Fähigkeit, den Fokus zu halten und gleichzeitig Veränderung zu leben.

WISSEN UND ERFAHRUNG

- Ausgeprägte Kenntnis der Kapitalmärkte, ihrer Produkte und Wirkungszusammenhänge
- Chartanalyse und Aktienanalyse
- Aktien, Unternehmens- Branchen- und Marktanalyse

KOMPETENZ UND NEIGUNG

- Neigung zu rationaler und logischer Entscheidungsfindung
- Ausgeglichenheit und Besonnenheit
- Neugierde und wissenschaftsorientierte Denkweise: Faktenbasierte Entscheidungsfindung
- Affinität zur Interpretation von Charts und Kurven

Fortbildung

Ohne einen dieser Titel kann sich ein Fondsmanager heute kaum mehr in der Branche blicken lassen:

CFA

Der „Chartered Financial Analyst“ ist der zurzeit beliebteste Titel, vor allem im angelsächsischen Raum. Das CFA Institute ist ein internationaler Berufsverband für Finanzanalysten und Investment-Experten mit Hauptsitz in den USA. Die Vorbereitung findet im Selbststudium statt, geprüft wird in drei Stufen, bis man diesen Titel hat, braucht es mindestens drei Jahre. Im Jahr 2007 haben in Deutschland 116 Kandidaten die Abschlussprüfung (Level III) bestanden, insgesamt gibt es in Deutschland nun fast 1.200 „CFA Charterholder", weltweit sind es rund 81.000.

Web-Link wwww.cfainstitute.org

CIIA

Der „Chartered International Investment Analyst" wird in einem siebenmonatigen Präsenzstudium erworben und ist in vor allem in Kontinentaleuropa anerkannt. Träger ist die Association of Certified International Investment Analysts ACIIA mit Sitz in Zürich sowie deren 28 Verbände weltweit. Durchgeführt werden die Kurse und Prüfungen in Deutschland bei der DVFA (Deutsche Vereinigung für Finanzanalyse und Asset Management). Die Ausbildung gliedert sich in drei Kursteile, die sich aus Präsenztagen und Zeiten des Selbststudiums zusammensetzen und jeweils mit einer Klausur enden. Weltweit tragen rund 50.000 Analysten, Portfoliomanager und andere Finanzexperten den Titel CIIA.

Web-Links wwww.dvfa.de, www.aciia.org

CAIA

Einen besonderen Schwerpunkt besitzt der „Chartered Alternative Investment Analyst". Er beschäftigt sich mit Anlageformen wie Hedgefonds, Venture Capital, Private Equity, Immobilien, Rohstoffe und Termingeschäfte. Bisher haben mehr als 7.000 Finanzexperten in 70 Ländern diese Qualifikation erlangt. Auch der CAIA wird komplett im Selbststudium erworben und kann mit zwei Prüfungen innerhalb eines Jahres bestanden werden.

Web-Link wwww.caia.org

!

FACHGESPRÄCH

Wer über Begriffe wie diese nicht eloquent zu parlieren weiß, sollte die Mühen einer Bewerbung in eine andere Richtung lenken:

Alpha Der heilige Gral im Asset Management - „Alpha erzeugen", also besser sein als der Vergleichsindex. Nicht leicht zu schaffen, schon gar nicht dauerhaft.

Benchmark Der Vergleichsindex eines Investmentfonds. Ein Fonds, der in Dax-Aktien investiert, hat den Dax als Benchmark. Ist der Fonds besser als der Dax, ist alles fein - sehr relevant auch für die Vergütung des Fondsmanagers.

Korrelation Aktie A steigt um einen Euro, Aktie B auch: Korrelation 1. Aktie A steigt um einen Euro, Aktie B fällt um einen Euro: Korrelation = –1. Aktie A steigt, Aktie B macht mal dies, mal das: Korrelation 0. Letzteres ist nach allgemeiner Auffassung gut – so sollte man sein Depot bestücken. Nennt sich Risikodiversifikation.

Markowitz Godfather of Asset Management: Harry Max Markowitz. Hat 1990 für seine Portfoliotheorie den Nobelpreis bekommen, die im Kern den Nutzen der Risikodiversifikation nachweist. Alle, wirklich alle, „optimieren nach Markowitz".

Sharpe Ratio Es reicht nicht nur, eine gute Rendite zu erzielen – sie muss auch im angemessenen Verhältnis zum dafür eingegangenen Risiko stehen. Dieses Verhältnis drückt das Sharpe Ratio aus. Je weiter diese Kennziffer den Wert 1 übersteigt, desto besser.

Stock-Picker „Wir sind Stock-Picker", sagen mache Fondsgesellschaften stolz. Und meinen, sie suchen immer nach den besten Einzelaktien.

Tracking Error Je höher der Tracking Error ist, desto stärker weicht die Wertentwicklung des Fonds von der seines Vergleichsindexes ab. Ist an sich weder gut noch schlecht – es kommt auf die Konzeption des Fonds an.

4.6 Private Banking

Der Markt

Private Banking beschreibt Bankdienstleistungen für den vermögenden oder noch vermögenderen Teil der Privatkundschaft. Es gibt Studien, nach denen in Deutschland bis zu 800.000 Vermögensmillionäre leben sollen, die es allein im Inland auf rund 600 Milliarden Euro liquides Anlagevermögen bringen, plus weiteren circa 300 Milliarden im Ausland. Dieser Markt ist also äußerst attraktiv – und er ist vergleichsweise eng.

Noch enger wird er, wenn man nicht allen Zahlen glaubt. Das DIW (Deutsches Institut für Wirtschaftsforschung in Berlin) sagt, das reichste eine Prozent der Bevölkerung allein komme auf ein Fünftel des Gesamtvermögens. Diese Relationen auch für den Teil des frei verfügbaren Geldvermögens (also ohne Immobilien, rund 3 Billionen Euro) angenommen, Versicherungen großzügig herausgerechnet (bleiben 2 Billionen Euro), auf Menschen in Deutschland über 17 verteilt (grob 70 Millionen), kommt man auf nicht einmal 700.000 Menschen (das obere eine Prozent) mit einem liquiden Vermögen von im Schnitt rund 600.000 Euro. Darunter befinden sich auch die Multimillionäre und Milliardäre, bei denen man vom Private Wealth Management spricht oder für die ein „Family Office" betrieben wird. Einen Tick weniger elitär gerechnet gibt es weniger als sieben Millionen Menschen in Deutschland, die durchschnittlich rund 180.000 Euro anlegen können.

Das sind die Kunden, denen man gern die Tür aufhält. Dabei ist auch auf Angebotsseite die Spreizung sehr groß. Manche Bank verspricht schon ab 70.000 Euro Geldeinlage „Private Banking", viele fangen bei 250.000 Euro an, einige jedoch erst, wenn die Summen siebenstellig werden. In den wenigsten Fällen allerdings vertraut ein wohlhabender Kunde sein gesamtes Geldvermögen einer einzigen Bank an. Je größer es wird, desto mehr Institute kommen ins Spiel. Ziel jedes Instituts ist es, mit guter Leistung seinen „Share of Wallet" zu erhöhen, also den Teil des Kundenvermögens, den es verantwortet.

Attraktiv macht den Markt nicht nur der Status quo, sondern auch die weitere Entwicklung - derzeit ist im Zuge des Generationenwechsels die seit 1948 größte Vermögensumschichtung in vollem Gange. Dabei gehen, sagen Studien, in den kommenden zehn Jahren rund zwei Billionen Euro in neue Hände über. Das ist etwa ein Viertel der liquiden und der illiquiden (zum Beispiel Immobilien) privaten Vermögenswerte. Mancher Erbe stellt die bisherige Bankverbindung in Frage, und der an sich gesättigte Markt wird neu verteilt.

Nicht zuletzt deshalb wagen immer wieder ausländische Häuser den Schritt auf den als sehr attraktiv angesehenen deutschen Markt. Gleichzeitig suchen einige Anbieter auf internationalen Märkten vermehrt nach neuen Chancen. Ob Osteuropa, Dubai, Buenos Aires oder Singapur - dort, wo der Reichtum überdurchschnittlich wächst, sind auch die Private Banking Ableger deutscher Banken zu finden. So gewöhnliche Ausdrücke wie „Inland" und „Ausland" verwendet man hier natürlich nicht, man spricht von „Onshore" und „Offshore".

Die Dienstleistung

Kerndienstleistungen im Private Banking sind die Vermögensverwaltung und die Vermögensberatung. In der Verwaltung gibt der Kunde seiner Bank den Rahmen vor, innerhalb dessen sie das Vermögen eigenständig und ohne weitere Rücksprache verwaltet. Es wird festgelegt, in welche Anlageklassen investiert werden darf und in welche nicht (Aktien, Anleihen, Rohstoffe, Fremdwährungen und so weiter), welche Anlageformen dafür verwendet werden (Fonds, Zertifikate, Direktanlage, ...) und welche sonstigen Einschränkungen beachtet werden sollen. Will ein Kunde auf jeden Fall vermeiden, in die Produktion und Nutzung von Atomstrom zu investieren, wird das im Anlegerprofil berücksichtigt. Das kann zur Herausforderung werden, da man kaum wirklich ausschließen kann, dass ein Unternehmen Atomstrom nutzt. Dann gilt es, die daraufhin vereinbarten Anlagerichtlinien einzuhalten.

Eine der wichtigsten Leitplanken ist das Risiko, das eingegangen werden darf. „Manchen Kunden geht es darum, ihr Vermögen nach Inflation und Steuern zu erhalten", erklärt dazu Sebastian Stein vom Privatbankhaus Bethmann Delbrück Maffei, „andere streben an, ihr Vermögen zu mehren oder definieren eine bestimmte langfristige Mindestrendite". Danach richtet sich dann auch das Risikoniveau des Portfolios insgesamt. Ist der Kunde bereit, ein höheres Risiko einzugehen, wird ihm bei manchen Banken auch ein so genannter Effektenkredit angeboten. Dabei dient ein Teil seines Depotvermögens als Sicherheit für einen Kredit, dessen Mittel wiederum am Kapitalmarkt investiert werden. Auf diese Weise kann der Kunde die Rendite seines Eigenkapitals deutlich erhöhen. In der Vermögensberatung werden die Richtlinien ähnlich definiert, allerdings ist der Kontakt zwischen Berater und Kunden weit intensiver, weil jede Kauf- oder Verkaufsentscheidung vorher miteinander abgesprochen wird und der Kunde das Geschäft erst autorisieren muss, bevor es durchgeführt wird.

Darüber hinaus erhalten vermögende Kunden eine Vermögensanalyse und darauf aufbauend eine Vermögensplanung. Sebastian Stein: „Dabei analysieren wir die aktuelle Zusammensetzung des Vermögens hinsichtlich der Ziele und Bedürfnisse des Kunden. Zudem prüfen wir vor dem Hintergrund portfoliotheoretischer Erkenntnisse, ob Risiko und erwartete Rendite in einem angemessenen Verhältnis zueinander stehen." Erkennen Kunde und Berater Handlungsbedarf, wird eine Vermögensplanung durchgeführt und die Zusammensetzung des Vermögens optimiert.

Die hohe Schule des Private Banking schließlich stellen alle Fragen rund um die Vermögensübertragung dar. Banker sprechen hier vom Estate Planning, definiert als die „generationenübergreifende Gesamtvermögensnachfolge". Ganz wichtig auf diesem Feld: der souveräne Umgang mit steuerlichen Fragen. Eine wachsende Bedeutung erfährt zudem das Stiftungsmanagement, weil die Gründung einer Stiftung immer häufiger in Erwägung gezogen wird. Besonders anspruchsvoll wird es, wenn es neben dem privaten Vermögen eine Unternehmensnachfolge zu regeln gibt.

Kunden mit hohen zwei- oder dreistelligen Millionenvermögen können noch mehr Service erwarten, die Bank kümmert sich bei ihnen mitunter um sämtliche Belange eines anspruchsvollen Lebens, der Banker wird hier zum Begleiter in allen Lebenslagen. Da kommt auch schon einmal der Anruf, ob die Bank nicht noch irgendwie an Karten fürs WM-Endspiel gelangen könnte ...

Die Tätigkeit

Wie an so vielen Stellen in der Bank teilt sich auch im Private Banking die Welt in die Tätigkeiten der Kundenbetreuer, die als Ansprechpartner sämtliche Belange ihrer Kunden aufnehmen und die eigentliche Vermögensberatung betreiben, sowie in die Welt der Analytiker und Experten, die Vermögensanalysen erstellen, Vermögenspläne entwerfen oder dann hinzugezogen werden, wenn Spezialthemen wie die Gründung einer Stiftung oder eine Unternehmensnachfolge anstehen.

Sebastian Stein von Delbrück Bethmann Maffei gehört zu den Kundenberatern. Er beschreibt einen ganz wesentlichen Teil seiner Arbeit, die Beziehungspflege: „Gerade für Einsteiger gehört es zu den wichtigsten Zielen, Kundenbeziehungen aufzubauen und Vertrauen zu gewinnen. Die Arbeitszeit richtet sich danach, wann der Kunde Zeit hat. Das kann unter Umständen auch mal am Abend sein." Hinzu kommen Kundenveranstaltungen wie das aus dem Private Banking kaum noch wegzudenkende Golfturnier oder gemeinsame Abendessen. Dort brilliert und beeindruckt der Banker mit seinem Wissen um Börse, Konjunktur und die viel beachtete Kunstausstellung in der Stadt.

Verglichen mit den Kollegen aus dem Filialgeschäft hat der Private Banker eine sehr übersichtliche Zahl an Kunden, die Spannbreite reicht von 60 bis 150. Kundenberater sind für sie immer ansprechbar, der Blackberry gehört zu ihren wichtigsten Arbeitsgeräten. „Die Kunden sind sehr verschieden und äußerst anspruchsvoll", beschreibt ein Banker seine Klientel, „ein Fehler, und sie sind weg". In zahlreichen Gesprächen - natürlich beim Kunden zuhause - diskutiert er mit ihnen die Strategie und erläutert die Wertentwicklung ihres Vermögens. „Wenn die Börse gut läuft, ist alles in Ordnung", berichtet der Banker, „wenn die Märkte jedoch abwärts fahren, dann muss ich dem einen oder anderen erklären, dass minus fünf Prozent sehr gut sind, wenn der Dax 20 Prozent verloren hat."

Wer sich in dieser Rolle nicht ganz so wohl fühlt, ist als Experte im Hintergrund besser aufgehoben. Er arbeitet sich tief in Themen wie das Steuerrecht ein und kann mit seinem Wissen glänzen, wenn den Kunden die drängende Frage umtreibt, wie er möglichst viele Steuern einsparen kann (oder eine Stiftung gründen oder sein Vermögen vererben oder ...)

WISSEN UND ERFAHRUNG

- Aktienanalyse, Unternehmensbewertung Rentabilitätsrechnung, Performanceanalyse
- Kenntnis der globalen Finanzmärkte, ihrer Chancen und Risiken
- Kenntnis der wesentlichen Assetklassen, ihrer steuerlichen Rahmenbedingungen und ihrer historischen Entwicklung

KOMPETENZ UND NEIGUNG

- Gute Allgemeinbildung und ein sicheres gesellschaftliches Auftreten, Selbstsicherheit und Charme
- Positives Selbstbewusstsein, ohne Neigung zu Arroganz
- Erfolgsstreben und ausgeprägter Ehrgeiz
- Ausgeglichenheit und emotionale Stabilität

Fähigkeiten und Fertigkeiten

Was einen Private Banker vor allem in der Beratung erfolgreich macht, beschreibt Matthias Wesseling, Leiter der Kölner Niederlassung von Delbrück Bethmann Maffei, so:

- Der Berater ist ein „Kundenversteher". Er hört aktiv zu und weiß, nonverbale Kommunikation richtig zu deuten. Häufig zum Beispiel unterscheiden sich die formulierte und die tatsächlich gelebte Risikoneigung deutlich voneinander.
- Der Wettbewerb im Private Banking ist intensiv. Physische und psychische Belastbarkeit sind für einen erfolgreichen Berater unverzichtbar.

- Der erfolgreiche Private Banker positioniert sich und seine Bank stets als kompetenten Dienstleister des Kunden. Der Berater ist Botschafter der Bank – nicht nur in ihren Geschäftsräumen, sondern immer und überall.

Die wenigsten Kunden dürften die graduellen und dennoch entscheidenden Unterschiede in der Fachkompetenz einzelner Private-Banking-Anbieter und ihrer Berater differenziert bewerten können. Jack Welch, ehemaliger Konzernchef von General Electric und medial als „Manager des Jahrhunderts" ausgezeichnet, formulierte es einmal so: „Der Kunde vergleicht uns mit der Konkurrenz und stuft uns besser oder schlechter ein. Das geht nicht sehr wissenschaftlich vor sich, ist jedoch verheerend für den, der dabei schlechter abschneidet." Das heißt, so Wesseling, dass bei der Wahl des Private-Banking-Anbieters Vertrauen und das Bedürfnis nach Sicherheit den Ausschlag geben.

„Die meisten Kunden entscheiden sich nicht rein rational zu Gunsten eines fachlichen Kompetenzträgers. Viele Kunden wählen – meist unbewusst – den Berater, bei dem sie sich am wohlsten fühlen und der das ihm geschenkte Vertrauen dauerhaft am stärksten honoriert", sagt Wesseling. Ein solches Gefühl entstehe nun mal nicht durch harte Fakten, sondern vor allem durch weiche Elemente. So wird Beratung für den Kunden zu einem Erlebnis, und ohne dass es sich dabei um einen bewussten Prozess handelt, wird die Berücksichtigung weicher Faktoren für den Erfolg oder Misserfolg ausschlaggebend.

Chancen-Profil

Karriereziele		**Karrierebeschleuniger**	
Imagefaktor	★★★★	Karrierevielfalt	★★★
Vergütungsdynamik	★★★★	Karrieredynamik	★★★
Work-Life-Balance	★★★	Mobilitätsdynamik	★★★
Jobsicherheit	★★★		

Expertise: www.ingeniam.de; Bewertung relativ zu den anderen Jobprofilen

> **EXPERTENTIPP** Private Banking ist ein Segment, das insbesondere in volatilen Kapitalmarktzeiten eine besondere Karrierekonjunktur erlebt. Nicht nur die Kontinuität der Gebühreneinnahmen verspricht konstante Karrierepfade, sondern auch die Betrachtung des weltweiten Kapitalvermögens. In den vergangenen 25 Jahren hat sich das Bruttosozialprodukt weltweit verfünffacht, das Kapitalvermögen hat sich verdreizehnfacht.

Interview mit Ina Heinke

Ina Heinke berät Kunden im Private Banking der Quirin Bank

Wie definiert Ihre Bank Private Banking?

Wir bieten unseren Kunden eine umfassende Vermögensberatung bereits ab einem liquiden Nettovermögen von 50.000 Euro an. Das ist deutlich niedriger als bei vielen anderen Banken. In der Regel beginnen die Vermögensgrenzen bei 250.000 Euro. Zu unserem Verständnis von Private Banking gehören auch ein transparentes Preismodell, die Rückvergütung aller offenen und versteckten Provisionen und die unabhängige Beratung. In unserem Private Banking Modell gibt es keine versteckten Kosten, die die Rendite eines Wertpapierdepots erheblich beeinträchtigen können.

Worauf kommt es bei der Beratung an?

Es kommt vor allem darauf an, sich wirklich als Fürsprecher des Kunden zu verstehen. Dazu gehört es, die Lebensumstände und den Bedarf des Kunden richtig zu erfassen, um daraus eine passende Anlagestrategie abzuleiten, die dem Kunden wirklich nutzt. Am Anfang jeder Beratung steht deshalb ein ausführliches Analysegespräch. Darin fragen wir zunächst nach Wünschen und Zielen, die mit der Vermögensanlage erreicht werden sollen. Dann sprechen wir über Liquiditätsplanung, Risikobereitschaft und Anlagehorizont des Kunden. Manchmal ergeben sich daraus Widersprüche, die wir gemeinsam auflösen. Wir berücksichtigen immer die finanzielle Situation des Kunden insgesamt, sein Vermögen, sein Einkommen, sein Ausgaben, seine steuerliche Situation. Nur wenn ich dieses Gesamtbild vor Augen habe, kann ich sinnvoll und umfassend beraten.

Wie sieht sonst Ihr Tagesablauf aus?

Im Unterschied zum Retail Banking betreuen wir eine überschaubare Zahl von Kunden, bei der Quirin Bank sind es etwa 150 Kunden pro Berater. Ich führe regelmäßig mit den Kunden Gespräche, ganz ohne den Zwang, ein Produkt zu verkaufen. Natürlich müssen wir immer wissen, was an den Märkten passiert, aktive Marktbeobachtung gehört deshalb zu einem wichtigen Teil meiner Arbeit. Auch die Bereitschaft zur aktiven Kundenansprache gehört dazu, denn unser Ziel als noch sehr junge Bank ist es, das Geschäft auszuweiten und möglichst viele Interessenten von unserem neuen Private Banking zu überzeugen.

Was sind die Erfolgsfaktoren in Ihrem Beruf?

Erfolgsentscheidend ist langfristig, sich auf jeden einzelnen Kunden neu einstellen zu können und ihn erfolgreich dabei zu unterstützen, seine persönlichen Ziele zu verwirklichen. Hinzu kommt, sich selbst ein Stück weit als Unternehmer zu sehen und seinen Geschäftserfolg selbst in der Hand zu haben – wenn ich neue Kunden gewinne und bestehende

Kunden gut betreue, nutzt das am Ende des Tages natürlich auch mir selbst. Nicht zuletzt ist es wichtig, mit seinem Wissen immer auf dem aktuellen Stand zu sein, um den Kunden kompetent informieren zu können. Zum Beispiel über neue steuerliche Regelungen, über Veränderungen in der Gesetzgebung oder über innovative Finanzprodukte.

Perspektiven

Insbesondere erfahrene Berater im Private Banking haben derzeit einen guten Stand – sofern sie sich einen loyalen Kundenstamm aufgebaut haben. Dann klingelt häufiger das Telefon, und die neu am Ort eröffnete Schweizer Privatbank macht ein interessantes Angebot, in der Hoffnung, dass mit dem Berater auch dessen Kunden die Bank wechseln. Auch für junge Berater bietet das Chancen, denn das Personalkarussell dreht sich schnell in diesem Bereich, wer gut ist, hat die Chance, früh mehr Verantwortung übertragen zu bekommen. Gerade im Private Banking setzt sich deshalb der Trend fort, Maßnahmen zur Kundenbindung nicht direkt beim Kunden anzusetzen, sondern beim Berater. Erfahrenen Beratern werden mitunter sehr attraktive Pakete geschnürt, um ihnen das Bleiben zu versüßen – und damit auch die wertvollen Kunden zu halten.

Anders als in vielen Geschäftsbereichen der Bank zeichnen sich Berater im Private Banking häufig durch eine starke örtliche Bindung aus. „Im Private Banking ist die lokale Verwurzelung ein großer Vorzug", beschreibt es Delbrück-Bethmann-Maffei-Banker Sebastian Stein. Karriere wird „am Kunden" gemacht, langfristige Kundenbeziehungen gehören sehr stark auch zum persönlichen Kapital des Beraters. Kunden schätzen in diesem Bereich Kontinuität ganz besonders, und so wachsen mit den Jahren sehr enge und vertrauensvolle Geschäftsbeziehungen.

Nicht zuletzt ist der Status als Mitarbeiter im Private Banking per se hoch angesiedelt. Selbstverständlich sind ebenso Managementkarrieren möglich – wenn auch die Hierarchien flach sind. Sie führen vom Berater zum Teamleiter mit vielleicht fünf Mitarbeitern, dann zum Abteilungsleiter, zum Direktor und schließlich zum Bereichsleiter. Darüber ist dann in der Regel nur noch der Vorstand.

Fortbildung

Weiterbildung läuft im Private Banking viel über anlassbezogene Seminare. Steht zum Beispiel die Erbschaftsteuerreform an, werden die Banker mit den neuen Regelungen fit gemacht. Überhaupt erfordern insbesondere Steuerthemen die ständige Bereitschaft, sich auf dem aktuellen Stand zu halten. Doch auch weiterführende Qualifikationen werden innerhalb der Bank angeboten. Bei Delbrück Bethmann Maffei zum Beispiel durchläuft jeder das bankeigene Programm zum „Certified Private Wealth Manager", das von der European Business School (ebs) in Oestrich-Winkel entwickelt wurde. Neben solchen bankinternen Angeboten gibt es gerade im Bereich der Vermögensplanung zahlreiche Angebote auf dem Markt. Hier eine Auswahl:

CeFM

Der Titel „Certified Financial Manager“ wird von der DVFA (Deutsche Vereinigung für Finanzanalyse und Asset Management) nach fünf Monaten Studium und dem Bestehen von zwei Klausuren verliehen. Das Programm sieht sowohl Präsenzveranstaltungen wie auch Selbstlernphasen vor. Schwerpunkte liegen auf der Portfoliooptimierung, Finanz- und Nachfolgeplanung sowie Relationship Management und Behavioral Finance. Zusätzlich werden zentrale Anlageprodukte hinsichtlich ihrer Performance und ihrer Diversifikationseffekte analysiert sowie die rechtlichen und steuerlichen Rahmenbedingungen der Anlageberatung und Vermögensverwaltung vermittelt.

Web-Link www.dvfa.de

CIWM

Der „Certified International Wealth Manager“ ist die internationale Variante des CeFM. Er erfordert zwei zusätzliche Monate Studium und eine zusätzliche Klausur. Beide Kurse „CeFM“ und „CIWM“ erfordern Kenntnisse in Finanzmathematik und Statistik. Zur Vorbereitung werden entsprechende ein- und zweitägige Proseminare angeboten.

Web-Link wwww.dvfa.de

CFP

Der Titel „Certified Financial Planner“ wird vom Financial Planning Standards Board im Anschluss an ein erfolgreich abgeschlossenes akkreditiertes Studienprogramm und nach Bestehen einer schriftlichen Zentralprüfung vergeben. Ziel der Ausbildung ist es, eine ganzheitliche Finanz- und Vermögensstrategie entwickeln zu können. Wer die Prüfung bestanden hat, ist Mitglied, zahlt einen jährlichen Mitgliedsbeitrag und nimmt regelmäßig an Fortbildungsveranstaltungen teil, um seinen Titel dauerhaft tragen zu können.

Web-Links

- wwww.fpsb.de (Finanical Planning Standards Board)

Akkreditierte Studienprogramme:

- EBS Executive Education: „Kontaktstudium Finanzökonomie“; www.ebs-finanzakademie.de
- Frankfurt School of Finance & Management: „Financial Planner/Consultant“; www.frankfurt-school.de

CFEP

Estate Planning beschreibt die Beratung für den Vermögensübergang zwischen den Generationen. Der „Certified Foundation and Estate Planner“ bildet als Berater die Schnittstelle zwischen dem Vermögensinhaber als Erblasser und den Erben einerseits und potenziellen weiteren Beratern, beispielsweise Steuerberatern oder Rechtsanwälten. Studium und Zertifizierung erfolgen bei denselben Institutionen wie unter „CFP“ aufgeführt.

Interview mit Sebastian Stein

Sebastian Stein ist Private Banker bei Delbrück Bethmann Maffei

Herr Stein, wo liegen die besonderen Herausforderungen im Private Banking?

Gerade für Einsteiger geht es vor allem darum, das Vertrauen des Kunden zu gewinnen, sich als Ansprechpartner zu positionieren und sich auch bei komplexen Fragestellungen immer wieder zu bewähren.

Was macht Ihnen Spaß an Ihrem Job?

Die Arbeit ist wegen der engen Beziehungen zu den Kunden und der Aufgabenvielfalt im Private Banking sehr abwechslungsreich. Zudem ist mein Gestaltungsspielraum groß, ich kann mir meine Zeit frei einteilen und mich so optimal auf die Kundenwünsche einstellen. Es macht auch Spaß, im Team mit erfahrenen Kollegen zu arbeiten.

Wer sind denn Ihre Kunden?

Delbrück Bethmann Maffei betreut ausschließlich vermögende Privatpersonen. Meist habe ich den direkten Kontakt zum Vermögensinhaber, zum Beispiel einem mittelständischen Unternehmer. Bei größeren Vermögen sind oft so genannte Family Offices zwischengeschaltet, die sich um das Vermögen kümmern.

4.7 Retail Banking

Der Markt

Das Geschäft mit dem befremdlichen Namen steht in der Branche hoch im Kurs. „Retail" bezeichnet im englischen den Einzelhandel und meint bei den Banken das Filialgeschäft mit den Privatkunden, das „Personal Banking", mitunter weniger schmeichelhaft auch Mengen- oder Massengeschäft genannt (in Abgrenzung zum Private Banking). Retail-Kunde ist in den meisten Banken auch noch, wer ein- oder zweihunderttausend Euro in Kapitalanlagen investieren kann und wer als Arzt, Handwerker oder anderer Gewerbetreibender („Freiberufler und Firmenkunden") im Jahr seine zwei, drei Millionen Euro Umsatz macht. Die Erträge im Retail-Geschäft gelten im Vergleich zum Investmentbanking als niedrig, aber auch als stabil und wenig anfällig.

Einige Banken definieren sich als reine Privatkundenbanken und verzichten sogar gänzlich auf Gewerbekunden, die Direktbank ING-Diba etwa, und die genossenschaftlichen Spardabanken. In anderen Häusern dominiert der Privatkundenbereich, etwa in der Postbank, die aber auch ein großes Firmenkundengeschäft hat. Wieder andere definieren bestimmte Zielgruppen, zum Beispiel Apotheker und Ärzte, und konzentrieren sich ganz auf diese Zielgruppe mit ihren Eigenschaften als Freiberufler und Privatmenschen. Die großen Häuser Commerzbank, Hypovereinsbank und Dresdner Bank bedienen das Retail-Segment zwar sehr breit, sprechen aber offensiv kleine und mittelgroße Gewerbetreibende an.

Vertriebsbasis im Retail Banking ist die Filiale. Filialleiter genießen einen Status als „Unternehmer im Unternehmen", die mit ihren fünf bis 20 Mitarbeitern quasi selbst einen mittelständischen Betrieb führen. Rund 40.000 solcher Filialen gibt es in Deutschland. Zwischenzeitlich stand es nicht gut um diesen Vertriebsweg, in der Branche ging das Gerücht um, in Deutschland gebe es mehr Bankstellen als Bäckereigeschäfte (oder Tankstellen, des schönen Reimes wegen), zwischen 2000 und 2006 wurden mehr als 13.000 von ihnen geschlossen. Zwar dürften im Falle größerer Bankfusionen auch weiterhin die Filialen der ehemaligen Konkurrenten zusammengelegt werden, die allgemeine Stimmung gegenüber der Filiale an sich hat sich seither jedoch grundlegend gewandelt.

Mittlerweile hat sich die Erkenntnis durchgesetzt, dass die meisten Kunden beides wollen - den Zugang zu ihrer Bank über das Internet, aber auch das persönliche Gespräch. Jede Filialbank bietet beide Wege, die „Multikanalbank" ist nichts Besonderes mehr und wird seit einigen Jahren mit mobilen Vertriebseinheiten ergänzt. Im Schnitt bedient eine Filiale in Deutschland rund 2.500 Kunden. Diese „Bestandskunden" bilden den Kern der Vertriebsarbeit. Darüber hinaus ist jedoch auch der Kampf um neue Kunden entbrannt, Banken suchen unablässig nach neuen Wegen, Menschen in ihre Filialen zu locken. Das vor kurzem noch unerhörte Angebot des kostenfreien Girokontos ist mittlerweile weit verbreitet, mitunter flankiert durch großzügige Begrüßungsgeschenke.

> **EXPERTENTIPP** Das Retail Banking bietet insgesamt die größte Anzahl an Führungspositionen mit erster Mitarbeiterverantwortung. Die Karrierevielfalt ist aber im Gegensatz zu den Zentralen und den Großbanken deutlich geringer, da der Vertriebs- und Marktbearbeitungscharakter der einzelnen Aufgabengruppen im Retail immer deutlicher in den Vordergrund tritt.

Filialdesign und Vertriebskonzepte

Am Konzept „Filiale" wird ausgiebig gefeilt. Es hat sich zum Beispiel gezeigt, dass der vom Beratungsbereich strikt getrennte Automatenbereich zu einer größeren Distanz zum Kunden geführt hat - der ging nur noch zum Geldautomaten, und die Zahl der Anlässe, ihn persönlich anzusprechen, nahm ab. Ohnehin üben Bankfilialen noch immer weniger Anziehungskraft auf Kunden aus als Konsumgeschäfte. Die Gestaltung der Filiale ist deshalb zu einer regelrechten Wissenschaft geworden, immer neue Konzepte werden getestet. Die Deutsche Bank etwa experimentiert in Berlin mit einer Musterfiliale namens Q110 (www.q110.de), in der unter anderem, angelehnt an das Tchibo-Konzept, im Wechsel hochwertige Konsumgüter angeboten werden. Ein anderer Weg sind Vertriebskooperationen mit Drogerie-, Supermarkt- und anderen Konsumketten, in denen „das Girokonto", „der Kredit" oder „das Geldkonto" mit besonderen Konditionen im Regal ausgelegt wird. Früher oder später freilich führt der Weg den Kunden immer in die Filiale, um dort sein neu erworbenes Finanzprodukt aktivieren zu können.

Cross Selling

Cross Selling ist (nicht nur im Retail Banking) der heilige Gral, hinter dem die Banken seit Jahr und Tag herjagen, und die Ursache der Lockangebote wie des kostenlosen Gehaltskontos oder der unvermeidbaren Frage: „Wollen Sie ein Faber-Los?“, wenn man eigentlich nur Briefmarken kaufen möchte. Im Schnitt haben Kunden zwei oder drei Produkte bei einer Bank, Girokonto und Sparbuch zum Beispiel. Die Herausforderung der Filiale (also des Filialleiters) ist es, sie auch für das Wertpapierdepot zu gewinnen und sie zu animieren, ihren Kredit fürs neue Auto hier aufzunehmen, den Riester-Renten-Vertrag hier abzuschließen, eine Lebensversicherung zu kaufen und auch den Hausbau hier und nicht bei der Bank nebenan zu finanzieren. Es steckt also noch viel Potenzial im Cross Selling, denn häufig liegt das Depot beim Online-Broker, der Autokredit bei der Autobank, die Riester-Rente bei einer Versicherung und so weiter. Im Firmenkundengeschäft ist es ebenso. Wer darin erfolgreich ist, die Cross-Selling-Rate in seiner Filiale anzuheben, muss sich um seine Zukunft keine Sorgen machen.

Zielgruppen im Personal Banking

Im „Personal Banking“ werden neben dem gewöhnlichen Gehaltsbezieher immer weitere Zielgruppen differenziert, die in besonderer Weise angesprochen werden. Die Individualkunden etwa bringen mehr Geld und Einkommen mit als der Durchschnitt und erfahren mehr Aufmerksamkeit in der Beratung. In der „Generation 50+“ häufen sich Kunden dieses Segments, was vermehrt zu Angeboten führt, die auf diese Zielgruppe zugeschnitten sind. Besonders umworben werden auch Jugendliche als Zielgruppe der Zukunft. Angebote wie spezielle „Jugendfilialen“ allerdings haben sich als Irrweg erwiesen, der Grad zwischen altersgerechter Ansprache und Anbiederung ist gerade in dieser Altersstufe sehr schmal. In jüngerer Zeit ist zudem der Begriff „Ethno-Banking“ salonfähig geworden – Angehörige großer Einwanderergruppen, insbesondere Türken, werden in ihrer Muttersprache beraten.

Web-Links

- www.bank-zweinull.de
- www.banklounge.de

Interview mit Patrick Lang

Patrick Lang ist Filialleiter bei der Dresdner Bank in Reutlingen

Wie sind Sie zur Bank gekommen?

Nach Banklehre und Zivildienst habe ich „Internationale Betriebswirtschaft und Außenwirtschaft" studiert und dabei auch internationale Praktika gemacht. Ich war in London und New York im Investmentbanking tätig. Im April 2003 bin ich dann ins Firmenkundengeschäft bei der Dresdner Bank eingestiegen.

Warum haben sie sich für das Filialgeschäft entschieden?

Das hatte zwei Gründe: Ich wollte mich von vornherein in Richtung Führungsaufgaben entwickeln. Und da gibt es in der Filialbank einfach weit mehr Möglichkeiten als in anderen Bereichen. Zudem bin ich ganz klar ein „Kundenmann", ich bin sehr gern in Beratung und Vertrieb tätig. Auch dafür ist die Filialbank das passende Feld.

Wie sind Sie dann an Ihre Führungsaufgabe gelangt?

Ich habe mich 2004 für das Programm „Nachwuchsfilialleiter" beworben und wurde ausgewählt. Um sich für ein solches Programm zu qualifizieren, muss man heute ein internes Assessment Center durchlaufen, in dem die Kandidaten ausgewählt werden. Die Kriterien dafür sind in einem so genannten Leadership-Modell definiert. Während der Zeit als Nachwuchsfilialleiter habe ich als Wertpapierberater gearbeitet und mich auch in diesem Bereich mittels Zertifizierung fachlich fortgebildet. Im Januar 2005 konnte ich dann in Stuttgart-Degerloch meine erste Filialverantwortung mit sieben Mitarbeitern übernehmen. Seit April 2008 bin ich nun in Reutlingen, einer Filiale mit insgesamt 20 Mitarbeiten, von denen ich 12 führe.

Welches sind Ihre weiteren Perspektiven?

Grundsätzlich wachsen mit der Größe der Filialen auch die Aufgaben und die Führungsspanne. Aber auch in der Hierarchie gibt es Entwicklungsmöglichkeiten. Ich bin derzeit Mitglied in einem Talentpool mit dem Ziel, einmal Gebietsleiter zu werden. In diesem Talentpool beteilige ich mich an einer Projektarbeit. Hier kann ich mich einbringen und auch mein Netzwerk in der Bank erweitern. Nach der Gebietsleitung kommt die Ebene der Regionalleiter, die schon direkt dem Vorstand unterstellt sind.

Welchen Herausforderungen begegnen Sie in Ihrem Job?

Die größte Herausforderung ist für mich die Führungsaufgabe. In jedem Team gibt es sehr unterschiedliche Qualifikations- und Leistungsniveaus. Jeder Mitarbeiter sollte nach seinen Stärken eingesetzt werden, denn wir haben als Team gemeinsam unternehmerische Ziele zu erreichen. Mithilfe von Coaching und anderen Maßnahmen gilt es die Stärken jedes Einzelnen auszubauen. Führung und Filialorganisation machen rund 60 Prozent meiner Arbeitszeit aus, die übrige Zeit betreue ich eigene Kunden. Zu meinen Aufgaben als Filialleiter gehört auch Öffentlichkeitsarbeit. Dann repräsentiere ich zum Beispiel die Bank als Sponsor einer Sportveranstaltung oder bei einer Vernissage.

Einblick ins Leben als Filialleiter

„Wir sind Allrounder", fasst Clemens Raab seine Tätigkeit zusammen. Er ist Filialleiter bei der Südwestbank in Plüderhausen, einem Ort mit fast 10.000 Einwohnern nicht weit von Stuttgart. „Als Manager unserer Filiale sind wir dafür verantwortlich, dass das Team gut funktioniert und dass wir unsere Vertriebsziele erreichen." Ihn reizt die Vielseitigkeit seines Berufs. Mitarbeiter führen, mit Kunden eine anspruchsvolle Finanzplanung durchführen, Konflikte lösen, die Bank repräsentieren: All das macht ihm Spaß. „Filialleiter zu sein ist kein normaler Acht-Stunden-Job", betont sein Waiblinger Kollege Jan-Alexander Pothier, der sich zum Beispiel in einem Projekt der Wirtschaftsförderung seiner Stadt engagiert hat, bei dem es um das Image Waiblingens als Gewerbestandort ging. „Aber im Mittelpunkt unserer Arbeit steht immer der Kontakt zu unseren Kunden." Daraus zieht er seine größte Motivation: „Ein Lob vom Kunden ist mindestens genauso viel Wert wie ein Lob des Vorgesetzten." Ihre Vertriebsziele sind zwar von der Bank vorgegeben, für das Erreichen dieser Ziele haben sie aber genügend Spielraum. „Wir haben bestimmte Konditionen- und Kreditkompetenzen, innerhalb derer wir Entscheidungen treffen können", erklärt Pothier. Sein Kollege Raab ergänzt: „Wenn ich für einen Kunden eine bessere Kondition für gerechtfertigt halte, dann genügt eine kurze E-Mail an den Vorstand und kurz darauf weiß ich, ob das okay ist oder nicht." Die Wege in einer Bank mit 600 Mitarbeitern sind eben kurz. Auch verwalten die Filialleiter ihr eigenes Marketingbudget für lokale Werbemaßnahmen. Mitunter wird daraus etwas Größeres: In Plüderhausen findet alljährlich ein Jugend-Fußball-Turnier statt, an dem 100 Mannschaften und fast 1.000 Kinder teilnehmen. Auf Raabs Anregung hin konnten die Namensrechte für die Veranstaltung gesichert werden. 2008 fand so schon zum zweiten Mal der Südwestbank-Cup in Plüderhausen statt.

Chancen-Profil

	Personal Banking	Kleingewerbe	Firmenkunden/ Mittelstand
Karriereziele			
Imagefaktor	★ ★	★ ★	★ ★
Vergütungsdynamik	★ ★	★ ★	★ ★
Work-Life-Balance	★ ★ ★ ★	★ ★ ★	★ ★ ★
Jobsicherheit	★ ★	★ ★ ★	★ ★ ★
Karrierebeschleuniger			
Karrierevielfalt	★ ★	★ ★ ★	★ ★ ★
Karrieredynamik	★ ★	★ ★	★ ★ ★
Mobilitätsdynamik	★ ★ ★	★ ★ ★	★ ★ ★

Expertise: www.ingeniam.de; Bewertung relativ zu den anderen Jobprofilen

WISSEN UND ERFAHRUNG

- Breit angelegtes bankfachliches Grundwissen
- Hohe Produktkompetenz für Retail Produkte, insbesondere Anlage- und Versicherungsprodukte
- Kenntnisse der Unternehmensbewertung, Erfahrung mit modernen Ratingsystemen

KOMPETENZ UND NEIGUNG

- Empathie: zuhören und sich in die Wünsche und Erwartungen des Anderen hineindenken können
- Ausgeprägte kommunikative Fähigkeiten: komplexe Sachverhalte in einfacher bildhafter Sprache ausdrücken können
- Selbstmotivation und die Fähigkeit, schnell und direkt ein vertrauensvolles Gespräch zu beginnen

4.8 Operations

4.8.1 Zahlungsverkehr

Der Zahlungsverkehr als eine der zentralen Dienstleistungen der Banken wird kaum noch von den Instituten selbst betrieben. Die Ausführung von Überweisungen, Lastschriften und Abbuchungsaufträgen ist technologiegetriebenes Massengeschäft und weitestgehend ohne Differenzierungspotenzial für die Banken - kein Kunde wird jemals sagen: „Ich gehe zur XY-Bank, weil die einen so tollen Service im Zahlungsverkehr bieten." Es muss einfach nur funktionieren, absolut zuverlässig und zu möglichst niedrigen Kosten. Deshalb bündeln die Institute ihren Zahlungsverkehr, und eine Postbank führt auch die „Transaktionen" für ihre Konkurrenten Deutsche Bank, Dresdner Bank und Hypovereinsbank gleich mit aus. Die Sparkassen arbeiten mit der „Finanz Informatik" zusammen, und Partner der Genossenschaftsbanken ist das deutsch-niederländische Unternehmen Equens.

Dennoch gibt es noch immer Zahlungsverkehrsabteilungen in den Banken. Zum einen, weil die technischen Schnittstellen zu den genannten Dienstleistern aufgebaut und gepflegt werden müssen. „Zum anderen schließen wir unsere Firmenkunden beispielsweise an internationale Zahlungssysteme wie Swift an", erklärt Tobias Derek, der in der Postbank den Zahlungsverkehr einiger Dax-Unternehmen betreut. Auch werden sensible Großbetragszahlungen für Firmenkunden in besonderer Weise überwacht, „da geht es eben um mehr als 600 Euro Wohnungsmiete", sagt Derek. Zwar gehen auch solche Zahlungen über elektronische Systeme an die Bank. Doch viele Kunden wollen unmittelbar informiert werden, wenn die Zahlung ausgeführt worden ist. Kundenberater wie Derek bilden die Schnittstelle zwischen den Kunden und den Experten in der Bank und koordinieren alle Dienstleistungen, die den Firmenkunden geboten werden.

Chancen-Profil

Karriereziele		Karrierebeschleuniger	
Imagefaktor	★ ★	Karrierevielfalt	★ ★
Vergütungsdynamik	★ ★	Karrieredynamik	★ ★
Work-Life-Balance	★ ★ ★	Mobilitätsdynamik	★ ★
Jobsicherheit	★ ★		

Expertise: www.ingeniam.de; Bewertung relativ zu den anderen Jobprofilen

WISSEN UND ERFAHRUNG

- Makroökonomische Kenntnisse über internationale Waren und Finanzströme
- Kenntnis operationaler Systeme
- Kenntnis bankinterner Systeme und Entscheidungsverfahren

KOMPETENZ UND NEIGUNG

- Affinität zu technischen und prozessualen Themen, Besonnenheit, Detailgenauigkeit, Sorgfalt
- Neugier und wissenschaftsorientierte Denkweise: Faktenbasierte Entscheidungsfindung
- Problemlösermentalität verbunden mit hoher Qualitätsorientierung

4.8.2 Custody | Wertpapierabwicklung

Ähnlich wie im Zahlungsverkehr ist auch im Wertpapiergeschäft die Automatisierung weit vorangeschritten. Noch vor nicht allzu langer Zeit lagerten in den Kellern der Banken, Wertpapiere (im eigentlichen Wortsinn) wie Aktien und Anleihen, in Hängeregistern sauber sortiert. Heute existieren solche „Urkunden" nur noch elektronisch, verbucht in den Computerarsenalen der Wertpapierverwahrer und -abwickler („Custodians"). Das Geschäft ist ein Mengengeschäft wie der Zahlungsverkehr, aufwändig und anspruchsvoll noch dazu: Die Abwickler sind die Drehkreuze zwischen Börsen und Investoren. So müssen die Wertpapiere bei einem Verkauf auf andere Depots bei anderen Banken umgebucht und mit den gegenlaufenden Zahlungsströmen abgestimmt (Clearing und Settlement) sowie Wertpapierabrechnungen erstellt und versendet werden. Zinsen und Dividenden werden ausgezahlt, Fälligkeiten von Anleihen überwacht, es wird zu Hauptversammlungen eingeladen und bei Kapitalerhöhungen werden die Aktionäre aufgefordert, daran teilzunehmen – das alles immer häufiger Ländergrenzen und Kontinente überschreitend und vollkommen automatisiert. In der Bank passiert nicht viel mehr, als die technischen Schnittstellen zum Dienstleister zu pflegen.

Auch auf diesem Markt ist die Konzentration sehr weit fortgeschritten. Die „DWP Bank" zum Beispiel bedient gleichermaßen Sparkassen, Genossenschaftsbanken und einige andere Institute wie die Dresdner Bank. Hinzu kommt eine Reihe weiterer Anbieter sowie die „Global Custodians", die regionale Abwickler in aller Welt unter Vertrag nehmen und damit den international agierenden Banken und Vermögensverwaltern die globale Abwicklung ihrer Wertpapiergeschäfte erleichtern. Der Markt für diese Anbieter ist gigantisch. Nach Angaben des Informationsdienstes GlobalCustody.net lagen Stand Juli 2008 Wertpapiere im Gesamtwert von über 114,3 Billionen Dollar in Verwahrung der Custodians.

Chancen-Profil

Karriereziele		Karrierebeschleuniger	
Imagefaktor	★ ★	Karrierevielfalt	★ ★
Vergütungsdynamik	★	Karrieredynamik	★ ★
Work-Life-Balance	★ ★ ★	Mobilitätsdynamik	★ ★
Jobsicherheit	★ ★		

Expertise: www.ingeniam.de; Bewertung relativ zu den anderen Jobprofilen

Web-Links

- www.globalcustody.net
- www.banklounge.de

EXPERTENTIPP Die Backbone-Themen „Zahlungsverkehr" und „Custody" bieten für Personen mit analytisch-organisatorischer Neigung und einem Interesse an Bank und IT interessante Perspektiven. Die fortschreitende industrielle Integration und die Standardisierung der Prozesse wird in immer größeren Unternehmen abgebildet werden. Die Dynamik und Flexibilität der Karrieren wird sich mit zunehmender Konzentration der Anbieter weiter entwickeln.

Global Custodians

Das Wertpapiergeschäft wird immer globaler – und die großen Global Custodians profitieren am meisten davon, wie GlobalCustody.net ausführt:

- Anleger investieren einen immer größeren Anteil ihres Vermögens im Ausland, vor allem in den jungen aufstrebenden Industrienationen in Osteuropa, Asien und Südamerika, aber auch in exotischen Märkten. Global Custodians erleichtern ihnen den Zugang zu diesen Märkten.
- Die Vielfalt der Finanzinstrumente, vor allem im Bereich strukturierter Produkte, wird von Tag zu Tag größer. Global Custodians haben die technischen Möglichkeiten, hier Schritt zu halten.

- Banken und Vermögensverwalter ersetzen ihre Netzwerke lokaler und regionaler Wertpapierabwickler zunehmend durch einen einzigen Global Custodian.
- Der Trend zur kapitalgedeckten Altersvorsorge erhöht den Bedarf an Custody-Leistungen – immer mehr Depots müssen verwaltet werden.
- Auch mit der wachsenden Beliebtheit von Online-Brokerage nimmt der Bedarf an Custody-Leistungen zu.

Die Top-10 Global Custodians weltweit

Institut	Mrd. Dollar in Verwahrung	Internet
BNY Mellon	2.307,7	www.bnymellon.com
JPMorgan	1.561,4	www.jpmorgan.com
State Street	1.529,9	www.statestreet.de
Citi	1.308,8	www.citi.com
HSBC Securities Services	6.097,0	www.hsbcnet.com
BNP Paribas	5.595,0	www.bnpparibas.de
Société Générale	4.318,0	www.sg-securities-services.com
Northern Trust	4.100,0	www.northerntrust.com
UBS AG	3.800,0	www.ubs.com
CACEIS Investor Services	3.358,0	www.caceis.com

Quelle: www.globalcustody.net; Juli 2008

Tätigkeit

Wertpapierverwahrer und -abwickler müssen mit dem Innovationstempo an den Finanzmärkten voll mitgehen, um am Markt bestehen zu können. Teilweise stehen sie dabei extrem steigenden Marktvolumina gegenüber. So ist das Volumen gehandelter Derivate allein im Jahr 2007 je nach Art um 200 bis 400 Prozent gewachsen – eine große Herausforderung für die Technik und diejenigen, die für sie verantwortlich sind. Dieses äußerst technologiegetriebene Geschäft erfordert vor allem Qualitäten im mathematischen Bereich und in der Informatik – flankiert von einem breiten Verständnis für das Geschehen an den Kapitalmärkten. Zu den Markterfordernissen kommen immer neue gesetzliche Anforderungen im Wertpapiergeschäft hinzu, die zu großen Teilen bei den Custodians auflaufen und berücksichtigt werden müssen.

Je stärker die Systeme des Custodians ausgelastet sind, desto günstiger kann er seine Dienstleistungen am Markt anbieten, und desto mehr Geschäft zieht er wiederum an. Das Gewinnen neuer Kunden und eine intensive Beziehungspflege sind – trotz aller Technologie-Dominanz – wesentlich für den Erfolg in diesem Geschäft, „wir arbeiten in einem

People's Business", drückt es der Repräsentant eines der führenden Anbieter aus. Quantität und Qualität werden dennoch gleichwertig behandelt. Regelmäßig werden „Service Reviews" gemeinsam mit Kunden durchgeführt, und die lokalen und regionalen Wertpapierabwickler bekommen regelmäßig Besuch von ihren Auftraggebern, den Global Custodians.

Exkurs: Kreditabwicklung

Auch im Kreditgeschäft gibt es Tendenzen, die technische Abwicklung von der Kreditgewährung über den Kreditverlauf bis zur Rückzahlung oder Abwicklung von Problemfällen in „Kreditfabriken" auszulagern. Das funktioniert jedoch nur im stark standardisierten Geschäft mit Bausparverträgen und Konsumentenkrediten. Bekannteste Anbieter sind das VR-Kreditwerk der Genossenschaftsbanken und das BHW-Kreditcenter.

WISSEN UND ERFAHRUNG

- Tiefe Kenntnis sämtlicher Wertpapiergattungen, ihrer Funktionen, ihrer Marktfähigkeit und Marktgängigkeit
- Kenntnis der gängigen nationalen und internationalen Kapitalmaßnahmen
- Kenntnis der Wertpapierabwicklungs-Systeme und der an der Wertpapierabwicklung beteiligten Marktteilnehmer

KOMPETENZ UND NEIGUNG

- Affinität zu technischen und prozessualen Themen, Besonnenheit, Detailgenauigkeit, Sorgfalt
- Neugier und wissenschaftsorientierte Denkweise: Faktenbasierte Entscheidungsfindung
- Problemlösermentalität verbunden mit hoher Qualitätsorientierung

4.9 Banking Headquarter

4.9.1 Risikomanagement

Das Vertrauen in die Stabilität des Bankensektors ist von entscheidender Bedeutung dafür, sagt die Deutsche Bundesbank, dass Kreditinstitute ihre besondere Rolle in der modernen Volkswirtschaft ausfüllen können. Im Mittelpunkt steht dabei die Zahlungsfähigkeit (Solvenz) der Banken. Diese zu sichern, ist Aufgabe eines umfassenden Risikomanagements in den Banken. Dabei bewegen sich die Institute innerhalb eines umfangreichen und international gültigen Regelwerks, dessen Einhaltung von der Deutschen Bundesbank und der Bundesanstalt für Finanzdienstleistungsaufsicht (BaFin) überwacht wird (Kapitel 1 Schlüsselindustrie). Kern dieses Regelwerks ist die seit 2008 verbindliche „Baseler Eigenkapitalvereinbarung", kurz „Basel II" genannt. Sie legt fest, dass Kredite je nach Bonität des Kreditnehmers mit einem Faktor zwischen null und 150 Prozent multipliziert werden. Die sich daraus ergebende Summe muss mit acht Prozent Eigenkapital unterlegt sein. Hauptadressaten der Baseler Rahmenvereinbarung sind zwar die großen, international tätigen Banken, sie wird jedoch branchenweit angewendet. Um ihr Ziel, die „Stärkung der Sicherheit und Solidität des Finanzsystems", zu erreichen, steht sie auf drei Säulen:

- Die Mindestkapitalanforderungen wie oben beschrieben, die eine Eigenkapitalunterlegung nicht nur für Kreditrisiken, sondern auch für Marktrisiken und operationelle Risiken vorsehen. Um diese zu bestimmen, steht es den Banken frei, standardisierte oder fortgeschrittene, auf bankeigenen Verfahren beruhende Methoden anzuwenden. Letztere können jedoch zu Erleichterungen bei den Kapitalanforderungen führen.
- Der aufsichtliche Überprüfungsprozess (Supervisory Review Process; SRP). Hier geht es darum, das Gesamtrisiko einer Bank und die wesentlichen Einflussfaktoren auf ihre Risikosituation zu identifizieren und im Rahmen der Bankenaufsicht zu berücksichtigen.
- Erweiterte Offenlegungspflichten, um die disziplinierenden Kräfte der Märkte ergänzend zu den regulatorischen Anforderungen zu nutzen.

Die entsprechenden europäischen Richtlinien bilden die Grundlage für das Risikomanagement in den Banken und haben in Deutschland ihren Niederschlag in den folgenden Gesetzen und Verordnungen gefunden:

- Kreditwesengesetz (KWG) – Ist das „Grundgesetz" der deutschen Kreditwirtschaft.
- Groß- und Millionenkreditverordnung (GroMiKV) – Ergänzt das KWG um Vorschriften, wie derartige Kredite zu behandeln sind.
- Solvabilitätsverordnung (SolvV) – Hier werden die Regelungen zur Eigenkapitalhinterlegung auf mehr als 330 Seiten ausgeführt.
- Mindestanforderungen an das Risikomanagement (MaRisk) – Nicht mehr als ein 30-seitiges Rundschreiben der BaFin, das aber zum Beispiel die Sparkassen Finanzgruppe veranlasst hat, für die Sparkassen einen 230-seitigen Interpretationsleitfaden zu verfassen.

Mit Basel II ist sicher nicht für alle Zeiten das letzte Wort gesprochen. Die Finanzmärkte sind in Bewegung und das Risikomanagement bewegt sich mit. Auch ein „Basel III", so viel Prognose sei an dieser Stelle gewagt, wird es irgendwann geben. Für Mitarbeiter im Risikomanagement ist es eine ständige Herausforderung, hier nicht nur mitzuhalten, sondern selbst immer neue und bessere Methoden der Risikosteuerung zu entwickeln.

Die MaRisk

Die „Mindestanforderungen an das Risikomanagement" sind kein Gesetz. Sie geben aber den Banken die Kriterien vor, nach denen die BaFin ihre Aufsichtspflicht ausführt - mit angemessener Berücksichtigung der Größe eines Instituts. An die Deutsche Bank werden also weit umfassendere Anforderungen gestellt als an die kleine Raiffeisenbank im fränkischen Hinterland. Die BaFin führt dabei aus, wie die Prozesse einer Kreditgewährung, -bearbeitung und -überwachung auszusehen haben, wie Handelsgeschäfte abzulaufen haben, welche Anforderungen sie an Risikosteuerung und -controlling stellt und wie einzelne Risikoarten zu behandeln sind. Auch zu den Prozessen in der internen Revision hat die BaFin ihre Vorstellungen. Ausfall-, Liquiditäts- und Zinsänderungsrisiko wurden bereits in Kapitel 1 kurz vorgestellt. Doch es gibt noch eine Reihe weiterer Risiken, mit denen Banken umzugehen wissen müssen. Hier eine Auswahl:

Kreditrisiko

Ganz offensichtlich das wichtigste Risiko, das eine Bank zu beherrschen hat - kann der Kunde den Kredit zurückzahlen, der ihm eingeräumt werden soll?

Marktrisiko und Risiko der Marktliquidität

Relevant, sofern Banken Wertpapiere im eigenen Bestand führen: Sie können drastisch an Wert verlieren, und ihr Markt kann austrocknen, sodass sie nicht verkauft werden können. Dieses Risiko hat schon manche Bank nahe an oder sogar in den Ruin gerieben, weshalb der Eigenhandel künftig nicht mehr die Rolle spielen dürfte, die er früher im Geschäftsmodell vieler Banken eingenommen hat.

Länder- und Branchenrisiko

Vor einigen Jahren setzte Argentinien seine Schuldentilgung aus. Am Ende gab sich die Mehrheit der Gläubiger mit einem Viertel ihres an Argentinien ausgeliehenen Geldes zufrieden. Es gibt viele Beispiele, in denen wirtschaftliche und politische Risiken unangenehme Folgen hatten. Ähnlich wie Länder können auch Branchen bestimmten Risiken ausgesetzt sein. Ist eine Bank übermäßig in solchen Ländern oder Branchen engagiert, setzt sie sich einem überhöhten Risiko aus. Dann spricht man von „Klumpenrisiko". Das kann auch bei Finanzinstrumenten (verbriefte Hypothekenkredite) oder Kundengruppen (Bauunternehmen) auftreten.

WISSEN UND ERFAHRUNG

- Statistisch-mathematisches Methodenwissen zur Wahrscheinlichkeitsrechnung
- Gute Kenntnis der betriebswirtschaftlichen Steuersysteme (VAR, RAROC)
- Analytische Kompetenz und Kenntnisse der Steuerinstrumente zum Kredit- und Marktrisiko

KOMPETENZ UND NEIGUNG

- Gut entwickelte kommunikative Kompetenz, denn die Risikomesssysteme müssen fachlichen Laien erläutert werden
- In Systemen, Zusammenhängen und Leitplanken denken können und wollen
- Die natürliche Neugierde des Wissenschaftlers auf der Suche nach Lösungen

Operationelle Risiken

Kundendaten gehen verloren, weil in der IT-Abteilung ein Sicherheitssystem versagt hat; Schnittstellen und Kompetenzen bei der Kreditvergabe sind nicht richtig definiert und es kommt vermehrt zu Kreditausfällen; ein Firmenkunde legt eine gefälschte Bilanz vor; ein Erdbeben beschädigt die Zentrale - solche und andere Ereignisse werden den operationellen Risiken zugeordnet. Als sich Anfang 2008 ein Händler Namens Jérôme Kerviel unter anderem mit dem Dax verspekulierte und seinem Arbeitgeber, der französischen Großbank Société Générale, einen Verlust von 4,9 Milliarden Euro bescherte, war auch das auf ein operationelles Risiko zurückzuführen - die internen Kontrollen der Handelslimits hatten versagt.

Risikomanagement allgemein

Die operationellen Risiken führen zu einem allgemeineren Verständnis des Begriffs Risikomanagement, das sämtliche Unternehmen betrifft. Autoren sprechen von einem „All-Risk-Denken ohne Schranken“. Eine ganz eingängige und umfassende Definition klingt so: „Risikomanagement umfasst die laufende, systematische und kontinuierliche Identifikation, Analyse, Bewertung und Steuerung von potenziellen Risiken, welche die Vermögens-, Finanz- und Ertragslage eines Unternehmens mittel- und langfristig gefährden könnten. Ziel: den Fortbestand eines Unternehmens sichern, die Unternehmensziele gegen störende Ereignisse absichern und den Unternehmenswert steigern“ (gefunden bei UNIQA Versicherungen AG). Genau das ist die Aufgabe des Risikomanagers in der Bank.

Interview mit Thomas Almer

Thomas Almer ist Risikomanager bei der Commerzbank

Wo im Risikomanagement sind Sie tätig?

Ich arbeite im Bereich quantifizierbare Risiken, und dort im Risiko Controlling, zusammen mit rund 120 Kollegen. In diesem Bereich werden unter anderem die Ratingmodelle entwickelt, mit denen wir die Bonität von Unternehmenskunden bewerten und die unsere Kollegen aus der Marktfolge verwenden, wenn sie Kreditanträge bearbeiten. Zudem entwickeln wir Modelle, die Marktrisiken, operationelle Risiken und Geschäftsrisiken abbilden. Wir werten diese Risiken aus, fassen sie in Risikotragfähigkeitsrechnungen zusammen und bereiten sie für den Vorstand als Entscheidungsvorlagen auf. Dort ist unser Bereich mit dem Chief Risk Officer vertreten.

Welche Qualifikationen erfordern Ihre Aufgaben?

Am wichtigsten ist sicher Mathematik, man muss mit komplizierten Formeln umgehen können. Unumgänglich ist es, sich mit höheren Programmiersprachen auszukennen, es wird viel programmiert, um die Modelle zu operationalisieren. Das alles nutzt aber wenig ohne eine große Portion ökonomischen Verstand, schließlich geht es um wirtschaftliche Vorgänge. Weil vieles von dem, was wir tun, auf gesetzlichen Anforderungen beruht, habe ich auch mit juristischen Texten zu tun, Regelungen wie die Solvabilitätsverordnung oder die MaRisk sind wesentliche Quellen unserer Arbeit.

Wie sind Sie ins Risikomanagement gekommen?

Ich habe VWL studiert und in diesem Rahmen schon viel mit statistischen Modellen gearbeitet. Es gehört für VWLer heute beinahe zum Ausbildungskanon, auch ein Praktikum zum Beispiel in einer Bank oder einer Versicherung zu machen, und so habe ich das Risikomanagement der Commerzbank kennen gelernt. Nach dem Studium bin ich hier direkt mit einem Trainee-Programm zum Risikospezialisten eingestiegen, danach wurde ich ins Modellierungsteam übernommen. Sehr typisch ist dieser direkte Einstieg allerdings nicht, die meisten meiner Kollegen haben zuvor promoviert - das ist im Risikomanagement sehr verbreitet.

Wie sehen die Probleme aus, an denen Sie arbeiten?

Eine schöne Aufgabe war die Entwicklung eines Simulationstools, mit dem das Management durchrechnen kann, welche Konsequenzen bestimmte Entscheidungen mit sich bringen. Zum Tagesgeschäft gehören aber andere Dinge. Der Kapitalmarkt ist sehr kreativ, laufend entstehen neue Finanzinstrumente, die wir im Risikomanagement abbilden müssen. Unser wichtigstes Ziel ist es, Risiken zu antizipieren, so dass die Bank sich entsprechend darauf einstellen kann. Einen sehr unmittelbaren Einfluss auf das tägliche Geschäft dagegen haben unsere Modelle im Risk Adjusted Pricing. Das bedeutet, dem Kreditkunden einen möglichst risiko- und marktgerechten Zins anzubieten.

Chancen-Profil

Karriereziele		Karrierebeschleuniger	
Imagefaktor	★ ★	Karrierevielfalt	★ ★ ★
Vergütungsdynamik	★ ★ ★	Karrieredynamik	★ ★
Work-Life-Balance	★ ★ ★	Mobilitätsdynamik	★
Jobsicherheit	★ ★ ★		

Expertise: www.ingeniam.de; Bewertung relativ zu den anderen Jobprofilen

EXPERTENTIPP Die „Quants" haben sich in der Mathfinance-Welt nachhaltig etabliert. Der Weg vom Risikomanagement zu den Financial Engineers und den quantitativen Produktdesignern des Investmentbanking ist nicht weit. Es bieten sich zahlreiche Karriereperspektiven in der Versicherungswirtschaft, den Beratungsunternehmen und in den Large Caps.

Web-Links

- www.risknet.de – Grundlagen
- www.banklounge.de – Weitere

Tätigkeit

Kreditrisikomanager zum Beispiel setzen sich mit Themen wie Risikokosten und Eintrittswahrscheinlichkeiten für Verluste („Expected Loss") auseinander. Häufig kommen Risikomanager aus Studiengängen der Fachrichtungen Mathematik, Physik oder Statistik. Am Anfang stehen, wie so häufig, eher Reporting-Tätigkeiten auf dem Tagesplan des jungen Risikomanagers. Mit wachsender Erfahrung wird man zunehmend in die Anpassung und Weiterentwicklung von Messmethoden einbezogen. Neben einer hohen Affinität zu Zahlen sind auch gewisse IT-Qualifikationen nützlich, zum Beispiel in der SQL- oder SAS-Programmierung.

Die Verantwortung des Risikomanagements für die Bank ist groß, gerade bei Top-Instituten ist das Volumen zu verarbeitender Fälle hoch. Dafür sind die positiven Effekte der eigenen Arbeit unmittelbar zu erleben – recht drastisch dann, wenn viele Banken aufgrund einer bestimmten Marktlage Probleme melden, die eigene Bank sich aber solide präsentiert. In bestimmten Bereichen bringt Risikomanagement darüber hinaus Wettbewerbsvorteile, etwa dann, wenn neue Methoden durch die Bankenaufsicht so eingestuft werden, dass Eigenkapital für neues Geschäft frei wird.

Auch hat die eigene Arbeit wesentlichen Einfluss auf die Arbeit in den marktnahen Bereichen der Bank. Ist zum Beispiel eine bestimmte Risikopolitik definiert, müssen sich die Kollegen aus dem Vertrieb danach richten – bestimmte Kredite sind dann schlicht nicht mehr möglich, weil sie ein zu hohes Risiko darstellen würden.

Als Herausforderung sollten es gute Risikomanager begreifen, nicht einfach die bekannten Methoden und Kennzahlen anzuwenden und darüber zu berichten, sondern neue Ansätze zu berücksichtigen, andere Kennzahlen zu berechnen und die Risikoverhältnisse auf innovative Art abzubilden. Ein gutes Beispiel bietet die Subprime-Krise. Wäre hier nicht allein auf Standardwerkzeuge zurückgegriffen worden, hätte sich die Branche einiges ersparen können.

Fortbildung

CRA

Träger des Certified Rating Analyst (BdRA) ist der Bundesverband der Ratinganalysten und Ratingadvisor.

Web-Link www.bdra-ev.de

Der BdRA hat diverse Ausbildungsstätten akkreditiert, deren Absolventen für die Prüfung beim BdRA zugelassen sind:

- Europäische Fernhochschule Hamburg: www.euro-fh.de
- Rating & Finance Institute: www.rafin.de
- Rating Akademie St. Gallen: www.rating-akademie.ch
- Universität Augsburg: www.rating-analyst.de

Eine weitere Ausbildung zum Rating-Analyst (AFFM) bietet: www.steuerfachschule.de

Special: Die Subprime-Krise

In den vergangenen Jahren haben sich Banken zunehmend ihrer eigentlichen Funktion, nämlich Risikonehmer zu sein, entledigt, indem sie Kredite in komplizierten Produkten neu strukturiert, zerlegt und weiterverkauft haben. Die so genannte Subprime-Krise hat gezeigt: Die Rechnung ist nicht aufgegangen, Banken sind Risikonehmer geblieben. Neben der Praxis des Umstrukturierens haben äußerst niedrige Zinsen viele amerikanische Banken dazu verleitet, Kredite an Kundengruppen mit immer geringerer Bonität zu vergeben - also mit mangelnder Fähigkeit, ihre Schulden zurückzuzahlen. So wurden in den USA Hypothekenkredite ohne Prüfung an Kunden vergeben, die sich ein Haus allein wegen der extrem niedrigen Zinsen leisten konnten. Steigende Zinsen waren in der Rechnung nicht vorgesehen - eher eine Nachlässigkeit denn eine Fehleinschätzung. Mit dem tatsächlichen Anstieg der Zinsen aber wurden immer mehr dieser Hypothekenschuldner zahlungsunfähig. Mittlerweile hatten vor allem in den USA und Europa viele Banken in genau diese Kredite investiert - teilweise im Glauben, sie seien von hoher Qualität. Eine Ironie des Schicksals, denn die gleichen Produkte, die von Kreditabteilungen entworfen wurden, um Risiken aus den Bilanzen zu nehmen, wurden von den Handelsabteilungen gekauft, um für die Bank hohe Renditen zu erzielen. Das kam dabei heraus:

Wertberichtigungen bei Banken im internationalen Vergleich[1]

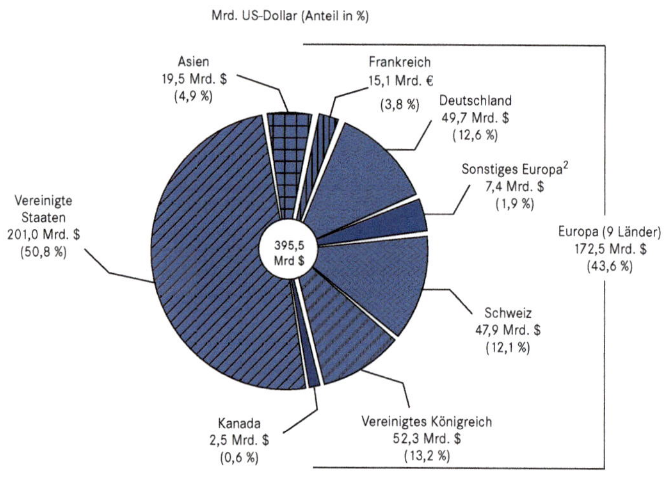

1 Eigene Zusammenstellung nach bekannt gewordenen Berichtigungen bis Juni 2008; umgerechnet mit dem durchschnittlichen Wechselkurs des Berichtszeitraums
2 Belgien, Dänemark, Italien, Niederlande und Schweden

Quelle: www.sachverstaendigenrat-wirtschaft.de

Im internationalen Vergleich fällt auf, dass die Krise von den USA ausgehend auch in Deutschland deutliche Spuren hinterlassen hat. Die folgende Säulengrafik zeigt, welche Abschreibungen Banken bis Juni 2008 im Zusammenhang mit der Subprime-Krise vorgenommen haben und welche Banken besonders betroffen waren:

Wertberichtigungen ausgewählter deutscher Banken (Mrd. US-Dollar)

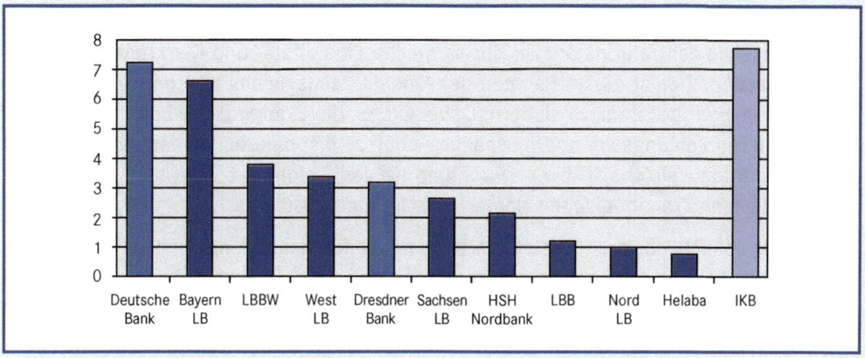

Quelle: www.sachverstaendigenrat-wirtschaft.de

Die reinen Beträge sagen noch wenig. Aber während die Deutsche Bank mit Abschreibungen von gut sieben Milliarden Euro vielleicht zwölf Prozent ihres Eigenkapitals vernichtet hat, war es bei der IKB Deutsche Industriebank beinahe das Fünffache des Eigenkapitals – ohne weitreichende Rettungsaktionen der gesamten Kreditwirtschaft würde die Bank heute nicht mehr existieren. Ähnlich stark betroffen war die SachsenLB, deren Abschreibungen das Eigenkapital mehr als verbrauchten – die Bank wurde von der LBBW, der Landesbank Baden-Württemberg, übernommen. Stark betroffen sind auch die Bayern LB mit beinahe 40 Prozent und die West LB mit mehr als 50 Prozent ihres Eigenkapitals. Es ist nicht auszuschließen, dass die Wirklichkeit dieses Buch bereits überholt hat und diese beiden inzwischen unter dem Dach einer anderen stärkeren Landesbank aufgegangen sind. Auch für die Zukunft sind solche Marktverwerfungen nicht auszuschließen. Um die Wahrscheinlichkeit zu verringern, hat der Sachverständigenrat einige Empfehlungen ausgesprochen:

Effektive Kreditwürdigkeitsprüfungen mit strengeren Auflagen bei der Vermittlung von Hypotheken in den Vereinigten Staaten sowie weltweit mit dem Einbehalten von Teilen der risikoreichen Equity-Tranche im Bestand der Bank, die die verbrieften Forderungen emittiert.

Mehr Transparenz im Verbriefungsprozess über die stärkere Standardisierung der Forderungen, ein differenzierteres Verfahren, die schematisierte Bewertung durch die Ratingagenturen und höhere Anreize für eine eigenständige Informationsbeschaffung der Käufer verbriefter Forderungen.

Ein besseres Risikomanagement der Banken, unterstützt durch stärker am mittelfristigen Unternehmenserfolg orientierte Vergütungssysteme von Wertpapierhändlern und Führungskräften.

Eine Schärfung der Bankenaufsicht, zum einen mittels höherer Risikogewichte für strukturierte Produkte und Kreditlinien an Zweckgesellschaften und zum anderen mittels einer Konzentration der bankenaufsichtsrechtlichen Zuständigkeit. Die jüngst vereinbarte klarere Aufgabenteilung zwischen Deutscher Bundesbank und Bundesanstalt für Finanzdienstleistungsaufsicht ist dabei ein erster wichtiger Schritt, doch der Sachverständigenrat hält weiterhin die Bündelung der Kompetenzen unter dem Dach der Deutschen Bundesbank für die überlegene und daher letztlich anzustrebende Organisationsform.

4.9.2 Treasury und Funding

Wesentliche Aufgabe im Bank-Treasury ist die Liquiditätssteuerung der Gesamtbank. Das Treasury ist die zentrale Instanz, in der sämtliche Liquiditäts- und Marktpreisrisiken gesteuert werden. Ziel ist es, im Rahmen des Liquiditätsausgleichs zu jedem Zeitpunkt die Zahlungsfähigkeit der Bank zu sichern. Dabei gilt es, die Liquidität der Bank mit Blick auf die erwarteten Zahlungsein- und -ausgänge richtig zu disponieren. Neben diese Funktion des Liquiditätsausgleichs tritt die Durchführung von Geldmarkt-, Devisen-, Noten- und Edelmetallgeschäften im eigenen Namen oder im Kundenauftrag.

Im Funding schließlich verantwortet das Treasury die Refinanzierung auf dem Interbankenmarkt, Fremdkapitalemissionen sowie die Beschaffung von Eigenmitteln. Dazu gehört die Einhaltung der damit verbundenen Vorschriften vonseiten der Bankenaufsicht. Bei einigen größeren Banken gehört auch der Eigenhandel, sofern noch vorhanden, zum Treasury.

Chancen-Profil

Karriereziele		Karrierebeschleuniger	
Imagefaktor	★ ★ ★	Karrierevielfalt	★ ★ ★
Vergütungsdynamik	★ ★ ★	Karrieredynamik	★ ★
Work-Life-Balance	★ ★ ★	Mobilitätsdynamik	★
Jobsicherheit	★ ★ ★		

Expertise: www.ingeniam.de; Bewertung relativ zu den anderen Jobprofilen

WISSEN UND ERFAHRUNG

- Kenntnisse der globalen Finanzmärkte, ihrer Instrumente und Wirkungszusammenhänge
- Solide Kenntnisse der Gesamtbankensteuerung und der regulatorischen Anforderungen
- Kenntnisse moderner Refinanzierungsstrukturen, ihrer Absicherungsinstrumente und Bewertungsmethoden

KOMPETENZ UND NEIGUNG

- Analytisch-mathematische Kompetenz, wissenschaftliche Methodik und Lösungssystematik
- Ausgeglichenheit und emotionale Stabilität
- Hohes Urteilsvermögen, Ausgeprägte Besonnenheit und Detailgenauigkeit, Sorgfalt

EXPERTENTIPP Treasury ist zwar eine der wichtigsten Disziplinen im Banking, denn ohne Fremdemittelaufnahme geht auf der Aktivseite nichts. Die Karrierevielfältigkeit und die Karrieredynamik sind aber wegen der oft nur kleinen Teams im Treasury eingeschränkt.

> INTERNET-TIPP Aufsatz „Treasury-Management in Banken“ von Prof. Dr. Arnd Wiedemann, Siegen, in www.riskbooks.de

4.9.3 Syndication

Syndizierte Kredite dienen der Risikominderung innerhalb von Banken, indem das Gesamtvolumen auf mehrere Banken verteilt wird. Das Unternehmen erhält dabei einen einheitlichen Vertrag mit einheitlichen Konditionen. Vertragspartner ist eine einzige Bank als „Lead Arranger“. Entweder, ein Kredit wird direkt als syndizierter Kredit begeben, oder aber die Bank versucht, Risiken aus ihren Büchern zu nehmen, indem sie in ihrer Bilanz stehende Kredite aussyndiziert, also nachträglich Partner für die Syndizierung findet.

Herausforderung der Syndizierer ist es, diese Partner für Syndizierungen zu finden und dafür marktgerechte Preise zu bieten. Es müssen Syndizierungsvoten erarbeit, Syndizierungsstrategien festgelegt und die beteiligten Banken gewonnen werden. Dafür ist ausgesprochene Marktkenntnis gefragt, um die Aufnahmebereitschaft der Partnerbanken richtig einschätzen zu können.

Chancen-Profil

Karriereziele		Karrierebeschleuniger	
Imagefaktor	★ ★ ★ ★	Karrierevielfalt	★ ★ ★
Vergütungsdynamik	★ ★ ★	Karrieredynamik	★ ★ ★ ★
Work-Life-Balance	★ ★ ★	Mobilitätsdynamik	★
Jobsicherheit	★ ★ ★		

Expertise: www.ingeniam.de; Bewertung relativ zu den anderen Jobprofilen

WISSEN UND ERFAHRUNG

- Umfassende Kenntnis zu Rankings, Geschäftsstruktur und Risikoneigung nationaler und internationaler Banken
- Solide Kenntnis der Risiko-Typologien für syndizierte Kredite und deren Dokumentation
- Kenntnisse der Kreditrisikoprüfung, Ratingverfahren, Asset- und Sicherheitenbewertung

KOMPETENZ UND NEIGUNG

- Neugier und wissenschaftsorientierte Denkweise; faktenbasierte Entscheidungsfindung
- Ausgesprochene kommunikative Kompetenz für das Umfeld der „Bank to Bank Professionals“
- Selbstmotivation und die kommunikative Fähigkeit, schnell und direkt ein vertrauensvolles Gespräch beginnen zu können

> **EXPERTENTIPP** Die Syndizierer sind diejenigen, die am meisten mit anderen Banken reden. Sie interagieren nach außen ausschließlich mit den Professionals der anderen Banken und nach innen mit den Marketingabteilungen und der Marktfolge. Sie sind hoch spezialisiert und in Zeiten knappen Eigenkapitals außerordentlich begehrt. Entsprechend spannend verlaufen ihre Karrieren.

4.9.4 Controlling | Rechnungswesen

Controller sind die Navigatoren in der Bank, sie wissen immer, in welcher Situation sich ihr Institut gerade befindet, indem sie Transparenz über seine Ertrags- und Risikolage herstellen und genau darüber informieren, wie sich das Ergebnis zusammensetzt – zu jedem Zeitpunkt und möglichst auf Knopfdruck. Dafür stehen ihnen ausgefeilte Instrumente und Methoden zur Verfügung, die laufend optimiert und weiterentwickelt werden. Läuft ein ergebnisrelevanter Aspekt aus dem Ruder, vom einzelnen Produkt bis zum gesamten Geschäftsbereich, kommt aus dem Controlling das Signal, hier muss gegengesteuert werden. Die besondere Herausforderung im Bankcontrolling besteht in der engen Zusammenarbeit mit den Kollegen aus dem Treasury und dem Risikomanagement – die Besonderheiten des Bankgeschäfts erfordern einen ganz speziellen und anspruchsvollen Blick auf das Verhältnis zwischen eingegangenem Risiko und erzieltem Ertrag. Bankcontroller setzen sich mit Themen wie Wertorientierung, Risikotragfähigkeit, Kapitalallokation, ROI-Management oder Ertragskalkulationen auf den verschiedensten Allokationsstufen auseinander. Controller sind die Augen und Ohren des Vorstands – ohne ihre Informationen kann keine Entscheidung sinnvoll getroffen werden. Controlling und Rechnungswesen arbeiten mit denselben Rohdaten. Im Rechnungswesen allerdings werden sie nach Standards wie im HGB oder den IFRS aufbereitet und aus ihnen der Jahresabschluss erstellt.

Chancen-Profil

Karriereziele		Karrierebeschleuniger	
Imagefaktor	★★	Karrierevielfalt	★★★
Vergütungsdynamik	★★★	Karrieredynamik	★★
Work-Life-Balance	★★★★	Mobilitätsdynamik	★
Jobsicherheit	★★★		

Expertise: www.ingeniam.de; Bewertung relativ zu den anderen Jobprofilen

WISSEN UND ERFAHRUNG

- Rechnungslegung nach IFRS Standards und HGB
- Bilanzierung
- Unternehmensbewertung, Leistungsverrechnung, industrielle Kostenrechnung

KOMPETENZ UND NEIGUNG

- Ausgeglichenheit, Besonnenheit, Gewissenhaftigkeit
- In Systemen, Zusammenhängen und Leitplanken denken können und wollen
- Neugier und wissenschaftsorientierte Denkweise; faktenbasierte Entscheidungsfindung

> **EXPERTENTIPP** Das Verständnis für die Komplexität der Banksteuerung und die Kenntnis der Zusammenhänge zwischen eingesetztem Kapital, risikoadjustierten Steuerparametern und der Vorhersehbarkeit der Ergebnisrechnung sind oft die Grundlagen einer substanziellen Bankkarriere.

4.9.5 Marketing

Marken- und Produktkommunikation

Eine Aufgabe, die es in sich hat: „Finanzen sind für Konsumenten ein Thema, mit dem sie sich nicht so begeistert beschäftigen – anders als Autos", bringt Margret Dreyer ihre tägliche Herausforderung auf den Punkt. Sie ist Leiterin für Marken- und Produktkommunikation bei der Postbank. Kern ihrer Arbeit ist es, ihrer Bank ein einheitliches und unverwechselbares Image zu verleihen. Das beginnt mit dem Logo und setzt sich fort bis hin zur Kontoeröffnung und dem Vordruck für Überweisungen. Werbekampagnen, Filialgestaltung, Messestände, Broschüren, rechtliche Dokumente – alles bekommt in der Abteilung von Margret Dreyer sein Gesicht und läuft früher oder später auch über ihren Tisch.

Wer bei ihr einsteigt, hat meist ein BWL- oder Kommunikations-Studium hinter sich. „Mathematiker würden sich bei uns weniger wohl fühlen", sagt sie, „was aber nicht heißt, man müsste nicht rechnen können". Kostenbewusstsein ist neben Kreativität und souveränem Zeitmanagement entscheidend, will man gute Ergebnisse liefern. „Irgendwann bekommt man seine erste eigene Etatverantwortung", berichtet Dreyer, „dann steht am Anfang immer die Frage, wie das Geld möglichst effektiv eingesetzt werden kann". Ziel ist neben dem Kommunikationserfolg auch „die schwarze Null am Ende des Jahres".

Projekt- und Etatverantwortung bekommt, wer vorher schon „on the Job" seine Qualitäten unter Beweis stellen konnte. „Spezielle Trainee-Programme gibt es bei uns derzeit nicht", sagt Dreyer, „man lernt vom ersten Tag an in den Projekten, in die man eingebunden ist". Und entwickelt so in den meisten Fällen seinen persönlichen Schwerpunkt, ob Corporate Design, Verkaufsförderung oder Media. Ein wichtiger Aspekt: die Koordinierung externer Dienstleister wie Kreativ- und Media-Agenturen, Druckereien oder Versandspezialisten. Die gewünschten Leistungen müssen definiert, Kostenvoranschläge eingeholt, Konditionen verhandelt und schließlich auch die Leistungserstellung überwacht werden – damit der neue Pappaufsteller pünktlich in der Filiale steht. „Dazu gehört ein hohes Maß an Führungskompetenz gegenüber den Dienstleistern sowie Koordinationsfähigkeit und Flexibilität." Zudem müssen Mitarbeiter in der Kommunikation auch mit Produktionsprozessen vertraut sein: Wie man es hinbekommt, dass das Postbank-Gelb immer den gleichen Ton hat, welche Anforderungen Online-Portale an Werbebanner stellen oder wo die Tücken in der Fernsehproduktion liegen.

Chancen-Profil

Karriereziele		Karrierebeschleuniger	
Imagefaktor	★ ★ ★	Karrierevielfalt	★ ★ ★
Vergütungsdynamik	★ ★ ★	Karrieredynamik	★ ★ ★ ★
Work-Life-Balance	★ ★ ★	Mobilitätsdynamik	★
Jobsicherheit	★ ★ ★		

Expertise: www.ingeniam.de; Bewertung relativ zu den anderen Jobprofilen

Im Marketing arbeiten heißt im gewissen Sinn, immer im Dienst zu sein: „Bei der Fernsehwerbung schalte ich nicht weg", sagt Dreyer, „wer im Marketing arbeitet, muss Spaß daran haben, Medien zu konsumieren". Man arbeitet ständig an seiner Nähe zu Zielgruppen, „und wir müssen natürlich immer wissen, was der Wettbewerb macht". Belohnt wird der Einsatz mit reichlich Abwechslung und Vielfalt sowie „einer Unmenge von internen und externen Kontakten". Es gibt kaum Routine und immer wieder neue Themen, die sich dem Marketing stellen. „Kommen die Kollegen aus dem Produktmanagement mit einem neuen Wertpapierprodukt auf uns zu, dann müssen wir selbst erst einmal verstehen, wie es funktioniert. Nur so können wir eine Werbebotschaft formulieren."

> **EXPERTENTIPP** Marketing in Banken ist anspruchsvolles Dienstleistungsmarketing für eine sehr breite Palette von Bankdienstleistungen. Relativ nahe am Marketing für Fast Moving Cosumer Goods (FMCG) liegen alle Produkte im Retail Banking. Die Komplexität im Marketing steigt mit der Komplexität der Dienstleistungen und Kapitalmarktprodukte für immer kleiner werdende Segmente. Zielgenaues Produktmarketing für Konsortialkredite an mittelständische Unternehmen oder das Marketing im Private Wealth Management für sehr vermögende Personen und Familienverbände unterscheiden sich im Methodenmix und den eingesetzten Instrumenten beachtlich. Die Kombination aus Bank-Know-how und Marketing-Know-how legt hier den Grundstein für eine Marketingkarriere.

Produktmanagement

Neben der Kommunikation ist das Produktmanagement die zweite Säule im Marketing der Bank. Produktmanager definieren die Angebotspalette und füllen sie mit Finanzprodukten aus, die sie aus dem eigenen Haus oder von externen Partnern beziehen. Typische, von anderen Finanzdienstleistern zugelieferte Produkte sind Versicherungen, Investmentfonds und Anlagezertifikate, aber auch im Kreditbereich gibt es solche Kooperationen, zum Beispiel bei Baufinanzierungen. Die Produktmanager wählen die Partner nach Kriterien aus wie Renommee des Lieferanten, Qualität und Attraktivität für den Kunden und nicht zuletzt der Vertriebsprovision, die sie für den Verkauf dieser Produkte an ihre Kunden erhalten.

Interview mit Annika Beiter

Annika Beiter arbeitet im Marketing der Südwestbank

Auf welche Fähigkeiten kommt es im Marketing an?

Was viele zunächst nicht erwarten: Ganz wichtig ist Spaß am Umgang mit Zahlen. Wir arbeiten mit Budgets und die Herausforderung besteht darin, möglichst viel damit zu erreichen. Frei nach Henry Ford heißt es ja, dass eine Hälfte des Marketingbudgets hinausgeworfenes Geld sei (man weiß nur nicht, welche). Für mich stimmt das aber nicht ganz. Mit wachsender Berufserfahrung im Marketing lernt man einzuschätzen, welche Maßnahmen wann zum Ziel führen. Zudem hat das Controlling auch in diesem Bereich Fortschritte gemacht - Marketingerfolg lässt sich immer besser messen.

Was müssen Einsteiger noch mitbringen?

Wer sich bisher noch nicht eingehend mit Finanzprodukten beschäftigt hat, wird sich zunächst sehr intensiv Produkt- und Branchenkenntnisse aneignen müssen. Nur wer die Finanzprodukte versteht, kann sie auch prägnant vermarkten. Der hohe Anteil an Projektmanagement erfordert zudem sehr viel Organisationstalent - an einem einzigen Projekt können zahlreiche Kollegen in der Bank und verschiedene Dienstleister beteiligt sein. Sehr häufig sind auch die Termine eng gesetzt, aber der Vertriebsstart muss eingehalten werden. Da ist ein gutes Zeitmanagement gefragt.

Wo liegen die Herausforderungen in Ihrem Job?

Sobald man einen eigenen Verantwortungsbereich hat, ist man die zentrale Stelle im Haus, bei der alle Fragen rund um ein Produkt zusammenlaufen. Es gibt immer engen Kontakt zu den Produktlieferanten; mit der Rechtsabteilung müssen viele Fragen vorab geklärt werden; Vertriebsmaterialien werden entworfen, gestaltet, formuliert, produziert und verteilt. Der Vertrieb meldet, wie das Produkt beim Kunden ankommt und gibt Anregungen für neue Produkte oder Produktvarianten; das Controlling bereitet die Vertriebszahlen auf; der Vorstand will informiert sein, und so weiter. Diese Herausforderungen bringen aber auch den meisten Spaß, denn die Teamarbeit ist sehr ausgeprägt in diesem Bereich.

Was macht weniger Spaß?

Das Marketing einer Bank unterliegt sehr weitgehenden rechtlichen Regulierungen. Was wie formuliert werden kann, und was nicht, ist mitunter sehr genau vorgeschrieben. Das ist manchmal mühsam und erfordert viel Abstimmung mit den Juristen.

Teilweise finden Ausschreibungen statt – im Bereich Anlagezertifikate etwa ist es üblich, sich von mehreren Emittenten Konditionen für ein bestimmtes Zertifikat stellen zu lassen. Das für Bank und Kunden attraktivste Angebot bekommt dann den Zuschlag. Bei Investmentfonds und Versicherungen etablieren sich dagegen meist längerfristige Vertriebspartnerschaften.

WISSEN UND ERFAHRUNG

- Marketingwissen, Marketinginstrumentarien für Dienstleistungsmärkte, Produkt- und bankfachliches Know-how
- Erfahrungen zum Marketing in B2C, B2B oder B2B2C Märkten
- Kenntnisse der Verhaltens- und Markenpsychologie

KOMPETENZ UND NEIGUNG

- Ausgeprägte kommunikative Fähigkeiten: komplexe Sachverhalte in einfacher bildhafter Sprache ausdrücken können
- Initiative und Konzeptionskraft, Fantasie und Neugier
- Ästhetische Kompetenz und die Neigung, sich mit Vorstellungen anderer auseinander zu setzen

4.9.6 Human Resources

Für echte Talente eine angenehme Ausgangslage, für Unternehmen eine echte Herausforderung: Die Unternehmensberatung McKinsey hat in einer Studie die These formuliert, in den kommenden 20 Jahren würde sich die erfolgreiche Suche nach Talenten zum wichtigsten Produktionsfaktor für Unternehmen entwickeln. Das war 1998. Mittlerweile ist es tatsächlich nicht mehr zu übersehen – die Wirtschaft steckt mitten im „War for Talents", so das geflügelte Wort, das McKinsey damals geprägt hat. Nicht mehr die Talente müssen sich bei den Unternehmen bewerben. Es ist längst umgekehrt: Die Unternehmen bewerben sich bei den Talenten.

Talente, gern auch „High Potentials" genannt, werden auch für Banken zunehmend zur wichtigsten und sich stetig verknappenden Ressource. Daraus ergeben sich die wichtigsten Aufgaben im Personalmanagement: Aussichtsreicher Nachwuchs muss gewonnen, gute Mitarbeiter müssen gefördert und gehalten werden. Dabei geht es lange nicht mehr allein um Geld. Die Nachwuchskräfte wollen gute Entwicklungsmöglichkeiten, eigenverantwortlich arbeiten, sich an Herausforderungen beweisen. Hinzu kommen Aspekte wie eine kollegiale Arbeitsatmosphäre, Weiterbildungsangebote, Freiraum zur persönlichen Entwicklung und sehr übergreifende Faktoren wie das ethisch-moralische Verhalten ihres Arbeitgebers und dessen Ansehen in der Öffentlichkeit.

Doch es gibt weit mehr Herausforderungen für die Personalpolitik als das an sich schon weite Feld der strategischen Personalentwicklung. Im Diversity Management etwa begegnen Banken der Herausforderung einer wachsenden Vielfalt an Nationalitäten unter ihren Mitarbeitern. In der Personalabteilung wird die Unternehmenskultur definiert, werden Führungsgrundsätze entwickelt, Vergütungssysteme aufgesetzt, das Vorschlagswesen begleitet und sämtliche Maßnahmen in die Bank hinein kommuniziert sowie ihre Wirkung mit ausgefeilten Controllinginstrumenten überwacht.

Chancen-Profil

Karriereziele		**Karrierebeschleuniger**	
Imagefaktor	★	Karrierevielfalt	★ ★
Vergütungsdynamik	★ ★ ★	Karrieredynamik	★ ★
Work-Life-Balance	★ ★ ★	Mobilitätsdynamik	★
Jobsicherheit	★ ★ ★		

Expertise: www.ingeniam.de; Bewertung relativ zu den anderen Jobprofilen

EXPERTENTIPP Die demografische Realität: zu wenig qualifizierte Talente für die Herausforderungen der Bankenwelt von morgen. Die Reaktion der Banken: Budgets für die Personalgewinnung werden nicht ausgeweitet, Personalplanung bleibt an kurzfristigen Zielen orientiert, Personalmanagement wird immer noch als Kostenfaktor und nicht als Ergebnistreiber gesehen. Dies wird sich zwangsläufig und nachhaltig ändern und eine Vielzahl von Karrieremöglichkeiten rund um das Thema Personal öffnen.

Web-Links

- www.dgfp.de
- www.4managers.de

WISSEN UND ERFAHRUNG

- Kenntnisse der Organisationswissenschaften, Arbeits-, Tarif- und Sozialrecht
- Arbeits -und organisationspsychologische Kenntnisse
- Kenntnisse der Verhaltens- und Entscheidungspsychologie

KOMPETENZ UND NEIGUNG

- Hohe soziale Umgänglichkeit und eine natürliche Menschenkenntnis
- Ausgeprägtes Einfühlungsvermögen und interpersonale Sensitivität
- Offenheit und Neigung für Themen der Organisation und der beruflichen sowie persönlichen Interaktion

Interview mit Jens Thiele

Jens Thiele ist Ausbilder bei der Hamburger Sparkasse

Was machen Sie im Personalmanagement?

Ich betreue unsere insgesamt 450 Auszubildenden vom ersten Tag ihres Berufslebens bis zum Bestehen ihrer Abschlussprüfung. Für die zwei bis drei Jahre ihrer Ausbildungszeit bin ich für sie erster Ansprechpartner, Förderer und durchaus auch disziplinarischer Vorgesetzter. Alles beginnt natürlich mit der Bewerbung - jedes Jahr bekommen wir rund 3.000 Bewerbungen, etwa 200 Bewerber stellen wir am Ende ein.

Wie sind Sie an diese Position gelangt?

Ich habe BWL mit den Schwerpunkten Personal und Marketing studiert und meine ersten beiden Semester dank eines Vollstipendiums in Kalifornien an der US-Uni Berkeley verbracht. Schon während meines Studiums habe ich Praktika im Personalmanagement der Hamburger Sparkasse absolviert und auch meine Diplomarbeit dort geschrieben - es ging um Diversity Management. Wegen dieser gewachsenen Verbindung zur Bank und meines klaren Fokus' konnte ich dann auf meiner jetzigen Stelle anfangen.

Welche Qualifikation erfordert Ihre Tätigkeit?

Das Spannende an meiner Position ist, dass ich direkt mit dem Einstieg die Führung der Auszubildenden übernommen habe. Dazu gehört ein gehöriges Maß Sozialkompetenz und ausgesprochener Spaß am Umgang mit Menschen, aber unbedingt auch ein breites bankfachliches Wissen, weil ich interne Schulungen konzipiere und selbst durchführe. Hinzu kommen viele konzeptionelle Aufgaben. Gerade arbeite ich zum Beispiel mit an einem Mentoringprogramm. Dabei kann ich nicht einfach vorhandene Konzepte übernehmen - denn natürlich muss das neue Konzept zu unserer Unternehmenskultur passen. Generell erfordern die Aufgaben in der Personalabteilung ein Verständnis des gesamten Unternehmens.

4.9.7 Legal & Compliance

Ohne sie läuft nichts mehr, auch Banken müssten ihren Betrieb vermutlich binnen Stunden komplett einstellen, würden ihnen die Juristen abhanden kommen. Bevorzugt finden allerdings solche ihren Weg in die Bank, die sich zu Recht als „gestanden" bezeichnen. Dem Juristen in der Bank stellen sich die vielfältigsten Aufgaben - hier eine kleine Auswahl:

- Ein Großkonzern kauft einen anderen Großkonzern. Um das Geschäft zu finanzieren, müssen Aktien neu ausgegeben, Anleihen aufgelegt und Kredite strukturiert werden. Natürlich in Zusammenarbeit mit einem Dutzend weiterer Banken.
- Ein Immobilienkauf in Asien wird finanziert.
- Ein Immobilieninvestor wird insolvent, die Immobilien müssen verkauft („verwertet") werden.
- Eine Anleihe wird auf den Markt gebracht. Der Emissionsprospekt muss formuliert werden.
- Ein Produktprospekt wird daraufhin geprüft, ob er allen gesetzlichen Anforderungen genügt.

Hinzu kommt, dass sich das Bankrecht ständig verändert, Banken müssen sich laufend auf neue gesetzliche Anforderungen und die aktuelle Rechtsprechung einstellen. Neue Aufklärungs- und Transparenzpflichten im Wertpapiergeschäft mit Privatkunden, neue Regelungen zur Bekämpfung der Geldwäsche, neue Richtlinien für die Kreditvergabe - es vergeht kaum ein Jahr, in dem nicht umfassende Änderungen in den Geschäftsbetrieb integriert werden müssen.

Da ist es nicht leicht, den Überblick zu behalten. Um das zu gewährleisten, beschäftigen manche Banken ganze Abteilungen, voll besetzt mit Compliance Officern (Compliance = Einhaltung), die darüber Wachen, dass sämtliche Gesetze, von denen eine Bank betroffen ist, auch eingehalten werden. Das geht von den Regelungen der Groß- und Millionenkreditverordnung (GroMiKV) über Verschwiegenheitspflichten zwischen verschiedenen Geschäftsbereichen und Aufklärungspflichten gegenüber Privatanlegern bis zu Umweltschutzregelungen. In kleineren Banken werden Rechtsabteilung und Compliance häufig in Personalunion geführt - in der Compliance sitzen meist, wenn auch nicht zwingend, Juristen.

Chancen-Profil

Karriereziele		**Karrierebeschleuniger**	
Imagefaktor	★ ★	Karrierevielfalt	★ ★
Vergütungsdynamik	★ ★ ★	Karrieredynamik	★ ★ ★
Work-Life-Balance	★ ★ ★	Mobilitätsdynamik	★
Jobsicherheit	★ ★ ★		

Expertise: www.ingeniam.de; Bewertung relativ zu den anderen Jobprofilen

Interview mit David Jiménez-Aguilera

David Jiménez-Aguilera ist Jurist im Kreditsekretariat der Hamburger Sparkasse

Warum sind Sie als Jurist zur Bank gegangen?

Ich hatte bei der Hamburger Sparkasse bereits eine Bankausbildung und ein Berufsjahr hinter mir, als ich mein Jurastudium aufgenommen habe. Während des Studiums habe ich dort weiter regelmäßig in der Rechtsabteilung gearbeitet und konnte nach dem zweiten Staatsexamen direkt meine Stelle hier antreten. Ich sehe die Bank, inklusive ihrer vielen Nebenleistungen, als einen attraktiven Arbeitgeber.

Wie sieht Ihr Verantwortungsbereich aus?

Ich bin im Kreditsekretariat und wickle notleidende Darlehen 500.000 Euro aufwärts ab. Es geht im Kern darum, Sicherheiten zu verwerten, meistens Immobilien. Dabei strebe ich an, die Dinge im Dialog mit dem Schuldner, seinem Rechtsanwalt und dem Insolvenzverwalter zu regeln. Manche Vorgänge kommen vor Gericht, aber dafür arbeiten wir mit externen Rechtsanwälten zusammen, die Klagen schreiben, Klageerwiderungen formulieren und so weiter. Manchmal bin ich selbst auch bei Zwangsversteigerungen dabei oder bin im Unternehmen, um mir ein Bild vom Warenlager zu machen.

Welche Kompetenzen haben Sie?

Wir haben eine Verzichtskompetenz. Bei mir liegt sie als Erstvotant bei 200.000 Euro, unser Gruppenleiter darf bis 500.000 Euro verzichten, der Abteilungsleiter bis eine Million, und alles, was darüber hinaus geht, muss dem Vorstand vorgelegt werden.

Was machen Ihre Kollegen?

Die Kollegen aus der Abteilung „Rechtsberatung" prüfen für unsere Produktmanager, ob neue Produkte die gesetzlichen Anforderungen erfüllen; sie kümmern sich darum, dass neue Gesetze in der Bank berücksichtigt werden und vieles andere. Bei Rechtsstreitigkeiten vertreten sie die Bank.

Welche Erntwicklungsmöglichkeiten haben Sie?

Derzeit habe ich die Handlungsvollmacht, die nächste Stufe ist die Prokura mit erweiterten Kompetenzen. In der Hierarchie sind bei uns der Gruppenleiter und der Abteilungsleiter die nächsten Stufen. Viele ältere Kollegen mit Anwaltszulassung vertreten die Bank irgendwann als externer Anwalt. Ich habe derzeit zwar keine Anwaltszulassung, weil ich dann als Organ der Rechtspflege zum Beispiel als Pflichtverteidiger freigestellt werden müsste. Aber das könnte ich später jederzeit nachholen.

EXPERTENTIPP Die Bandbreite der juristischen Aufgabenstellungen öffnet vielfältige Karrieremöglichkeiten: Operative, einzelfallbezogene Aufgaben, regulatorische und strategische Fragestellungen, vertragsgestaltende und risikomitigierende konzeptionelle Arbeit. Bieten Sie Ihrem künftigen Arbeitgeber eine wirkliche Spezialisierung neben Ihrem ausgezeichneten Examen an.

WISSEN UND ERFAHRUNG

- Internationales Wirtschaftsrecht, Aktien-, Gesellschafts- und Steuerrecht
- Regulatorische Anforderungen, Basel II, Geldwäschegesetz
- Bankaufsichtsrecht, Vertragsrecht, Vergaberecht, Insolvenzrecht, Kapitalmarktrecht

KOMPETENZ UND NEIGUNG

- Ausgeglichenheit, Besonnenheit, Gewissenhaftigkeit
- Schnelle Auffassungsgabe und die Fähigkeit, auch bei geringer Faktendichte sichere Entscheidungen fällen zu können
- Gut entwickelte kommunikative Kompetenz, denn juristische Themen müssen oft an fachliche Laien vermittelt werden

4.9.8 IT | Systems

„Ich sehe ein, dass man in der Raumfahrt einen Computer braucht. Aber was in einer Bank abgeht, ist dermaßen einfach: Einer hat Geld, der bringt es zur Bank. Der andere braucht welches und holt es sich ab.“

Fritz Vogt, bis 2008 Vorstand und einziger Mitarbeiter der Raiffeisenkasse Gammesfeld.
(Zitiert in sueddeutsche.de, 30.07.2004)

So einfach ist es denn wohl doch nicht mehr – selbst der Nachfolger des rebellischen Bankvorstands hat seine neue Stelle mit einem Laptop angetreten. Ohne Informationstechnologie ginge in Banken heute nichts mehr, mancher behauptet, im Kern seien Banken eher IT-Unternehmen als alles andere. Tatsache ist, dass Banken bestrebt sind, möglichst viel automatisch abwickeln zu lassen, um so mehr Zeit für den Kunden selbst zu gewinnen. Selbst programmiert wird dabei weniger – diese Leistung ist häufig ausgelagert. Der Informatiker wird hier schnell zum Projektmanager und zum Qualitätsprüfer.

Chancen-Profil

Karriereziele		Karrierebeschleuniger	
Imagefaktor	★	Karrierevielfalt	★ ★
Vergütungsdynamik	★ ★ ★	Karrieredynamik	★ ★ ★
Work-Life-Balance	★ ★ ★	Mobilitätsdynamik	★
Jobsicherheit	★ ★ ★		

Expertise: www.ingeniam.de; Bewertung relativ zu den anderen Jobprofilen

WISSEN UND ERFAHRUNG

- IT-Architekturen, moderne Programmiersprachen, ERP-Systeme und Bankorganisation
- Kenntnisse zum Outsourcing, Insourcing und zu Service Level Agreements
- Projektmanagement und Businessanalyse

KOMPETENZ UND NEIGUNG

- Affinität zu technischen und prozessualen Themen
- Neugier und wissenschaftsorientierte Denkweise: Faktenbasierte Entscheidungsfindung
- Problemlösermentalität verbunden mit hoher Qualitätsorientierung

EXPERTENTIPP Bank-IT ist fast schon ein eigenständiger Industriezweig. Eine große Zahl externer Dienstleister und Softwareanbieter buhlt um Gunst und Budgets der Banken. Die ständig zunehmenden regulatorischen Anforderungen, weitere Standardisierungen des Bankgeschäfts, immer ausgefeiltere Techniken zur Steuerung des Risikos und hochkomplexe Customer Relationship Management Systeme erhöhen den Innovationsdruck auf die eigentlichen Kernbanksysteme.

5 WEITERE SPIELER IM FINANZMARKT

5.1 Hedgefonds

In Abgrenzung zu den aus Gründen des Anlegerschutzes gesetzlich stark regulierten Investmentfonds haben Hedgefonds weit mehr Freiheiten in ihren Anlagestrategien. Sie sind deshalb in Deutschland nicht zum öffentlichen Vertrieb zugelassen, dürfen also nicht aktiv beworben werden. Doch ohnehin ist ihr Investorenkreis sehr elitär, Mindestanlagesummen von 100.000 bis mehreren Millionen Euro oder Dollar sind die Regel, überwiegend bereitgestellt von sehr wohlhabenden Privatpersonen und Dachfonds, aber auch in zunehmendem Maß von Pensionsfonds, Stiftungen und anderen institutionellen Investoren. Als Vorzeige-Kunden der Hedgefonds verweist die Branche gern auf diverse Stiftungen von US-Elite-Universitäten, die mitunter bis zu einem Viertel ihres Stiftungsvermögens in diese Instrumente investieren und damit sehr erfolgreich sind. Mehr als 9.000 Hedgefonds soll es nach Branchenzählung mittlerweile geben (siehe Grafik), die zusammen über 1.500 Milliarden US-Dollar Vermögen verfügen.

Wachstum der Hedgefonds-Industrie

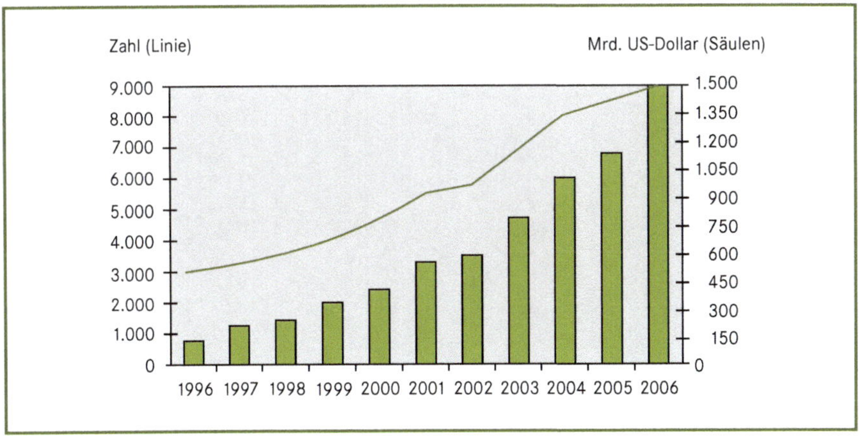

Quelle: www.ifsl.org.uk

Es gibt vereinzelt riesige Hedgefonds mit mehr als 30 Milliarden US-Dollar unter Management, über 80 Prozent jedoch sind kleiner als 200 Millionen US-Dollar.

Was ein großer Hedgefonds bewirken kann, zeigt das mittlerweile legendäre Jahr 1992, als der Quantum Fonds des Spekulanten George Soros massiv gegen das damals überbewertete Britische Pfund wettete und es damit aus dem Europäischen Währungssystem, dem Vorgänger des Euro, katapultierte. Befürworter sagen jedoch, Soros habe nur auf einen unvermeidlichen Trend gesetzt und ihn beschleunigt - er hat sich nicht gegen den Markt gestellt, sondern die Marktkräfte für sich genutzt. Gegen den Markt spekulieren könne kein Fonds.

Mitunter machen Hedgefonds als Minderheitenaktionäre großer Aktiengesellschaften Furore, indem sie das Management massiv unter Druck setzen. So war die Initiative eines Hedgefonds der Auslöser für die Übernahme und Zerschlagung der niederländischen Großbank ABN Amro. Kritiker sehen Hedgefonds als gierige Kapitalmarktsöldner auf der Suche nach Profit, Befürworter loben sie als Katalysatoren ohnehin sich abzeichnender Trends, die den Märkten zudem etwas geben, was diese so nötig brauchen, um richtig zu funktionieren: Liquidität.

In jedem Fall gehört die Arbeit in einem Hedgefonds zu den spannenden Herausforderungen auf dem Kapitalmarkt. Dorthin kommt man entweder als junges Top-Talent, das sich bereits seine ersten Sporen verdient hat, oder als etablierte Branchengröße, die sich möglichst auch mit eigenem Kapital beteiligt.

Web-Links

- www.bvai.de - Bundesverband Alternative Investments
- www.banklounge.de - Weitere

EXPERTENTIPP Die Hedgefonds-Arena zieht diejenigen Talente an, die einen der Gipfel der Branche erklimmen möchten. Der Weg nach oben startet sehr selten direkt im Tal, eher von einer Bergstation im Investmentbanking oder im Capital Markets Umfeld. Der Weg ist entbehrungsreich, anstrengend, risikoreich, und er fordert eine perfekte Vorbereitung.

Interview mit Martin Zulauf

Martin Zulauf ist Associate Director Business Development bei Harcourt, einem Schweizer Dachfonds-Manager

Was qualifiziert zur Arbeit in einem Dach-Hedgefonds?

Grundsätzlich gibt es unterschiedliche Jobprofile, die von einem Fund of Hedge Funds nachgefragt werden. Dabei sind vier Jobprofile gemäß der Funktionen innerhalb unseres Unternehmens zu unterscheiden: Analysten für die Selektion von Hedge Funds, Portfoliomanager, Risikomanager und Business Development Manager für die Kundenbetreuung und -akquisition. Die verschiedenen Funktionen verlangen unterschiedliche Fähigkeiten, Erfahrungen und Ausbildungswege. Wer zum Beispiel als Analyst bei uns anfängt, sollte bereits einen entsprechenden beruflichen Hintergrund vorweisen. Das heißt, der Analyst muss bereits Erfahrung in den für die Hedge Funds unterliegenden Anlageklassen aufweisen. So haben die meisten unserer Analysten einen entsprechenden Background im Investmentbanking mit Berührungspunkten zur Hedge Fund Industrie.

Was macht ein Analyst bei Ihnen?

Grundsätzlich sind die Analysten für den Bottom-up-Prozess, das heißt die Hedge Fund Selektion, zuständig. Diesen Prozess unterteilen wir weiter in eine qualitative, quantitative und operationelle Analyse, wobei die qualitative Analyse die ressourcenintensivste und wichtigste ist. Unsere Analysten führen rund tausend Gespräche mit Hedge Funds Managern jedes Jahr, 500 in unseren Büros, die andere Hälfte in der Niederlassung der jeweiligen Hedge Funds Manager. Der Besuch bei Hedge Funds ist dabei ein wichtiger Bestandteil innerhalb des Prozesses. Zudem kann nur mit einer genauen Analyse der Investmentstrategie und den persönlichen Fähigkeiten des Managers eruiert werden, ob der Hedge Fund auch in Zukunft gute Renditen erzielen kann. Innerhalb der quantitativen Auswertung wird das Zahlenmaterial des Hedge Funds untersucht und in Relation zu den Märkten und einer Peer-Gruppe gesetzt. Entscheidend für den Hedge Fund ist auch die operationelle Aufstellung. Innerhalb der operationellen Analyse wird unter anderem die Organisation, Infrastruktur als auch die Verbindung/Verträge zu Drittparteien überprüft. Die technische Infrastruktur ist dabei zum Beispiel für handelsintensive Strategien sehr wichtig, da ein Ausfall fatale Folgen haben kann.

Was erfordert die Tätigkeit auf der Kundenseite?

Bei der Tätigkeit auf der Kundenseite geht es um die Betreuung und Beratung von hauptsächlich institutionellen Kunden. Dabei muss der Kundenberater ebenfalls ein tiefes Detailwissen über die Märkte und die Hedge Funds Industrie besitzen. Egal wer bei uns anfängt – er muss als erfahrener Professional eine hohe Lernbereitschaft mitbringen, das Geschäft ist nicht trivial.

5.2 Private Equity

In der Regel erwerben Private-Equity-Gesellschaften als Finanzinvestoren Mehrheitsbeteiligungen an nicht börsennotierten Unternehmen. Zur Unterscheidung: Sofern Hedgefonds im Rahmen ihrer Strategie Unternehmensbeteiligungen anstreben, handelt es sich meist um börsennotierte Unternehmen, „Public Equity" also, und in den meisten Fällen um Minderheitsbeteiligungen. Ziel der Private-Equity-Fonds (PE-Fonds) ist es, den Wert ihrer Unternehmen zu steigern und sie nach einigen Jahren mit Gewinn zu verkaufen. Käufer können strategische Investoren wie Konzerne sein, die das Unternehmen langfristig integrieren wollen. Andere „Exit-Strategien" sind der Börsengang oder der Verkauf an einen weiteren Private-Equity-Investor.

Ähnlich wie Hedgefonds können auch PE-Fonds sehr unterschiedliche Strategien verfolgen. Jungen Start-up-Unternehmen stellen sie „Venture Capital" zur Verfügung, manchmal dazu Geschäftsräume und wertvolle Kontakte. Andere haben sich auf das Segment „Distressed" spezialisiert, also auf Unternehmen in Finanznöten, die einen „Turn-around" benötigen. Wieder andere finanzieren so genannte Buy-outs, wenn Konzerne Unternehmenstöchter verkaufen und das Management das Unternehmen eigenständig weiterführt. Wachsende Bedeutung hat das Geschäft mit Unternehmensnachfolgen - viele Gründer sichern mithilfe von PE-Fonds den Bestand ihres Unternehmens, wenn sie keine anderen Käufer finden.

Mittlerweile hat sich für die Branche auch eine Art Wappentier etabliert - die Heuschrecke. Damit wird die Praxis mancher Fonds illustriert, ihre Zielunternehmen mit Schulden zu überladen, so dass diese den Kauf faktisch selbst finanzieren. Die Branche stemmt sich gegen dieses Image und trägt dafür zahlreiche Argumente vor: So waren deutsche Private Equity Gesellschaften Ende 2006 mit insgesamt 23 Milliarden Euro an mehr als 5.900 meist kleinen und mittleren Unternehmen beteiligt, die mit beinahe einer Million Beschäftigten einen Jahresumsatz in Höhe von über 188 Milliarden Euro erwirtschafteten. Mit Private Equity finanzierte Unternehmen erhöhten ihre Beschäftigtenzahlen um 5 bis 15 Prozent pro Jahr - von ausquetschen, so die intendierte Botschaft (oder besser abgrasen, um im Bild zu bleiben), kann also keine Rede sein.

> **EXPERTENTIPP** Im PE-Geschäft werden entweder exzellente Einsteiger für die betriebswirtschaftliche Analyse gesucht oder erfahrene Industy Professionals mit Deal-Erfahrung. In relativer fachlicher Nähe zum PE-Geschäft liegt das Geschäft der Insolvenzverwalter. Ein Einstieg dort könnte den Weg in die PE-Gesellschaften ebnen.

>< **Web-Link**
www.bvk-ev.de Bundesverband Deutscher Kapitalbeteiligungsgesellschaften

5.3 Geschlossene Fonds

Geschlossene Fonds investieren in ein bestimmtes Anlageobjekt, sammeln das dafür benötigte Kapital unter Investoren ein und werden geschlossen, sobald das Kapital beisammen ist - neue Investoren können nicht mehr hinzutreten. Dann wird das Objekt gekauft, für 10 oder 15 Jahre bewirtschaftet, um am Ende der Fonds-Laufzeit wieder verkauft zu werden. Die Investoren werden ausbezahlt. Zu den gängigsten Anlagezielen gehören Immobilien und Frachtschiffe. Aber auch Wind- und Solarparks oder jedes beliebige andere Infrastrukturobjekt können durch einen solchen Fonds finanziert werden - bis hin zur Ölbohrplattform. Rund 500 solche Emissionshäuser gibt es in Deutschland, die größten 30 davon decken etwa 80 Prozent des Marktes ab. Nach Angaben des Branchenverbandes VGF hat der Gesamtmarkt in Deutschland ein Volumen von mehr als 23 Milliarden Euro.

Lange Jahre bewegten sich die Anbieter in der Nische des „grauen Kapitalmarkts", der wegen mangelnder staatlicher Aufsicht und mancher Anlegerskandale als wenig seriös gilt. Zumindest die großen und etablierten, teilweise sogar börsengehandelten Anbieter konnten sich mittlerweile erfolgreich aus dieser Ecke entfernen. Und eine zweite Entwicklung hat die Branche durchlebt: Während der geschlossenen Fonds über Jahrzehnte als Steuersparmodell schlechthin galt (Stichwort „Verlustzuweisung"), ist die Rendite der Objekte deutlich in den Vordergrund gerückt, seit die meisten Steuervorteile abgeschafft worden sind. Natürlich gibt es noch immer welche. So werden Frachtschiffe nur mit einer pauschalen und sehr niedrigen „Tonnagesteuer" belegt - das hat aber vor allem industriepolitische Gründe.

Die wesentlichen Tätigkeiten in einem Fondshaus sind die Konzeptionierung, der Vertrieb und die Treuhand. Sämtliche Gesellschaften sind sehr vertriebsorientiert, in der Regel haben sie auch im Vertrieb ihre Wurzeln. Auf der Suche nach neuen Fonds haben die Anbieter irgendwann angefangen, selbst zu konzeptionieren, also Investitionsobjekte ausfindig zu machen sowie die Finanzierungsstruktur und die Erlösstruktur auszuarbeiten. Aus gesetzlichen Pflichten heraus kam dann die Treuhand hinzu, also die laufende Betreuung der Fonds während ihrer gesamten Laufzeit. So sind die heutigen Emissionshäuser mit ihrem umfassenden Leistungsangebot entstanden.

Web-Link www.vgf-online.de - Verband Geschlossene Fonds

Interview mit Thomas Bister

Thomas Bister ist Geschäftsführer bei der Ideenkapital Client Service GmbH

Was ist die Aufgabe Ihrer Gesellschaft?

Die Ideenkapital Client Service GmbH ist die Treuhandgesellschaft des Emissionshauses Ideenkapital. Das bedeutet, wenn ein Fonds platziert wird, kümmern wir uns um die administrative Abwicklung der Zeichnungen und nach der erfolgten Platzierung kümmern wir uns während der gesamten Laufzeit von bis zu 20 Jahren um die Interessen der Investoren, die nun Gesellschafter sind. Wir überwachen die Kapitalflüsse, sichern die Instandhaltung des Investitionsobjektes, berufen die Gesellschafterversammlung im Auftrag der Komplementärin ein und vieles mehr. Wir stellen sicher, dass alle rechtlichen und wirtschaftlichen Rahmenbedingungen stimmen und dass die Fondsmittel sachgerecht eingesetzt werden. Solche Fonds haben 200, manchmal aber auch über 5.000 Investoren. Für die sind wir da.

Wie sind Sie dort hingekommen?

Ich habe hier als Assistent der Geschäftsführung angefangen, nachdem ich bei Banken schon als Aktienhändler tätig gewesen bin und als Betreuer größerer Pensionsfonds.

Wie steigt man typischerweise bei Ihnen in die Treuhand ein?

Normalerweise beginnt man hier als Anlegerbetreuer und wird dann nach zwei oder drei Jahren zum Fondsbetreuer. Als Anlegerbetreuer bearbeitet man die vielfältigen Anfragen der Gesellschafter, nimmt Zeichnungen entgegen, lädt zur Gesellschafterversammlung ein und so weiter. Jeder Fonds durchläuft einen jährlich immer wiederkehrenden Zyklus, den der Anlegerbetreuer ein paar Mal mitgemacht haben sollte, bevor er als Fondsbetreuer mehr Verantwortung übernimmt, also zum Beispiel den Kontakt zu den rechtlichen und steuerlichen Beratern des Fonds eigenverantwortlich hält oder sich um die genaue Berechnung der Ausschüttungen an die Gesellschafter kümmert.

Was machen die Konzeptionäre in einem Emissionshaus?

Ein Konzeptionär findet auf dem Markt interessante Investitionsobjekte und gießt sie in die übliche Rechtsform geschlossener Fonds, die GmbH & Co. KG. Dafür muss er Prognoserechnungen erstellen, Steuerfragen berücksichtigen, sich mit Doppelbesteuerungsabkommen auskennen und vieles mehr. Auf der rechtlichen Seite kommen Dinge wie Prospektrecht und Vertragsrecht hinzu. Konzeptionäre haben viel Kontakt zu spezialisierten Anwälten und Steuerberatern und zur Finanzaufsicht, wo die Emissionsprospekte neuer Fonds vorgelegt werden müssen. Nicht zuletzt kümmert sich der Konzeptionär auch darum, Vertriebspartner zu finden, zum Beispiel Banken.

Welche Qualifikationen braucht ein Konzeptionär?

Man braucht erfahrungsgemäß schon fünf Jahre, um allein rein fachlich ein guter Konzeptionär zu werden - viel betriebswirtschaftliches Know-how gehört unbedingt dazu. Doch das ist nicht alles, vor allem sind Konzeptionäre Kontaktmanager - die richtigen Kontakte sind ihr Kapital, denn nur über sie kommt man an die wirklich interessanten Projekte. Hinzu kommt ein Gespür für Projekte, die sich auch rechnen - ansonsten würde er viel Zeit mit zu vielen unnötigen Vorabprüfungen verschwenden, und damit natürlich auch Geld. Mancher findet über seine Kontakte und seine Informationen erst in dieses Geschäft.

5.4 Ratingagenturen

Ratingagenturen analysieren und bewerten die Qualität von Kapitalanlagen, geben ihnen Noten und machen sie für Investoren transparent und vergleichbar. Den Emittenten öffnen die Urteile der Rating Agenturen den Kapitalmarkt und den Zugang zu den Investoren. (Siehe dazu Interviews Seite 158 und 159.)

5.5 Investment Consultants

Investment Consultants sind Intermediäre zwischen institutionellen Investoren wie zum Beispiel Pensionseinrichtungen oder Stiftungen und den Kapitalanlagegesellschaften. Sie beraten die Investoren hinsichtlich der Optimierung oder Neugestaltung ihrer Kapitalanlagen, indem sie die strategische und die taktische Vermögensverteilung analysieren, und unterstützen bei der Auswahl geeigneter Fondsmanager. (Siehe dazu das Interview S. 160.)

5.6 Indexprovider

Dax, Euro Stoxx 50 oder Dow Jones Industrial gehören zu den bekanntesten Aktienindizes - doch es gibt tausende davon, aufwändig berechnet durch die Börsen oder eigens darauf spezialisierte Gesellschaften, die Indexprovider. Deren Geschäftsmodell besteht darin, mit den Indizes Lizenzerlöse zu erzielen. (Siehe dazu das Interview Seite 161.)

Interview mit Guido Bach

Guido Bach ist Director bei Fitch Ratings

Worin besteht Ihre Arbeit als Credit Analyst?

Ich bewerte als Analyst im Bereich International Public Finance die Kreditqualität von lokalen und regionalen Gebietskörperschaften, so genannten Subnationals, wie zum Beispiel Bundesländer oder Kantone, Städte und Gemeinden sowie deren Emissionen. Der Länderschwerpunkt liegt in Deutschland, Österreich und der Schweiz. Die Analyse von Ländern sowie deren Anleihen wird hingegen von Kollegen des Bereichs Sovereigns übernommen.

Wie kamen Sie zu Fitch Ratings?

Ich habe VWL studiert und über das Thema meiner Diplomarbeit „Markteffizienz von Pfandbriefen - der Fall der Jumbo-Global-Emissionen“ einen Schwerpunkt im Bereich Banken gesetzt. Im Anschluss an ein Bank-Trainee Programm führte mich meine erste Tätigkeit zur Pfandbrief Bank International nach Luxemburg, wo ich am Aufbau einer Kreditanalyseabteilung beteiligt war. Ziel war unter anderem, nicht extern geratete Emittenten mit einem internen Rating zu versehen, um deren Kreditqualität darstellen zu können. Im Anschluss war ich als Senior Credit Analyst im öffentlichen Sektor bei der Eurohypo AG und bei der Commerzbank AG tätig und nehme aktuell ähnliche Aufgaben bei der Ratingagentur Fitch wahr.

Wie sieht die Arbeit eines Ratinganalysten aus?

Zu den Hauptaufgaben gehört das Rating von Emittenten, wie beispielsweise vom Land Berlin, unter Zuhilfenahme eines Fragenkatalogs und in direkten Gesprächen mit der Finanzverwaltung. Dabei spielen unter anderem Fragen bezüglich der Haushaltsplanung, der wirtschaftlichen Entwicklung oder den Pensionsverpflichtungen eine wichtige Rolle. Anhand dieser Daten bilden wir uns eine Meinung, welche in einem Ratingkommittee diskutiert und entschieden wird. Anschließend wird der Ratingbericht inklusive der Ratingnote veröffentlicht.

Welche Qualifikationen erfordert Ihre Tätigkeit?

Als Kreditanalyst benötigt man ausgeprägte analytische Fähigkeiten und ein gutes Gefühl für Zahlen und ökonomische Zusammenhänge, da ein Großteil der Arbeit aus dem Vergleichen und Auswerten von Wirtschafts- und Haushaltsdaten besteht. Da zudem viele Recherchen durchzuführen und Informationen zu lesen und auszuwerten sind, sollte man damit vertraut sein und Spaß an dieser Art von Arbeit haben, wenn man sich für eine Laufbahn in der Analyse entscheidet.

Interview mit Christian Völxen

Christian Völxen ist Senior Rating Analyst bei Feri Rating & Research

Sie erstellen Investitionsratings. Was bedeutet das?

Ein Investitionsrating bewertet die Qualität einer Investition unter Berücksichtigung von Rendite und Risiko. Aufgrund meiner Analyse erhalten Anlageprodukte bestimmte Qualitätsnoten - in meinem Fall sind das offene und geschlossene Immobilienfonds. Untersuchungsbereiche im Rahmen der Analyse sind die Fondskonstruktion, die Managementqualität des Emittenten sowie der Investitionsgegenstand an sich, die Immobilie. Die Untersuchung der Fondskonstruktion gibt Aufschluss über die Finanzierungsstruktur oder die Maßnahmen, die zur Absicherung von Währungsrisiken ergriffen wurden. Die Analyse der Managementqualität soll die Frage beantworten, ob das Management auch in Zukunft in der Lage sein wird, das Fondsvermögen erfolgreich zu verwalten. Die Bewertung der Basiswerte, also der Immobilien, nimmt das größte Gewicht ein. Am Ende des Prozesses schreibe ich einen Rating Report, stimme die Ergebnisse mit dem Rating Komitee ab, und dann gibt es eine Note.

Immobilienkompetenz ist dabei unerlässlich?

In meinem Fall ist Immobilienkompetenz unerlässlich, denn wir werfen einen genauen Blick auf die Immobilienportfolios der zu bewertenden Fonds. Bei geschlossenen Fonds besichtigen wir das einzige oder die wenigen Objekte, bei offenen Immobilienfonds mit manchmal dutzenden von Objekten machen wir Bewertungsstichproben. Wir bewerten die Standorte, die Mikrostruktur des Umfeldes, die Objektqualität selbst, die Vermietungsstruktur und was sonst noch dazu gehört.

Welche Qualifikationen helfen Ihnen im Ratingprozess?

Investitionsratings sind das Ergebnis einer sehr analytisch geprägten Tätigkeit. Schon im Studium sollte man sich ausführlich mit Finanzmarkttheorie, Mathematik und Statistik beschäftigt haben. Begriffe wie Discounted Cashflow sollten einem nicht fremd und das Programmieren von Excel-Makros kein Problem sein. Auch ein gewisser Hang zur Genauigkeit darf nicht fehlen.

Wo liegen die Herausforderungen in Ihrem Job?

Eine Herausforderung ist die Internationalisierung. Früher haben wir uns nur auf dem deutschen Immobilienmarkt bewegt, dann kam Europa, jetzt investieren die Fonds überall in der Welt - das stellt hohe Anforderungen an unser eigenes Markt-Know-how. Die Bereitschaft, ständig informiert zu sein und alle aktuellen Studien zu kennen, gehört unbedingt dazu. Eine andere Herausforderung ist unsere unbedingte Unabhängigkeit - auch wenn wir unsere Ratings im Auftrag der Fondsgesellschaften erstellen. Unsere Prüfung ist im Ergebnis absolut offen, und wenn sich unterschiedliche Einschätzungen zu einem neuartigen Konstruktionsmerkmal oder ähnlichem ergeben, darf intern auch viel diskutiert werden. Nicht zuletzt ist meine Tätigkeit mit Reisen verbunden, auch ins Ausland, um mir einen persönlichen Eindruck von den Immobilien unserer Kunden zu machen. Das macht meine Arbeit zusätzlich interessant.

Interview mit Florian Hertlein

Florian Hertlein ist Investment Consultant bei Alpha Portfolio Advisors

Wie findet man den Einstieg bei einem Investment Consultant?

Voraussetzung ist vor allem eine hohe Affinität zum Geschehen an den Geld- und Kapitalmärkten. Formale Zugangsvoraussetzung ist in jedem Fall ein abgeschlossenes Hochschulstudium mit wirtschaftswissenschaftlicher Fachrichtung und den Schwerpunkten Finanzierung, Kapitalmärkte und Statistik. Sehr gut passt auch Wirtschaftsmathematik.

Mit welchen Aufgaben werden Einsteiger betraut?

Eine mögliche Einstiegsposition ist Consultant Managerauswahl. Er ist ins Team für die systematische Auswahl und Analyse von Asset Management Gesellschaften eingebunden. Seine Aufgabe ist es, die Investmentprozesse der Asset Manager und deren Anlageerfolg zu beurteilen. Zu diesen Prozessen gehören Research, Portfoliokonstruktion, Transaktionsmanagement und Investmentcontrolling. Dafür stehen dem Consultant unsere Managerdatenbank und weitere Analysewerkzeuge zur Verfügung.

Nach welchen Kriterien erfolgt diese Analyse?

Die Analyse umfasst eine eingehende Prüfung (Due Diligence) der Asset Manager, bei der die Portfoliostrukturen umfassend analysiert, die Anreizstrukturen im Investmentteam kritisch hinterfragt und weitere qualitative Erfolgsfaktoren diskutiert werden. Die Consultants dokumentieren und präsentieren - gemeinsam mit dem verantwortlichen Partner - diese Analysen unseren institutionellen Kunden, die auf dieser Grundlage eine Anlageentscheidung treffen. Ziel ist es, mithilfe der strukturierten Managerauswahl für unsere Kunden nachhaltige Mehrerträge im Vergleich zur relevanten Benchmark zu erzielen.

Wo liegen die besonderen Herausforderungen?

Unsere ständige Herausforderung ist es, anhand unseres Analyseprozesses nationale und internationale Asset Manager zu finden, die bestmöglich den Anforderungen unserer Kunden entsprechen und einen signifikanten Netto-Mehrertrag liefern. Das macht auch den besonderen Reiz unserer Arbeit aus.

Interview mit Dr. Markus Thomas

Dr. Markus Thomas ist Vertriebsdirektor für Mittel- und Osteuropa bei Stoxx Ltd.

Wer sind Ihre Kunden?

Neben den Fondsgesellschaften und den Zertifikateemittenten haben sich die Anbieter von ETF-Fonds, also börsengehandelten Indexfonds, als wichtige Kundengruppe etabliert. Auch Versicherungsprodukte nutzen unsere Indizes. Hinzu kommen Auftragsindizes, zum Beispiel von Großunternehmen, die anhand spezieller Indizes ihre Managervergütung bemessen.

Wo liegen die Differenzierungsmerkmale von Indizes?

Wir differenzieren uns über unsere regionale Spezialisierung auf Europa sowie auf die Aktienmärkte. Zudem stellen wir die technische Komponente unserer Dienstleistung in den Vordergrund - unsere Indizes werden im Sekundentakt aktualisiert. Bei unseren Kunden stehen wir für eine modulare und stringente Indexarchitektur: Wir berechnen neben dem Gesamtmarktindex verschiedene, diesem untergeordnete Benchmarkindizes und immer auch einen Blue-Chip-Index. Hinter jedem Index steckt eine komplizierte Formel, die wir unseren Kunden natürlich offen legen.

Worin liegt Ihre Aufgabe?

Ich betreue unsere Kunden in Deutschland, Mittel- und Osteuropa und entwickle das Geschäft in dieser Region weiter. Dazu gehört es, den Kunden unser Leistungsspektrum zu erklären und ihnen neue Indexprodukte vorzustellen. Dafür ist ein tiefes Verständnis der Finanzmärkte unverzichtbar. Auch die Methodik unserer Indizes muss ich verstehen und erklären können. Zudem habe ich, wenn es zu einem Lizenzvertrag kommt, viel mit Verträgen und Juristen zu tun.

Wo liegen die Herausforderungen Ihres Berufs?

Zum einen sind es die sehr unterschiedlichen Bedürfnisse und Anforderungen unserer Kunden, auf die ich mich einstellen muss, um erfolgreich zu sein. Ich kann nicht jedem dasselbe Konzept verkaufen - es muss passen. Eine andere Herausforderung liegt in den unterschiedlichen Geschwindigkeiten, in denen wir arbeiten. Manchmal dauert es ein Jahr, bis ein Interessent zum Kunden wird. Dieses Geduldsspiel geht einher mit Phasen unglaublichen Hochdrucks.

Was macht Ihnen Spaß am Indexgeschäft?

Vor allem die Internationalität. Ich sitze jede Woche im Flieger, bin manche Woche in drei Städten oder sogar drei Ländern. Das drückt sich auch in unserem Team aus, das sehr international aufgestellt ist und einen hohen interkulturellen Anspruch stellt.

5.7 Internationale Finanzorganisationen

Internationaler Währungsfonds

Jedes Jahr bewerben sich mehr als 1.500 Kandidaten für die rund 20 Plätze des dreijährigen „Economist Program“ (EP) beim IWF. Chancen hat, wer über ausgeprägte analytische Fähigkeiten verfügt, tiefes Wissen im Bereich Makroökonomie mitbringt und sich in Feldern wie Geldpolitik, internationale Wirtschaftsbeziehungen oder Armutsbekämpfung zuhause fühlt. Während der drei Jahre arbeiten die „Economists“ an laufenden Projekten mit, bearbeiten aber auch eigenständig zwei größere Projektarbeiten. Jedes Jahr im August beginnt die Bewerbungsfrist für das EP. Kernaufgabe des IWF ist die Stabilisierung der Wechselkurse zwischen den nationalen Währungen, um den Welthandel und internationale Finanzgeschäfte zu fördern. Dazu gehört es, Finanzkrisen zu vermeiden oder sie zu lösen, wenn welche auftreten.

Weltbank

Die Weltbank bietet Akademikern mit dem Junior Professional Associates (JPA) die Möglichkeit, für zwei Jahre die Arbeit in einer internationalen Organisation kennen zu lernen. Der Haken: Nach Ablauf der zwei Jahre wird man nicht übernommen und kann sich erst zwei Jahre später erneut vorstellen. Akzeptiert werden nur Bewerbungen von Top-Ten-Absolventen, allerdings sehr verschiedener Disziplinen: Ökonomie, Finanzwirtschaft, Gesundheitswesen, Erziehung, Sozialwissenschaften, Agrarwissenschaft, Umwelt und viele andere. Bewerber sprechen nicht nur fließend Englisch, sondern mindestens eine weitere dieser Sprachen: Französisch, Spanisch, Russisch, Arabisch, Portugiesisch oder Chinesisch. Die Weltbank ist in der Entwicklungshilfe aktiv und besteht aus der International Bank for Reconstruction and Development (IBRD) und der International Development Association (IDA). Die IBRD konzentriert sich auf kreditwürdige Entwicklungsländer mittleren Einkommens, die IDA auf die ärmsten Länder der Welt. Beide vergeben niedrig verzinsliche oder unverzinsliche Kredite sowie Spenden für Bildungs-, Gesundheits-, Infrastruktur- und viele andere Zwecke.

Bank für internationalen Zahlungsausgleich

Die Bank für Internationalen Zahlungsausgleich (BIZ) fördert die internationale Zusammenarbeit im Währungs- und Finanzbereich und dient den Zentralbanken als Bank. Sie koordiniert unter Zentralbanken und in internationalen Finanz- und Aufsichtskreisen den Austausch, dient als Zentrum für Währungs- und Wirtschaftsforschung, als erste Adresse für die Finanzgeschäfte von Zentralbanken und als Treuhänder im Zusammenhang mit internationalen Finanztransaktionen. Zu ihren wichtigsten Aufgaben gehört die Förderung der Stabilität des internationalen Finanzsystems. In der BIZ tagt zudem der „Baseler Ausschuss für Bankenaufsicht“, der die seit „Basel II“ verbindlichen Mindestanforderungen an die Eigenkapitalausstattung entwickelt hat. Gegenwärtig sind rund 550 Menschen aus 50 Ländern in der BIZ beschäftigt. Sie erbringt keine Finanzdienstleistungen für Privatpersonen, Unternehmen und Regierungen. Karriereangebote für Berufseinsteiger gibt es nicht.

Web-Links

- www.imf.org Internationaler Währungsfonds; www.worldbank.org Weltbank
- www.bis.org Bank für internationalen Zahlungsausgleich

6 TIPPS AUS DER VORSTANDSETAGE

6.1 Plan und Zufall: So läuft Karriere

Gespräch mit **Dr. Siegfried Jaschinski**, Vorstandsvorsitzender der Landesbank Baden-Württemberg

Wie haben Sie als Historiker den Weg in die Bank gefunden?

Ich hätte mir auch eine wissenschaftliche Laufbahn als Althistoriker vorstellen können. Letztlich reizte mich dann aber die Perspektive, Gegenwart und Zukunft zu gestalten. Daher habe ich parallel Betriebswirtschaftslehre studiert, was dann auch den Ausschlag gab, die Laufbahn als Banker einzuschlagen.

Wo hat der Zufall in Ihrer weiteren Karriere eine Rolle gespielt?

Es gibt sicherlich immer wieder Zufälle, welche die persönliche Karriere beeinflussen. Entscheidend ist jedoch, den eigenen Weg zielstrebig zu verfolgen und die Möglichkeiten auszuschöpfen, die Fügung und Zufall einem bieten.

Wie hilft man dem Zufall auf die Sprünge?

Man sollte sich daran orientieren, was man am besten kann und dann die Rahmendaten der beruflichen Tätigkeit prüfen.

Welche Rolle spielen Umwege in einer Karriere?

Der geradlinige Weg nach oben wird mehr und mehr zur Ausnahme. Flexibilität und die Bereitschaft, sich auf Neues einzulassen, gewinnen weiter an Bedeutung. Dementsprechend kann auch mal ein Side-Step in einen anderen Bereich der beruflichen Karriere förderlich sein. Ich denke, es ist kein grundsätzlicher Fehler, Dinge aus einem anderen Blickwinkel zu betrachten. Daher ist es sicherlich nicht von Nachteil, wenn man nicht den klassischen Weg einschlägt. Wichtig ist, dass man die jeweiligen Aufgaben mit voller Leidenschaft erfüllt.

Wie weit lässt sich Karriere überhaupt planen?

Karriere lässt sich nicht planen, sondern allenfalls der nächste berufliche Schritt. Es ist aus meiner Sicht eher kontraproduktiv, wenn man sich zu sehr mit der beruflichen Zukunft beschäftigt, anstatt sich mit der aktuellen Aufgabe zu identifizieren.

Was bringt der Vorsatz „Ich werde Vorstand“ zu Beginn einer Karriere

Das ist ganz sicher nicht der richtige Weg, um beruflich an die Spitze zu kommen. Wer sich darauf versteift, verliert nicht nur die gegenwärtigen Aufgaben aus den Augen, sondern auch die Wertschätzung für die kleineren Erfolge.

Wann kann es sinnvoll sein, einen Karriereschritt abzulehnen?

Wenn der Aufstieg mit Aufgaben und Rahmenbedingungen verbunden ist, die nicht zu einem passen. Dann bleiben Erfolg und Freude auf der Strecke und der vermeintliche Karriereschritt wird zur Sackgasse. Vorsicht ist auch geboten, wenn man das Gefühl hat, die aktuellen Aufgaben noch nicht hinreichend erledigt zu haben. Ausdauer kann sich im Beruf durchaus auszahlen.

Die Karriere stockt – wie kommt sie wieder ins Laufen?

Wenn man seine beruflichen Fähigkeiten nicht ausreichend einsetzen kann, sollte man sich überlegen, an welcher Stelle dies besser der Fall sein könnte, und entsprechend Initiative ergreifen. Dabei muss man auch mal den Mut haben, in ein anderes Tätigkeitsfeld zu wechseln, wenn das alte keine Perspektiven mehr bietet. Der Mensch wächst bekanntlich mit seinen Aufgaben.

Fachwissen und Können spielen eine untergeordnete Rolle auf dem Weg nach oben – Mythos oder Wahrheit?

Fachwissen ist sicherlich die Grundlage für den beruflichen Erfolg. Allerdings zeichnen sich gute Führungskräfte noch durch andere Qualitäten aus, etwa Kommunikationsfähigkeit, soziale Kompetenz und die Fähigkeit, Verantwortung zu delegieren. Insofern ist beides wichtig, Fachwissen und Soft-Skills. Die jeweilige Gewichtung hängt natürlich vom Aufgabengebiet ab.

Wie schnell darf eine Karriere vorangehen – gibt es ein „zu schnell“?

Wie gesagt, ist auch Kontinuität ein wichtiges Merkmal von Führungskräften. Da kann „Job Hopping“ im Lebenslauf negativ auffallen. Man muss die Balance finden zwischen Durchhaltevermögen und Veränderungsbereitschaft.

Welche Rolle haben andere Menschen in Ihrer Karriere gespielt?

Es hat auch bei mir Menschen gegeben, die Einfluss auf meine berufliche Laufbahn hatten. Dazu zählt beispielsweise meine Frau, auf deren Urteil ich großen Wert lege.

Wie einsam ist es wirklich an der Spitze?

Wenn man ein guter Team-Player ist – und das sollte man als Vorstandsvorsitzender meiner Ansicht nach sein – dann ist man auch an der Spitze nicht einsam. Allerdings bildet man in dieser Funktion eine Art letzte Instanz. Da bleibt es nicht aus, dass man mitunter am Ende wichtige Entscheidungen selbst zu treffen hat und diese dann auch vertreten muss.

VORSTANDSPORTRÄT

Dr. Siegfried Jaschinski, Jahrgang 1954, hat in Düsseldorf Geschichte und Philosophie studiert, in Geschichte promoviert und zudem den Abschluss Diplom-Kaufmann in Köln erworben. Seinen Einstieg in die Bankenwelt fand er nach dem Studium bei der Privatbank Trinkaus & Burkhardt in Düsseldorf in den Bereichen Controlling und Investment Banking. Er wechselte ins Investment Banking der Deutschen Bank und betreute dort europäische Unternehmen im Zins- und Währungsmanagement, bevor er für den Bereich Bonds Sales als Direktor globale Verantwortung übernahm. In seine erste Vorstandsposition kam er 1994 bei der Südwestdeutschen Landesbank Girozentrale (SüdwestLB), die 1999 zusammen mit der Landesgirokasse und einem Teil der Landeskreditbank Baden-Württemberg zur Landesbank Baden-Württemberg (LBBW) fusioniert ist. Vom stellvertretenden Vorstandsvorsitz 2004 ist er ein Jahr später zum Vorsitzenden des Vorstands berufen worden.

6.2 Vom Auf und Ab in der Karriere

Gespräch mit **Franz-Josef Müller**, Vorstandsmitglied der Wiesbadener Gries & Heissel Bankiers

Nicht immer läuft es, wie man es sich wünscht – auch die Karriere nicht. An welchem Punkt in Ihrer langjährigen Laufbahn mussten Sie sich durchbeißen?

Solche Situationen gibt es immer wieder, aber sehr gut erinnere ich mich an eine erfolglose Bewerbung – für eine Position, die ich eigentlich schon in der Tasche hatte. Ich hatte mit meinem potenziellen neuen Arbeitgeber bereits mehrere Gespräche geführt und die meisten Details geklärt und dann kam überraschend die Absage.

Wie haben Sie darauf reagiert?

Das war für mich eine Riesenenttäuschung, denn ich hatte mich im Vorfeld sehr intensiv mit dem Unternehmen auseinandergesetzt und mir viele Gedanken gemacht, wie ich die neue Stelle anpacke und was meine ersten Taten sein werden.

Welche Eigenschaften haben Ihnen geholfen, weiterzumachen?

Selbstvertrauen, Ehrgeiz und auch Optimismus, frei nach dem Motto: „Wer weiß, wofür es gut war".

Wo haben Sie darüber hinaus Unterstützung gefunden?

In der Familie, die in solchen Situationen immer ein großer Rückhalt ist, und bei meinem Mentor, ich erinnere mich an einen langen gemeinsamen Spaziergang.

Was hätten Sie ohne diese Zeit verpasst zu lernen?

Ich habe aus dieser Erfahrung etwas ganz Wichtiges gelernt: Dass man immer wieder versuchen sollte, die Dinge aus verschiedenen Blickwinkeln zu sehen. Denn aus einer anderen Perspektive entdeckt man mitunter auch ganz neue Möglichkeiten. So war es auch hier.

Wie haben die Schwierigkeiten Ihren weiteren Karriereweg beeinflusst?

Im Nachhinein hat mich dieses Erlebnis ein gutes Stück weitergebracht. Denn nachdem ich es mit etwas Abstand betrachtet hatte und mich auch in Gesprächen mit Menschen, die mir wichtig sind, grundsätzlich damit auseinander gesetzt und viel Feedback eingeholt hatte, bekam ich Lust, etwas Neues zu probieren und an meiner persönlichen Entwicklung zu arbeiten. Die Grundlage dafür waren verschiedene Coaching-Maßnahmen. Diese waren aber nicht nur für meine Entwicklung sehr wertvoll, sondern das Dazulernen hat auch sehr viel Spaß gemacht.

Wenn Sie die Karrierewege von Mitarbeitern und Kollegen beobachten – welche Rolle spielt das „Durchbeißen Können" in Karrieren generell?

Zu irgendeinem Zeitpunkt ist es immer notwendig, sich durchzubeißen, sei es im Kollegenkreis, gegenüber Vorgesetzten oder gegenüber Geschäftspartnern. Das gehört in jedem Fall dazu und ist eine wichtige Eigenschaft, die man haben muss, wenn man eine Karriere anstrebt. Denn Widerstände müssen im Berufsleben immer wieder überwunden werden. Dabei sind natürlich auch Überzeugungskraft und diplomatisches Geschick notwendig.

Was würden Sie Menschen empfehlen, deren Karriere zu stagnieren droht?

Zuerst sollten sie überprüfen, ob dies wirklich so ist oder sie es vielleicht nur so empfinden. Wichtig ist es, immer wieder in sich hineinzuhören, was man wirklich machen möchte. Ist es die Führungsposition oder doch eher eine Fachlaufbahn? Wenn diese Entscheidung getroffen ist, empfehle ich, aktiv zu werden und etwas Neues anzugehen. Das kann eine Aus- oder Weiterbildung sein, eine neue Aufgabe im Unternehmen, ein interessantes Projekt oder auch der Wechsel des Arbeitgebers.

Was sind die besonderen Herausforderungen zu Karrierebeginn?

Die vielen Meinungen, die auf einen einströmen, zu verarbeiten und den für sich richtigen Weg zu finden. Ich habe die Erfahrung gemacht, dass es sicherlich gut gemeinte Ratschläge und Tipps von vielen Seiten gibt, die leider oft auch widersprüchlich sind.

Wann hat man „es geschafft"?

Das ist Definitionssache, es gibt immer wieder neue Aufgaben und neue Herausforderungen. Die Welt ist ständig in Bewegung, nichts ist so beständig wie der Wandel. Ich denke, wer aufhört, sich für neue Dinge zu interessieren und sich zu entwickeln, wird nicht weiter nach vorne kommen oder auch nur mühsam das Erreichte halten können.

VORSTANDSPORTRÄT

Franz-Josef Müller, Jahrgang 1967, ist seit Januar 2007 Mitglied des Vorstands der Gries & Heissel Bankiers AG. Innerhalb des Vorstands ist er für Private Banking und Vertrieb, Marketing, PR und Produktmanagement sowie rechtliche Belange und Steuerfragen verantwortlich. Der gebürtige Saarländer blickt auf rund 20 Jahre Erfahrung im Bankensektor zurück. Seine Ausbildung absolvierte er bei der Bank 1 Saar, wo er anschließend als Vermögensberater und Firmenkundenbetreuer tätig war. Berufsbegleitend studierte er an der Fernuniversität Hagen Wirtschaftswissenschaften mit den Schwerpunkten Bank- und Börsenwesen. 1995 wechselte er als Anlageberater zum Bankhaus M. M. Warburg in Luxemburg und übernahm 1997 bei der Hypovereinsbank die Leitung des Wertpapierbereichs in Saarbrücken. Nach drei Jahren wurde ihm die Gesamtverantwortung für das Private Banking und das Wertpapiergeschäft der Hypovereinsbank Tschechien übertragen. 2002 wechselte er als Niederlassungsleiter für Südhessen, Rheinland-Pfalz und das Saarland nach Wiesbaden zu Credit Suisse. Seit Mai 2004 ist Franz-Josef Müller Mitglied der Geschäftsleitung der Gries & Heissel Bankiers AG.

6.3 Zwischen Anpassung und Individualität

Gespräch mit **Karl Matthäus Schmidt**, Sprecher des Vorstands der Quirin Bank

Krawatte als Symbol der Angepasstheit. Sie selbst zeigen sich im Gegensatz zu den meisten anderen Bankern gern auch mal ohne. Was sagt der Dresscode in Banken über Banker aus?

Vielleicht überrascht Sie diese Antwort, aber ich glaube, der Dresscode in Banken erfüllt eine wichtige Funktion: Er schafft Vertrauen und bringt vor allem Wertschätzung gegenüber den Kunden zum Ausdruck. Ich halte dies für einen nicht zu unterschätzenden Faktor beim Aufbau guter und dauerhafter Kundenbeziehungen. Natürlich sind Kleider nicht alles und es ist auch mal erlaubt, leger aufzutreten. Aber in unseren Außenkontakten legen wir großen Wert auf ein tadelloses Erscheinungsbild unserer Berater.

Wo noch ist Anpassung unumgänglich?

Den äußeren Rahmen, in den jede Bank eingebunden ist, bildet eine Vielzahl von regulatorischen Bestimmungen und Compliance-Anforderungen, die für jedes Mitglied einer Bank einzuhalten sind. Daneben gibt es die inneren Regeln einer Organisation, wie spezifische Qualitätsanforderungen, Arbeitszeiten und Erreichbarkeit, Verhaltenscodizes gegenüber Kunden und Kollegen und – last but not least – die besondere Unternehmenskultur eines Hauses, die sich in bestimmten Umgangsformen ausdrückt, also die ungeschriebenen

Regeln. Wer neu in eine Organisation kommt, sollte möglichst rasch versuchen, sich durch kluge Fragen und viel Zuhören mit den Gepflogenheiten vertraut zu machen.

Wo können Querdenker in der Bank ihre Talente am besten entfalten?

Querdenker können grundsätzlich in jedem Bereich einer Bank ihre Fähigkeiten zur Entfaltung bringen. Ob in der Kundenberatung, im Bankbetrieb oder in Stabsfunktionen. Innovative Ideen sind überall gefragt, um die Organisation voranzubringen und hier sind der Fantasie keine Grenzen gesetzt. Sicher sollte man sich als Bewerber fragen, ob es eher die Auseinandersetzung mit Menschen oder die Beschäftigung mit Prozessen und Strukturen ist, die am meisten Freude machen und damit zur persönlichen Zufriedenheit im Job beitragen.

Wie weit darf die Individualität in einer Bank gehen?

Individualität ist überall dort möglich, wo eine hohe Qualität eingehalten und der Erfolg der Organisation erhöht wird. Innerhalb dieses Rahmens ist bei uns viel Bewegungsfreiheit und Entfaltungsmöglichkeit für eigene Talente vorhanden.

Wie kann Individualität die Karriere fördern?

Das ganze Geschäftsmodell unserer Bank setzt auf Individualität auf, denn bei der Quirin Bank steht die persönliche Beratung im Vordergrund. Jeder Berater ist anders und jeder Kunde ist einzigartig – wir fördern diese Individualität sehr bewusst, denn sie ist Teil unseres Erfolgskonzepts. Wenn Individualität mit professioneller Beratung und Erfolgsdenken verbunden ist, dann ist das einer Karriere bei uns sehr förderlich.

Welche Persönlichkeitsmerkmale erwarten Sie noch?

In unserer Bank kommen Menschen weiter, die ehrlich, transparent und fair beraten wollen, unabhängig von Provisionsinteressen. Berater, die sich mit der Idee einer Customer Advocate Bank identifizieren, die sich dafür begeistern, Anwalt und Fürsprecher ihrer Kunden zu sein. Darüber hinaus sind Unternehmertum und Engagement gefragt. Dazu gehört, seinen Erfolg auch ein Stück weit selbst bestimmen wollen. Wenn dann noch eine überzeugende Persönlichkeit mit hoher Sozialkompetenz hinzukommt, steht einer interessanten Karriere in unserem Hause nichts mehr im Wege.

Worauf sollten Bewerber bei einer Bank achten, wenn sie Wert darauf legen, ihr kreatives Potenzial entfalten zu können?

Sie sollten darauf achten, ob ihnen die Bank genügend Freiraum zur Verwirklichung ihres Potenzials lässt, oder ob sie in eine Verkaufsmaschinerie geraten, bei der einzig die Erreichung von Vertriebszielen und nicht die Qualität der Beratung im Vordergrund steht – das wäre eine gute Frage im Vorstellungsgespräch. In einer Bank, bei der die persönliche Beratung im Mittelpunkt steht, ist jedes Kundengespräch eine neue Herausforderung. Jeder Kunde ist anders und dementsprechend braucht es viel Fingerspitzengefühl, Einfühlungsvermögen, und Ideenreichtum, um gemeinsam mit dem Kunden Lösungen zu erarbeiten, die für ihn und seine persönliche Finanz- und Lebenssituation am besten sind.

Warum mussten Sie erst eine eigene Bank gründen, um Ihre Ideen zu verwirklichen?

Für mich war es der einzig mögliche Weg. Ich glaube nicht, dass ich in einem klassischen Banksystem, in dem ganz bestimmte Spielregeln herrschen, mit einem völlig neuen Geschäftsmodell Erfolg gehabt hätte. Ein Geschäftsmodell, wie das der Quirin Bank, das auf völlige Kostentransparenz und Unabhängigkeit in der Beratung setzt, lässt sich mit dem provisionsgesteuerten Vertrieb vieler Banken nicht vereinbaren. Und wenn man, so wie manche Banken, einen eigenen Geschäftsbereich daraus macht, dann ist das meist ein halbherziger Versuch, der im Sande verläuft. Da bin ich so konsequent gewesen, selbst das unternehmerische Risiko zu tragen, indem ich ein eigenes Finanzinstitut gegründet habe. Als Unternehmer muss man den Mut haben, mit einer völlig neuen Idee in den Markt zu gehen; man muss den Markt sogar manchmal selbst erfinden.

VORSTANDSPORTRÄT

Karl Matthäus Schmidt, Jahrgang 1969, ist in der Finanzbranche kein Unbekannter mehr, seit er 1994 mit 25 Jahren Deutschlands jüngster Vorstandsvorsitzender wurde. Im April 2002 wurde Consors an die französische BNP Paribas verkauft und fusionierte gemeinsam mit der BNP-Tochter Cortal zur Cortal-Consors. Bis Mitte 2003 war Schmidt als Vize-Vorstandsvorsitzender der CortalConsors zuständig für die Bereiche Unternehmensentwicklung Deutschland und Internationales Brokering, anschließend übernahm er bis Ende Februar 2006 den stellvertretenden Verwaltungsratsvorsitz der Group Cortal Consors S. A., Paris. Im Sommer 2005 wurde Schmidt zum Sprecher des Vorstands der Berliner CCB Bank AG berufen. Dort entwickelte er innovative Konzepte für das Privatkundengeschäft des neu formierten Geldhauses, das nun unter dem Namen Quirin Bank AG firmiert.

6.4 Eine Woche im Kalender

... von **Dr. Wolfgang Kuhn**, Sprecher des Vorstandes der Südwestbank

Montag	
08:00-09:00	Termin beim Notar – ein Mitarbeiter hat Prokura erhalten, diese wird nun ins Handelsregister eingetragen
09:00-09:30	Telefongespräch mit einem Firmenkunden
10:00-11:00	Abstimmung mit Marketing wegen der Eröffnung der neuen Filiale in Offenburg
11:00-12:00	Interview mit dem IHK Magazin „Wirtschaft/Haus und Grund“. Thema: Immobilie aus einer Hand
12:00-13:00	Wie jede Woche um diese Zeit – Jour Fixe Personal. Heute unter anderem: Besetzung diverser Vakanzen
13:00-14:00	Erfahrungsaustausch mit dem Vorstand einer anderen Bank
14:00-15:30	Lunch mit einem Firmenkunden und dem Aufsichtsratvorsitzenden der Südwestbank
15:30-16:30	Beiratssitzung beim Versicherungsmakler Dr. Ellwanger und Kramm
16:30-18:30	Fahrt nach Ravensburg
18:30-20:30	Ravensburg: Betriebsversammlung im Marktbereich Süd
Dienstag	
09:00-13:00	Kredit- und Vorstandssitzung, anschließend Kredit- und Risikokommission sowie Strategiebesprechung
13:00-14:30	Lunch mit einem Kollegen der LBBW Immobilien (Marktbeobachtung)
14:30-16:00	Schnittstellengespräch zwischen IT und Marketing aufgrund der durchgeführten Mitarbeiterbefragung
16:00-17:00	Wie jeden Dienstag um diese Zeit – Jour Fixe Asset Management. Heute: Positionierung der Bank im derzeit schwierigen Marktumfeld.
17:00-18:00	Besprechung Kundenreklamation
19:00-20:30	Jazz Open Chicago-Konzert mit Ehefrau und einem Kundenehepaar
Mittwoch	
08:00-09:00	Telefoninterview mit der Stuttgarter Zeitung. Thema: Die Bank als Arbeitgeber in der Region
09:00-10:00	Wie jeden Mittwoch um diese Zeit: Jour Fixe mit dem Bereichsleiter Handel/Treasury
10:30-12:00	Neukundenakquisition/Betriebsbesichtigung
12:00-13:30	Lunch mit dem geschäftsführenden Gesellschafter eines Unternehmens, das geschlossene Immobilienfonds vertreibt
13:30-15:00	Vortrag in der Neuen Messe Stuttgart vor dem Mittelstandsforum Baden-Württemberg, Thema „Unternehmenswachstum – Finanzierung und Absicherung“
15:00-17:00	Vorbereitung von Vorlesungen an der Uni Leipzig am Donnerstag. Themen: Bankenmarketing, Bank und Organisation
17:00-18:00	Der Bereichsleiter Firmenkunden berichtet über die Entwicklung des Geschäftsbereiches

18:00-19:30	Vorstand des Vertriebspartners R+V Versicherung zu Gast. Besprechung einer neuen Produktkooperation.
19:30-20:30	Kundentermin in Stuttgart
20:30	Audi Event im Fernsehturm Stuttgart
Donnerstag	
08:00-10:00	Flug nach Leipzig
10:00-14:00	Vorlesung Uni Leipzig.
14:00-16:00	Rückflug nach Stuttgart
17:00-19:00	Mitgliederversammlung an der Uni Hohenheim
19:00-21:00	Privat: Theateraufführung des Sohnes
Freitag	
08:00-09:30	Tennis mit einem Kunden im Tennisclub Waldau
10:00-11:00	Besprechung „Kundendokumentation MiFID" - Haben sich die Maßnahmen der Bank bewährt? Wie reagieren die Kunden?
11:00-12:00	Besprechung mit dem Bereichsleiter Handel/Treasury über die Auflegung eines Spezialfonds
12:00-13:30	Lunch: 70. Geburtstag eines in der Politik aktiven Kunden
14:00-15:30	Mitgliederversammlung Landesbauernverband
17:00-18:30	Besprechung Private Banking: Entwicklung/Performance unseres Dachfonds Südwestbank-InterSelect-Union
19:00-20:30	Dinner: Akquise eines neuen Firmenkunden

VORSTANDSPORTRÄT

Dr. Wolfgang Kuhn, Jahrgang 1956, zog es nach seinem Studium der Betriebswirtschaftslehre an der Universität Erlangen-Nürnberg und der Business School, University of Washington in Seattle, ins Bankfach. Nach seiner Promotion arbeitete er zunächst als Vorstandsassistent bei der Stuttgarter Bank AG und danach knapp zehn Jahre im Vorstand sowie als Vorstandssprecher der Bankhaus Bauer AG. Seit Juni 2006 ist Dr. Kuhn Mitglied des Vorstands der Südwestbank in Stuttgart und verantwortet hier die Bereiche Privatkunden, Asset Management sowie Handel/Treasury. Nach nur zwei Jahren wurde er zum Sprecher des Vorstandes ernannt und betreut seitdem zusätzlich die Bereiche Firmenkunden/Corporate Finance, Personal und Recht sowie Marketing und neue Medien.

7 SO MACHEN SIE KARRIERE

Wenn Sie sich für eine Karriere in der Bankenwelt interessieren, dann wird Sie wahrscheinlich die gesamte betriebswirtschaftliche Analytik faszinieren. Ökonomisches Handeln und der Erfolg von Ideen, Unternehmen und Personen werden für Sie genau so spannend sein wie die Entwicklung der Aktien- und Finanzmärkte. Sie sind vertraut mit der Rolle der Banken im Kontext nationaler und internationaler Märkte und Sie haben sich längst mit den Dienstleistungen und Produkten der Banken intensiv auseinander gesetzt.

Wenn Sie im Studium - über Ihre Faszination für das Bankgeschäft hinaus - schon die richtigen Grundlagen für Ihr fachliches Wissen angelegt haben oder wenn Sie im Rahmen einer Bankausbildung, von Praktika und von studienbegleitenden Bankjobs schon erste praktische Erfahrungen gesammelt haben, dann empfehlen wir Ihnen, dieses Kapitel besonders aufmerksam zu lesen.

7.1 Lebenslauf mit Wirkung

Im Lebenslauf und im Vorstellungsgespräch geht es nur um eines: den künftigen Vorgesetzen davon zu überzeugen, dass man die Aufgaben, die er gelöst haben möchte, beherrscht - und zwar profitabel. Viel zu oft wird die Chance, die der Lebenslauf dafür bietet, schlicht vertan.

Kompakt

- Keine falsche Bescheidenheit - finden Sie heraus, was Sie können, und schreiben Sie, was der Leser des Lebenslaufes davon für einen Nutzen haben könnte.
- Wer die Herausforderung bei einem Arbeitgeber mit guten Karriereperspektiven anpeilt, sollte von sich selbst, seinen Kenntnissen und seinen Werten durch und durch überzeugt sein.
- Ein guter Lebenslauf liefert zwangsläufig die Regieanweisung für ein gelungenes Interview.

Komplett

Fällt es Ihnen leicht, Ihren Lebenslauf zu schreiben und etwas über sich selbst zu erzählen? Wenn ja, können Sie sich beglückwünschen. Allerdings gehören Sie dann zu einer beneidenswerten Minderheit. Denn den meisten Menschen fällt es immer noch sehr schwer, sich selbst ins rechte Licht zu rücken. Viele Menschen haben Probleme damit, sich in ihrem Lebenslauf positiv darzustellen und bleiben lieber oberflächlich, zurückhaltend und bescheiden. Oft liegt das daran, dass sie selbst nicht klar erkennen oder anerkennen, welchen Anteil sie mit ihrer Leistung an bestimmten Erfolgen haben. Sie entwickeln keinen Stolz auf das, was sie geleistet haben, sondern schreiben es glücklichen Umständen oder Zufällen zu, dass sie so weit gekommen sind. Dass Erfolge in ihrer Arbeit und ihren Qualitäten begründet liegen, trauen sie sich kaum einzugestehen. Manchmal ist es ihnen auch systematisch abtrainiert worden.

Wenn Sie sich in einer Unterhaltung spontan einer anderen Person mit Ihrem Leben vorstellen müssen, dann passiert manchmal etwas Besonderes: Aus dem Stegreif erzählen Sie eine spannende und unterhaltsame Geschichte. Die Stegreifrede ist die höchste Stufe der Rhetorik, weil sie ohne jede Vorbereitung, aus dem Augenblick heraus gehalten werden muss. Entscheidend ist, dass Sie, sobald Sie das Wort ergreifen, möglichst schnell einen Redeeinstieg finden. So findet Ihr Körper gar keine Zeit, Adrenalin zu produzieren, das bei längerem Überlegen zur Blockade im Gehirn führt. Sobald Sie dann einmal am Reden sind, werden Sie merken, wie Ihnen die Ideen und Einfälle nur so zufliegen.

1805 schrieb Heinrich von Kleist über dieses Phänomen einen bis heute viel beachteten Essay mit dem Titel „Über die allmähliche Verfertigung der Gedanken beim Reden“. Seine These: Beim Sprechen kommen uns die Gedanken automatisch, so wie der Appetit beim Essen. Wenn wir mit dem Aussprechen des Gedankens „nur dreist den Anfang machen“, so der Dichter, präge unser Gemüt im Alleingang die vorher noch „verworrenen Vorstellungen zur völligen Deutlichkeit aus“. Der einmal angefangene Satz will zu Ende gesprochen werden. Ohne die Eigendynamik der Sprache kämen die Gedanken gar nicht auf Trab. Und so manch großer Redner habe „in dem Augenblick, da er den Mund aufmachte“ noch nicht gewusst, was er kurz darauf sagen würde.

Mit diesem Seitenblick auf das Reden wird dem Schreiber eines Lebenslaufes hoffentlich deutlich, wie eintönig, farblos und fade die Standardversion vieler Lebensläufe ist. Wer auch immer die nächste größere Herausforderung bei einem anderen Arbeitgeber anpeilt, sollte von sich selbst, seinen Kenntnissen und seinen Werten durch und durch überzeugt sein. Keine falsche Bescheidenheit – finden Sie heraus, was Sie können, und schreiben Sie, was der Leser des Lebenslaufes davon für einen Nutzen haben könnte. Das Schreiben ist dem Reden zwar sehr verwandt, weist aber einen signifikanten Unterschied auf: die Löschtaste. Gesagt ist gesagt, Geschriebenes kann korrigiert werden, bevor es verschickt wird.

Was Unternehmen und Kandidaten klicken lässt, ist das Versprechen einer profitablen Arbeitsbeziehung. Es gibt nur eine Regel für einen wirklich wirksamen Lebenslauf: Sie müssen der Führungskraft, für die Sie arbeiten möchten, beweisen, dass Sie die Aufgabe, die sie getan haben möchte, beherrschen - und zwar profitabel beherrschen. Dies ist die wichtigste Regel, die ein Headhunter beachtet, wenn er einen Kandidaten für ein Interview vorbereitet.

Dabei wird deutlich, dass ein guter Lebenslauf zwangsläufig die Regieanweisung für ein gelungenes Interview liefert. Gehen Sie niemals in ein Interview ohne die Absicht und die Gewissheit, es zu kontrollieren. Der Manager, der Sie interviewt, möchte nur eins von Ihnen: Er möchte, dass Sie sein Problem lösen. Um dies zu tun, müssen Sie das Interview und damit das Problem kontrollieren. Das können Sie jedoch nicht, wenn Sie (oft belanglose) Fragen beantworten. Das können Sie nur, wenn Sie Ihre Kompetenz und Ihren Willen zeigen, das Problem zu lösen.

Achten Sie dabei auf Glaubwürdigkeit. Wer andere von den eigenen Fähigkeiten überzeugen möchte, ist schnell geneigt, in eine bestimmte Rolle zu schlüpfen, um der Umwelt die verlangten Eigenschaften vorzuspielen. Das gelingt mal mehr, mal weniger gut. Doch kann niemand wirklich glaubhaft über lange Zeit hinweg eine bestimmte Rolle einnehmen, wenn diese eine dauerhafte Verbiegung der eigenen Person abverlangt. Zumindest kostet ein solches Theater extrem viel Kraft; Energie, die dann an anderer Stelle wieder fehlt - was nicht selten wiederum durch Vortäuschung falscher Tatsachen übertüncht wird.

Der Erwartungsdruck im Beruf ist immer hoch, und natürlich ist man bestrebt, es den anderen recht zu machen, um damit die eigenen Ziele zu erreichen. Gute Selbstdarstellung setzt auf Kontinuität und auf Menschen, die Profil zeigen, die auch bei Gegenwind noch standhaft und sich selbst treu bleiben. Letztendlich sind es doch immer die starken Charaktere, die sich durchsetzen und nicht diejenigen, die ihr Fähnchen nach dem Wind hängen. Es macht eben doch einen Unterschied, ob jemand tatsächlich überzeugt und begeistert ist und an sich glaubt oder ob da mehr Schein als Sein ist. Das Vertrauen in eine Person wächst mit ihrer Authentizität, während mangelnde Echtheit immer Zweifel weckt und Misstrauen schürt. Und spätestens was eine positive Ausstrahlung angeht, ist die authentische Person der unechten weit überlegen. Alles Gekünstelte, Affektierte, Gewollte und Erzwungene ist mit einer durchweg positiven Ausstrahlungskraft nicht vereinbar.

Web-Link www.visualcv.com
Auf den Schreibtischen der Personalabteilungen stapeln sich Berge von Langeweile, Irrelevanz, Kraftlosigkeit und Uninspiriertheit. Hier liegt Ihre Chance. Erstellen Sie mit Ihrem perfekten Lebenslauf die Eintrittskarte für Ihre Karriere.

7.2 Führungs- oder Fachkarriere – Wägen Sie ab

Für den Karriereeinsteiger ist die übliche Interviewfrage, ob eine Fach- oder Führungskarriere angestrebt wird, eigentlich irrelevant. Einerseits sind Führungskarrieren ohne passende Fachkompetenz nicht möglich. Andererseits werden Führungskarrieren nur für diejenigen geöffnet, die gezeigt und bewiesen haben, dass sie mit anderen auskommen und dass sie es verstehen, die Anerkennung der anderen zu bekommen.

Ohnehin: Die Informationstransparenz des Internets und die täglich zu erlebende Beschleunigung fast aller Entscheidungssachverhalte wirtschaftlichen Handelns beeinflusst auch diese Gretchenfrage der Karriereplanung.

Die Bankenwelt ist zu komplex geworden und sie ändert sich zu schnell, um für jeden Teilaspekt der Wertschöpfung eine teure hierarchische Führungsstruktur bereit zu halten. Interne Projektteams und flexible Personalstrukturen stehen mittlerweile fast gleichwertig neben den externen Anbietern von interimistischen Mitarbeitern und den großen Beratungsfirmen mit ihren Hundertschaften an hervorragend ausgebildeten Beratern.

Das Paradigma fordert: Structure follows Strategy.

Die Zeiten, in denen der Banktitel eines Mitarbeiters zweifelsfrei darüber Auskunft geben konnte, ob es sich um einen wichtigen oder gar bedeutenden Manager handelt, sind längst vorbei. Die zu beobachtende Inflation der angloamerikanisch geprägten Operettentitel: Head of ..., Manager of..., Sales Leader of ..., Sector Analyst for ... erledigt den Rest.

Es ist im Kontext dieser Entwicklung nicht weiter erstaunlich, dass in einer modernen Bankorganisation zwischen den Senior-Indianern und den Junior-Häuptlingen signifikante Karriereunterschiede fehlen.

7.3 Die ersten hundert Tage

Bevor Sie diesen Verhaltenskodex für die ersten hundert Tage bei einem neuen Arbeitgeber studieren, sollten Sie wissen: Aktuell umfasst das durchschnittliche 35-jährige Berufsleben eines 60-Jährigen etwa sechs verschiedene Jobs. Das durchschnittliche zehnjährige Berufsleben eines 35-Jährigen umfasst bereits vier verschiedene Jobs. Wenn diese Tendenz anhält, dann wird der heute 25-Jährige nach 45 jähriger Berufstätigkeit auf zehn bis 15 unterschiedliche Jobs zurückblicken können. Also insgesamt eine Menge Möglichkeiten, in den ersten hundert Tagen einen guten Eindruck zu hinterlassen.

Wie nun hinterlassen Sie in den ersten hundert Tagen einen bleibenden Eindruck?

- **Bereiten Sie sich exzellent vor!**

  Ja, es gibt sie, die dummen Fragen. Vermeiden Sie es, sich dort unwissend zu zeigen, wo ein Blick in öffentliche Quellen genügt hätte. Wer im Zeitalter des Internets die wesentlichen Produkte und Leistungsversprechen des neuen Arbeitgebers nicht kennt, wer die Meinung der Öffentlichkeit nicht analysiert, wer die Schlüsselpersonen nicht gegoogelt hat, der hinterlässt keinen Eindruck.

- **Schalten Sie auf Empfang!**

  Zuhören, Informationen sammeln, bewerten und speichern ist Gold in den ersten hundert Tagen. Sturm und Drang können Sie später entfalten - noch wissen Sie nicht, wohin Sie treten könnten. Der Gebrauch der Ohren ist für die ersten hundert Tage außerordentlich zu empfehlen. Nehmen Sie auf, lernen Sie kennen, finden Sie heraus!

- **Managen Sie die Erwartungen!**

  Entweder Sie übererfüllen die an Sie gestellten Erwartungen ab dem ersten Tag, oder Sie verhandeln die Erwartungen vorab herunter. Im ersten Fall werden die Herausforderungen schnell wachsen, und Sie mit ihnen. Im zweiten Fall droht Stagnation, bevor Sie überhaupt richtig angefangen haben.

- **Finden Sie Ihren Karriere-Mentor!**

  Eine sehr wichtige Person, in der Hierarchie irgendwo ganz oben, ist der wichtigste Schlüssel zu einer hervorragenden Karriere. Finden Sie diesen Mentor und überzeugen Sie ihn. Nutzen Sie dafür jede Gelegenheit - eine Projektarbeit, eine Betriebsversammlung, die Kantine ... Wer nicht in der Lage ist, einen solchen Kontakt zu etablieren, wird es ohnehin schwerer haben.

- **Handeln Sie mit einem festen Plan!**

  Wenn Sie nicht wissen, wo Sie hin wollen, werden Sie auch nirgends ankommen. Definieren Sie Ihre nächsten Ziele und vergessen Sie nicht, strategisch zu denken. Manchmal müssen Pläne revidiert werden - doch dafür muss es überhaupt erst einen Plan geben.

- **Kommunizieren Sie mit einer klaren Absicht!**

  Sie wollen sich integrieren und mit anderen auskommen. Sie verhalten sich regelkonform und emotionsneutral. Aber in Ihrem Verhalten wird immer deutlich, dass Sie Ambitionen haben.

- **Stellen Sie sicher, dass Sie als besonnen wahrgenommen werden!**

  Besonnenheit ist der stärkste Indikator für Führungskompetenz. Strahlen Sie Souveränität aus - immer.

Wenn Sie wirklich Karriere wollen, strahlen Sie Karriere aus - vom ersten Tag an. Mehr dazu im Karriere-Kodex in Kapitel 8.

7.4 Karrierebremsen

Erfolg will jeder, und bitte viel davon! Fragt sich nur, wie man dazu kommt ... Der nach Erfolg Suchende weiß bereits intuitiv, dass persönliche Anstrengung irgendwie dazugehört. Aber was heißt das?

Kompakt

- Wer meint, das aktuelle Projekt vor Augen braucht mehr Aufmerksamkeit als Karriereziele in der Zukunft, liegt falsch. Er unterliegt der Zeitillusion.
- Wer sich allzu leicht ablenken lässt von notwendiger Selbstreflexion und strategischen Gedankengängen, hat die Nachdenkbremse angezogen.
- Wer überzeugt ist, strategisch zu handeln, sich aber im Operativen verliert, steckt in der Selbstwahrnehmungslücke.

Komplett

Der Wert einer regelmäßigen und soliden Standortbestimmung für die persönliche Karriere mag hinlänglich bekannt sein. Wer nicht weiß, wo er hin will, dem fehlt ein Plan. Doch auch, wer nicht weiß, wo er sich befindet, kommt nirgendwo an. Hilfe suchen bei den unzähligen Ratgebern oder in einschlägiger Managementliteratur hat dabei die wenigsten weitergebracht. Auch Hoffen auf Eingebung und ansonsten Vertrauen auf die deutschen Tugenden Planung, Organisationsstärke und Methodik führt selten zum Ziel. Das alles erinnert sehr an die Tschaka-Rufe Leichtgläubiger, die in Erfolgsseminaren nach „anerkannten Methoden" suchen.

Unendlich schwerer, aber in der Wirkung nachhaltiger ist es, die eigene Karriere immer wieder kritisch zu vermessen, sich mit den Koordinaten anderer zu vergleichen und sich im Sinne eines medizinischen Check-ups zu analysieren. Dieser notwendigen Vermessung stehen drei oft unüberwindliche Hindernisse entgegen:

Die Zeitillusion. Das Fernliegende (Karriereziel) nimmt häufig eine eher unpräzise und intuitive Gestalt ein, das Naheliegende (der aktuelle Job) verlockt mit Präzision und Machbarkeit. Es wird eine Verbindung zwischen der aktuellen Karriereperformance und der künftigen vermutet: Je weiter in der Zukunft, desto weniger wichtig. Dabei ist es genau umgekehrt, wie wir leicht am Beispiel der Gesundheitsvorsorge erkennen: Einem steigenden Herz-Kreislaufrisiko kann nur heute mit entsprechendem Cardio-Training vorgebeugt werden. Also: Je weiter in der Zukunft das Ziel, desto wichtiger, effizienter und wahrscheinlich auch weniger aufwändig die Maßnahmen heute.

Die Nachdenkbremse. Dieses Verhaltensmuster tritt gern auf, wenn man sich zuhause in Selbstreflexion versucht und eine unerwartete (willkommene) Ablenkung eintritt – wie zum Beispiel das Schellen der Türklingel. Folge: Stillstand ohne Bremsweg. Gern werden solche Unterbrechungen in Kauf genommen, wenn sie helfen, langfristigen und explorativen Gedankengängen auszuweichen. Es ist um ein Vielfaches bequemer, sich kurzfristig mit den Vorbereitungen der aktuell anstehenden Entscheidungen zu beschäftigen oder die operativen Herausforderungen der nächsten Woche zu überdenken.

Die Selbstwahrnehmungslücke. Die menschliche Neigung, zu behaupten und zu glauben, das eine zu tun, und dabei tatsächlich etwas ganz anderes zu machen. Henry Mintzberg hat schon in den Siebzigerjahren nachgewiesen, dass sich Führungskräfte sehr oft selbst als visionär und strategisch denkend einstufen, sie aber in Wirklichkeit sehr wenig Zeit damit verbringen, auch nur ansatzweise strategienah zu arbeiten. Die Suche nach den Treibern oder Verhinderern unseres Erfolges führt uns also zunächst zurück zu uns selbst. Wir haben es selbst in der Hand, den Weg für unsere Karriere zu bereiten.

7.5 Karriereturbo „Optimismus"

Miesepeter machen keine Karriere und Pessimisten werden nicht auf den Karrierepfad geschickt. Wer die Zukunft rosarot sieht, kann sie auch seinem Vorstand so schildern - und wird schneller größere Aufgaben bekommen.

Kompakt

- Im Gehirn lässt ein „Optimismusfilter" die Zukunft rosarot erscheinen. Vor allem die Jugend und Menschen mit höherem Einkommen neigen dazu, die Zukunft optimistisch zu sehen.
- Eine zu optimistische Sicht der Dinge kann zwar die Gefahr einer Enttäuschung in sich tragen. Dennoch ist Optimismus unabdingbar für alle, die Karriere machen wollen.
- Schalten Sie den Vorwärtsgang ein und malen Sie Ihren Vorgesetzten die Zukunft in rosaroten Farben aus.

Komplett

Die meisten Menschen schätzen ihre Zukunft optimistischer ein als sie tatsächlich verlaufen dürfte - im privaten Leben und auch auf der beruflichen Karriereleiter: Krankheit, Einkommensminderung oder Karrierestillstand betreffen immer nur die anderen. Nach einer Umfrage der Universität Hohenheim beurteilen rund 55 Prozent der befragten tausend Personen ihre persönliche Situation in den nächsten zwölf Monaten positiv. Aber nur jeder Dritte sieht der Entwicklung Deutschlands insgesamt mit Zuversicht entgegen. Je höher das verfügbare Einkommen und je jünger die Befragten, desto optimistischer war die Einschätzung.

Der Antwort, wo sich die Quelle des Optimismus verbirgt, sind US-Psychologen der New York Universität näher gekommen. Sie haben mithilfe der Magnetresonanzmethode die Hirnregionen lokalisiert, die die persönlichen Aussichten rosarot erscheinen lassen: der Mandelkern und eine gürtelförmige Struktur in der Großhirnrinde, das rostale vordere Cingulum (rACC). Je positiver die Vorstellungen über die Zukunft, desto aktiver sind diese

Regionen. Bei pessimistischen oder depressiven Menschen funktionieren diese Regionen nicht richtig. Soweit die Hirnforschung.

Welche Auswirkungen hat nun die Erforschung des menschlichen „Optimismusfilters“ auf das Erklimmen der Karriereleiter? Sehr viel! Beim Berufseinstieg oder einem Wechsel des Arbeitgebers werden die beruflichen Chancen oft mit zu optimistischen Erwartungen überladen: Der rosarote Filter fälscht die Wahrnehmung.

- Die gute Beziehung zum neuen Chef wird aus ein bis zwei Stunden Interview idealisiert.
- Das neue Unternehmen in seinen Märkten als wachstumsstark und zukunftsorientiert überinterpretiert.
- Organisatorische Fehlstellungen werden übersehen.
- Das eigene Team wird als besonders leistungsfähig und schlagkräftig erträumt.

Zuviel Optimismus in der Bewertung einer neuen Aufgabe führt oft zum Bruch von Erwartungen und in der Folge zu Motivationsproblemen. Dennoch: Wenn Sie andere von Ihrer Kompetenz, Ihrer Erfahrung, Ihrem Können und der erfahrenen Anerkennung überzeugen wollen (und das ist zwingend notwendig), wenn Sie also wirklich Karriere machen möchten, dann nutzen Sie den rosaroten Filter. Die Wissenschaftler aus New York haben festgestellt, dass sich die Probanden schöne Zukunftsfantasien wesentlich lebhafter ausgemalt haben als schöne Erinnerungen.

Andererseits wurden negative Zukunftsfantasien weniger stark wahrgenommen und eher aus der Perspektive des Beobachters denn aus der des Teilnehmers gesehen. Mandelkern und Cingulum filtern die anflutenden Informationen und kontrollieren die Vorgänge, die Optimismus auslösen. Also: Schauen Sie nach vorn, reden Sie über die Zukunft, und hören Sie auf, die Erfolge der Vergangenheit zu feiern!

Wenn Sie eines Tages vom Vorstand gefragt werden, ob Sie schon so weit sind, um die Tochtergesellschaft in den USA zu führen, dann schalten Sie den Vorwärtsgang ein:

- „Die Absatzzahlen entwickeln sich positiv.“
- „Die Märkte bieten hervorragende Zukunftschancen und eine deutliche Wachstumsdynamik.“
- „Ich werde mit der Aufgabe wachsen und die Herausforderung meistern.“
- „Sie werden staunen, wie sich die Ergebnisse entwickeln werden.“

Wie anders klingt das im Rückwärtsgang:

- „Das Wachstum der vergangenen Jahre lässt hoffen.“
- „Wir haben die Krisen der Vergangenheit überwunden.“
- „Ich werde wie bei der Marktanalyse des Jahres 2006 zunächst den Markt verstehen lernen und dann werde ich die richtigen Maßnahmen für den US-Markt daraus ableiten.“
- „Ich habe bisher immer gute Ergebnisse geliefert.“

Das mag zwar auch passen, solche Formulierungen bieten aber keine Lösung für den Vorstand an. Sein Optimismusfilter wird nicht angesprochen. Auch wenn Sie in Ihrem nächsten Vorstellungsgespräch zu Ihrer Einstiegs- oder Wechselmotivation befragt werden, schalten Sie in den Vorwärtsgang. Die Weg-von-Argumente sind kraftlos und meistens wenig erbaulich, die Hin-zu-Argumente dagegen öffnen den Raum für gemeinsame positive und optimistische Gedanken. Sie wollen doch überzeugen, oder?

7.6 Empathie und Ellenbogen

Häufige Fragen von Kandidaten und Coachees zur Business Ethik:

Wie ausgeprägt muss der Ellenbogen sein, um Karriere zu machen?

Wer wirklich als Person überzeugen und Karriere machen möchte, sollte auf keinen Fall über den Gebrauch seiner Ellenbogen nachdenken. Karriere kann niemand erzwingen, sondern man muss sie konsequent, zielgerichtet und bewusst planen. Dabei helfen Geradlinigkeit, Selbstbewusstsein und ein überzeugender Auftritt. Zudem gibt es Eigenschaften, die Menschen zur Karriere qualifizieren. Dazu zählen neben dem professionellen Knowhow Persönlichkeitsmerkmale wie ein hohes Maß an Ausgeglichenheit, gesunder Ehrgeiz, Besonnenheit in den Entscheidungen und Wissbegierde.

Wo findet der Ellenbogen seine Grenzen?

Der Ellenbogen sollte niemals als Karrierebeschleuniger in Betracht gezogen werden, da er den Ruf als Kollege, Mitarbeiter oder Vorgesetzter langfristig ruiniert. Wettbewerb ja, gern auch hart - aber fair und mit offenem Visier.

Ein direkter Konkurrent scheint die besseren Karten zu haben. Wie gehe ich damit um?

Gelassen. Ich konzentriere mich auf meine eigenen Stärken. Ich entwickle meine persönlichen Verkaufsargumente, die authentisch sind und meinen Mehrwert für die Position herausstellen. Diese vertrete ich mit Begeisterung und innerer Überzeugung. Wenn sie nicht passen, bin ich an der Stelle ohnehin falsch.

Wenn andere sich im Karrierewettbewerb unfair verhalten - was tun?

Die eigene Linie verfolgen, auf keinen Fall mit gleichen Waffen zurückschlagen. Das ist schlechter Stil und kostet unnötig Energie. Machen Sie Ihre Wettbewerber ruhig auf ihr unfaires Verhalten aufmerksam, aber lassen Sie sich nicht auf Diskussionen ein. Beobachten Sie ihr Verhalten genau, so dass Sie wissen, welche Gefahren unter Umständen drohen. Ansonsten lassen Sie sich nicht von den eigenen Überzeugungen abbringen.

Wer sich immer an die Regeln hält, bleibt unauffällig - stimmt diese Aussage?

Das ist die falsche Sichtweise. Regeln einzuhalten schließt nicht aus, Eindruck zu hinterlassen. Im Gegenteil. Neue Wege lassen sich im Job sogar umso nachhaltiger und eindrücklicher beschreiten, wenn man es versteht, sich in einem vorgegebenen Regelwerk zu bewegen. Es wird heute oft vom „good corporate citizen“ gesprochen, der beileibe kein Mauerblümchen-Dasein führt. Er besitzt Durchsetzungs- und Überzeugungskraft, entwickelt neue Ideen für Projekte oder interessante Geschäftsentwicklungen und reißt andere Menschen mit. Er ist ein Leistungsträger, der für die Verlässlichkeit und das positive Image des Unternehmens steht. Erfolg in einem Konzern hängt von einer Vielzahl von Parametern ab, Einzelkämpfer haben wenig, wenn nicht gar keine Chancen. Standfest und mit Begeisterung für die eigene Überzeugung und die eigenen Werte einzutreten, hat nichts damit zu tun, Regeln des Unternehmens zu missachten.

Nur frech kommt weiter ...

Im Gegenteil. Wenn, dann handelt es sich allenfalls um kurzfristige Erfolge, weil Frechheit einhergeht mit Dreistigkeit, unsachlichen Behauptungen und Überrumpelungsspielen. Immer folgt wenig später die Ernüchterung auf dem Fuße, weil es im Berufsleben auf Fakten und richtige Argumente ankommt.

Was bedeutet Instinkt in einer Karriere?

Nicht jede Gelegenheit ist eine gute Karrierechance, und der Instinkt hat schon oft getäuscht, wenn nicht auch Fakten in die Entscheidungsfindung mit einbezogen wurden. Nur wer den Markt kennt, Veränderungen langfristig beobachtet und klar seine eigenen Ziele formuliert hat, kann die richtige Gelegenheit unter vielen herausfiltern. Instinkt bedarf vieler Informationsquellen, die ihn füttern, um dann das richtige Bauchgefühl an der richtigen Stelle hervorzurufen.

Welche Rolle spielt das „Nehmen können“ in einer Karriere?

„Nehmen können“ spielt eine entscheidende Rolle. Jeder, der sich Reputation, Anerkennung und natürlich auch fachliches Know-how aufgebaut hat, kommt in Situationen, in denen Herausforderungen, Chancen, Entwicklungsperspektiven, Vertraulichkeiten an ihn herangetragen werden. Die Bandbreite ist groß, die Ebenen, auf denen es Angebote, etwas zu nehmen, gibt, vielfältig. Jederzeit gilt der Grundsatz, dass man „nimmt“, wenn man der Überzeugung ist, die Erwartungshaltung des Gebenden mindestens erfüllen, wenn nicht übertreffen zu können. In den seltensten Fällen wird gegeben, ohne eine wie auch immer geartete Gegenleistung zu erwarteten. Darüber sollte im Vorfeld auf beiden Seiten Klarheit herrschen, denn nur so besteht eine saubere Grundlage für die künftige Zusammenarbeit.

Was bedeutet es für die eigene Karriere, andere zu fördern?

Dies lässt sich aus zwei Blickwinkeln beantworten. Mit Blick auf die Vergangenheit bedeutet eine Mentorenrolle Anerkennung und Wertschätzung der Person, ihres Wissens und ihrer Erfahrung. Mentor wird, wer sich in seinem bisherigen beruflichen Umfeld bewährt hat, im Umgang mit Menschen eine natürliche Führungsrolle übernommen und das in ihn gesetzte Vertrauen gerechtfertigt hat. Mit Blick auf die Zukunft bedeutet es, künftig nicht nur Manager von Projekten, Abläufen und Abteilungen zu sein, sondern Leadership-Verantwortung zu übernehmen, Vorbild zu sein, die Kultur des Unternehmens mit zu prägen. Für die Karriere kann eine solche Rolle sehr hilfreich sein, weil man sich mit ihr von anderen abhebt. Wissen zu teilen ist eines der wichtigsten Prinzipien unserer künftigen Unternehmensstrukturen.

Woran erkennen Bewerber, ob sie mit Fairness in einem Unternehmen aufsteigen können?

Sie sollten sich vor dem Interview ausführlich über die Darstellung des Unternehmens und seines Geschäftsgebarens in Presse und Internet informieren, um ein erstes Bild zu bekommen. Sie sollten weiterhin für sich selbst Kriterien festlegen, an denen sie faires Verhalten erkennen und die für sie wichtig sind, um sich in einer Umgebung wohl zu fühlen. Es ist durchaus angebracht, im Interview anhand von Beispielen zu erfragen, wie die Unternehmenskultur aussieht, wie Menschen miteinander umgehen und wie das Unternehmen auf bestimmte Situationen reagiert.

7.7 Karriere mit Ansage

Wo wollen Sie in drei bis vier Jahren stehen? Darauf können Sie nur überzeugend antworten, wenn Sie erkennen lassen, dass Sie sich gedanklich bereits auf der übernächsten Ebene befinden. Zeigen sich Ihre Ziele und die Ihres künftigen Vorgesetzten nicht kompatibel, sollten Sie sich höflich bedanken und eine andere Chance suchen.

Kompakt

- Insbesondere im ersten Karriereschritt von der Experten- in eine Führungsfunktion findet ein Rollenwechsel statt, der auch einen Wertetransfer erfordert.
- Kandidaten sollten darin überzeugen, dass sie diesen Rollenwechsel annehmen und weitere notwendige Entwicklungsschritte bereits gedanklich antizipieren.
- Wer Talente fördert, wird solche Ambitionen erkennen und honorieren. Ist dies nicht zu erkennen, sollte die Karriere in einer anderen Abteilung oder einem anderen Unternehmen starten.

Komplett

Interviewer in Bewerbungsgesprächen stellen häufig die Frage: Wie stellen Sie sich Ihren Aufgaben- und Verantwortungsbereich in drei bis fünf Jahren vor? Vorsicht! Ihre Antwort könnte vollkommen daneben liegen. Bevor Sie antworten, sollten Sie sich über die wirkliche Intention der Frage im Klaren sein. Der Verlauf des Gespräches wird Ihnen dazu die richtigen Signale gesendet haben. Nehmen wir zur Illustration an, Sie führen ein Bewerbungsgespräch für eine erste Führungsaufgabe als Teamleiter. Nehmen wir weiterhin an, der Interviewende (Ihr zukünftiger Chef) hat im Gespräch deutlich gemacht, dass er den künftigen Teamleiter für drei bis vier Jahre in dieser Rolle sehen möchte. Sie jedoch treiben Ihre Karriere und haben bisher nie länger als zwei Jahre in einer Position verbracht – entweder beim gleichen Arbeitgeber oder auch bei verschiedenen.

Falls Sie das Gefühl haben, Ihr Interviewpartner erwartet Zustimmung zu drei bis vier Jahren, weil er „das sägende Geräusch an seinem Stuhl" nicht mag, weil er „Überflieger" für eine Bedrohung der Unternehmensmoral hält, weil er für weiterführende Aufgaben schon eine Warteschlange geeigneter Kandidaten hat – dann danken Sie höflich für den Kaffee und die Zeit und verabschieden Sie sich bitte. Sie haben gerade eine ernsthafte Karrierebremse kennen gelernt. Haben Sie aber das Gefühl, Ihr Interviewpartner erwartet eine authentische Antwort zu Ihren individuellen Karriereabsichten, dann sollten Sie vor Ihrer Antwort wissen, welche Anforderungen die jeweils nächste Stufe Ihrer Karriere an Sie stellt.

Der Übergang von einer Karrierestufe zur anderen erfordert persönliche Entwicklungsschritte in Verhaltensweisen und Kompetenzen, in der täglichen Arbeitsorganisation und im Wertetransfer. Talente werden oft befördert, weil sie als Experten ein gutes Selbstmanagement beherrschen und überdurchschnittliche Leistungen erbringen. Als Teamleiter ist es wichtig, diese hohe Organisationsfähigkeit auf eine Teamstruktur zu übertragen. Themen wie Mitarbeiterführung, Delegation, Definition und Kontrolle von Leistung, Zeit für Abstimmung und Qualifizierung, Überwachen und Steuern der Projekte sowie die Steigerung der Leistungs- und Anpassungsfähigkeit des Teams rücken in den Mittelpunkt.

Der erste Übergang vom Experten zur Führungskraft ist für viele Manager die größte Herausforderung. Es ist etwas anderes, Arbeitsergebnisse nicht mehr selbst erbringen zu müssen, sondern die Vorbereitung und Ausführung an Mitarbeiter zu delegieren und sich damit aus dem operativen Geschäft zurückzuziehen und andere zu steuern. An Verhalten und Kompetenzen eines Teamleiters werden neue Anforderungen gestellt: Wirksame Mitarbeiter- und Teamführung, Definition und Kontrolle von Leistung, teaminternes und übergreifendes Konfliktmanagement, Definition und Optimierung von Arbeitsprozessen und Standards. Die Arbeitsorganisation erfordert Zeit für: Mitarbeitergespräche, systematische Planung und Kontrolle von Budgets und Personal, Leistungsanalysen im Team, Kommunikation und Networking im Unternehmen und mit Kunden des Teams. Auch neue Werte sind zu transferieren:

- konsequentes Wahren der Interessen des Unternehmens gegenüber den Mitarbeitern,
- Fordern und Fördern von Mitarbeitern,
- Konfrontation mit Minderleistung.

Geben Sie zu erkennen, dass Sie sich in vier bis fünf Jahren mit den Anforderungen der Rolle des Interviewenden auseinandersetzen werden. Er wird, wenn er Talente fördert, das Signal verstehen. Machen Sie deutlich, dass Sie sich gedanklich schon auf der übernächsten Ebene befinden, bereits über die Aufgaben der Teamleitung hinaus denken und die Herausforderungen der folgenden Ebenen erfassen:

Der Abteilungsleiter ist verantwortlich für eine Funktion. Er sorgt unter anderem dafür, dass seine Funktion im Verbund mit anderen Funktionen optimal aufgestellt ist, um wirtschaftlich und flexibel qualitativ hochwertige Dienstleistungen oder Produkte anzubieten. Fertigkeiten im strategischen Denken, Beherrschen komplexer Sachverhalte sowie die Kommunikation dieser Sachverhalte an thematische Laien sind gefragt.

Der Bereichsleiter ist verantwortlich für eine Geschäftseinheit, in der unterschiedliche Funktionen zum wirtschaftlichen Erfolg beitragen. Es muss ihm gelingen, diese Funktionen zu bündeln und auszurichten, um wirtschaftliches Handeln und Nachhaltigkeit sicher zu stellen. Die Herausforderung besteht darin, mehrere Funktionen zu verantworten, obwohl man sich nur in einer genauer auskennt. Der Business-Manager braucht ein umfassendes Verständnis des Geschäftsmodells, die Einbindung und Nutzung von Querschnittfunktionen sowie die gezielte Vernetzung seiner Geschäftseinheit im Gesamtunternehmen.

Die Geschäftsleitung ist für mehrere Geschäftseinheiten verantwortlich. Sie muss Komplexität, Innovation und Unternehmensentwicklung managen und in Kategorien von Finanzierung, Ergebnisoptimierung und Nachhaltigkeit denken. Der Blick ist auf den Markt, seine Chancen und Risiken sowie auf neue potenzielle Geschäftsfelder gerichtet. Der Manager denkt und handelt im Spagat von kurzfristigen und strategischen Zielen.

7.8 Werden Sie zum „Walking Asset“

Die Unternehmenslandschaft ist in Bewegung. Um im globalen Wettbewerb zu bestehen, schließen sich Konzerne zu immer größeren Einheiten zusammen. Auch unter den Banken, sind sich Branchenkenner einig, ist das Fusionspotenzial hoch - es ist sehr wahrscheinlich, irgendwann als Mitarbeiter in einem Verkaufs- und Fusionsprozess zu stecken. Erfolgreiche Karriere hilft, in einem solchen Umfeld auf der lachenden Seite zu stehen.

Für die Führungskräfte und Mitarbeiter eines von einem möglichen Verkauf betroffenen Unternehmens ist diese Zeit ganz bestimmt nicht vergnügungssteuerpflichtig. Neben all den täglichen Herausforderungen gilt es, sorgenvolle Kundenfragen zu beantworten, aggressive Wettbewerber abzuwehren, den Teamgeist zu fördern und sich dabei selbst in der Spur zu halten. Da kostet es sehr viel Kraft, sich zusätzlich mit der eigenen beruflichen Perspektive auseinander setzen zu müssen. Zweifel kommen auf, Hoffnungen werden geschürt, Pläne überprüft, Absichten entwickelt, das Verhalten anderer wird hinterfragt. Bleiben oder gehen? Diese Frage beschäftigt viele. Zu Recht. Von diesen vielen denken nach der ersten Aufregung aber oft nur Wenige ernsthaft darüber nach und handeln dann auch.

Wer jedoch einmal aus nächster Nähe miterlebt hat, wie sich die Kultur eines Unternehmens im Verlauf eines fehlgeschlagenen Fusionsprozesses entwickelt, wie aus bisher glaubwürdigen Vorgesetzten aalglatte Opportunisten werden, wie aus Leistungsträgern Leistungsverweigerer werden, der aktualisiert seine Bewerbungsunterlagen sofort nach Bekanntgabe der Verkaufsabsichten.

In der besten Lage befindet sich jetzt, wer es geschafft hat, sich in eine der wenigen Schlüsselrollen seines Bereichs zu positionieren. Denn: In den Fällen, in denen der Wert eines Kaufobjektes von wenigen Schlüsselpersonen abhängt, den so genannten Walking Assets, empfehlen die M&A-Berater für diesen Personenkreis in der Regel attraktive Halteprämien. Für Sie bedeutet das:

- Wenn Sie ein Walking Asset sind, sollten Sie sich die Argumente zurechtlegen, die eine hohe Halteprämie rechtfertigen.
- Sind Sie kein Walking Asset, dann warten Sie ab. Bedenken Sie aber gründlich die möglichen Konsequenzen.

Davon unabhängig: Wenn Sie Ihre Karriere vorantreiben möchten, sollten Sie darüber nachdenken zu gehen, denn eine Fusion mit einem anschließenden Change-Prozess kostet Sie zu viel Zeit.

8 DER KARRIERE-KODEX

8.1 Spielregeln für Ihre Karriere

Die beste Nachricht vorweg: Karriere ist heute vor dem Hintergrund der demografischen Wirklichkeit wahrscheinlicher als noch vor wenigen Jahren. Die Zahl der Wettbewerber um konkrete Positionen nimmt kontinuierlich ab, und die Zahl der Positionen, die Wirkung haben, die einen messbaren Wert zum Unternehmensergebnis beitragen, nimmt ständig zu. Aber: Wenn Sie Ihren Job nicht wirklich beherrschen, nicht richtig gut sind und nicht liefern, dann verlassen Sie die Karrierebühne. Am besten gleich jetzt. Lesen Sie ein gutes Buch - aber nicht diesen Kodex.

Dieser Kodex ist nichts für Angeber.

Dieser Kodex ist für die wirklich Brillianten, die Talentierten, die Arbeitstiere, die Begabten, die bereit sind, sich Mühe zu geben und Energie einzusetzen. Er ist ein Angebot zur Schärfung der persönlichen Wahrnehmung in Karrierefragen. Die Regeln sind einfach und manchmal plakativ formuliert. Wer jedoch eine Garantie auf Karriere erwartet, sofern er die Regeln akribisch beachtet, erwartet zu viel. Das Zusammenspiel persönlicher und externer Faktoren unterliegt zu vielen Einflüssen. Aber der Kodex kann eine Richtung vorgeben, die es Ihnen erleichtert, Ihren persönlichen Karriereweg konsequent zu verfolgen.

Übrigens: Auch der Zufall ist ein wesentlicher Karrieremotor. Schade, dass er nicht planbar ist.

Und noch eine letzte Empfehlung: Wenn Sie sich entscheiden, nach dem Erfolgskodex zu agieren, dann behalten Sie es für sich. Jeder, der den Kodex kennt, ist ein ernsthafter Wettbewerber.

8.2 Ausbildung – Gehen Sie in die Pole Position!

Ausführliche Ratgeber und Managementbücher zum Thema Karriere gibt es viele. Dies ist ein kurzer und persönlicher Planungs- und Verhaltenskodex. Er ist aus der täglichen, langjährigen Praxis des Executive Search entstanden. Karriere unter den Bedingungen ständiger Veränderung, Globalisierung und Technisierung bedarf zwingend einer zielführenden Strategie: Während vor wenigen Jahrzehnten noch die Beherrschung eines einzelnen Berufsprofils ausreichte, werden heute in viele Richtungen entwicklungsfähige Kandidaten gesucht, deren Erfahrungshorizont über die Grenzen eines einzigen Berufsfeldes hinausgeht. Das beginnt bereits in der Ausbildung.

Schließen Sie Ihre Ausbildung unter den Top 15 Prozent ab. Es reicht nicht, den angestrebten Hochschulabschluss zu haben. Wenn jemand in seinem Studium keine Höchstleistungen gezeigt hat, dann ist es auch nicht wahrscheinlich, dass er sie mit 35 oder 45 zeigen wird.

- Wählen Sie einen internationalen Abschluss. Globalität heißt die Devise. Die Kenntnis anderer Nationalitäten, ihrer Bildungssysteme, ihrer sozialen Systeme, ihrer ökonomischen Realitäten, ihrer Mentalitäten und der kollektiven nationalen Werte öffnet den Blick für die Chancen von morgen.
- Studieren Sie intensiv, schnell und teilweise im Ausland. Das Studium ist nur die Vorstufe zur Karriere. Selbstfindung und Ausprobieren sind immer erlaubt. Zielloses Studentenleben hingegen nicht.
- Wählen Sie gezielt Praktika und Jobs zur Finanzierung der Ausbildung. Wirtschaftliche Eigenständigkeit in der Ausbildung hat keinen besonderen Wert. Jeder kann sie erlangen. Die zielgerichtete Suche nach einem Praktikumsplatz oder einem Ferienjob beim künftigen potenziellen Arbeitgeber hingegen hat unermesslichen Wert. Aus vielen Praktika sind bedeutende Karrieren hervorgegangen.

8.3 Start – Seien Sie wählerisch!

Wählen Sie beim Einstieg das Unternehmen, bei dem Sie in kurzer Zeit sehr unterschiedliche Aufgaben und Verantwortungsfelder kennen lernen können. Die Welt, in der berufliche Höchstleistung zählt, wird zunehmend von der Vielfalt in Denkansätzen und Herangehensweisen bestimmt. Nur eine einzige berufliche Qualifikation ist im Berufsleben nicht mehr ausreichend. Deshalb ist die Wahrscheinlichkeit, mit dem Wechsel des Unternehmens grade zu Berufsbeginn Karriere zu machen, heute höher als gestern. Die Taktfolge der Wirtschaftswelt ist schneller. Das Angebot besser und breiter. Ihr Ziel ist es, schon innerhalb von wenigen Quartalen mehr Verantwortung zu übernehmen. Den Zufall an dieser entscheidenden Weichenstellung auszuschließen, ist sehr schwierig. Es kommt auf die sehr gut abgewogene Auswahl des Unternehmens mit dem besten Entwicklungsangebot an. Das Angebot kleinerer Unternehmen ist unter diesem Aspekt oft besser als das großer Unternehmen.

Achten Sie darauf, dass das Unternehmen seine Nachwuchskräfte gut auswählt und langfristig entwickelt. Nicht jedes Unternehmen macht sich die Mühe, besondere Talente einzustellen. Je schärfer das Unternehmen auswählt, umso wahrscheinlicher das Angebot zur konsequenten Weiterentwicklung. Vermeiden Sie die hoch spezialisierten Jobs. Von immer weniger immer mehr zu wissen, ist keine Garantie für eine Karriere – eher das Gegenteil.

8.4 Einsatz – Liefern Sie immer!

Halten Sie immer, was Sie versprechen. Verfehlen Sie niemals ein versprochenes Ergebnis. Bleiben Sie im Zeitrahmen. Halten Sie sich unumstößlich an Ihre Zusagen und übertreffen Sie bestenfalls die formulierten Erwartungen. Sollten Sie bereits in der Planungsphase Zweifel an einem Zeitfenster haben, so ist es in jedem Falle ratsam, dies direkt zu adressieren und mit guten Argumenten den Zieltermin hinauszuschieben. Wenn Sie etwas tun, seien Sie ganz bei der Sache: vorbereitet, wachsam, entschlossen, aufmerksam, rücksichtsvoll. Sie agieren mit Engagement und Biss. Tun Sie es mit Spaß, oder lassen Sie es bleiben!

Ihre Einstellung ist konstant positiv. Sie bieten ständig Bestleistung, tun mehr als notwendig, maulen nicht und liefern selbstverständlich mehr als erwartet. Sie sind sich Ihrer außerordentlichen Leistungsfähigkeit sehr bewusst. Sie setzen sie überlegt mit Freundlichkeit, Rücksicht und Humanität ein. Niemand nimmt wahr, wie intensiv Sie für manches Ergebnis arbeiten, dass Sie sich ständig fortbilden und unter welchen Druck Sie sich selbst setzen. Sie bitten niemals um Hilfe, fragen jedoch nach Informationen, holen gern einen Rat oder Hinweis ein und erkundigen sich nach einer Meinung.

Ihre Business Ethik ist hervorragend. Sie sind weder rücksichtslos noch manipulativ oder absichtlich zurücksetzend. Sie nutzen Ihren Vorteil, weil andere die falsche Einstellung haben oder einfach nur dösen. Seien Sie sich der ethischen Grundlagen Ihrer Industrie, Ihres Unternehmens, Ihrer Aufgabe bewusst. Welche moralischen Werte stehen im Vordergrund? Beachten Sie sie, und machen Sie frühzeitig darauf aufmerksam, wenn andere sie offensichtlich verletzen. Entwickeln Sie Ihre persönlichen ethischen und moralischen Standards, und stehen Sie dazu. Bleiben Sie ehrlich, und halten Sie sich an die Wahrheit. Decken Sie nie den Fehler, die schlechte Leistung, das unpassende Verhalten eines anderen.

Halten Sie sich den Rücken frei. Seien Sie sich über die rechtlichen Rahmenbedingungen Ihres Verantwortungsfeldes im Klaren. „Ich habe es nicht gewusst!" ist keine kluge Verteidigung. Notieren Sie wichtige und komplexe Entscheidungen, um im Zweifel eine relevante Dokumentation zur Hand zu haben.

8.5 Persönlichkeit – Strahlen Sie „Führung" aus!

Verhalten Sie sich wie eine Führungskraft. Halten Sie sich an die Unternehmenskultur, spielen Sie mit. Sie müssen sie nicht erfinden oder an sie glauben, Sie müssen sie aber beachten. Die größte Zahl aller Kündigungen wird übrigens nicht mit schlechten Leistungen begründet, sondern mit mangelnder Kenntnis der Unternehmenskultur und fehlender Anpassung. Achten Sie besonders die ungeschriebenen Regeln der sozialen Rangordnung. Finden Sie denjenigen, an den die tatsächliche Autorität delegiert ist, und beachten Sie ihn oder sie besonders.

Konzentrieren Sie sich auf Ihren Weg. Wie andere ihre Freizeit verbringen oder ihr Geld ausgeben, ist deren persönliche Sache. Halten Sie sich mit Beurteilungen oder Bewertungen von persönlichen Dingen sehr zurück. Ignorieren Sie sie lieber.

Gestalten Sie Ihren Auftritt. Alles, was Sie tun und wie Sie sich präsentieren gibt Auskunft über Ihre Person: Ausbildung, Kleidung, Auto, Urlaubsziele, Lieblingsfilme, ja sogar Ihre Uhr und Ihre Brille. Seien Sie sich bewusst, welche Signale Sie senden, und stellen Sie sicher, dass die Bewertung durch andere positiv und karriereförderlich ist. Kleiden Sie sich wie jemand auf der nächst höheren Karrierestufe. Vermeiden Sie modische Extravaganzen. Kultivieren Sie einen eleganten, smarten und akzeptierten Stil. Es gibt im Privatleben unendlich viele Gelegenheiten, sich individuell zu stylen – im Business nicht.

Bei einem Bewerbungsgespräch gilt diese Regel übrigens auch – nur deutlicher und rigoroser: weißes Hemd und dunkler Anzug, weiße Bluse und dunkles Kostüm. Es ist Ihr Ziel, anderen zu signalisieren, dass Sie aus demselben Holz geschnitzt sind wie die Führungskräfte. Sobald die anderen Sie als High Flyer sehen, werden Sie diese Rolle auch sehr schnell in Realität einnehmen. Suchen Sie die richtigen Gelegenheiten, um Ihr Bild zu formen. Es gibt für alles Schlüsselereignisse und den richtigen Zeitpunkt.

Schweigen Sie, wenn Sie nichts Wichtiges sagen können. Kein Tratsch. Keine Gerüchte. Keine Maulerei. Kein Bla Bla. Kompromisslos einfach. Andere bewerten Sie nicht nur nach dem, was Sie sagen, sondern auch wie Sie es sagen. Sie sollten für freundliches und sympathisches Auftreten bekannt sein. Nicht nachgiebig oder anpasserisch, sondern gradlinig. Ihre Grundeinstellung ist positiv und anderen zugewandt. Nur wenn andere Sie akzeptieren und schätzen, gelingt es Ihnen zu überzeugen und zu motivieren.

Lernen Sie zuzuhören. Der Gebrauch der Ohren ist die Kerndisziplin eines jeden, der andere für seine Meinung und Ideen gewinnen will. Erst wenn Sie wissen, was den anderen bewegt, können Sie das richtige Argument wählen. Langatmige Kommunikation – die Kernkompetenz aller Politiker – ist eher karriereschädlich. Kurz, präzise, auf den Punkt und aus der Perspektive des Unternehmens, der Kunden, des Managements.

Kultivieren Sie Diplomatie bei Konflikten. Ihr Job ist nicht, Wellen zu machen, sondern sie zu reiten. Einen Streit zu schlichten, konziliant zu sein, Lösungen zu suchen und die Parteien wieder zueinander zu bringen. Damit erfahren Sie deutlich mehr Achtung als durch parteiischen Disput. Wenn andere Ihren Rat und Ihre Meinung suchen, weil Sie objektiv bewerten, stets unparteiisch urteilen und ausgeglichen handeln, dann kultivieren Sie Diplomatie. Streit zwischen Kontrahenten zu schlichten, wird Ihnen gelingen, wenn Sie konkrete Fragen zu den entscheidenden Aspekten stellen und wenn Sie Emotionen verringern oder heraushalten können.

Ihre Haltung bei Konflikten ist konstant: stets mit langfristiger Perspektive, aus dem Blickwinkel des Unternehmens, unparteiisch, unabhängig und ausgeglichen. Es gibt 1.000 Gründe, um Ihre Meinung zu sagen, aber nur einer zählt wirklich, und nur dann sollten Sie etwas sagen: Wenn andere Sie nach Ihrer Meinung fragen. Wenn Sie dann Ihre Meinung sagen, sollte sie sich nicht wie eine Meinung anhören, sondern bereits genau wie die Lösung, die schließlich gefunden wird.

Niemals und unter gar keinen Umständen werden Sie ausrasten. Sie behalten sich immer unter Kontrolle. Es sei denn, Sie haben bewusst den richtigen Moment, die richtige Gelegenheit und die richtigen Zuhörer für einen „Ausbruch“ gewählt. Kritisieren Sie nur auf Basis von Fakten: falsches Verhalten, fehlende Motive, mangelnde Kenntnisse, unklare Zielsetzungen, geringe Produktivität und so weiter – aber vermeiden Sie in jedem Falle, persönlich und verletzend zu sein.

Entschuldigen Sie sich, wenn sich andere zu Recht über Sie ärgern. Akzeptieren Sie Ihren Fehler, und stehen Sie dazu! Hiermit zeigen Sie Stärke und Mumm. Wenn sich jemand zu Unrecht über Sie ärgert, wenn er taktiert und schauspielert, dann bitten Sie ihn, dies zu unterlassen. Gehen Sie, wenn er weitermacht.

Schätzen Sie Ihre Freunde. Helfen Sie ihnen, schützen Sie sie, fühlen Sie mit ihnen, und kümmern Sie sich um sie.

Führen Sie ein Leben neben der Karriere. Schalten Sie ab. Kümmern Sie sich um Ihren Partner und Ihre Kinder. Lernen Sie neue Dinge. Pflegen Sie Hobbys, denn eine ausgequetschte Zitrone hat keinen Saft mehr. Nur mit der richtigen Work-Life-Balance geht es voran.

8.6 Karriere – Planen Sie ohne Kompromisse!

Verfolgen Sie Ihren persönlichen Plan. Wenn Sie nicht wissen, wo Sie heute stehen, dann kommen Sie morgen nirgendwo an. Ohne langfristigen Plan und ohne konstante Überprüfung geht es nicht. Machen Sie sich klar, was in Ihrer Branche wirklich läuft, was in drei, fünf, zehn Jahren sein könnte. Seien Sie realistisch bei der Einschätzung Ihres Arbeitgebers. Finden Sie heraus, welche besonderen Erfahrungen und Kenntnisse für die nächste Position – möglicherweise bei einem neuen Arbeitgeber – gesucht werden. Ihre Planung der Teilschritte auf dem Weg zum Ziel mündet immer in die praktische Umsetzung. Setzen Sie eindeutige und einfache Meilensteine, die Sie bedingungslos realisieren.

Vergessen Sie Ihre Karriere, wenn Ihnen der Zusammenhang zwischen Planung und Umsetzung fremd ist. Machen Sie sich klar, wie die Beförderungssysteme funktionieren und wo Sie heute stehen: Wie viele Stufen Sie überwinden müssen, um bei Ihrem Langfristziel anzukommen. Verstehen Sie die Strukturen und die Dynamik von Teamwork in Ihrem direkten Arbeitsumfeld, und planen Sie Ihre möglichen Teamrollen. Seien Sie kritisch, wie Ihre persönlichen Stärken und Schwächen zu den Rollenerwartungen passen. Mit sich selbst umzugehen, sich selbst zu bewerten, sich objektiv zu sehen sind Zeichen Ihrer Karrierekompetenz.

Finden Sie Ihren persönlichen Karrierecoach. Hinter einer Top-Karriere steht in der Regel ein hervorragender Coach oder Macht-Promotor. Eine Person, die entweder aus demselben Unternehmen, dem weiteren beruflichen Umfeld, einem Netzwerk oder auch aus der Familie kommt, mehrere Ebenen höher agiert und ihre Erfahrungen und ihr Know-how einem Jüngeren zur Verfügung stellt. Sie tut dies, weil sie den Coachee mag, weil sie von seiner Leistungsfähigkeit fasziniert ist, weil sie sich immer ein klein wenig selber in der Person finden möchte oder weil sie nach Talenten für die Verwirklichung einer persönlichen Vision sucht. Doch das allein genügt nicht. Fakt ist, dass der größte Teil aller von außen besetzten Managementpositionen durch einen Headhunter vermittelt wird. Einen oder zwei sollten Sie kennen und regelmäßig kontaktieren.

Seien Sie immer einen Karriereschritt voraus. Einen Schritt voraus zu sein heißt, reifer, selbstsicherer und selbstbewusster aufzutreten. Um die Karriere voranzutreiben, benötigen Sie Charakterstärke, Willenskraft, Zielstrebigkeit, Ehrlichkeit, Mut, Erfahrung, tiefes Talent, Einsatz, Drive, Sensibilität und Charisma. Arroganz ist eine Attitüde der Schwäche, sie täuscht Wichtigkeit und Bedeutung nur vor. Karriere kommt sehr gut ohne sie aus. Substanz entsteht aus der Gewissheit persönlicher Erfahrung, der Kenntnis der eigenen Fähigkeiten und dem Bewusstsein persönlicher Exzellenz. Sie benötigt keinen lauten Auftritt, sondern geht eher mit einer gewissen leichten Zurückhaltung einher.

Achten Sie auf den Blickwinkel. Eine Aussage, die die Unternehmensstrategie, die Kunden, die Öffentlichkeit, den Aktienkurs, die Moral der Mitarbeiter und andere „Unternehmenswerte" betrifft, ist besser als eine persönliche Meinung. Bedenken Sie, wie wenig angenehm das Wort „Ich" auf andere wirkt.

Beachten Sie die Handlungsmotive Ihrer Kollegen und Vorgesetzten. Seien Sie besonders aufmerksam bei Angst, Neid und Zwang.

Beachten Sie Ihre Wettbewerber. Sie kennen jeden internen Kandidaten für die nächste Position. Es kommt darauf an, genau zu wissen, wie Sie sich von ihm unterscheiden. Sein Human Capital ist gegen die Positionsbeschreibung zu analysieren. Sie sollten wissen, womit Sie punkten können. Ansonsten ist es wie überall: Der Wettbewerb ist ein Naturschutzgebiet, es gibt Spielregeln, die beachtet werden müssen. Zur Kenntnis nehmen, nicht darüber reden, nicht bewerten, nicht angreifen. Die meisten Kandidaten für eine Beförderung schaffen den nächsten Schritt übrigens nicht, weil sie viel zu viel Zeit investieren, um ihren Job gut zu machen.

8.7 Wechsel – Suchen Sie nach der besten Perspektive!

Bleiben Sie unabhängig. Die Marktgängigkeit Ihres persönlichen Human Capital ist wichtiger als der Wert Ihrer Leistung für den Arbeitgeber. Heute kann es jeden treffen: Unternehmen werden zunehmend unberechenbarer. Heute noch gefeiert, morgen raus! Ein besonders komplexer Paradigmenwechsel hat längst stattgefunden. Die Loyalität gegenüber dem Arbeitgeber ist leider oft eine Einbahnstraße.

Beobachten Sie Ihren Wert für andere. Andere Arbeitgeber könnten an Ihrem Human Capital möglicherweise ein hohes Interesse haben. Sie investieren unter Umständen dort, wo andere abbauen.

Denken Sie in Alternativen. Nichts ist so gewiss wie die Veränderung: Wiegen Sie sich nicht in Sicherheit, nur weil es bisher nicht notwendig war, über Veränderungen nachzudenken. Die Ruhe trügt besonders. Zu jedem Zeitpunkt gibt es Alternativen. Sie sind eine Frage der Auswahl und Attraktivität.

Gehen Sie, bevor es Zeit wird. Anerkennung und Wertschätzung sind die Seismographen Ihrer Karriereentwicklung. Sobald die positiven Indikatoren ausbleiben, überlegen Sie, ob es Zeit wird für eine Veränderung. Laufen Sie nicht weg!

Love it, change it or leave it! Suchen Sie ein anderes Unternehmen, wenn Sie sich nicht weiter entwickeln können. Der richtige Zeitpunkt ist entscheidend. Ihn zu erkennen, ist eine Frage neutraler Bewertung von persönlicher Leistung und Gegenleistung. Wenn die Gegenleistung des Unternehmens nicht stimmt, gehen Sie!

Jeder Wechsel muss begründbar sein. Die Dauer einer Beschäftigung ist nicht relevant. Es gibt insbesondere am Anfang einer Karriere keine Zeitvorgaben. Einzig die Leistung zählt. Sobald sie erbracht worden ist, ist eine Neuorientierung erlaubt. Der Begriff Job-Hopper zählt zu den Erfindungen der Langsamen und Personalbürokraten.

Achten Sie auf die Entwicklungsmöglichkeiten der neuen Aufgabe, nicht auf die Vergütung. Schön und reizvoll, wenn sich der Zuwachs an Verantwortung durch ein Plus auf Ihrem Konto bemerkbar macht. Aber viel entscheidender ist die Perspektive Ihrer neuen Tätigkeit.

8.8 Karriereknick – Bleiben Sie Profi!

Holen Sie sich nach einer Kündigung den besten anwaltlichen Rat für eine Verhandlung oder Auseinandersetzung mit dem Arbeitgeber. Die Materie ist zu komplex. Die persönliche Betroffenheit überlagert oft die gebotene Sachlichkeit. Bei der Lösung von Problemen hilft nur die professionelle Kommunikation. Am Ende des Tages ist auch der Ausstieg nur die Beendigung eines Vertragsverhältnisses. Nicht mehr, aber auch nicht weniger. Es gibt Spielregeln. In Verhandlungssituationen gehört es zu den üblichen Ritualen der Parteien, die „Folterinstrumente zu zeigen". Die meisten arbeitsrechtlichen Verfahren gehen jedoch eher positiv für den abhängig Beschäftigten aus.

Steigen Sie tiefer ein, und arbeiten Sie sich wieder hoch. Die Überlegung, auf keinen Fall unter dem heutigen Niveau etwas Neues anzufangen, zerstört sehr oft mittelfristige Chancen. Das Bewusstsein, bereits eine Führungsrolle ausgeübt zu haben, sollte ein verlässlicher Indikator sein, es noch einmal zu schaffen.

9 MAN LERNT NIE AUS – FORTBILDUNG IST PFLICHT

9.1 Selbst der Vorstand geht ins Seminar

Wer eine etwas genauere Vorstellung davon bekommen will, was von ihm in einem bestimmten Job erwartet wird, sollte sich die dazu passenden Fortbildungsprogramme genauer ansehen – ihre Inhalte geben sehr gut Aufschluss darüber, welches Wissen und welche Fähigkeiten gefragt sind. In Kapitel 4 „Job Profile“ werden bereits einige Programme vorgestellt. Diese Programme zeigen aber vor allem: Selbst nach einem abgeschlossenen Studium ist das Lernen meistens nicht vorbei – Fortbildung ist Pflicht in der Finanzbranche. Einen sehr großen Teil davon bieten die Banken intern – von Präsentationstechniken über Excel bis hin zum Jahressteuergesetz. Vielfach lassen Banken von den bekannten Fortbildungsinstitutionen ganz spezielle Lehrgänge entwickeln, die auf die Bedürfnisse des eigenen Geschäfts zugeschnitten sind und allein den zur Bank gehörenden Mitarbeitern angeboten werden.

Daneben gibt es das breite Angebot allgemein zugänglicher Studiengänge, Zertifikatekurse und Seminare. Teilweise übernehmen die Banken die Studien- und Kursgebühren (häufig erst nach bestandener Prüfung), und manchmal unterstützen sie ihre Mitarbeiter in Form zeitlicher Freistellung von der Arbeit. Vielfach nehmen Banker aber auch die Kosten und den Zeitaufwand ohne Unterstützung ihres Arbeitgebers auf sich, um sich Karrierechancen zu öffnen – im eigenen Betrieb oder in einem anderen Haus. Mitunter ist dieser Aufwand durchaus erheblich. Banker ohne Studium kommen am üblichen weiteren Bildungsweg vom Bankfachwirt zum Bankbetriebswirt ohnehin nicht vorbei, wollen sie sich weitere Karrierestufen offen halten (Kapitel 2). Doch auch für sie geht es nach diesen Stufen häufig weiter.

Die folgende Auswahl aus dem großen Angebot vermittelt einen Eindruck, mit welchem theoretischen Stoff sich Banker im Laufe ihrer Karriere auseinandersetzen – bunt gemischt vom Master-Studiengang bis zum Tagesseminar, vom allgemeinen MBA bis zum notleidenden Kredit. Der Leser wird staunen, denn manches Angebot richtet sich ausdrücklich an Vorstände.

9.2 Finanz- und Management-Know-how

Management

Anbieter	www.frankfurt-school.de
Ziele	Ziel der Teilnahme am Management-Studium ist es, die Befähigung zu erlangen, Veränderungen in der Wettbewerbsumwelt und im Unternehmen zu erkennen, zu analysieren, neue Strategien und Organisationsstrukturen mit zu entwickeln und eigenverantwortlich Projekte durchzuführen. Das Studium soll zur Leitung von Teams, Gruppen, Filialen oder Geschäftsstellen befähigen und damit einen weiteren wichtigen Karriereschritt ermöglichen.
Inhalte	▪ Grundlagen und Kernfunktionen des Managements ▪ Internationalisierung ▪ Unternehmensethik ▪ Wertorientiertes Finanzmanagement ▪ Projektmanagement ▪ Strategisches Management ▪ Unternehmenssimulation ▪ Qualitätsmanagement ▪ Geschäftsprozessmanagement ▪ Organisatorischer Wandel ▪ Unternehmenskommunikation ▪ Verhandlungsmanagement ▪ Personalmanagement ▪ Führung ▪ Persönliche und soziale Managementkompetenz ▪ Einführung in die empirische Sozialforschung ▪ Präsentationstraining ▪ Studienarbeit
Zugangsvoraussetzung	Für den Studiengang „Management-Studium" können Banker sich dann entscheiden, wenn sie den Studiengang „Bankbetriebswirt/-in" erfolgreich absolviert oder eine vergleichbare Qualifikation, zum Beispiel Sparkassenbetriebswirt, erworben haben oder einen Diplomabschluss und langjährige Berufspraxis in der Kreditwirtschaft oder in branchenverwandten Bereichen (zum Beispiel Finanzabteilung eines Industrieunternehmens) mitbringen.
Art	Teilzeit/Präsenzunterricht
Dauer	Zwei Semester
Kosten	5.390 Euro

FinanzMBA

Anbieter	**School of Management and Innovation (SMI), Berlin, www.finanzmba.de**
Ziele	Managementprogramm für Spezialisten, Führungskräfte und Führungsnachwuchs in der Finanzbranche
Inhalte	▪ General Management ▪ Finanzmanagement ▪ Leadership
Zugangsvoraussetzung	Abgeschlossenes Erststudium (Bachelor, Diplom u. ä.), zwei Jahre Berufserfahrung
Art	Teilzeit/berufsbegleitend
Dauer	24 Monate
Kosten	23.900 Euro

Master Banking & Finance

Anbieter	**School of Management and Innovation (SMI), Berlin**
Start	Ab 1.1.2009
Inhalte	Studiengang befindet sich in der Entwicklung
Zugangsvoraussetzung	Abgeschlossenes Bachelor-Studium
Art	Fernstudium
Dauer	18 oder 24 Monate
Kosten	18 Monate: 15.000 Euro; 24 Monate: 20.000 Euro

Management of Financial Institutions

Anbieter	Hochschule der Sparkassen-Finanzgruppe www.s-hochschule.de
Ziele	Der MBA-Studiengang Management of Financial Institutions zeichnet sich durch seine Ausrichtung des General Management auf die Kredit- und Versicherungswirtschaft aus. Er richtet sich an angehende Führungskräfte aus Kreditinstituten, Versicherungsunternehmen und größeren Wirtschaftsunternehmen mit Bezug zu Finanzdienstleistungen. Das Studienprogramm vermittelt die Kompetenzen, die zum Führen einzelner großer oder mehrerer Betriebsteile bis hin zur Übernahme der Gesamtverantwortung von Finanzdienstleistungsunternehmen erforderlich sind.
Inhalte	Neben dem Schwerpunkt auf Finanzdienstleistungen ist die von Studienbeginn an enge Verzahnung zur betrieblichen Praxis der Studierenden eine Besonderheit der Studienkonzeption. Insbesondere die zu erstellende Projektarbeit, die die Studierenden an strategische Managementfragen ihrer Arbeitgeber heranführen soll, sichert einen hohen Anwendungsbezug des Studiums.
Zugangsvoraussetzung	▪ Hochschulabschluss ▪ TOEFL ▪ Auswahlverfahren ▪ Zwei Jahre Berufserfahrung (zehn Jahre im Durchschnitt)
Art	Vollzeit
Dauer	24 Monate
Kosten	Einschreibung 1.200 Euro; pro Semester 4.500 Euro

MBA Finanzmanagement

Anbieter	Allfinanz Akademie an der Fern Universität in Hagen, www.allfinanzakademie.de
Ziele	Die Teilnehmer erhalten nach erfolgreichem Abschluss des Studiums an der Fern Universität und der zusätzlichen Anfertigung einer Masterarbeit den akademischen Grad „Master of Business Administration (MBA)" der University of Wales.
Inhalte	Allgemeine Studienschwerpunkte sind: ▪ Planung und Marketingmanagement ▪ Finanzielles Rechnungswesen ▪ Jahresabschlussanalyse ▪ Internationale Rechnungslegung ▪ Finanz-, Investitions- und Risikomanagement ▪ Organisation und Personalmanagement ▪ Unternehmensgründung ▪ Beteiligungscontrolling ▪ Steuern und Steuerplanung
Zugangsvoraussetzung	▪ Hochschulabschluss ▪ Drei Jahre Berufserfahrung
Art	Fernstudium/Präsenzveranstaltungen
Dauer	24 Monate
Kosten	11.520 Euro

Master of Business Administration

Anbieter	**Anbieter: ISM International School of Management www.ism-dortmund.de**
Ziele	Der berufsbegleitende Studiengang „Master of Business Administration“ bereitet Akademiker aller Fachrichtungen gezielt auf zukünftige Managementaufgaben vor.
Inhalte	Aufbauend auf ihrem akademischen und beruflichen Vorwissen erhalten die Studierenden intensiven Einblick in die Unternehmensbereiche Markets, Finance, Corporate Intelligence, Organization/Human Resources und Activities/Processes. Integrierte Auslandsmodule an der Business University of Stellenbosch in Südafrika ermöglichen es den Teilnehmern zudem, internationale Erfahrungen zu sammeln und interkulturelle Kompetenzen zu erwerben.
Zugangsvoraussetzung	Hochschulabsolventen aller Studiengänge mit zwei Jahren Berufserfahrung.
Art	Berufsbegleitendes Teilzeitstudium
Dauer	18 Monate
Kosten	14.910 Euro

Web-Links
Unzählige weitere MBA-Angebote unter www.mba.de

9.3 Vermögensberatung

Siehe auch Kapitel 4.6 „Private Banking“ und Kapitel 4.5 „Asset Management“.

Diplomierter Private-Banking-Experte

Anbieter	**Akademie für Finanzmanagement** **www.affm.de**
Ziele	Zusatzqualifikation für Mitarbeiter aus Finanzdienstleistungsunternehmen
Inhalte	▪ Fachkompetenz (zum Beispiel Beraterhaftung, Financial Planning, Unternehmensnachfolge) ▪ Sozial- und Führungskompetenz (zum Beispiel Business Behaviour, Kompetenz des Private Bankers, internationale Kulturen) ▪ Verkaufskompetenz (zum Beispiel Beziehungsmanagement) ▪ Methodenkompetenz (zum Beispiel Kreativitätstechniken, Stressmanagement, Arbeitsorganisation)
Zugangsvoraussetzung	▪ Wirtschaftswissenschaftliches Hochschulstudium ▪ Hochschulstudium und Erfahrung im Finanzbereich ▪ Ausbildung zum Fach- oder Betriebswirt im Finanzdienstleistungsbereich ▪ Fachspezifische Ausbildungsgänge und mindestens fünf Jahre Berufserfahrung im Finanzdienstleistungsbereich
Art	Berufsbegleitend
Dauer	18 Monate
Kosten	11.900 Euro

Vorsorgemanagement

Anbieter	**www.frankfurt-school.de**
Ziele	Überblick über alle Formen der Alters- und Risikovorsorge
Inhalte	▪ Modul 1: Basiskonzeption des Vorsorgemanagements ▪ Modul 2: Grundlagen ▪ Modul 3: Altersvorsorgeplanung I: Basisversorgung (Schicht 1) | ▪ Modul 4: Altersvorsorgeplanung II: Zusatzversorgung (Schicht 2) ▪ Modul 5: Altersvorsorgeplanung III: Private Altersvorsorge (Schicht 3) ▪ Modul 6: Risikovorsorge ▪ Modul 7: Workshop: Kundenkommunikation, Vertrieb und Beratungsprozess ▪ Modul 8: Fallstudien
Zugangsvoraussetzung	Hochschulstudium oder nachgewiesene Berufserfahrung in den Bereichen Banking, Financial Planning, Vermögens- und Finanzberatung oder Versicherungen
Art	Berufsbegleitend
Dauer	Neun Monate
Kosten	7.200 Euro

VIP – Vermögensmanagement für Individuelle Privatkunden

Anbieter	**Akademie der Genossenschaften** **www.adg.de**
Ziele	In diesem Programm wird die notwendige Fach- und Methodenkompetenz erworben, um eine fundierte, ganzheitliche Beratung im Sinne eines Financial Planning im Segment vermögender Privatkunden durchführen zu können. Der erfolgreiche Abschluss der ersten Stufe berechtigt zur Teilnahme an einem vereinfachten Zertifizierungsprozess zum „DIN-geprüften privaten Finanzplaner". Der erfolgreiche Abschluss der zweiten Stufe berechtigt zur Teilnahme an dem Zertifizierungsprozess zum „Certified Financial Planner (CFP)".
Inhalte	▪ 1. Stufe: Interdisziplinäre Grundlagen (BWL, VWL, Finanzmathematik und Statistik, steuerliche und rechtliche Grundlagen, Ethik), Privates Finanzmanagement (Kredit-, Portfolio-, Vorsorge-, Immobilien- und Beteiligungsmanagement, Grundlagen der Vermögensnachfolge), Basiskonzeption des Financial Planning ▪ 2. Stufe: Strategische Ausrichtung von Financial Planning, Financial Planning in der Beratungspraxis (Unternehmerfinanzplanung, strategisches Risiko- und Vorsorgemanagement, Regelung der Vermögensnachfolge), Marketing und Kommunikation, Case Studies
Zugangsvoraussetzung	Kompetenznachweis „Betreuung vermögender Privatkunden" oder vergleichbarer Abschluss oder relevanter (Fach-)Hochschulabschluss
Art	Präsenz und Selbstlernphasen
Dauer	Stufe 1: etwa 30 Tage, Stufe 2: etwa 20 Tage
Kosten	Stufe 1: 7.990 Euro, Stufe 2: 6.290 Euro

Kompaktstudiengang Hedgefonds

Anbieter	**European Business School** **www.ebs.edu**
Inhalte	Neben wissenschaftlichen Aspekten, die zum Verständnis von Hedgefonds unverzichtbar sind, vermittelt das Kompaktstudium ein umfassendes, in der Praxis anwendbares Wissen über alle Teilbereiche des Beratungsprozesses für Hedgefonds-Produkte. So stellen Ansätze für den erfolgreichen Vertrieb von Hedgefonds ebenso einen wesentlichen Bestandteil des Curriculums dar wie ethische Aspekte in der Finanzberatung.
Zielgruppe	▪ Vermögensverwalter ▪ Spezialisten im Bereich Wealth Management ▪ Stiftungen und Family Offices ▪ Aus Versicherungsgesellschaften ▪ Beteiligungsgesellschaften und Pensionskassen
Art	Präsenz
Dauer	Sieben Tage
Kosten	Rund 3.870 Euro

Vergleichbare Kompaktstudiengänge bietet die European Business School für die Themen „Private Equity“, „Rohstoffe“ und „Testamentsvollstreckung“.

9.4 Kreditgeschäft

Siehe auch Kapitel 4.2 „Corporate Banking“.

Sicher im Kreditgeschäft! Relevantes Fachwissen für angehende und kürzlich bestellte Vorstände

Anbieter	**Akademie der Genossenschaften** **www.adg.de**
Ziele	Die Teilnehmer erhalten zielgerichtet und praxisorientiert vorstandsrelevantes Wissen zu den zentralen Themen im Kreditgeschäft. Dieses Wissen ist Voraussetzung, um vor dem Hintergrund permanent steigender aufsichtsrechtlicher Anforderungen und ausgeweiteter Haftungsregelungen die Tragweite der eigenen Kreditentscheidungen beurteilen und somit Kreditkompetenz zuverlässig und sicher ausüben zu können. Sie diskutieren mit erfahrenen Referenten - auch der BaFin - unter anderem jene Aspekte, die mit der künftigen Vorstandsaufgabe verbunden sein werden, wie zum Beispiel den Umgang mit Prüfung und Aufsicht. Zugleich knüpfen sie erste Kontakte und legen so den Grundstein ihres Vorstandsnetzwerks.
Inhalte	▪ Modul I: vorstandsrelevante aufsichtsrechtliche Aspekte des Kreditgeschäftes ▪ Modul II: vorstandsrelevante betriebswirtschaftliche Aspekte des Kreditgeschäftes ▪ Modul III: vorstandsrelevante rechtliche, haftungsrechtliche und dienstvertragliche Aspekte des Kreditgeschäftes ▪ Modul IV: vorstandsrelevante krisenspezifische Aspekte des Kreditgeschäftes
Art	Präsenz
Dauer	Zwölf Tage, vier Module à drei Tage
Kosten	6.799 Euro

Zertifikatskurs Kreditrisikomanager

Anbieter	**www.frankfurt-school.de**
Zielgruppe	Mitarbeiter der Bereiche Revision, Handel, Controlling , Kreditbereich (Markt, Marktfolge, Kreditrisikocontrolling)
Inhalte	Es müssen fünf der folgenden sieben Module besucht werden: ▪ Solvabilitätsverordnung: Schwerpunkt Kreditrisiko ▪ MaRisk: Schwerpunkt Kreditgeschäfte ▪ Finanzmathematische und statistische Grundlagen des Kreditrisikomanagements ▪ Kreditrisikomodelle (Management von Adressrisiken) ▪ Derivate und Strukturierte Produkte im Kreditgeschäft ▪ Kreditderivate ▪ Asset Backed Securities
Art/ Dauer	Jedes Modul umfasst zwei bis drei Präsenztage
Kosten	960 Euro bis 1.390 Euro

Die Anforderungen des § 25a KWG an den Vorstand einer Genossenschaftsbank

Anbieter	**Akademie der Genossenschaften** **www.adg.de**
Ziele	Die Veranstaltung bietet eine umfassende Darstellung der geltenden aufsichtsrechtlichen Anforderungen an das Risikomanagement und -controlling mit integriertem Blick auf häufige Problemfelder im Rahmen entsprechender Sonderprüfungen der Vergangenheit. Die Teilnehmer bringen sich auf den aktuellen Stand aufsichtsrechtlicher Anforderungen an den Vorstand.
Inhalte	▪ § 25a Abs. 1 KWG – Besondere organisatorische Pflichten von Instituten ▪ Verfahrensablauf und häufig festgestellte Problemfelder von § 44 KWG-Prüfungen der Bundesbank ▪ Aufbau- und Ablauforganisation; schriftlich fixierte Ordnung und Dokumentationsanforderungen ▪ Risikosteuerungs- und -controllingprozesse ▪ Umsetzungshinweise und Umsetzungserfahrungen zu § 25a KWG und MaRisk
Art	Präsenz
Dauer	Drei Tage
Kosten	1.099 Euro

Intensivprogramm: Die Kreditentscheidung im Vorstand – Sicher votieren!

Anbieter	Akademie der Genossenschaften www.adg.de
Ziele	Vorstände diskutieren in kompakter Form die aktuellen aufsichts- und haftungsrechtlichen Herausforderungen bei der Vergabe von Krediten, bei denen der Gesamtvorstand mitwirken sollte oder muss. Dabei werden sämtliche vorstandrelevanten Fragen rund um die Kreditentscheidung im Vorstand behandelt. Die Teilnehmer erhalten praxisnahe und wertvolle Tipps für ihre Vorstandspraxis und bringen sich zugleich auf den aktuellsten Kenntnisstand. Auch wichtige Themen wie die Dokumentation der Entscheidungen, haftungsrechtliche Fragestellungen und zahlreiche Praxisbeispiele kommen zur Sprache.
Inhalte	▪ Update Aufsichtsrecht im Kreditgeschäft ▪ Ein Überblick über die neuesten Anforderungen ▪ Organisatorische Anforderungen im Kreditgeschäft und bei der Dokumentation der Entscheidungsfindung ▪ Auch Depot A-Anlage ist Kredit – Wenn Eigenanlagen zum Groß- oder Millionenkredit werden ▪ Kreditentscheidungen im Fokus der gesetzlichen und der externen (Sonder-)Prüfung, haftungsrechtliche Aspekte ▪ Kreditentscheidung in der Krise – wie verhalten bei gestörten Engagements? ▪ Haftungsfalle Sanierungsgutachten?
Art	Präsenz
Dauer	Fünf Tage
Kosten	2.392 Euro

Qualifizierung zum zertifizierten „Leiter Marktfolge Aktiv"

Anbieter	**Akademie der Genossenschaften** **www.adg.de**
Ziele	Die Teilnehmer bringen ihren Wissensstand zu rechtlichen und organisatorischen Themen aus ihrem täglichen Handlungsfeld auf den aktuellen Stand. Sie erhalten die Möglichkeit, ihre bisherige Abteilungsstruktur und Prozessdefinitionen zu reflektieren. Im Rahmen des Austauschs mit den anderen Teilnehmern erkennen sie weitere Optimierungspotenziale in ihrem Bereich und in der Zusammenarbeit mit anderen Bereichen.
Inhalte	▪ Neuausrichtung der Marktfolge Aktiv ▪ Kreditmanagement (Strukturen und rechtliche und betriebswirtschaftliche Aspekte) ▪ Die Marktfolge Aktiv als Profit Center (Prozessmanagement und Kostentransparenz) ▪ Zusammenarbeit strukturieren
Zugangsvoraussetzung	Praktische Erfahrungen und Vorkenntnisse im Themenfeld
Art	Präsenz
Dauer	Zwölf Tage
Kosten	3.680 Euro

Qualifizierung zum zertifizierten „Problemkreditmanager ADG"

Anbieter	**Akademie der Genossenschaften** **www.adg.de**
Ziele	Die Veranstaltung bietet eine praxisorientierte Vertiefung zentraler Themen im Bereich des Problemkreditmanagements. Aufbauend auf fundiertes Grundlagenwissen werden Kenntnisse im Bereich des organisatorischen Aufbaus sowie hinsichtlich betriebswirtschaftlicher und rechtlicher Aspekte systematisch erweitert. Anhand von zahlreichen Praxisfällen werden Stolpersteine und Fallstricke vorgestellt und anschließend sinnvolle und effiziente Lösungen erarbeitet. Hierbei wird selbstverständlich auch auf theoretische Notwendigkeiten eingegangen sowie die aktuelle Rechtsprechung entsprechend berücksichtigt.
Inhalte	▪ Organisatorischer Aufbau der Intensivbetreuung und Problemkreditbearbeitung ▪ Betriebswirtschaftliche und rechtliche Aspekte bei Sanierungsengagements ▪ Betriebswirtschaftliche und rechtliche Aspekte bei Abwicklungsfällen unter besonderer Berücksichtigung der Sicherheitenverwertung ▪ Musterfallbearbeitung
Zugangsvoraussetzung	Teilnahme am GenoPE-Kernmodul „Sanierung und Abwicklung" oder vergleichbare Kenntnisse in diesem Bereich sowie praktische Erfahrungen
Art	Präsenz
Dauer	Zwölf Tage
Kosten	4.480 Euro

9.5 Immobilien Banking

Siehe Auch Kapitel 4.3 „Immobilien Banking“.

Real Estate Investment Management

Anbieter	**European Business School** **www.ebs.edu**
Inhalte	Real Estate Investment Management ist die umfassende, an den Vorgaben des Investors ausgerichtete Eigentümervertretung für ein Immobilienvermögen unter Kapitalanlagegesichtspunkten. Dies kann neben direkten auch indirekte Investition sowie ergänzend zu fremd genutzten Immobilien eigen genutzte oder nicht primär der Ertragserzielung dienende Immobilien umfassen.
Zielgruppe	Führungs- und Nachwuchskräfte sowie Fachkräfte aus den Bereichen: Asset- und Portfolio Management, Produktentwicklung, Finanzierung und Beratung, Bewertung, Investmentanalyse, Immobiliencontrolling, Transaction Advisory, Consulting
Art/Dauer	Drei Semester (57 Präsenztage über 18 Monate)
Kosten	Rund 19.000 Euro

Real Estate Finance

Anbieter	www.frankfurt-school.de
Inhalte	Der Studiengang vermittelt detailliert die gesamte Wertschöpfungskette der Immobilienfinanzierung: ▪ Allgemeine Grundlagen ▪ Immobilienbewertung ▪ Grundlagen der Immobilienfinanzierung ▪ Kapitalmarkt und Refinanzierungsinstrumente der Hypothekenbanken ▪ Risikomanagement im Real Estate Banking ▪ Immobilienfinanzierung Retail ▪ Real Estate Banking (Wahlfach) ▪ Immobilienfinanzierung Corporate ▪ Real Estate Investmentbanking (Wahlfach) ▪ Workout ▪ Sanierung und Abwicklung notleidender Engagements
Zugangsvoraussetzung	Absolventen der Bachelor Programme der Frankfurt School of Finance & Management, Absolventen der Studiengänge Bankfachwirt, Bankbetriebswirt oder Managementstudium, Absolventen der VWAs und der beruflichen Bildungsakademien, Personen mit einschlägiger nachgewiesener Berufserfahrung im Bereich der Immobilienwirtschaft, Immobilienfinanzierung oder Finanzierung im Firmen- und Privatkundengeschäft
Art	Berufsbegleitend
Dauer	Zwei Semester
Kosten	8.050 bis 8.350 Euro

Aus- und Weiterbildung von Immobiliensachverständigen

Anbieter	**www.frankfurt-school.de**
Zielgruppe	Der berufsbegleitende Studiengang „Aus- und Weiterbildung für Immobiliensachverständige“ richtet sich vorwiegend an Mitarbeiter aus dem Bankenbereich und aus anderen Zweigen der Finanzwirtschaft, die als Immobiliensachverständige tätig sind oder tätig werden wollen.
Inhalte	Der Teilstudiengang „Grundlagen des Sachverständigenwesens“ vermittelt das gesamte fachliche Basiswissens des Immobilien-Sachverständigenwesens. Im Teilstudiengang „Hypothekarische Beleihungswertermittlung“ geht es um die pfandbriefrelevanten Grundlagen und Besonderheiten der Beleihungswertermittlung sowie die Grundzüge der bestehenden Rechtsgrundlagen.
Art	Berufsbegleitendes Fernstudium
Dauer	Zwölf Monate
Kosten	5.100 Euro

HypZert

Anbieter	**Akademie der Genossenschaften** **www.adg.de**
Inhalte	Umfassende Zertifizierungsausbildung für Immobiliengutachter mit Schwerpunkt Beleihungswertermittlung. Grundlagen der Wertermittlung, Mathematik und Statistik, der Immobilienmarkt in Deutschland, Sondereinflüsse auf die Immobilie, Absicherung von Darlehen durch Grundpfandrechte, der Pfandbrief, bautechnische Grundlagen, Verkehrswertermittlung, Beleihungswertermittlung
Zugangsvoraussetzung	Teilnahme am Seminar: Berufserfahrung in der Immobilienbewertung, Teilnahme an der Prüfung: Nichtakademiker zehn Jahre Berufserfahrung, davon fünf Jahre in der Immobilienbewertung, Akademiker mit einschlägigem Studium: mindestens drei Jahre in der Immobilienbewertung
Art	Präsenz und Selbstlernphasen
Dauer	13 Tage
Kosten	3.390 Euro

9.6 Anbieter im Überblick

Akademie Deutscher Genossenschaften

Die ADG stellt für Banker aus dem genossenschaftlichen Finanzverbund eine große Bandbreite an Hochschulprogrammen zur Verfügung, aus der die Banken den richtigen Weg für ihre Mitarbeiter auswählen können - vom Bachelor-Studium über das MBA-Studium bis hin zur Promotion. Kooperationspartner ist die Steinbeis-Hochschule Berlin (SHB). Daneben bietet sie unzählige Experten- und Führungsseminare für Banker an.

Web-Link www.adgonline.de

Akademie für Finanzmanagement

Die AFFM ist ein privater, unabhängiger Anbieter für Weiterbildung, Konzepte und Training im Finanzdienstleistungsbereich. Sie wurde im Jahr 2001 von Professoren und Praktikern aus dem Bank- und Finanzbereich gegründet.

Web-Link www.affm.de

Allfinanz Akademie an der Fern Universität in Hagen

Die Allfinanz Akademie wurde vor dem Hintergrund eines immer stärkeren Zusammenwachsens der verschiedenen Sektoren des Finanzdienstleistungsbereiches gegründet. Sie will den Teilnehmern am Studienprogramm „Finanzmanagement" ermöglichen, ihre Fähigkeiten und das Verständnis für ökonomische Zusammenhänge praxisorientiert und dennoch auf wissenschaftlichem Niveau zu steigern, ohne ihre Berufs- und Erwerbstätigkeit aufzugeben.

Web-Link www.allfinanzakademie.de

Deutsche Vereinigung für Finanzanalyse und Asset Management

Die DVFA ist Berufsverband der Investment Professionals, Ausbildungsinstitut für CEFA- und CIIA-Lehrgänge sowie Mitglied verschiedener internationaler Analysten-Verbände.

Web-Link www.dvfa.de

European Business School

Das EBS Department of Finance, Accounting & Real Estate gehört zu den größten seiner Art in Deutschland und bietet ein breit gefächertes und international ausgerichtetes Lehrprogramm in den zentralen Bereichen der Finanzwirtschaft, des Rechnungswesens und der Immobilienökonomie.

Web-Link www.ebs.edu

Frankfurt School of Finance & Management

Die Ursprünge der Frankfurt School of Finance & Management liegen in der Finanzwirtschaft. Sämtliche Lehr-, Forschungs- und Beratungsaktivitäten bewegen sich im Spannungsfeld von Finance und Management. Neben ihrem Hauptsitz in Frankfurt am Main führt sie über 86 regionale Bildungszentren in ganz Deutschland und verschiedene Beteiligungen und Programme im Ausland.

Web-Link www.frankfurt-school.de

Hochschule der Sparkassen-Finanzgruppe

Die Hochschule der Sparkassen Finanzgruppe konzentriert sich mit ihren neun Professuren auf Lehre und Forschung im Finanzdienstleistungsbereich. Erklärtes Ziel ist es, leistungsorientierten Mitarbeitern aus der Finanzwirtschaft die Möglichkeit zu eröffnen, parallel zur Berufsausbildung oder Berufstätigkeit einen international anerkannten Hochschulgrad zu erwerben.

Web-Link www.s-hochschule.de

ISM International School of Management

Die International School of Management (ISM) in Dortmund und in Frankfurt am Main ist eine staatlich anerkannte, private Hochschule in gemeinnütziger Trägerschaft und bildet in kompakten, anwendungsbezogenen Studiengängen Führungsnachwuchs für die international orientierte Wirtschaft aus.

Web-Link www.ism-dortmund.de

School of Management and Innovation (SMI)

Die School of Management and Innovation wurde 2005 als Business School an der privaten Steinbeis-Hochschule gegründet. Sie hat sich auf berufsbegleitende, zielgruppengerechte BBA- und MBA-Studiengänge für die Branchen Medien, Marketing, IT, Handel und Finanzwirtschaft spezialisiert. Derzeit studieren über 700 Fach- und Führungskräfte an der SMI. Die Arbeit der SMI wird nur über Studiengebühren und die engagierte Unterstützung der Wirtschaft finanziert.

Web-Link www.finanzmba.de

10 EXTRAS

10.1 Mit der Bank ins Ausland

Flexibilität wird erwartet

Die Arbeitswelt wird in einem Maße und einer Geschwindigkeit internationaler, von der man vor 15 Jahren nicht ansatzweise geträumt hätte. Das spiegelt sich am Arbeitsplatz nicht nur darin wider, dass wir bei Computerproblemen nun plötzlich mit einem Call Center in Bangalore oder Warschau verbunden werden, sondern auch darin, dass der neue Kollege im Büro nebenan Spanier ist, in drei Ländern gelebt hat und vier Sprachen fließend spricht. Der Wegfall von mentalen und physischen Barrieren, aber auch die Öffnung vieler Länder, zwingt uns alle, globaler zu denken und zu agieren.

Dies zeigt sich auch in der Erwartung der Unternehmen an den Einzelnen. Früher war es eine Ehre und etwas Besonderes, für einige Jahre für das Unternehmen im Ausland zu arbeiten, um dann nach der Rückkehr die Karriereleiter beschleunigt zu erklimmen. Heute hat sich die Situation durchaus verändert, wenn nicht sogar ins Gegenteil verkehrt. Die Zeiten, in denen die Unternehmen ihren Mitarbeitern den Auslandsaufenthalt durch üppige Zulagen mit stilvollen Namen wie Mobilitäts-, Auslands- oder Hardship-Prämien versüßt haben, sind endgültig vorbei.

Im Gegenteil: Arbeitgeber erwarten von ihren Mitarbeiter zunehmende Flexibilität im Hinblick auf den Arbeitsort. Firmenübernahmen und Fusionen fördern diese Entwicklung. Sie münden in aller Regel in einer Reorganisation mit dem Zweck, Kosten - und das bedeutet in den meisten Fällen Personal - einzusparen. Hinzu kommt, dass diese Reorganisation sich nicht mehr wie in der Vergangenheit auf ein Land beschränkt, sondern mindestens regional, wenn nicht sogar global stattfindet.

Am Ende bedeutet dies, meine Funktion wandert nach einer Reorganisation plötzlich ins Ausland und ich stehe vor der Entscheidung, ziehe ich um oder suche ich mir einen neuen Job. Wenn der Arbeitgeber aber noch die Möglichkeit bietet, sich befristet als Expatriate ins Ausland delegieren oder entsenden zu lassen, ist dies meistens noch immer lukrativer, als auf Basis eines lokalen Arbeitsvertrages und Vergütungspaketes im Ausland zu arbeiten. Als Expatriate im Ausland tätig zu sein, heißt in aller Regel, das Unternehmen garantiert das Nettogehalt vor dem Auslandsaufenthalt und gleicht Kosten für Wohnung, Lebenshaltung und Steuern aus. Die soziale Absicherung wird ebenfalls, soweit möglich, vergleichbar zum Heimatlandniveau sichergestellt. Je nach Land und Situation können weitere Zulagen gezahlt werden – allerdings mit rückläufigem Trend.

Einige wichtige Fragen im Zusammenhang mit Auslandseinsätzen stellen sich erst am Ende: Was mache ich nach meiner Rückkehr? Kann ich in meinen alten Job gehen? Will ich das überhaupt oder erwarte ich eine Beförderung? Da man seine neu erworbenen Kenntnisse sinnvoll einsetzen möchte, tritt relativ schnell Ernüchterung ein, wenn man feststellt, dass das im Ausland erworbene Wissen häufig im Heimatland nutzlos ist und auch die Beförderung nicht automatisch eintritt. Hinzu kommt, dass die Abteilung in der Zwischenzeit aufgelöst wurde, der damalige Chef und Mentor und auch die Kollegen nicht mehr da sind. Der Verlust der alten Infrastruktur und des Netzwerkes ist in diesen Fällen oft gleichbedeutend mit einem Neuanfang im Unternehmen.

Der Autor Marco Reiners ist bei Hewitt Associates verantwortlich im Bereich Vergütungsberatung

Interview mit Jürgen Schmieding

Jürgen Schmieding ist General Manager der Commerzbank in Singapur

Worin liegt Ihre Aufgabe in Singapur?

Von Singapur aus betreuen wir deutsche Unternehmen, die in Asien Geschäftsbeziehungen haben, aber auch asiatische Firmen mit Verbindungen nach Deutschland beziehungsweise Europa, wobei wir unsere Stärke im dortigen Heimatmarkt ausspielen können. Zudem bauen wir hier gerade das Geschäft mit strukturierten Handelsfinanzierungen, aber auch mit Schiffs- und Flugzeugfinanzierungen weiter aus - darin sieht die Commerzbank in dieser Region ein großes Potenzial. Als Leiter der Commerzbank Filiale Singapur bin ich für das Firmenkundengeschäft in Südost-Asien zuständig. In Shanghai, Hongkong und Tokio hat die Commerzbank weitere Filialen.

Sie sind also Filialleiter?

Das Wort Filiale ist etwas anders zu verstehen als bei der Bankfiliale in der Innenstadt. Im Grunde funktioniert die Filiale hier wie eine kleine eigene Bank - mit eigener IT-Infrastruktur, eigenem Backoffice, eigenen Abteilungen wie Personal, Recht, Compliance oder Rechnungslegung. Zusammen haben wir hier rund 200 Mitarbeiter, die meisten von ihnen kommen aus dieser Gegend. Viele Bereiche haben direkte Berichtslinien in die Zentrale. Neben dem eigentlichen Geschäft mit Firmenkunden muss ich mich darum kümmern, dass alles läuft und vor allem alle Regularien eingehalten werden.

Wie haben Sie sich für diese Aufgabe qualifiziert?

Ich bin jetzt seit 20 Jahren bei der Commerzbank und habe in dieser Zeit verschiedene Aufgaben im Firmenkundengeschäft übernommen. Mitte der Neunzigerjahre war ich auch schon zum ersten Mal im Ausland, für vier Jahre in New York, und habe dort erst deutsche Firmenkunden betreut und später auch US-Kunden. Zurück in Deutschland habe ich unter anderem in der Projektfinanzierung gearbeitet, multinationale US-Unternehmen betreut und zuletzt sehr erfolgreich das Projekt „Commerzbank - Beste Mittelstandsbank“ vorangetrieben. Nach mehreren Jahren Stabsarbeit in der Zentrale war es für mich wieder Zeit, näher am Kunden zu sein. Dann hat sich diese Gelegenheit ergeben, und seit April 2008 bin ich in Singapur.

Wie erleben Sie Singapur?

Singapur ist einerseits sehr international und multikulturell. Andererseits leben hier 6.000 Deutsche, es gibt eine europäische Schule mit großem deutschen Zweig. Singapur wirkt sehr behütet, es gibt kaum Kriminalität, alles ist grün und gepflegt, anders, als man sich asiatische Großstädte vorstellt. Staatssprache ist Englisch, schon das macht das Leben leichter. Zur Vorbereitung habe ich einige Bücher gelesen und mich so mit der für mich neuen Kultur auseinandergesetzt. Sinnvoll sind auch Cross Cultural Trainings. Im Alltag fällt mir vor allem das ausgeprägt hierarchische Denken auf. Eine Diskussionskultur, wie ich sie aus Deutschland kenne, gibt es hier nicht. Das kann natürlich schade sein, wenn es vielleicht bessere Wege gibt. Die Mitarbeiter zum offenen Austausch zu bewegen, ist eine meiner größten Herausforderungen.

Finanzplätze Asien

Singapur

In den vergangenen 40 Jahren hat sich Singapur zu einem blühenden und diversifizierten Finanzzentrum von weltweiter Bedeutung entwickelt. Die Stadt ist heute ein Anlaufpunkt für die inländische Wirtschaft und für weite Teile der Asien-Pazifik-Region. Als internationales Finanzzentrum für Banking-, Versicherungs-, Investment- und Treasury-Dienstleistungen kann Singapur den örtlichen Finanzinstitutionen ein marktfreundliches Umfeld, eine exzellente Infrastruktur, ein wettbewerbsfähiges Steuersystem, eine hochqualifizierte und kosmopolitische Bevölkerung und eine strategisch wertvolle Lage in einer Region voller Möglichkeiten bieten.

Im Juni 2008 waren 114 Geschäftsbanken, davon 108 ausländische Gesellschaften sowie Off-Shore- und Großunternehmensbanken mit Sitz in Singapur tätig. 23 dieser ausländischen Banken genießen vollen Bankstatus in Singapur und können daher die gesamte Bandbreite von Banking-Dienstleistungen nach der Vorgabe des Singapore Banking Act anbieten. Führende deutsche Gesellschaften wie die Deutsche Bank haben sich auch für die Ansiedlung ihrer regionalen Hauptsitze in der Löwenstadt entschieden. Eine zentrale Rolle spielt dabei die Fondsmanagement-Industrie. Mit einer noch immer kontinuierlich ansteigenden Gesamtsumme von einer Billion US-Dollar an verwaltetem Vermögen gilt Singapur als eine der Topadressen für Vermögensverwaltung in Asien.

Finanzdienstleister erfreuen sich seit Jahren robuster Wachstumsraten und stellen einen wichtigen Arbeitgeber in Singapur dar. Im Jahr 2007 trug der Sektor 1,9 Prozent zum Wachstum des Bruttoinlandsproduktes bei und beschäftigt zurzeit über fünf Prozent aller qualifizierten Erwerbstätigen in Singapur. In Zeiten wachsenden Wohlstands wird die Nachfrage nach Fachkräften im Bankensektor auch in Singapur weiterhin ansteigen.

Face Keeping nicht unterschätzen

In den meisten Ländern Asiens gibt es noch heute sehr starke Kapitalkontrollen und enorme Papier-/Meldepflichten. In erster Linie erfolgen Zahlungen per Scheck. Der Giro-Verkehr ist noch nicht sehr ausgeprägt. Die nationalen Märkte werden nach wie vor sehr protektionistisch abgeschottet. Singapur ist einer der wenigen Standorte der Welt, an dem sich die Regierung unmittelbar als Akteur an den Kapitalmärkten betätigt. Ebenfalls spielt das berühmte „Face Keeping" (sein Gesicht wahren und Konfrontationen aus dem Weg gehen) in Asien bei der persönlichen Anlagestrategie immer noch eine große Rolle. Das sollte besonders im Private Banking beachtet werden.

Hongkong

Als neuntgrößtes Finanzzentrum der Welt und hinter Japan die Nummer zwei in Asien ist Hongkong ein bedeutendes internationales Zentrum des Bankgeschäfts. 71 der 100 weltgrößten Bankhäuser sind vor Ort vertreten. Damit weist Hongkong im weltweiten Vergleich eine der höchsten Konzentrationen internationaler Bankinstitute auf. Insgesamt sind in Hongkong knapp 80.000 Menschen im Bankensektor beschäftigt. Das entspricht fünf Prozent des gesamten Arbeitsmarktes. Das Bankvermögen lag zum Jahresende 2007 bei 1,3 Billionen US-Dollar.

Einerseits lebt Hongkong vom Ruf des soliden Geschäftsumfeldes, das von der Balance einer sanften, aber effektiven Regulierung mit einem niedrigen Steuersatz und einem etablierten, kräftigen und liquiden Markt geprägt ist. Andererseits verschafft Hongkongs physische Nähe und enge Verbindung zum chinesischen Festland der Stadt einen bemerkenswerten Vorteil im Wettbewerb um das Potenzial des chinesischen Marktes gegenüber Rivalen wie beispielsweise Singapur. Trotz des Gegenwinds aus den aufstrebenden chinesischen Metropolen wie Shanghai nimmt Hongkong noch immer die Pole Position als das Finanzzentrum Chinas ein – dank des umfassenden Portfolios von Finanzdienstleistungen und Investmentprodukten und der gut ausgebildeten Finanz- und Banking-Talente.

Hongkong gilt weithin als das Zugpferd des Fondsmanagementsektors in Asien mit der höchsten Dichte von Fondsmanagern in der Region. Der Sektor ist gekennzeichnet von seiner internationalen Off-Shore-Ausrichtung und dient als Sprungbrett für Investitionen in Asien. Durch die im Rahmen von Reformen im Bankingsektor unterstützte neue wirtschaftliche Freizügigkeit – der Zustrom von Vermögensbeständen des QDII-Fonds sei als aussagekräftiges Beispiel erwähnt – blickt Hongkongs Banking- und Finanzwelt einer immer rosigeren Zukunft entgegen.

Shanghai

Shanghai ist das führende chinesische Wirtschaftszentrum und mit über 20 Millionen Einwohnern Chinas bevölkerungsreichste Stadt. Als einstiges Zentrum der Fischerei und der Textilindustrie hat sich die Metropole nunmehr zu einem der wichtigsten Tore ins chinesische Hinterland entwickelt und gilt als Vorzeigestadt der wachstumsstärksten Volkswirtschaft der Welt. Mit einem jährlichen Wachstum des Bruttoinlandsproduktes von über zehn Prozent, mit einer modernen Infrastruktur und neuen Kommunikationsnetzen, mit dem verkehrsreichsten Hafen der Welt, mit einem immer bekannteren Namen als kosmopolitisches Kultur- und Designzentrum und einem pulsierenden Wirtschaftsleben steht Shanghai an der Schwelle zur Weltstadt der Zukunft.

Als Profiteur des wirtschaftlichen Aufschwungs in China hat sich Shanghais junger Bankingsektor in jüngster Zeit eine immer prominentere Rolle erkämpft. Heute agieren bereits über 600 Banken und Finanzdienstleister in Shanghai – unter ihnen mehr als 130 Bankgesellschaften. Eine tragende Rolle nehmen dabei besonders ausländische Banken ein, von denen über 70 vor Ort angesiedelt sind und bereits mehr als die Hälfte des gesamten Shanghaier Geschäftsumsatzes erarbeiten – eine phänomenale Entwicklung seit der Öffnung Shanghais für ausländische Banken im Jahr 1990.

Hinsichtlich des Arbeitsmarktes sind derzeit zwei Prozent der örtlichen Fachkräfte Shanghais in der Bankindustrie tätig. Shanghai ringt jedoch bereits heute damit, die wachsende Nachfrage nach hochqualifizierten Fachkräften, besonders im rasant wachsenden Finanzsektor, zu befriedigen. In Zeiten ansteigenden Wohlstands in den fortschrittlichen chinesischen Küstenregionen – und mit Shanghai dicht auf Hongkongs Fersen als leitendes Finanzzentrum der Region – wird sich der Kampf um Talente in der Finanzbranche aller Voraussicht nach weiter zuspitzen.

Franz-Josef Kleideitert, Managing Director, FJK Consultants Pte Ltd, Singapore

Interview mit Klaus Tröster

Klaus Tröster setzt die Internationalisierung der Landesbank Baden-Württemberg um

Sie machen International Business Development. Was bedeutet das?

In meinem Fall bedeutet das, dass ich viel Zeit damit verbringe, dort im Ausland neue Standorte für die Bank zu gründen, wo wir gute Geschäftsmöglichkeiten für uns und unsere Kunden sehen. Anstöße dazu können aus allen Teilen der Bank kommen, zum Beispiel wenn auffällt, dass sich immer mehr unserer Firmenkunden für ein bestimmtes Land interessieren. Das geht von einer ersten Länderanalyse über das Projektmanagement bis hin zum Betriebsstart der neuen Niederlassung. Mittlerweile haben wir 26 Auslandsstandorte, wovon mein Team die Projekte zu den Standorten Südkorea, Mexiko, Indonesien und Dubai leitete. Für mich bedeutet das auch einiges an Reisetätigkeit - ungefähr sechs Mal im Jahr bin ich für die Bank im Ausland unterwegs, um wesentliche Dinge vor Ort zu regeln.

Welche Fragen klären Sie auf diesen Reisen?

Zum Beispiel geht es darum, wie überhaupt eine Banklizenz zu erwerben ist. Also mache ich Termine bei der Bankenaufsicht, um die entsprechenden Informationen einzuholen oder auch selbst Auskunft zu geben. In Dubai etwa habe ich das als sehr effizienten Prozess erlebt, das Vorgehen in Japan hingegen möchte ich als kommunikativ umschreiben, von Land zu Land gibt es sehr große Unterschiede. Zudem rede ich mit Wirtschaftsberatern und anderen Banken, mit Rechtsanwälten und mit Immobilienmaklern - wir müssen ja auch eine passende Unterkunft für unseren Standort finden. Nicht zuletzt geht es darum, die Schlüsselpositionen zu rekrutieren.

Mit wem besetzen Sie diese Schlüsselpositionen?

Wir bevorzugen dafür Mitarbeiter aus dem Land selbst, in Seoul und Tokio haben wir das so gemacht. Für Dubai dagegen haben wir zuletzt zwei Mitarbeiter in Deutschland gefunden. Schon wenn sich herumspricht, dass wir eine neue Niederlassung planen, erreichen uns häufig Initiativbewerbungen aus dem Haus. Die Kombination aus einem Mitarbeiter mit relevanter Erfahrung und jemandem aus der Kategorie „young and hopeful" funktioniert dabei recht gut.

Was passiert noch in der Planungsphase?

Das kann man schlicht mit dem Wort „Businessplan" zusammenfassen. Bevor wir überhaupt vor Ort die nötigen Schritte unternehmen, müssen wir klären, welches Geschäft wir dort genau etablieren wollen, was unsere Kunden dort brauchen und wie die Verdienstmöglichkeiten aussehen. Aus den gesammelten Daten erstellen wir eine Entscheidungsvorlage für den Vorstand, präsentieren sie, und wenn wir das Okay haben, dann wird die Arbeit in meinem Team konkret.

Wie sind Sie zu dieser Aufgabe gekommen?

Das war mit viel Eigeninitiative verbunden, man könnte fast sagen, ich habe diese Stelle selbst geschaffen, nachdem ich aus dem Ausland zurückgekehrt war. Die Landesbank Baden-Württemberg wollte ihre Internationalisierung vorantreiben, aber es hat keine Stelle in der Bank gegeben, an der alle dafür notwendigen Tätigkeiten gebündelt waren und wo alle Fäden zusammenliefen. Ich habe vorgeschlagen, eine solche Stelle zu schaffen. Sehr schnell sind dann zusätzliche Mitarbeiter dazu gekommen, weil die Aufgabe als Einzelkämpfer nicht zu bewältigen war.

Sie waren auch selbst für längere Zeit im Ausland?

Ja, ich wollte schon immer ins Ausland und habe deshalb auch im internationalen Geschäft der Bank angefangen, mit Themen wie Exportfinanzierung und Dokumentenverkehr. Mit 27 bin ich dann als Head of Operations, hier würde man Innenleiter sagen, auf die Insel Guernsey gekommen. Die liegt zwischen England und Frankreich, aber eigentlich sehr nahe an Frankreich. Guernsey gehört zu den Kanalinseln, die nicht Mitglied der EU sind. Mehr als 60 Prozent des Sozialprodukts kommen aus dem Finanzwesen. Rund 60 Banken sind dort angesiedelt - so viele finde ich in Stuttgart nicht. Erst sollte ich ein Jahr dort verbringen, am Ende sind es neun geworden.

Was haben Sie dort gemacht?

Das Geschäftsmodell war sehr einfach, Unternehmen konnten dort Termingelder mit steuerlichen Vorteilen anlegen - sie nutzten Guernsey praktisch als Geldparkplatz. In der Anfangszeit musste ich viel Aufbauarbeit leisten. Später mussten immer neue gesetzliche Regularien in den Geschäftsbetrieb integriert werden, zum Beispiel zur Bekämpfung der Geldwäsche. Irgendwann bin ich dann auch zusätzlich zum Compliance Officer geworden, um diese Dinge im Auge zu behalten. Teilweise war das Arbeit vom frühen Morgen bis zum späten Abend, sieben Tage die Woche. Als ich zeitlich etwas mehr Luft hatte, habe ich an der Bournemouth University meinen Master of Science gemacht. Dafür wurden extra alle drei bis vier Wochen Tutoren auf die Insel eingeflogen.

Wie ist es Ihnen persönlich in dieser Zeit ergangen?

Zum Start hat die Bank für eine Unterkunft gesorgt, aber um das meiste habe ich mich selbst gekümmert. So einfache Dinge wie die Kontoeröffnung erforderten einiges an Überzeugungskraft - ich brauchte eine permanente Adresse, die ich mit der Aussicht auf ein Jahr Aufenthalt nicht hatte, und zwei Referenzen, aber bitte nicht von Kollegen oder dem Arbeitgeber. Insgesamt ist der Wohnstandard dort auch niedriger, der Vermieter verstand gar nicht, wofür ich eine Dusche mit Warmwasser brauche. Und auch wenn ich sehr gut Englisch kann: Erklären Sie einmal einem Handwerker, was Sie mit Siffon meinen - nachdem sie überhaupt einen Termin bekommen haben.

Wie sah das soziale Umfeld aus?

Auch das war eine interessante Erfahrung - das komplette soziale Umfeld fällt zunächst weg, Freunde, Bekannte, Familie, niemand ist mehr da. Da bekommt die Frage „Was mache ich am Sonntag?“ eine ganz neue Bedeutung. Aber das hat sich sehr gut entwickelt, ich habe noch viele Kontakte nach Guernsey, mache dort im Sommer Urlaub und zu meiner Hochzeit sind zahlreiche Freunde aus Guernsey zu Besuch nach Deutschland gekommen.

Die großen Finanzplätze

London

Der bedeutendste Finanzplatz der Welt? Medial zumindest liegt New York weit vorn, real jedoch hat es die Londoner City längst geschafft, die Wall Street abzuhängen. In London haben sich mehr ausländische Banken angesiedelt als in New York, die London Stock Exchange wickelt einen weit größeren Anteil am weltweiten Aktienhandel ab und auch bei den Börsengängen liegt London klar vorn. Das war nicht immer so, über Jahrzehnte dümpelte die Stadt selbstgefällig vor sich hin, bis die Thatcher-Regierung im Oktober 1986 mit dem „Big Bang" die regulatorischen Fesseln des Finanzmarktes sprengte und dem Wettbewerb freien Lauf ließ. Seitdem ist der Aufstieg Londons nicht mehr aufzuhalten. Nach Zahlen aus der City vom Mai 2008 werden hier täglich Währungen im Wert von über 1.300 Milliarden US-Dollar gehandelt, auch der Derivatehandel erreicht die Billionen, und selbst im Handel mit Rohmetallen werden in London nach Recherchen der „Zeit" jährlich 3.000 Milliarden US-Dollar umgesetzt. Von den knapp vier Millionen Berufstätigen in der britischen Hauptstadt sind nach City-Statistiken mehr als 1,3 Millionen im Bereich „Banking, Finance, Insurance" tätig, mehrere Hunderttausend von ihnen im Herzen der Stadt, der Londoner City, „The Square Mile", dem historischen Kern der Stadt, in dem nicht einmal 10.000 Menschen wohnen. Überhaupt arbeiten mittlerweile mehr als 20 Prozent der Briten im Finanzsektor. Bis zum Jahr 2020 könnte allein die Londoner City nach einer Prognose des Institute for Fiscal Studies mit einem Fünftel zur gesamten britischen Wirtschaftsleistung beitragen. Es wird viel Geld verdient. Jedes Jahr verkündet die City stolz die Bonussumme, die an Banker ausgezahlt wurde, 2007 sollen es weit mehr als vier Milliarden Pfund gewesen sein. Wie die Financial Times Deutschland berichtet, dürften rund 3.000 Banker mit einer Bonusprämie von mehr als einer Million Pfund pro Jahr nach Hause gehen.

Überleben in der City: Höflichkeit

Erster Tag in der City, die Kollegen überreichen ein Begrüßungsgeschenk. Sie packen es direkt aus, und es ist grausam. Doch Sie können gar nicht genug übertreiben mit Ihrer Freude. Denn für Engländer klingt das deutsche „oh wie schön" eher wie „es gefällt nicht". Sie tragen übrigens ein Manschettenhemd, gern auch bunt. Später kommt Ihr Chef auf Sie zu, es gebe da „ein kleines Problem". Sie lassen alles stehen und liegen, weil Sie wissen, da brennt etwas an, wenn Sie jetzt nichts tun. Begegnen Ihnen Kollegen, fragen Sie nach dem Wohlbefinden. Händeschütteln ist eher nicht üblich, aber Smalltalk gehört unbedingt zum guten Ton. Beim Mittagessen im Restaurant teilen Sie sich die Rechnung mit den Kollegen, auch, wenn Sie nur ein Sandwich hatten. Weil Sie gut ankommen bei den Kollegen, werden Sie nach einiger Zeit zum Dinner eingeladen, vermutlich schriftlich. Bringen Sie Wein mit oder Pralinen. Blumen gelten als sehr deutsch. Und brillieren Sie in der Konversation. Am nächsten Tag schreiben Sie auf jeden Fall eine Dankeskarte, man erwartet es von Ihnen - und zwar nach jeder Einladung. (www.focus.de)

New York

Seit mehreren Jahrzehnten schon hat sich New York neben London als das führende Finanzzentrum der Welt etabliert. Die New Yorker Finanzwelt hat wesentlich dazu beigetragen, globales Wachstum zu finanzieren, Produktinnovationen zur Marktreife zu führen sowie das weltweite Interesse der Finanzinvestoren auf sich zu lenken. Maßgeblichen Anteil an der dominierenden Stellung von New York als Finanzmetropole haben unter anderem international tätige Finanzinstitute wie Goldman Sachs, Citigroup, JPMorganChase, Merrill Lynch, Morgan Stanley, American Express oder Blackrock. Sie allesamt haben schon seit Ewigkeiten ihren Hauptsitz in New York und nehmen global eine Spitzenstellung bezüglich ihrer Marktpräsenz und -expertise ein.

Vermutlich wäre New York aber als Finanzzentrum nicht so im Fokus der globalen Wirtschaft, hätte mit der New York Stock Exchange (NYSE) nicht die bedeutendste Wertpapierbörse der Welt ihren Sitz in New York. Das durchschnittliche tägliche Handelsvolumen betrug 2007 rund 103 Milliarden Euro. Diese Konzentration von Investoren und Kapital hat auch dazu geführt, dass per Juli 2008 insgesamt 22 der Global Fortune Top500 Unternehmen ihren Firmenhauptsitz in der New Yorker Finanzmetropole unterhalten. Für viele dieser Unternehmen spielt der schnelle Zugang zum lokalen als auch internationalen Geld- und Kapitalmarkt eine wichtige Rolle bei der Entscheidung, vor Ort Präsenz zu zeigen.

Die in New York aktiven Finanzinstitute profitieren vom kosmopolitischen Lebensumfeld dieser Stadt. New York bietet mit rund acht Millionen Einwohnern der unterschiedlichsten Nationalitäten, Kulturen und Religionen den Arbeitgebern ein Potenzial an hoch qualifizierten Arbeitskräften. Aber auch die unmittelbare Nähe zu den renommierten Universitäten wie Harvard, Yale, Princeton, Columbia oder NYU garantiert den Finanzinstituten in New York den permanenten Zugang von neuen Talenten und Wissen.

Jörg Obermüller, Banker in New York

Vom Tellerwäscher zum Millionär

Jeder, der nach New York kommt und den unerschütterlichen Traum hat, hier eine Bilderbuchkarriere zu starten, sollte im Vorfeld jegliche Art von Naivität ablegen. Ähnlich wie in Deutschland gibt es in New York keine Geschenke auf dem Weg nach oben. Wer in New York erfolgreich sein will, muss sehr hart dafür arbeiten, mit Fachwissen und beruflichen Erfolgen beeindrucken sowie über das entsprechende Netzwerk im Senior Management verfügen. Die Motivation, in New York Karriere zu machen, ist allgegenwärtig. Ein Schaufensterbummel auf der 5th Avenue oder ein Spaziergang auf der Park Avenue an der Upper East Side lassen jeden Neuankömmling schnell erkennen, was in New York zählt: Karriere und Vermögen. Die Belastung und das Tempo auf dem Weg zu diesem Ziel haben schon viele Träumer verzweifeln lassen. Wer dem Druckt aber standhält, wird in New York erfolgreich sein. Good Luck!

Interview mit Franz-Josef Müller

Franz-Josef Müller hat das Wertpapiergeschäft der Hypovereinsbank in Prag ausgebaut

Welche Aufgabe hat Sie nach Prag geführt?

Die HypoVereinsbank war in Tschechien bereits die größte Auslandsbank, mit 20 Niederlassungen. Meine Aufgabe war es, den Wertpapierbereich zu strukturieren und das Private Banking mit Kunden ab 200.000 Euro liquidem Anlagevermögen dort aufzubauen. Die Bank hatte bereits 5.000 Wertpapierkunden, die Depots wurden aber in Deutschland, Österreich und der Schweiz geführt, eine eigene Wertpapierverwaltung und -verwahrung war nicht vorhanden. Neben dem eigentlichen Akquise- und Beratungsgeschäft ging es deshalb auch darum, die gesamte technische Infrastruktur neu aufzusetzen.

Worin lagen die Herausforderungen?

Es gab zwei primäre Ziele: Den Gesamtbereich zu strukturieren und Mitarbeiter für dieses interessante Geschäft zu begeistern. Als ich dort ankam, gab es keine konkreten Arbeitsanweisungen, keine klar geregelten Kompetenzen, keine in der Bank verbindliche gemeinsame Anlagestrategie. So ein bisschen war es, als könnten sich freischaffende Künstler im Wertpapiersegment betätigen. Größte Herausforderung war es, das Vertrauen der Mitarbeiter zu gewinnen. Hinter allem stand schließlich das Ziel, die Provisionserlöse zu steigern, dafür war ich auf Mitarbeiter angewiesen, die mitziehen. Schwierig war das Hierarchiedenken unter den Tschechen, es fiel ihnen schwer, ihre Meinung über Entscheidungen und Maßnahmen offen zu formulieren. Auch das Thema Verbindlichkeit wird dort anders interpretiert, als wir das kennen.

Wie haben Sie sich vorher für diesen Posten qualifiziert?

Ich war von einer Privatbank zur Hypovereinsbank gekommen, weil der Verantwortliche für den Wertpapierbereich in der Region Saarbrücken gesucht wurde. Als ich dort anfing, war die Niederlassung hinsichtlich ihrer Erträge unter „ferner liefen“ zu finden. Also habe ich ein Wertpapierkonzept ausgearbeitet. Zwei Jahre später hatten wir unsere Erträge mehr als verdoppelt und Saarbrücken war im Geschäftsbereich West die Nummer eins. Als dann der Leiter des Geschäftsgebiets Saarland-Westpfalz nach Prag ging, wollte er mich unbedingt mitnehmen.

Wie ging das Engagement zu Ende?

Ich erlag der neuen Herausforderung, als Direktor für eine Schweizer Bank das Private Banking im Geschäftsgebiet von Saarbrücken bis Wiesbaden aufzubauen. Zudem hatte sich in Prag das Umfeld verändert. Nach der Übernahme der Bank Austria ging mein Berichtsweg nach Österreich. Ich konnte zwar das zusammengelegte Wertpapiergeschäft in

Prag weiter leiten, aber es hat nicht mehr so gepasst. Am Ende bin ich zwei Jahre in Prag gewesen. Ohne diesen Schritt hätte ich viele Erfahrungen nicht gemacht und ich wäre heute vermutlich nicht Vorstand.

Finanzplätze Osteuropa

Wien

Der österreichische Bankensektor zählt laut Standard & Poor's (S&P) zu den wettbewerbsfähigsten in Europa. Wien hat erreicht, was sich Berlin einst erhofft hat - die Stadt hat sich als Tor nach Osteuropa etabliert: Österreichische Banken gehören heute zu den größten Investoren in Mittel- und Osteuropa. Nach aggressiven Akquisitionen haben sie ein flächendeckendes Netz von Tochterbanken über die gesamte Region gebreitet. Die Töchter im Ausland wachsen dynamisch und leisten inzwischen einen substanziellen Beitrag zur Bilanzsumme und zum Geschäftserfolg. Von den 79.000 Mitarbeitern im österreichischen Bankensektor ist die Mehrzahl bei Auslandstöchtern beschäftigt.

Auch aus Sicht der Gastländer sind die österreichischen Auslandsbanken wichtige Teilnehmer auf den nationalen Bankenmärkten mit einem Marktanteil von durchschnittlich 16 Prozent, wobei die Marktanteile in Bosnien-Herzegowina, Kroatien und der Slowakei bei mehr als 50 Prozent liegen, in Ländern wie Tschechien, Ungarn, Rumänien oder Serbien zwischen 20 und 40 Prozent, und nur in Ländern der ehemaligen Sowjetunion (Weißrussland, Lettland, Russland, Ukraine) und in Polen deutlich geringer.

Auf dem Heimatmarkt suchen die Kreditinstitute verstärkt nach Mitarbeitern in oberen und obersten Führungspositionen. Dieser Nachfrage steht ein enger Pool an geeigneten Kandidaten gegenüber, die bei Jobangeboten aktuell die Qual der Wahl haben - beste Voraussetzungen also für deutsche Banker, die in eine Führungsposition im Ausland wechseln möchten. Doch der österreichische Arbeitsmarkt bietet auch herausfordernde international orientierte Positionen für Banker, sowohl in den Zentralen, die eine Koordinationsaufgabe über die Töchter in Zentral- und Osteuropa (CEE) wahrnehmen, als auch - jedoch in zweiter Linie - in den Länderniederlassungen. Denn die hohen und höchsten Führungspositionen an Ort und Stelle werden zunehmend mit Mitarbeitern aus den Ländern selbst besetzt. Zusätzlich zu den Wachstumsaussichten in CEE prognostizieren Studien den österreichischen Banken neue Perspektiven in den asiatischen Märkten China und Indien - wiederum sind also attraktive Jobangebote in Sicht. Das Hauptwachstum wird auch für die nächsten Jahre mit der weiteren Expansion im Ausland erwartet - und damit verbunden ein beständig wachsender Arbeitsmarkt für Banker.

Dr. Marion Weber, Mitglied der Geschäftsleitung, Kienbaum Executive Consultants

Kultur und Konzerne

Wien - das sind Kaffeehäuser und Fiaker, Apfelstrudel und Mozartkugeln, das sind Sissi, Mozart, Schönbrunn und die schöne blaue Donau. Doch die Stadt hat durchaus mehr zu bieten als legendären Wiener Charme und sprichwörtliche Gemütlichkeit inmitten imperialer Prachtbauten - als moderner Wirtschaftsstandort beheimatet Wien nicht nur Sängerknaben und Lipizzaner, sondern auch namhafte internationale Konzerne, für die die Hauptstadt Österreichs aufgrund ihrer zentralen geografischen Lage als Drehscheibe zu den Märkten Zentral- und Osteuropas fungiert. Wien schafft als Markt im Herzen Europas den Spagat zwischen Tradition und Moderne, zwischen Kultur und Wirtschaft, und bietet Einheimischen sowie Gästen attraktive wirtschaftliche Rahmenbedingungen und eine der höchsten Lebensqualitäten weltweit.

Warschau

Der polnische Banking-Markt entwickelt sich sehr dynamisch: Noch vor einigen Jahren, gleich nach dem wirtschaftspolitischen Umbruch in Polen, konzentrierte sich die Bankenbranche auf Investment Banking und Corporate Finance (Mergers & Acquisitions und Privatisation). Der nächste Schritt war die Entwicklung des Corporate Banking, vor allem in Bezug auf Dienstleistungen für polnische und ausländische Unternehmen. In den vergangenen Jahren boomte das Feld Retail Banking, insbesondere im Bereich der Kreditprodukte. Angesichts einer ständig wachsenden Wirtschaft in Polen fokussiert der Markt momentan auf Asset-Produkte; im Retail Banking gewinnt die Betreuung von Kunden mit mittleren und sehr hohen Einkommen an Bedeutung.

Die heutige Marktsituation wird zudem von der starken Orientierung polnischer Unternehmen nach Osten beeinflusst. In Ländern wie der Ukraine, Litauen und Weißrussland befindet sich der Markt in einem ähnlichen Stadium wie der polnische Markt in den Neunzigerjahren. Die Erfahrungen von polnischen Führungskräften werden sehr geschätzt und diese deshalb verstärkt nachgefragt. Das führt dazu, dass sich das Gehaltsniveau in den Banken der genannten Länder verdoppelt.

Ob im Private Banking, Asset Management, Investment Banking oder im Bereich ausgewählter Versicherungsprodukte - in Polen sind die Berufsaussichten für Banker derzeit besonders gut. Denn diese Marktbereiche wachsen überdurchschnittlich. Gesucht wurden im vergangenen Jahr vor allem Führungskräfte des mittleren Managements. Jetzt ist darüber hinaus eine gewisse Offenheit für personelle Veränderungen auf der Vorstandsebene wahrnehmbar.

Die Gehaltsspanne in polnischen Banken ist auf der mittleren Ebene sehr groß. Das Top-Management in Banken gehört im Vergleich mit anderen Branchen zu den am besten bezahlten Führungskräften in Polen. Das hohe Vergütungsniveau hängt auch damit zusammen, dass einige Vorstandsmitglieder großer internationaler Banken aus dem Stammhaus entsandt wurden.

Wer in Polen Karriere machen möchte, muss allerdings eine Besonderheit aus dem polnischen Bankrecht beachten: Der Vorstandsvorsitzende einer Bank muss zwingend Kenntnisse der polnischen Sprache besitzen - sonst darf er diese Position nicht bekleiden.

Anna Rudzińska, Senior Consultant, Kienbaum Executive Consultants

Polnische Galanterie

Die Polen gelten nicht umsonst als die Franzosen des Ostens: Sie sind höflich und galant, tragen elegante Kleidung und verabreichen bei jeder auch nur halbwegs als gesellschaftlich zu erklärenden Gelegenheit einer verheirateten oder älteren Dame den Handkuss. Erscheinen Sie nie mit leeren Händen zu einer Einladung. Wein für den Hausherrn, Schokolade für die Kinder und Bücher für alle. Übersetzungen polnischer Klassiker oder Bücher über Hobbys der Gastgeber werden sehr geschätzt. (www.wissen.de)

Moskau

Ob politisch, kulturell oder wirtschaftlich - Moskau ist das unangefochtene Zentrum nicht nur Russlands, sondern der Nachfolgestaaten der Sowjetunion insgesamt. Mit mehr als zwölf Millionen Einwohnern ist die russische Hauptstadt eine der bedeutendsten Metropolen der Welt.

Russland befindet sich im achten Jahr eines rapiden wirtschaftlichen Aufschwungs, was tatsächlich teilweise den gestiegenen Rohstoffpreisen zuzuschreiben ist. Entgegen der landläufigen Wahrnehmung hängt die russische Wirtschaft aber nicht nur am Öltropf, sondern steht inzwischen fest auf einer breiteren Basis, getragen von der Bauindustrie, dem Maschinen- und Automobilbau sowie der chemischen Industrie.

Wie die gesamte russische Wirtschaft befindet sich auch der Finanzsektor nach den chaotischen Neunzigerjahren in einem Konsolidierungsprozess. Noch immer sind in Russland weit mehr als 1.000 Banken registriert, die Hälfte von ihnen wirtschaftet allerdings mit einem sehr geringen Betriebskapital von weniger als fünf Millionen Euro. Wenn man berücksichtigt, dass die größten 200 Banken rund 90 Prozent der Aktiva und 80 Prozent des Eigenkapitals halten, dann wird die Notwendigkeit weiterer Bereinigungen in der Branche deutlich. Die Übernahmewelle rollt dementsprechend weiter, auch wenn sich die internationalen Spieler bisher eher zurückgehalten haben. Heute gehören gerade einmal zehn Prozent der registrierten Banken ausländischen Geldinstituten.

Der Staat spielt bislang eine deutlich größere Rolle als die internationalen Bankhäuser. So befinden sich allein 35 Prozent der Einlagen und Kredite im Bestand der größten staatlich dominierten Bank, der Sberbank. Auch langwierige Fusionsprozesse aufgrund komplizierter Vorschriften ziehen den fälligen Konsolidierungsprozess in die Länge.

Angesichts des enormen Potenzials des russischen Finanzmarktes setzen inzwischen aber immer mehr internationale Institute auf Expansion: Die größte Nachfrage besteht im Corporate- und Investmentbanking, auch im Privatkundengeschäft werden weiterhin erhebliche Wachstumsraten erwartet. Gute Zeiten also für Bankexperten mit Interesse an Osteuropa: Sie sind gesucht in Russlands Bankenlandschaft.

Christian Tegethoff, Consultant, Kienbaum Executive Consultants

Vorsicht, Fettnäpfchen: der Wodka-Pauschalverdacht

Eines glauben Deutsche über Russland genau zu wissen: Es wird pausenlos Wodka getrunken. Spätestens zum Ende harter Verhandlungen, so will es das Klischee, wird kräftig zugelangt. Dabei fristet der Wodka in den Bürotürmen und Firmenzentralen der russischen Hauptstadt schon lange ein Schattendasein und ist eher als Folklore-Getränk einzuordnen. Hektischer Moskauer Berufsalltag und Vollrausch - das passt nicht zusammen. Zum Glück für dienstreisende Alkoholfreunde ist der Wodka in den Weiten des Landes aber oft immer noch feierlicher Schlusspunkt des Gesprächs - und spätestens beim abendlichen Bankett in Omsk steht der eisgekühlte Schnaps dann doch noch auf dem Tisch.

Stichwort: Interkulturelle Kompetenz

Interkulturell kompetent ist eine Person, deren Bewusstsein der eigenen kulturellen Vorannahmen und deren Lernerfahrungen bei der Erschließung fremder Kulturen so ausgeprägt sind, dass sie auch in bis dato unbekannten Gesellschaften kommunikativ kompetent auftritt. Dabei gibt sie ihre Authentizität nicht auf und hält sich an eine gelungene Synthese von Natürlichkeit und Beachtung der Spielregeln. Hier wird schnell deutlich: Bei der interkulturellen Kompetenz geht es um mehr als die kleinen Dinge, von denen es nett ist, sie zu kennen, wie die Höhe des Trinkgelds in China oder die Grußformel am Telefon in den USA. Strukturelle Merkmale, die bei internationalen Begegnungen zum Tragen kommen, sind vor allem:

Zeit: Ist die strikte Einhaltung von Terminen und Tagesordnungen ein Wert an sich, oder liegt der Fokus auf der Beziehung der Menschen und dem gelassenen Austausch mit ihnen? Die Unterscheidung in monochrone und polychrone Gesellschaften ist aufschlussreich. Deutsche sind beispielsweise monochron, Araber und Lateinamerikaner polychron. Daneben kann die unterschiedliche Orientierung an der Vergangenheit oder an der Zukunft relevant werden.

Raum: Wer ist an-, wer bleibt abwesend, wie viel Nähe ist opportun, wie viel Distanz nötig, welche Berührungen sind unter welchen Menschen gestattet und was bedeutet eine Geste? Der Fingerkreis zum Beispiel kann sowohl „OK" (in den USA) als auch Geld (in Japan) und sogar eine Obszönität (in Frankreich) bedeuten.

Beziehung: Ist die jeweilige Gesellschaft, der bestimmte Markt beziehungs- oder sachorientiert? Die Prägung der meisten Märkte dieser Erde steht der deutschen Sachorientierung diametral gegenüber.

Förmlichkeit: Sind Begegnungen förmlich oder locker-informell gestaltet, werden Hierarchien demonstriert oder verwischt, wird Respekt ritualisiert gezollt?

Direktheit: Werden Anweisungen, Gefühle, Einschätzungen direkt oder eher indirekt geäußert, verhalten sich die Menschen sichtbar emotional oder zurückhaltend?

Geschlecht: Welche Rollen sind der Frau zugewiesen, welche dem Mann? Welche Form des Miteinanders der Geschlechter ist in der Öffentlichkeit gewünscht und geduldet, wie steht es um ihr Berührungs- und ihr Blickverhalten?

Status: Wird Status aus dem Stand und der Familie bezogen („erben“) oder aus der eigenen Leistung („erwerben“)?

INTERNET-TIPP Abdruck mit freundlicher Erlaubnis von Wissen.de. Dort auch unter dem Stichwort „Business Knigge“ recht ausführliche Hinweise über Alltagsverhalten in verschiedenen Regionen der Welt.

Interview mit Stephen Macfarlane

Stephen Macfarlane ist Experte für interkulturelle Kompetenz bei Berlitz

Was verlangt uns interkulturelle Kompetenz heute ab?

Die Herausforderung ist heute weit komplexer als noch vor einigen Jahren. Es ist keine Seltenheit mehr, dass zum Beispiel ein Deutscher für ein US-Unternehmen in Frankreich unterwegs ist. Da stoßen verschiedene nationale und regionale Kulturen sowie Unternehmenskulturen aneinander.

Wie bereiten Sie Manager darauf vor?

Am wichtigsten ist: Wir müssen unbedingt weg von diesen „Do's and Dont's". Es nutzt niemandem zu wissen, wie man in Japan korrekt eine Visitenkarte übergibt, wenn man sonst von einem Fettnäpfchen ins nächste tritt. Unser Ziel ist es, die Kandidaten grundsätzlich fit zu machen für Aufgaben in einem fremden Kulturkreis – unabhängig davon, wohin der Manager am Ende entsendet wird. In Kooperation mit dem Zentrum für Interkulturelles Management der Hochschule Bremen haben wir einen Trainingsansatz entwickelt, der in verschiedenen Stufen Manager auf interkulturelle Erfahrungen vorbereitet. Ziele sind dabei Bewusstseinsschärfung für die eigene Prägung und Kenntnisse über mögliche Kulturunterschiede sowie die Vermittlung von Handwerkszeug zur Diagnose von kulturellen Unterschieden und von Strategien, die einen konstruktiven Umgang mit der Komplexität interkultureller Begegnungen erlauben. An konkreten Fallbeispielen aus der Geschäftswelt wird versucht, Konfliktsituationen aufzulösen. Insofern bin ich kein Freund von Büchern wie einem „Business Knigge Saudi Arabien". Die Leser fühlen sich sicher und machen deshalb erst recht Fehler.

Sicherheit ist also nicht gut?

Jedenfalls nicht die falsche Sicherheit. Ein Beispiel: Es gibt Untersuchungen, die zeigen, in welchen Ländern Manager die größten Schwierigkeiten im geschäftlichen Umgang haben. China steht natürlich ganz an der Spitze. Japan, Russland oder Indien sind auch weit vorne. Aber an zweiter Stelle liegt – Frankreich! Und zwar deshalb, weil die Franzosen uns so nahe sind. Man denkt, die kleiden sich wie wir, kulinarisch gibt es Berührungspunkte, die haben ähnliche Freizeitinteressen, eine ähnliche Geistesgeschichte, also sind sie wie wir. Das ist keine gute Voraussetzung, um das für eine Verständigung notwendige Einfühlungsvermögen aufzubringen. Franzosen fühlen sich zum Beispiel von ihren deutschen Geschäftspartnern überrumpelt, wenn diese eine komplette Ausarbeitung auf den Tisch legen, obwohl nur ein Konzept gefragt war – in Frankreich ist ein Konzept eine erste Idee zur Diskussion, mehr nicht. Um ein weiteres Beispiel zu bringen: Lange Geschäftsessen sind in Frankreich eine Selbstverständlichkeit. Wenn deutsche Manager drängen, zu einem Ende zu kommen, kann dies Missstimmungen auslösen.

Wie verhält man sich also?

Man stellt Fragen, man versucht ein- und dieselbe Situation aus unterschiedlichen Perspektiven zu betrachten. Wenn die französischen Geschäftspartner ein Konzept haben wollen, dann sollte man nicht von vornherein davon ausgehen, dass man in Deutschland und Frankreich dasselbe darunter versteht. Fragen wie „Was erwarten Sie genau von mir?" sind sehr sinnvoll. Noch größer ist die Gefahr von Missverständnissen übrigens, wenn man sich auf Englisch als Verhandlungssprache geeinigt hat - dadurch wird das Verständnis für Wörter doppelt verschleiert.

Nur muss man eben wissen, wann Fragen angebracht sind ...

Das ist der Kern der interkulturellen Kompetenz. Zunächst einmal muss man dazu in der Lage sein, Kulturunterschiede als solche zu erkennen und die eigenen Wertehaltungen als relativ zu betrachten. Man muss beobachten und zuhören können - und die richtigen Schlüsse daraus ziehen. Das ist im Grunde mit Empathie gemeint. Wer interkulturell kompetent ist, entwickelt ein Verständnis für Unterschiede und nimmt sie wahr. Dazu gehört eine intensive Selbstreflexion und eine große Flexibilität in der eigenen Denkweise. Bemerke ich eine Dissonanz, dann habe ich die Chance, das Problem offen anzusprechen und zu fragen „Bei uns macht man das so, wie ist das hier üblich?" Mit solchen Fragen liegt man immer richtig - man zeigt ehrliches Interesse an der anderen Kultur.

Wo merken wir, dass wir voreingenommen sind?

Das ist wirklich sehr schwierig, aber wir sind im Grunde immer voreingenommen, und wir können auch gar nichts dafür. Es gibt eine schöne Studie, in der Japaner gefragt wurden, wie sie die US-Amerikaner sehen. Die Japaner nannten als Eigenschaften Dinge wie Spontaneität und Lockerheit. Die Gegenprobe bei Brasilianern sah ganz anders aus. In deren Augen sind Amerikaner zuerst einmal ziemlich langweilig. Wir beurteilen Kulturen immer ausgehend von unserer eigenen Kultur - sich daraus zu lösen, ist gar nicht so einfach. Eine der wichtigsten Übungen am Anfang ist es, sich überhaupt der eigenen Kultur bewusst zu werden. Was wir für normal halten, kann in den Augen eines Südamerikaners absonderlich wirken.

Wie kann man die notwendige Sensibilität erreichen?

Am Anfang steht die Erkenntnis darüber, wo ich selbst gerade stehe. Wir haben dafür fünf Typen definiert: Es gibt „Verleugner", die tatsächlich nicht mitbekommen, was um sie herum passiert. Die essen deutsches Frühstück, lesen morgens die F.A.Z. und treffen sich mit anderen Deutschen. Weitere Typen sind „Ignoranten", die es ablehnen, sich mit anderen Kulturen auseinanderzusetzen, dann gibt es die „Gleichmacher", die Unterschiede leugnen, diejenigen, die Fremdes akzeptieren und die, die sich anpassen. Aber erst beim tatsächlichen interkulturell bewussten Verhalten werden die eigene und die fremde Kultur integriert. Es ist also wichtig zu wissen, ob ich ein „Verleugner" der fremden Kultur bin, oder jemand, der Kulturunterschiede schlechthin leugnet. Beides ist nicht gut.

Wenigstens „Verleugner" will ich nicht sein. Wie vermeide ich das?

Ein Beispiel - denn das Verleugnen geht weit übers Schnitzelessen hinaus: Wichtig ist es, den Unterschied zwischen expliziter und impliziter Kultur zu verinnerlichen. Kleidung, Essgewohnheiten, die Art zu wohnen, das sind Elemente der expliziten Kultur, die uns schnell auf ein falsches Gleis führen können. Zur impliziten Kultur gehören all die Dinge, die ich nicht äußerlich erkennen kann. Hier liegen die Gefahren, hier muss ich sensibel sein. Auch der Anzug tragende Inder ohne Turban, der leidenschaftlich gern Schwarzbrot isst, bleibt in vielen Aspekten seiner Kultur ein Inder.

Irgendwann kommt dann aber doch das länderbezogene Training ...

Ja sicher - aber das macht wirklich erst Sinn, wenn die Bereitschaft da ist, sich auf die andere Kultur einzulassen. Nach dem Berlitz-ZIM Konzept werden Länder nach verschiedenen Dimensionen kategorisiert. In Frankreich zum Beispiel ist das Hierarchiedenken weit ausgeprägter als in Deutschland. Andere Dimensionen sind Zeitempfinden, Individualität und so weiter. Mit diesem Schema bekommt man einen guten Überblick, wo die Unterschiede zur eigenen Kultur liegen. Das hat sich als sehr hilfreich erwiesen.

Wie wird es dann konkreter?

Russland, China, Japan und Finnland zum Beispiel sind sehr kontextbezogene Kulturen, also Kulturen, in denen das Umfeld und persönliche Beziehungen eine große Rolle spielen - das ist auch eine dieser Kulturdimensionen. Während man in Deutschland eher Privates und Geschäftliches trennt, wollen Russen oder Finnen wissen, mit was für einem Menschen sie es in einer Geschäftspartnerschaft zu tun haben - das ist eine ganz wichtige Frage, die beim Essen oder in der Sauna geklärt wird. Darauf muss man sich einlassen.

Sonst gibt es eben kein Geschäft ...

Richtig. Das sind diese Fälle, wenn die deutsche Delegation schon viermal zu Verhandlungen nach China geflogen ist und alles nur noch eine Formsache zu sein scheint. Aber plötzlich kommt die Absage - niemand hat damit gerechnet. Da war der Einblick in die Persönlichkeit der Geschäftspartner nur am Rande gegeben, die persönliche Beziehung nicht stark genug, das Vertrauen nicht groß genug.

10.2 Testen Sie Ihre interkulturelle Kompetenz

Die Globalisierung der Wirtschaftsprozesse und Arbeitsbeziehungen bringt neue Herausforderungen für berufliche Schlüsselkompetenzen. Gefragt ist nicht nur Führungskompetenz, sondern Kompetenz im Führen von interkulturell zusammengesetzten Teams. Kommunikation betrifft nicht nur den direkten Austausch vor Ort, sondern ebenso die virtuelle Kommunikation mit weltweit arbeitenden Kollegen. Zu den typischen Ursachen für Konflikte kommen unterschiedliche kulturell bedingte Arbeitsstile, Zeitauffassungen oder Hierarchiekonzepte hinzu.

All diese Faktoren können im Fachstudium nur rudimentär vermittelt werden. Dies führt bei Personalentwicklung und Trainingsanbietern zu besonderen Anforderungen. Nicht eine thematische Spezialisierung, sondern die Integration verschiedener Kompetenzbereiche ist notwendig, um optimal auf interkulturelle Herausforderungen vorzubereiten. Als „Multi-Competency-Learning" bezeichnet Stephen Macfarlane, Direktor der Berlitz Business Seminare, diesen neuen Trainingsansatz. Er kombiniert die Vermittlung von Fachkompetenzen, Softskills, methodischen Fähigkeiten, interkultureller Kompetenz sowie Sprachkenntnissen in einem Seminar.

Entscheidend für den Trainingserfolg ist eine Vorab-Analyse der individuellen Fähigkeiten der einzelnen Teilnehmer. Doch wie misst man interkulturelle Kompetenz? Da es sich hier um ein ganzes Bündel an Fähigkeiten handelt, werden für eine differenzierte Analyse komplexe Instrumente wie zum Beispiel psychologische Tests oder Assessments eingesetzt, die eine Aufschlüsselung der Ausprägung verschiedener interkultureller Kompetenzbereiche erlauben. Berlitz hat in Zusammenarbeit mit dem Zentrum für interkulturelles Management der Hochschule Bremen einen neuartigen Test zur Analyse dieser Kompetenzbereiche entwickelt. Die Auswertung gibt Einblick in das jeweilige Kompetenzniveau der Teilnehmer und ermöglicht dadurch, im Training optimal auf Bewusstsein, Wissen und Fähigkeiten aufbauen zu können.

Sind Sie fit für die Zusammenarbeit mit Partnern aus unterschiedlichen Kulturen?

Auf den folgenden Seiten finden Sie einen kurzen Test mit typischen interkulturellen Arbeitssituationen, der Ihnen eine erste Einschätzung Ihrer Kompetenz ermöglicht. Den vollständigen Test und eine detaillierte Auswertung finden Sie unter www.banklounge.de.

Catrin Yazdani, Berlitz BusinessSeminare

TEST

1. **Wie häufig haben Sie in Ihrem Arbeitsumfeld mit Kollegen unterschiedlicher Nationalität zu tun?**
   a) Fast nie, höchstens kurze Kontakte.
   b) Ab und zu, zum Beispiel bei Telefonaten oder per E-Mail.
   c) Regelmäßig, zum Beispiel auf Teambesprechungen, bei Auslandsaufenthalten.

2. **Wie lange war Ihr längster beruflicher Auslandsaufenthalt?**
   a) Es gab keinen bzw. höchstens einen Monat.
   b) Maximal fünf Monate.
   c) Über fünf Monate.

3. **Ihr Unternehmen nimmt Handelsbeziehungen zu der kleinen aufstrebenden Wirtschaftsmacht Cashikistan auf. Sie werden zu ersten Verhandlungen für einen Monat in das Land entsandt. Wie bereiten Sie sich auf den Aufenthalt vor?**
   a) Ich erkundige mich bei Insidern nach Arbeitspraktiken, Erfahrungen und erwerbe erste Sprachkenntnisse.
   b) Ich erwarte, dass meine Firma mir entsprechende Dossiers bereitstellt.
   c) Für einen Monat genügen Reiseführer, Sprachführer und die Recherche nach weiteren Basisinformationen.

4. **Nach Ihrer Ankunft in Cashikistan erkennen Sie schnell, dass sich die dortigen Bräuche grundlegend von Ihren unterscheiden. Sie möchten vermeiden, durch unpassendes Verhalten die Geschäftsbeziehungen zu gefährden. Wie verhalten Sie sich?**
   a) Ich beobachte und versuche, missverständliche Situationen zu vermeiden.
   b) Ich gehe aktiv auf meine Geschäftspartner zu, denn ich kenne bereits viele unterschiedliche Situationen und habe daraus ein flexibles System von allgemeinen Prinzipien entwickelt, das sich meistens anwenden lässt.
   c) Ich kenne bereits viele Verhaltensmuster verschiedener Kulturen und habe eine Checkliste, worauf ich achten muss. So fühle ich mich relativ sicher.

5. **Das erste gemeinsame Geschäftsessen – glücklicherweise enthält die Speisekarte auch einige bekannte Gerichte. Was bestellen Sie?**
   a) Mutig voran – ich lasse mir von meinen Geschäftspartnern ein landestypisches Gericht empfehlen, inklusive der typischen Essbestecke.
   b) Ich vermeide „Etikette-Fettnäpfchen“ und bestelle ein bekanntes Gericht, so dass ich mich beim Essen auf die Verhandlungen konzentrieren kann.
   c) Ich habe mich bereits im Vorfeld über landestypische Speisen informiert und bereits geistig zwei Gerichte notiert, die Vertrauen erweckend erscheinen.

6. **In der Kommunikation mit Ihren Geschäftspartnern kommt es immer wieder zu verwirrenden Situationen. So werden Ihre Vorschläge oft abgelehnt, um dann am nächsten Tag als eigene Vorlage präsentiert und beschlossen zu werden. Wie reagieren Sie?**
   a) Ich betrachte das Verhalten mit Interesse und versuche, die Regel hinter der Handlung zu verstehen.
   b) Ich ignoriere dieses Verhalten und bestehe beim nächsten Thema gleich auf einem Beschluss, um diese Taktik zu umgehen.
   c) Solange das Verhalten nicht darauf abzielt mich „vorzuführen", ist es tolerierbar. Ich gehe nicht weiter darauf ein.

7. **Erfolg auf der ganzen Linie: Ihre Firma fusioniert mit einem Unternehmen aus Cashikistan, und Sie werden zum internationalen Teamleiter befördert. Nach welchen Grundsätzen leiten Sie das deutsch-cashikische Team?**
   a) Ich versuche, in meinem Team die jeweils besten Eigenschaften aus den beiden Kulturen zu kombinieren.
   b) Ich versuche, Synergien zu fördern und viele Freiräume zu lassen.
   c) Ich vertraue auf die langjährig bewährte Praxis unseres Unternehmens und entwickele ein intensives Schulungsprogramm, um die neuen Kollegen auf den neuesten Stand zu bringen. Bis dahin gebe ich bei Entscheidungen zunächst Mitarbeitern aus dem erfahreneren Unternehmen den Vorrang.

8. **Sie erkennen schon nach einigen Tagen, dass sich die Wertvorstellungen der cashikischen Teamkollegen deutlich von Ihren unterscheiden. Wie reagieren Sie?**
   a) Ich bin tolerant, solange nicht gegen meine grundlegenden Werte verstoßen wird.
   b) Ich versuche mehr über die Hintergründe herauszufinden und verhalte mich zunächst neutral.
   c) Ich respektiere das Recht auf andere Werte, da sie im cashikischen Kontext durchaus ihren Sinn ergeben.

9. **Auch die Arbeitsmentalität der cashikischen Mitarbeiter entspricht nicht dem gewohnten Bild – dies führt zu Irritationen bei den deutschen Kollegen, die sich an Sie wenden. Wie reagieren Sie?**
   a) Arbeit muss nach klaren Strukturen ablaufen. Ich erkläre den cashikischen Mitarbeitern unsere Arbeitskultur, vereinbare ggf. einen internen Schulungstermin.
   b) Ich versuche zunächst – zum Beispiel durch Workshops - bei beiden beteiligten Seiten Interesse und Verständnis für die jeweils andere Perspektive herzustellen.
   c) Ich versuche in einer gemeinsamen Teamsitzung einen Kompromiss zwischen den verschiedenen Arbeitsstilen auszuhandeln – einen „Minimalkonsens".

10. Ein Kollege des cashikischen Unternehmens macht im Rahmen des firmeninternen Austauschprogramms einen mehrmonatigen Deutschlandaufenthalt. Er hat wenige Kontakte. Was tun Sie?

a) Direkt und herzlich: Ich lade ihn zu einem geselligen Abend mit einigen meiner Freunde ein, damit er schnell Anschluss findet.
b) Ich überlege zunächst, ob er sich in meinem Freundeskreis wohl fühlen würde, und mache davon die Einladung abhängig.
c) Ich überlege, ob sowohl meine Freunde als auch der Kollege sich bei einem solchen Treffen wohl fühlen würden, frage nach, und mache davon meine Entscheidung abhängig.

11. Sie haben den Kollegen eingeladen. Gemeinsam mit Ihren Geschäftsfreunden treffen Sie sich zu einem Cocktailabend. Sie versuchen, das Gespräch auf gemeinsame Geschäftsthemen zu lenken, doch Ihr Kollege wird immer schweigsamer und will die Runde bereits nach einer Stunde verlassen. Warum?

a) Die Ursache für sein Verhalten ist nicht eindeutig aus der Situation zu erkennen.
b) Der Kollege hat offensichtlich Probleme mit unserer Form von Geselligkeit, ich werde ihn das nächste Mal zu einem Konzertbesuch einladen.
c) Wahrscheinlich verstößt das Trinken von Alkohol gegen seine religiöse Überzeugung, ich biete ihm für das nächste Mal ein Alternativprogramm an.

12. Inzwischen sind Sie intern zum Experten auf dem Gebiet Cashikistan avanciert. Sie werden beauftragt, ein Schulungsprogramm zu entwickeln, um deutsche Kollegen auf die Zusammenarbeit vorzubereiten. Was stellen Sie in das Zentrum des ersten Schulungsmoduls?

a) Die wichtigsten Facts and Figures für eine solide Grundlage: Landeskunde, Politik, Wirtschaft, Geschichte etc.
b) Das erste Modul wird sich zunächst kaum mit dem Land befassen, sondern ich werde Grundlagen für das Verhalten mit anderen Kulturen und das Bewusstsein für kulturelle Unterschiede legen.
c) Ich steige direkt in Anwendungswissen ein: Verhandeln mit Cashiken, Etikette, Führungsstile etc.

Auswertung

Punkte je Antwort

	1	2	3	4	5	6	7	8	9	10	11	12
A	0	0	2	0	2	2	1	0	0	0	2	1
B	1	1	0	2	0	0	2	1	2	1	0	2
C	2	2	1	1	1	1	0	2	1	2	1	0

In diesem Test wurden neben Ihrer internationalen Erfahrung Ihre Kompetenzen im Bereich Offenheit, Ambiguitätstoleranz, Empathie, Kommunikation, Ihre Fähigkeit zur Aneignung neuen Wissens sowie Ihre „Meta-Kompetenz" im Bereich der interkulturellen Zusammenarbeit erfasst. Die Auswertung gibt Ihnen einen ersten Eindruck darüber, wie sehr Sie bereits für interkulturelle Themen sensibilisiert sind und in welchem Ausmaß Sie Ihre Fähigkeiten diesbezüglich bereits anwenden.

0–7 Punkte: Sie haben grundsätzlich Interesse an der Interaktion mit Menschen anderer Kulturen. Ihre Erfahrungen und Ihr Wissen in diesem Bereich sind jedoch noch gering, so dass Sie eher vorsichtig und reaktiv vorgehen und sich lieber an bewährten Strategien und Regeln der eigenen Kultur orientieren.

> **TIPP** Stellen Sie zunächst nicht das Faktenwissen über einzelne Kulturen in den Vordergrund. Mit allgemeinem interkulturellem Hintergrundwissen sind Sie in der Lage, flexibel und aktiv auf unterschiedlichste Situationen zuzugehen.

8–17 Punkte: Sie haben bereits Erfahrung mit interkulturellen Arbeitskontexten gesammelt oder auf anderem Wege Wissen in diesem Bereich erworben. Dies hilft Ihnen, erste Zusammenhänge und Muster zu erkennen und sich flexibel in neuen Situationen zu orientieren. Die eigene kulturelle Prägung ist Ihnen bewusst und bildet nur noch selten einen Stolperstein in der Kommunikation mit anderen Kulturen.

> **TIPP** Legen Sie nun Schwerpunkte bewusst auf Kulturen, mit denen Sie häufig geschäftliche Kontakte haben. Dies hilft Ihnen, auch anspruchsvolle Situationen sicher zu meistern und Ihre Erfahrungen auf vielfältige Situationen zu übertragen.

18–24 Punkte: Sie können souverän mit interkulturellen Situationen umgehen. Andere Sichtweisen und Routinen betrachten Sie als Herausforderung, der Sie mit einem großen Spektrum an Strategien sowie einer hohen Toleranz begegnen. Dies führt nicht zu einer Anpassung an andere Kulturen, sondern zu einem situationsgerechten, selbstbewussten Auftreten, mit dem Sie Ihre Position respektvoll vertreten können.

> **TIPP** Ergänzen Sie Ihr Verhaltensrepertoire nun gezielt um typische und herausfordernde Geschäftssituationen.

Konzeption des Tests: Berlitz BusinessSeminare

> **INTERNET-TIPP** Ausführlichere Auswertung sowie der vollständige Online-Test unter www.banklounge.de

10.3 Was Banker wissen müssen

Nicht alle Begriffe, die Jung-Bankern bei ihrem neuen Arbeitgeber begegnen können, stehen in den Lehrbüchern. Sind Sie wirklich fit für die Bank? Hier können Sie Ihr Wissen testen - die Antworten gibt es im Anschluss.

TEST

1. Was ist Sell Side Research?

a) Börsenstatistik zur Anzahl der Verkäufe bei den im Dax geführten Aktien
b) Ermittlung des günstigsten Verkaufszeitpunktes für Risikoinvestments
c) Verkaufsstudien von Banken für Investoren
d) Studien zur Kooperation zwischen Emittenten

2. Wofür steht TRM?

a) Trading Relationship Market
b) Talent Relationship Management
c) Totally Regulated Market
d) Tender Ratio Management

3. Was bedeutet Acting in Concert?

a) Abgestimmtes Verhalten von Aktionären auf Hauptversammlungen
b) Gleichklang der Tokioter mit der New Yorker Börse
c) Fondsentwicklung im Einklang mit dem Dax
d) Gemeinsame Reaktion der Notenbanken nach einem Börsen-Crash

4. Wofür ist der iTraxx Crossover gut?

a) Kennzahl für den Renditeaufschlag von Unternehmensanleihen geringster Bonität gegenüber Staatsanleihen
b) Index zur Abbildung der Kosten für die Absicherung gegen Ausfallrisiken von Unternehmensanleihen höchster Bonität
c) Kennzahl für das Verhältnis des durchschnittlichen Börsenwerts der im Inland gehandelten Titel zum internationalen Durchschnitt
d) Index für den wertmäßigen Anteil des Internet-Handels am gesamten Börsenhandel

5. Wofür steht die Abkürzung ICAAP?

a) Selbstverpflichtung zur internationalen Zusammenarbeit bei Kapitalmarktkrisen
b) Handelsplattform von Versicherungen für „AA" geratete Anleihen
c) Abkommen der IWF-Mitglieder zur Kapitalausstattung des Währungsfonds
d) Anpassung der Risiko- und Kapitalsteuerung an das Risikoprofil einer Bank

6. Was meinen US-Banker mit „Ninjas"?

a) Japanische Investmentbanker mit aggressiven Handelstrategien
b) Arbeits- und Einkommenslose, die dennoch einen Kredit bekommen haben
c) Anleihen japanischer Rüstungsunternehmen
d) Sparanlagen ohne Zinsertrag, weil die Bank in Schwierigkeiten ist

7. Was bedeutet Sex?

a) Swiss Electronic Exchange
b) Swiss Entrepreneurial Index
c) Standard Exchange Index
d) Shanghai Emerging Index

8. Was ist Verpackungsarbitrage?

a) Ausnutzen von Preisunterschieden bei der Spekulation mit Rechten aus der Entsorgung von Wertmüll
b) Diversifizierung von Produktformen ohne inhaltliche Veränderung als Reaktion auf steuerliche Rahmenbedingungen
c) Mischung renditestarker mit renditeschwachen Fondsprodukten
d) Mischung von Aktien und Derivaten innerhalb desselben Investmentfonds

9. Seit wann gibt es das aktuelle Logo der Deutschen Bank?

a) Seit 1870
b) Seit 1919
c) Seit 1949
d) Seit 1974

10. Was verstehen Banker unter Corporate Action?

a) Kapitalmaßnahmen von Unternehmen
b) Risikosteuerung der Aktiva und Passiva
c) Generierung von Geschäft, also Vertrieb
d) Handeln im Interesse der Gemeinde, zum Beispiel eine Spende

11. Wofür steht die Abkürzung FIU?

a) Finanzintensive Unternehmen mit weit überdurchschnittlichem Kapitalbedarf
b) Financial Investment Unlimited: hochspekulativer Fonds ohne Beschränkung des Fremdkapitaleinsatzes (spezielle Hedgefonds)
c) Institutionellen Investoren untersagte hochspekulative Anlagestrategie
d) Financial Intelligence Unit, eine Abteilung beim Bundeskriminalamt

12. Was bedeutet ein Head Count Freeze?

a) Verbindliche maximale Kundenzahl pro Berater
b) Einfrieren der auszuzahlenden Boni
c) Vorübergehender Einstellungsstopp
d) Mindestziel für Mitarbeiter im Vertrieb

13. Was sind Walking Assets?

a) Die Leistungsträger im Unternehmen
b) Mobile Berater
c) Kurzfristig umdisponierbare Kapitalanlagen
d) Bewegliche Industriegüter, zum Beispiel Kräne

14. Was bedeutet der Name der Handelsplattform Xetra?

a) Exchange Electronic Trading
b) Exchange Electronic Transactions
c) Crossed Electronic Transactions
d) Crossed Electronic Trading

15. Was ist Churning?

a) Unnötig häufiges Umschlagen eines Anlagekontos auf Kosten des Kunden
b) Anrufen beim Kunden, bis er endlich ja sagt
c) Extrem aktive Hedgefondsstrategie mit sehr vielen täglichen Umsätzen
d) Optimierung der Gebührenstruktur für den Kunden

16. Wann spricht man vom Stallgeruch?

a) Bei Vermutung eines Insidergeschäfts
b) Bei der Zugehörigkeit zu einer bestimmten Bankengruppe
c) Wenn Kunden zusammen mit ihrem Berater die Bank wechseln könnten
d) Bei Karriereseilschaften im Konzern

17. Was ist eine 2 | 28-Finanzierung?

a) Hypothekenkredit über 30 Jahre mit sehr niedrigen Zinsen in den ersten beiden Jahren
b) Hypothekenkredit über 28 Jahre ohne Tilgung während der ersten beiden Jahre
c) Hypothekenkredit über 28 Jahre mit Tilgung nur in den letzten beiden Jahren
d) Hypothekenkredit mit Zinszahlung in den ersten beiden Jahren und Tilgung über die folgenden 28 Jahre

18. Was ist ein 130|30-Fonds?

a) Rentenfonds mit Zukaufoption von Aktien
b) Aktienfonds mit Zukaufoption von Anleihen
c) Aktiv gemanagter Fonds aus Aktien und Derivaten
d) Risikofonds mit prognostizierter Rendite von 130 Prozent nach 30 Monaten

19. Was ist ein Sukuk?

a) Scharia-konforme Anleihe, bei der nur Moslems als Investoren zugelassen sind
b) Anleihe nach den Grundsätzen des islamischen Rechts
c) Aktienfonds, der ausschließlich in islamische Länder investiert
d) Schweizer Anlagevehikel, das nur in Hypothekenderivate investiert

20. Was regeln die Ucits?

a) Emissionsbedingungen für Anleihen der Uno
b) Handelsbedingungen für US-Schatzanweisungen
c) Zulassungsbedingungen für Investmentfonds in Europa
d) Kapitalverkehrsbedingungen für die Mitglieder der OECD

21. Was zeigt der Itraxx Europe Index an?

a) Anzahl internationaler im Verhältnis zur Anzahl nationaler Wertpapiertransaktionen eines Landes
b) Handelsvolumen von Unternehmensanleihen im Vergleich zu Staatsanleihen
c) Renditeaufschlag von Unternehmensanleihen mit hoher Bonität gegenüber Staatsanleihen
d) Zinsentwicklung im Inland verglichen mit dem internationalen Durchschnitt

22. Was ist Eufiserv?

a) Europäisches Bankautomatennetz der Sparkassen
b) Zins, den Banken untereinander zahlen
c) Europäischer Verbund der Steuerermittlungsbehörden zum Schließen von Steuerschlupflöchern
d) Europäische Richtlinie für den Verbraucherschutz bei Finanzdienstleistungen

23. Was versteht man unter Co-opetition?

a) Zweit-Votum der Bundesbank vor einer Bankschließung durch die BaFin
b) Aufsichtskontrolle nach einer Aktienemission
c) Eingabe verschiedener Großbanken zur Refinanzierungspolitik der EZB
d) Kooperation zwischen Konkurrenten

24. Wer sind die Next-11?

a) Typische Zurückhaltung der Privatanleger nach einem Kurseinbruch am Aktienmarkt, die im Durchschnitt elf Monate anhält.
b) Elektronisches Großzahlungssystem, in dem aus Sicherheitsgründen nur jeweils elf Zahlungen gleichzeitig ausgeführt werden.
c) Prognose internationaler Analysten über die elf Aktien, die sich im kommenden Jahr am besten entwickeln dürften.
d) Die hinter den vier größten Schwellenländern in ihrer künftigen wirtschaftlichen Entwicklung aussichtsreichsten Emerging Markets

25. Wofür steht das Kürzel BRIC?

a) British Consult
b) Bureau of Research, Investment and Capital
c) Belgian-Russian Investors Circle
d) Brasilien, Russland, Indien, China

26. Was sind Samurai-Bonds?

a) Von japanischen Unternehmen in US-Dollar aufgelegter Fonds
b) In Japan begebene, auf Euro lautende Anleihen
c) Yen-Anleihen, die von nicht-japanischen Unternehmen in Japan emittiert werden
d) Vom japanischen Hochadel für karitative Zwecke emittierte Anleihen

27. Was passiert bei einem Bailout?

a) Forderungsausfall im Verbriefungsgeschäft infolge des Regressanspruchs einer beteiligten Hypothekenbank
b) Zusammenlegung von Finanzmitteln zur Finanzierung eines Buy-outs
c) Übernahme der Schulden einer insolventen Institution durch Dritte
d) Umwandlung eines Unternehmens in eine international anerkannte Rechtsform

28. Was ist ein SPV?

a) Zweckgesellschaft zum Erwerb von Forderungen
b) Hedgefondsstrategie zur gehebelten Renditesteigerung
c) Sicherheitsstandard im europäischen Großzahlungsverkehr
d) Übertragungsprotokoll im Wertpapier-Settlement

29. Was ist eine Bad Bank?

a) Eine Bank, die andere Banken von ihren schlechten Krediten entlastet
b) Eine Bank, die ihre Sorgfaltspflichten nicht eingehalten hat
c) Eine Verwaltungsgesellschaft für Einkünfte aus legalen Glücksspielen
d) Eine Bank, vor der sich Schlangen bilden, weil Kunden um ihre Ersparnisse bangen

30. Was bezeichnet der Begriff Forex?

a) Fremdwährungen
b) Auslandsbörsen
c) Index für Aktien ausländischer inhabergeführter Unternehmen
d) Algorithmus zur Berechnung der Gewinnaussichten

31. Wer trifft am Touch Point aufeinander?

a) Bank und Kunde
b) Aktienkurs und Verlustgrenze
c) Börse und Investor: Der perfekte Einstiegzeitpunkt am Aktienmarkt
d) Schuldner und Jurist: Grenze, ab der ein Kredit als notleidend eingestuft wird

32. Was passiert bei einer Due Diligence?

a) Die Festlegung der Fälligkeit eines festverzinslichen Wertpapiers
b) Eine eingehende Prüfung, zum Beispiel eines zu kaufenden Unternehmens
c) Die sorgsame Überwachung der Knock-out-Schwellen eines Anlagezertifikats
d) Die turnusmäßige Bewerbung von Führungskräften auf ihre eigene Stelle

33. Welche Unternehmen sind „cash rich"?

a) Unternehmen mit einem hohen Forderungsbestand
b) Unternehmen, die gerade einen hohen Kredit ausgezahlt bekommen haben
c) Unternehmen mit einem hohen Kassenbestand
d) Unternehmen mit einem hohen Liquiditätsbestand

34. Was ist Origination?

a) Entwicklung eines innovativen Finanzproduktes
b) Unterschrift des Vorstands unter einen Großkreditvertrag
c) Entflechtung zweier zuvor fusionierter Unternehmen
d) Ideenfindung für ein neues Geschäft mit dem Kunden

35. Wer unterschreibt einen Letter of Intent?

a) Bank, die eine Kreditkündigung androht
b) Unternehmenskäufer und -verkäufer vor Verhandlungsbeginn
c) Die BaFin, wenn sie eine Bank zu schließen droht
d) Ein Großinvestor, der eine Beteiligung ankündigt

36. Wo liegt EMEA?

a) Im Kernbankensystem
b) In den Vertragswerken der Zentralbanken
c) In Europa, Nahost und Afrika
d) In den Träumen renditehungriger Investoren

37. Was passiert am German Desk?

a) Schwellenländer-Investments nach dem Vorbild des deutschen Wiederaufbaus
b) Betreuung deutscher Firmenkunden im Ausland
c) Handel mit Anteilen deutscher Unternehmenskredite
d) Prüfung der deutschen gesetzlichen Anforderungen vor Emission einer Anleihe

38. Wofür steht die Abkürzung CRM?

a) Verwaltung von Kundendaten und -beziehungen
b) Im Interbankenhandel ermittelter Referenzzinssatz
c) Statistisches Verfahren zur flexiblen Gewinnsteuerung
d) Teilung des Kreditportfolios in Senior- und Junior-Tranchen

39. Was ist der Libor?

a) In London täglich ermittelter Zinssatz im Interbankenhandel
b) Von der Finanzaufsicht vorgegebener Mindestzins für Wertpapierleihgeschäfte
c) Höchstzins für Konsumentenkredite nach dem Wucherparagrafen
d) Angebotszins von Banken gegenüber Großunternehmen

40. Wofür steht die Zahl 1987?

a) Bankrelevante Paragrafen im BGB
b) Der Aktienkurs von Vodafone in London – dort wird in Pence notiert
c) Jahr mit großem Börsenkrach
d) Zahl der Certified Financial Planners in Deutschland

41. Was sind ABS?

a) Derivate mit steuerlichen Bilanzierungsvorteilen
b) Hitliste der 25 erfolgreichsten US-Investmenthäuser
c) Durch gesicherte Forderungen gedeckte Wertpapiere
d) Finanzstarke Firmenkunden

42. Wann kommt das Wasserfall-Prinzip zum Tragen?

a) Bei der Haftung für Sicherheitsmängel im Online-Banking
b) Bei der Bonuszahlung in der Londoner City
c) Bei Zins und Tilgung verbriefter Forderungen
d) Bei der Verlustzuweisung geschlossener Immobilienfonds

43. Wofür steht GLS-Bank?

a) Großherzogliche Liechtensteinische Spar-Bank
b) Gemeinschaft, Leihen, Schenken
c) Genossenschaftlich-Landwirtschaftliche Saatgutbank
d) General Lending Society

44. Was sind Covenants?

a) Vertragsnebenabsprachen im Kreditgeschäft
b) Gemeinsames Beteiligungsvermögen
c) Deckungsstocksichere Wertpapiere
d) Sicherheitsmodule im Kernbankensystem

45. Was ist ein NPL?

a) Non Participating Lender
b) Non Performing Loan
c) Non Public Loan
d) New Public Loan

46. Was bedeutet Renminbi?

a) Reichtum
b) Groschen
c) Volksgeld
d) Glück

47. Was zeigt der Bildzeitungsindikator?

a) Die Beliebtheit prominenter Banker
b) Die Höhe der Managergehälter
c) Den Wertverfall des Euro
d) Eine überhitzte Börse

48. Was sind Subprime-Kredite?

a) Scheingeschäfte zur Geldwäsche
b) Scharia-konforme Kredite
c) Übersicherte Kreditportfolios
d) Kredite an Kunden niedrigster Bonität

49. Was ist eine Hold Mail?

a) Analysten-Empfehlung per E-Mail
b) Beschlagnahmung von Kundendaten durch die Steuerfahndung
c) Elektronische Benachrichtigung der Kunden bei Verdacht auf Phishing
d) Post, die von Kunden Schweizer Banken persönlich abgeholt wird

50. Was ist eine Kiste?

a) Eine Million Schweizer Franken frisches Kundengeld
b) Ausführungsmodalität im Brokerage
c) Großkredit über 100 Millionen Euro
d) Zwölf komplette Erst-Sätze Euro-Münzen „Polierte Platte“

51. Was sind Teaser-Darlehen?

a) Kredite mit niedrigen Zinsen und hohen Nebenkosten
b) Kredite mit langfristig fester Verzinsung
c) Kredite mit Niedrigzinsen in der Anfangsphase
d) Kredite mit zusätzlichen Vorteilen wie Reisevergünstigungen

52. Was sind Non-recourse-Finanzierungen?

a) Mit Krediten finanzierte Aktieninvestments
b) Immobilienfinanzierung ohne Rückgriff auf den Eigentümer
c) Beteiligungsfinanzierung von vermögenden Privatpersonen
d) Steuerlich nicht anrechenbare Kreditkosten

53. Was ist ein Algo-Trader?

a) Computer, der selbstständig Börsentransaktionen durchführt
b) Handelssystem, dem das Zufallsprinzip zugrunde liegt
c) Auf den Handel mit derivativen Instrumenten spezialisierter Händler
d) Ring von Devisenhändlern in Osteuropa

54. Was ist das Dual-Track-Verfahren?

a) Zweigleisige Vorbereitung eines Unternehmensverkaufs – Börse oder Investor
b) Handelsstrategie, die gleichzeitig auf steigende und fallende Kurse setzt
c) Elektronische und gedruckte Speicherung wichtiger Geschäftsdaten
d) Überweisung von Großbetragszahlungen über zwei elektronische Leitungen

55. Was bedeutet Sepa?

a) Verband europäischer Kreditgenossenschaften
b) Vollelektronische Zugriffskontrolle im bargeldlosen Zahlungsverkehr
c) Angleichung der Vorschriften zur Kontoführung in Europa
d) Einheitlicher europäischer Zahlungsverkehrsmarkt

56. Wer ist Muhammad Yunus?

a) Erfinder des Sukuk
b) Mitbegründer des Mikrofinanz-Gedankens
c) Entwickler des ersten neuronalen Algorithmus für den vollelektronischen Börsenhandel
d) Vorstandschef der Bank of London

57. Was sind Woopies?

a) Exotische Optionsgeschäfte
b) Well-off older People
c) Computerviren in Xetra
d) Wood Properties – Regenwaldinvestments

58. Wofür steht die Abkürzung HNWI?

a) Privatpersonen mit Nettofinanzvermögen über einer Million US-Dollar
b) Mit staatlichen Garantien ausgestattete Verbriefungsgesellschaft
c) Haftpflichtversicherung für Anlageberater
d) Handelsgesellschaft für Nominalwertpapiere und Immobilien mit Sitz in Zürich

59. Was sind PEPs?

a) Politisch exponierte Personen
b) Richtlinien für den Grundstückshandel in Tokio
c) Private Finanzierungen öffentlicher Infrastrukturprojekte
d) Rettungsfonds als Reaktion auf die Subprime-Krise

60. Was ist Asset Liability Management?

a) Aktiv-Passiv-Steuerung in Bilanzen
b) Taktische Anpassung der Vermögensverteilung je nach Marktlage
c) Optimierung von Eigen- und Fremdkapitalanteil bei Hedgefonds
d) Schuldendienst mit Vermögenswerten bei mangelndem Cash Flow

Antworten

1. Sell-Side-Research – Im Research werden Analysen über die Qualität und die Renditeaussichten von Finanzanlagen erstellt, zum Beispiel im Aktienbereich über börsennotierte Unternehmen und die weitere Entwicklung ihrer Aktienkurse. Sell-Side-Research wird im Interesse der Emittenten dieser Finanzanlagen erstellt, und die Berichte werden verteilt, um Käufer zu gewinnen. Im Gegensatz dazu wird Buy-Side-Research im Auftrag der Investoren erstellt und dient als Basis für Anlageentscheidungen im Portfoliomanagement. (Antwort c)

2. TRM – Talent Relationship Management steht für die systematische Bindung junger High Potentials an ein Unternehmen durch frühe Ansprache, Stipendien, Praktika, Diplomarbeiten und andere Maßnahmen, in der Hoffnung, dass diese sich später für das Unternehmen als Arbeitgeber entschieden. (Antwort b)

3. Acting in Concert – Abgestimmtes Verhalten von Aktionären auf Hauptversammlungen, zum Beispiel von Hedgefonds, die gemeinsam bestimmte Ziele wie eine höhere Dividende oder eine andere Unternehmensstrategie durchsetzen wollen. Erreichen diese Anteilseigener mehr als 30 Prozent Stimmrechtsanteil, müssen sie nach dem Gesetz an alle Aktionäre ein Übernahmeangebot abgeben. Da dies in der Regel nicht das Interesse der konzertiert Agierenden ist, findet Acting in Concert häufig inoffiziell statt. (Antwort a)

4. iTraxx Crossover – Index, der Unternehmensanleihen mit schlechter Bonität abbildet und die Kosten, zu denen sich Anleger gegen das Ausfallrisiko von 50 europäischen Firmen schlechter Bonität absichern können. Er dient als Kennzahl für den Renditeaufschlag

(Spread) der Unternehmensanleihen geringster Bonität gegenüber Staatsanleihen mit Triple-A-Rating. (Antwort a)

5. **ICAAP** –Internal Capital Adequacy Assessment Process: Im Rahmen der Einführung der Eigenkapitalregeln von Basel II geforderte Anpassung der Risiko- und Kapitalsteuerung an das jeweilige Risikoprofil einer Bank. (Antwort d)

6. **Ninjas** – „No income, no job, no assets" (kein Einkommen, kein Job, kein Vermögen): Leute, die in den USA trotz ihrer Finanzschwäche einen Kredit bekommen haben – ein wesentlicher Grund für die Finanzkrise 2007/2008. (Antwort b)

7. **Sex** – Swiss Entrepreneurial Index: Wird von der Züricher Swissfirst Bank berechnet und enthält inhabergeführte Unternehmen wie Swatch, die Zeitarbeitsfirma Adecco oder die Privatbank Julius Bär. Es gibt auch den German Entrepreneurial Index (Gex), berechnet von der Technischen Universität München. Darin enthalten sind Gesellschaften, deren Anteile zu mindestens 25 Prozent und höchstens 75 Prozent im Besitz eines Familienclans sind. Aktien solcher Unternehmen entwickeln sich nach diversen Studien langfristig besser als die Aktien managergeführter Gesellschaften. (Antwort b)

8. **Verpackungsarbitrage** – Arbitrage steht eigentlich für das Ausnutzen von Preisunterschieden an verschiedenen Handelsplätzen. In diesem Fall steht es für die steuerlich motivierte Diversifizierung der Produktangebote von Asset Managern. Diese werden, ohne dass sich beim Inhalt viel ändern muss, unterschiedlich verpackt – als Fonds, als Zertifikat, als Versicherungspolice usw. Dabei entscheiden die steuerlichen Rahmenbedingungen über die günstigste Verpackung für den vom Kunden gewünschten Inhalt. (Antwort b)

9. **Logo der Deutschen Bank** – Seit 1974. Vorher stand das Kürzel „DB" in einem Oval (Antwort d)

10. **Corporate Action** – Kapitalmaßnahmen, zum Beispiel eine Kapitalerhöhung über Ausgabe neuer Aktien (Antwort a)

11. **FIU** – Die Financial Intelligence Unit beim BKA ermittelt unter anderem gegen Phishing und andere Formen moderner Finanzkriminalität. (Antwort d)

12. **Head Count Freeze** – Einstellungsstopp (Antwort b)

13. **Walking Assets** – Die auf Schlüsselpositionen sitzenden Leistungsträger im Unternehmen mit den besten Kundenkontakten, die schnell auch einen anderen Job finden würden und, zum Beispiel bei einer Fusion, unbedingt gehalten werden müssen. (Antwort a)

14. **Xetra** – Exchange Electronic Trading (Elektronische Börsen-Handelsplattform) ist das Handelssystem der Frankfurter Wertpapierbörse und ermöglicht Zugriff von jedem Ort der Welt. (Antwort a)

15. **Churning** – Häufiger Portfolioumschlag zu Lasten des Anlegers mit dem Ziel höherer Provisionseinnahmen. Natürlich verboten. (Antwort a)

16. **Stallgeruch** – Zugehörigkeit zu einer bestimmten Bankengruppe, insbesondere zum Sparkassenlage oder zum Genossenschaftslager. (Antwort b)

17. 2|28-Finanzierung – US-Lock-Kondition bei Hypothekenkrediten mit sehr niedrigen Zinsraten in den ersten beiden und variablen Zinsen in den restlichen 28 Jahren. Das bedeutet, zuerst zahlten die Kreditnehmer nur eine sehr niedrige Rate, aber danach sprang der Zins auf das aktuelle Niveau. Viele Hauskäufer haben erst dann gemerkt, dass sie sich völlig übernommen haben. Siehe auch Frage 6. (Antwort a)

18. 130|30-Fonds – Aktiv gemanagte Fonds mit Long-Short-Strategie aus Aktien und Derivaten bei einem Investitionsgrad von 130 Prozent. Mit einem Teil der Aktien wird auf steigende Kurse gewettet, mit weiteren 30 Prozent auf sinkende Kurse. Liegt die Einschätzung für beide richtig, ergibt sich eine Hebelwirkung und somit ein überproportionaler Gewinn. Ist die Einschätzung nur teilweise richtig, heben sich die Effekte gegenseitig auf, der Gewinn ist so hoch wie bei einem normalen Fonds ohne Derivate und ohne Hebel. Bei vollständiger Fehleinschätzung vergrößert die Hebelwirkung den Verlust. (Antwort c)

19. Sukuk – Scharia-konforme Anleihe, aber nur etwa jeder zweite Investor ist Moslem. Sukuks sind weitgehend mit Sicherheiten wie Immobilien unterlegt. Der Gläubiger erwirbt das unterlegte Wirtschaftsgut als sein wirtschaftliches Eigentum und erhält daher keine Zins-, sondern eine Leasingzahlung. (Antwort b)

20. Ucits – Undertakings for Collective Investments in Transferable Securities, zu deutsch OGAW-Richtlinien (Organismus für gemeinsame Anlage in Wertpapieren). Diese legen die Zulassungsanforderungen für Wertpapierfonds fest. Mit der Ucits-III-Richtlinie wurde unter anderem der Einsatz von Derivaten wie Futures und Swaps in Fonds erlaubt, was zum Beispiel die 130/30-Strategie auch außerhalb von Hedgefonds erst möglich machte. (Antwort c)

21. Itraxx-Europe Index – Bildet den Renditeaufschlag (Spread) der 125 meistgehandelten Unternehmensanleihen aus Europa mit einer Bonität in Anlagequalität (Investment Grade) gegenüber europäischen Staatsanleihen mit Triple-A-Rating ab. (Antwort c)

22. Eufiserv – Gegründet 1990 betreibt „European Savings Banks Financial Services“ das drittgrößte Bankautomatennetz Europas mit beinahe 59.000 Geldautomaten in 13 Ländern für etwa 48 Millionen Karteninhaber von Sparkassen. (Antwort c)

23. Co-opetition – Verbindung aus Cooperation and Competition, Kooperation zwischen Konkurrenten, zum Beispiel im Zahlungsverkehr der Banken. (Antwort d)

24. Next-11 – Länder, die aufgrund ihrer Größe, ihrer Rohstoffe, der günstigen Altersstruktur und des wachsenden Handelsvolumens besonders von der Globalisierung profitieren könnten: Ägypten, Bangladesh, Indonesien, Iran, Mexiko, Nigeria, Pakistan, die Philippinen, Südkorea, die Türkei und Vietnam. (Antwort d)

25 BRIC – Brasilien, Russland, Indien und China als die vier wichtigsten Schwellenländer, die sich als beliebtes Investmentziel etabliert haben. (Antwort d)

26. Samurai-Bonds – Yen-Anleihen, die von nicht-japanischen Unternehmen in Japan emittiert werden. (Antwort c)

27. **Bailout** – Übernahme der Schulden einer insolventen Institution durch Dritte, zum Beispiel Rettung einer zahlungsunfähigen Bank durch den Staat. (Antwort c)

28. **Special Purpose Vehicle** – Zweckgesellschaft ohne eigene Mitarbeiter. Im Verbriefungsgeschäft beschränkt sich der Zweck meist auf den Erwerb von Forderungen, aus deren Eingang die Ansprüche der Investoren bedient werden. Den Kaufpreis für den Forderungserwerb refinanziert die Zweckgesellschaft mit eigenen Kapitalmarkterlösen. Auch SIV = Structured Investment Vehicle. Galt als Investmentform mit sehr niedrigem Insolvenzrisiko, bis die Insolvenz der IKB Deutsche Industriebank AG das Gegenteil gezeigt hat. (Antwort c)

29. **Bad Bank** – Auffanggesellschaft zur Bereinigung des Kreditportfolios eines Geldinstituts. Sie übernimmt als Kompetenz- und Auffanggesellschaft ausfallgefährdete Kredite anderer Institute, wenn deren Schuldner die Zins- und Tilgungszahlungen nicht mehr leisten können. Mit der Abgabe der Kredite kann eine Bank ihr Eigenkapital entlasten und ihr eigenes Rating verbessern. (Antwort a)

30. **Forex** – Fremdwährungen = Foreign Exchange. (Antwort a)

31. **Touch Point** – Begriff aus dem Marketing. Jeder Punkt, an dem der Kunde auf die Bank trifft. (Antwort a)

32. **Due Diligence** – Sorgfältige Prüfung. Im M&A-Geschäft wird eine ausgiebige Due Diligence im Sinne einer systematischen Stärken-, Schwächen- und Risikoanalyse des zu kaufenden Unternehmens durchgeführt. Aber auch ganz allgemein unterliegen Banken einer Sorgfaltspflicht zur eingehenden Prüfung ihrer Bankgeschäfte. (Antwort b)

33. **Cash rich** – Hoher Liquiditätsbestand. Unternehmen, die keinen Kreditbedarf haben, sondern liquides Vermögen am Kapitalmarkt investieren können. (Antwort d)

34. **Origination** – Begriff aus dem Investmentbanking, im Kern geht es um Akquise von Geschäft, also um Vertrieb. Investmentbanker arbeiten für ihren Kunden eine „Idee“ aus, präsentieren sie, in der Erwartung, das vorgestellte Geschäft, zum Beispiel einen Unternehmenskauf, dann auch durchzuführen. (Antwort d)

35. **Letter of Intent** – Absichtserklärung, mit der das ernsthafte Interesse an Verhandlungen und am Abschluss eines Vertrages zum Ausdruck gebracht wird. (Antwort b)

36. **EMEA** – Europe, Middle East, Africa. Schwerpunkt mancher regional investierender Investmentfonds. CEE steht für Mittel- und Osteuropa. Andere Regionen sind beispielsweise „Europe ex GB“, „South East Asia ex Japan“ oder „Euroland“. Auch global agierende Unternehmen gliedern die Welt in drei bis fünf Regionen, um ihre Strukturen sinnvoll daran auszurichten. (Antwort c)

37. **German Desk** – Betreuung deutscher Firmenkunden im Ausland. (Antwort b)

38. **CRM** – Customer Relationship Management. Verwaltung von Kundendaten und -beziehungen. (Antwort a)

39. Libor – London Interbank Offered Rate. In London täglich ermittelter Zinssatz im Interbankenhandel. Bis Ende 1998 gab es auch den Fibor (Frankfurt ...), dessen Funktion dann der Euribor übernommen hat. (Antwort a)

40. 1987 – Am 19. Oktober 1987 brach der Dow Jones Index um über 22 Prozent ein. Dieser Tag ging als „schwarzer Montag" in die Börsengeschichte ein. (Antwort c)

41. ABS – Asset Backed Securities (ABS). Durch gesicherte Forderungen gedeckte Wertpapiere. Mithilfe von ABS werden aus illiquiden Forderungen handelbare Finanzinstrumente. Zu den verbrieften Forderungen gehören Konsumentenkredite, Leasinggeschäfte, Immobilien- und Unternehmensfinanzierungen. (Antwort c)

42. Wasserfall-Prinzip – Erstrangige Senior-Tranchen verbriefter Forderungen werden zuerst mit Zins und Tilgung bedient, erst dann die nachrangigen Tranchen. Als Ausgleich für das höhere Risiko steigt mit sinkendem Rang die Verzinsung. (Antwort c)

43 GLS-Bank – Gemeinschaft, Leihen, Schenken. 1974 gegründete Bank mit dem Ziel, sozialverantwortlich zu handeln. (Antwort b)

44. Covenants – Bei der Kreditvergabe an Unternehmen werden Nebenbedingungen vereinbart, zum Beispiel die Einhaltung bestimmter Finanzkennzahlen oder, dass der Kreditzins neu verhandelt wird, wenn sich die Bonität des Kunden verschlechtert. (Antwort a)

45. NPL – Non Performing Loan, notleidender Kredit (Antwort b)

46. Renminbi – Die chinesische Währung heißt „Volksgeld". (Antwort c)

47. Bildzeitungsindikator – Macht die Bildzeitung die Börse zur Titelgeschichte, gilt das für viele Investoren als Verkaufssignal, es beginnt die „Hausfrauenhausse". Vergleichbarer Indikator: Der Taxifahrer spricht über die Börse. (Antwort d)

48. Subprime-Kredite – Immobilienkredite an Personen niedrigster Kreditwürdigkeit. (Antwort d)

49. Hold Mail – Schweizer Bankenjargon: Post, die von Kunden in Schweizer Banken gelagert und persönlich abgeholt wird. (Antwort d)

50. Kiste – Schweizer Bankenjargon: Eine Million Schweizer Franken frisches Kundengeld (Antwort a)

51. Teaser-Darlehen – Einkommensschwache Kreditnehmer bekamen auf dem US-Hypothekenmarkt oft hohe Darlehen und wurden mit Teaser-Darlehen gelockt, bei denen die Kreditnehmer in der Anfangsphase keine Tilgung und zum Teil nicht einmal Zinsen zahlen mussten. Als sich das änderte, kam für viele das böse Erwachen. Siehe auch Frage 6. (Antwort c)

52. Non-recourse-Finanzierungen – Immobilienfinanzierung ohne Rückgriff auf den Eigentümer. Als Sicherheit dient allein die finanzierte Immobilie. Wird ein Kredit notleidend, muss sich die Bank mit dem begnügen, was deren Verkauf einbringt. Weitergehende Ansprüche gegenüber dem Kreditnehmer bestehen nicht. Umgekehrt kann eine solche

Finanzierung nicht durch eine mögliche Insolvenz des Kreditnehmers aus anderen Gründen gefährdet werden. (Antwort b)

53. **Algo-Trader** – Computer als Börsenhändler, die eigenständig Kauf- und Verkaufsaufträge in die Börse stellen. In der Branche heißen sie „schwarze Kisten". Hinter ihren Entscheidungen stehen Programme, die auf komplizierten Algorithmen beruhen. (Antwort a)

54. **Dual-Track-Verfahren** – Der Verkäufer legt sich nicht fest, sondern lässt es offen, ob er das Unternehmen an die Börse bringt oder an einen Investor verkauft. (Antwort a)

55. **Sepa** – Single Euro Payments Area – Einheitlicher europäischer Zahlungsverkehrsmarkt. Seit dem 1. Januar 2008 gelten in der gesamten Euro-Zone einheitliche Standards für Überweisungen, Lastschriften und Kartentransaktionen. Durch die Harmonisierung können die Bankkunden ihren gesamten Euro-Zahlungsverkehr über eine beliebige Bank im Euroraum abwickeln. (Antwort d)

56. **Muhammad Yunus** – Gründer der Grameen Bank in Bangladesh und Mitbegründer des Mikrofinanz-Gedankens. Seine Bank vergibt Kleinstkredite an Bauern und Gewerbetreibende und leistet damit einen wesentlichen Beitrag zur Entwicklungshilfe. Friedensnobelpreisträger 2006. (Antwort b)

57. **Woopies** – Well-off older People – Ältere Herrschaften mit Vermögen. Beliebte Zielgruppe im Private Banking. Außerdem gibt es die Dinks, „Double Income no Kids", und die Empty Nesters, also Ehepaare, deren Kinder das Haus verlassen haben. (Antwort b)

58. **HNWI** – High Net Worth Individuals. Privatpersonen mit Nettofinanzvermögen über einer Million US-Dollar. Kategorisierung im jährlich erscheinenden World Wealth Report, den die US-Investmentbank Merrill Lynch gemeinsam mit der Beratungsgesellschaft Capgemini veröffentlicht. (Antwort a)

59. **PEPs** – Politisch exponierte Personen, deren Überprüfung von den Banken in der EU-Geldwäscherichtlinie vorgeschrieben ist. Zu den PEPs gehören Richter, Staatschefs, Botschafter, Minister, Parlamentarier, Zentralbankvorstände, Militärs, Chefs von Staatsbetrieben, usw. und deren Angehörige und sonstige ihnen nahe stehende Personen. (Antwort a)

60. **Asset Liability Management** – ALM. Instrument im Risikomanagement, mit dem die erforderlichen Zahlungseingänge aus Vermögen so auf die Zahlungsverpflichtungen aus Verbindlichkeiten abgestimmt werden, dass diese immer sicher bedient werden können. Beispiele: Pensionskassen müssen sicher ihre Pensionen zahlen können, Stiftungen ihren Stiftungszweck finanzieren, Versicherungen Schäden begleichen und Banken Zinsen bedienen. (Antwort a)

- 48 Fragen richtig – Sie beweisen Interesse an der Branche
- 36 Fragen richtig – Ordentlich, das kann was werden.
- Weniger – Lesen Sie bitte auch den Unternehmens- und Finanzteil in der Zeitung ...

10.4 Flughafen Lima – ein Projektbericht

Im Vorfeld eines größeren Kreditengagements prüfen Banken sehr aufwändig die unterschiedlichsten Aspekte des zu finanzierenden Projektes – von den Umsatzprognosen und Finanzrisiken im engeren Sinn bis hin zu politischen Eventualitäten und Umweltfragen. Das zeigt auch die Teilnahme der KfW IPEX-Bank an einem Finanzierungsprojekt für den Flughafen Lima. Von der ersten Prüfung bis zum Abschluss der Finanzierung vergingen zwei Jahre. Doch die Sorgfalt hat sich ausgezahlt – der Flughafen entwickelt sich besser als erwartet. Zählte er 2001 noch vier Millionen Fluggäste, ist ihre Zahl bis 2007 auf siebeneinhalb Millionen Passagiere angestiegen. Und das Geschäft wächst weiter zweistellig. Die KfW IPEX-Bank hatte seinerzeit weit konservativer gerechnet, und das nicht ohne Grund, zumal mitten in die Prüfung die Anschläge des 11. September 2001 fielen. Doch die Risiken eines Flughafenbetriebs sind auch ohne den Terrorismus vielfältig.

Im Jahr 2000 hatte der Staat Peru eine über 30 Jahre laufende Betreiberkonzession für den Betrieb des Flughafens „Jorge Chavez International Airport“ (JCIA) in Lima ausgeschrieben. Den Zuschlag erhielt im November 2000 die private Betreibergesellschaft Lima Airport Partners S.R.L. (LAP), bestehend aus:

- Fraport AG, der Betreiberin des Frankfurter Flughafens, mit 42,75 Prozent
- Bechtel Enterprises International, Ltd. mit 42,75 Prozent
- Cosapi S.A. mit 14,5 Prozent

Bechtel Enterprises International Ltd. (Bechtel) erwarb 2002 die Cosapi-Anteile und brachte diese und seine 42,75 Prozent in die Gesellschaft Alterra Lima Holdings ein, an der auch der Flughafenbetreiber Changi (Singapur) beteiligt war.

Die Bedingung: umfassende Investitionen

Der Konzessionsvertrag zwischen der LAP und dem Staat Peru umfasste in einer ersten Phase für die Jahre 2001 bis 2008 die Pflicht, bestimmte Investitionen vorzunehmen, um den JCIA in Bezug auf Sicherheit und Komfort internationalen Standards anzugleichen und der steigenden Nachfrage im Flugverkehr nachzukommen. Die geplanten Maßnahmen umfassten unter anderem den Ausbau der Landebahn, um auch Großflugzeugen wie dem A380 den Anflug zu ermöglichen, sowie die Modernisierung des Terminalgebäudes, inklusive des Neubaus eines Einkaufszentrums, der Peru Plaza. Weitere wichtige Investitionen betrafen die Modernisierung der Gepäckanlagen, der Sicherheitsvorrichtungen und des Abwassersystems sowie die Installation von Fluggastbrücken. Die wesentlichen Baumaßnahmen wurden in einem Engineering, Procurement and Construction Contract (EPC-Contract) zwischen LAP auf der einen Seite und Bechtel, als einer der weltgrößten Baufirmen und Anteilseigner der Alterra, auf der anderen Seite geregelt.

Das Volumen – 210 Millionen US-Dollar

Insgesamt umfassten die in der ersten Phase geforderten Investitionen ein Volumen von rund 210 Millionen US-Dollar, von denen 125 Millionen US-Dollar per Kredit finanziert werden sollten – maximal 60 Prozent der Investitionskosten. Etwa ein Drittel davon stellte die KfW IPEX-Bank bereit (36 Millionen US-Dollar), und zwei Drittel die US-amerikanische Overseas Private Investment Corporation (OPIC), eine staatliche Institution, die Privatinvestitionen in Entwicklungs- und Schwellenländern mit Garantien und politischer Risikodeckung unterstützt (89 Millionen US-Dollar). Die verbleibenden 40 Prozent sollten aus dem Cashflow des Flughafenbetriebs finanziert werden. Die Laufzeit der Projektfinanzierung wurde auf 13 Jahre angelegt, zuzüglich dreier tilgungsfreier Jahren während der Bauzeit.

Die Risiken aus Bankensicht

Kernelement jeder Projektfinanzierung ist der beschränkte Rückgriff der Banken auf die Gesellschafter (Limited Recourse). In diesem Fall verpflichteten sich Fraport und Alterra zu Nachzahlungen in zweistelliger Millionenhöhe, sollte der Betrieb des Flughafens nicht ausreichenden Cashflow zur Finanzierung der Baumaßnahmen erwirtschaften – aber eben nicht mehr, alle darüber hinausgehenden Risiken verblieben bei KfW IPEX-Bank und OPIC. Der Kreditnehmer, die Betreibergesellschaft LAP, wurde in der Rechtsform einer Kapitalgesellschaft neu gegründet, so dass die Banken prinzipiell ihr Kreditrisiko anhand der Erfolgsaussichten des Projektes, hier der Sanierung, des Ausbaus und des Betriebs des Flughafens Lima, einschätzen mussten. Hier galt es, wie bei jeder Projektfinanzierung, verschiedene Risikokategorien zu beachten und zu beurteilen:

Das Marktrisiko

Zentrales Element der Kreditprüfung ist die von der Betreibergesellschaft vorgelegte Geschäftsplanung mit Einnahme- und Ausgabeprognosen über die gesamte Konzessionsdauer, hier 30 Jahre. Der wichtigste Erfolgsfaktor ist bei Flughäfen die Verkehrsentwicklung (Passagiere und Fracht). Darum gaben OPIC und KfW IPEX-Bank bei Lufthansa Consulting eine eigene Überprüfung der von der LAP vorgelegten Verkehrsstudie in Auftrag. Diese ergab unter dem Eindruck der Anschläge des 11. September eine zurückhaltendere Verkehrsprognose. Darum forderten die Banken in den Verhandlungen zur Finanzierung die oben genannte Nachschussverpflichtung der Gesellschafter. Denn bei schlechteren Wachstumszahlen schien die Finanzierung des Projektes gefährdet, sofern die LAP nicht weiteres Eigenkapital zur Verfügung stellen würde.

Anhand eines komplexen MS-Excel Finanzmodells, dessen korrekte Funktion man sich vom Wirtschaftsprüfer Ernst & Young bestätigen ließ, simulierten die Banken verschiedene Geschäftsverläufe und spielten dabei realistische Negativszenarien bezüglich der Geschäftsentwicklung durch. Neben Lufthansa Consulting als Verkehrsberater lieferten dafür auch technische Berater für die Kostenseite eines Airports Unterstützung. Aus den so gewonnenen Erkenntnissen wurden die wesentlichen Stellgrößen der Finanzierung festgelegt, wie zum Beispiel das benötigte Eigenkapital, die Laufzeit, die Schuldendienstreserve (hier für jeweils sechs Monate Schuldendienst), die Dauer der Auszahlungsperiode, die Höhe der Rückführungsraten, der Zinssatz und die Covenants, also Auflagen wie Schuldendeckungsrate oder Bedingungen für Dividendenausschüttungen.

Das politische Risiko

Im Rahmen der Arbeitsteilung zwischen OPIC und KfW IPEX-Bank kümmerte sich OPIC schwerpunktmäßig um die Nachverhandlung der Konzession für LAP. Bei jeder Flughafenprivatisierung bildet ein solcher Vertrag zwischen Staat und privatem Betreiber die Geschäftsgrundlage, werden darin doch sämtliche Spielregeln festgelegt, die der Private erfüllen muss. Banken achten hier besonders

- auf die Kündigungsregelungen: In welcher Form muss der Staat für privat finanzierte Investitionen entschädigen, wenn er die Konzession vorzeitig kündigt?
- auf Eintrittsrechte für die Banken für den Insolvenzfall von LAP. Die Banken wollen dann möglicherweise, dass Projekt und Finanzierung von einem anderen Betreiber gerettet werden.
- auf die finanziellen Konditionen: Kann LAP die jährliche Konzessionsgebühr bezahlen?

Aufgrund der damaligen Einschätzung des Länderrisikos Peru versicherte die KfW IPEX-Bank für ihren Anteil an der Finanzierung die politischen Risiken bei der GKA (Investitionsgarantie des Bundes, heutige Bezeichnung: DIA). Zu solchen Risiken gehören politische Unruhen, Gefahren der Enteignung, Gesetzesänderungen, Konvertierungs- und Transferrisiken.

Die technischen Risiken

Der von den Banken beauftragte technische Consultant Louis Berger hat die Planungen für die erste Investitionsphase einschließlich des Generalunternehmervertrags mit Bechtel mit zufrieden stellendem Ergebnis untersucht. Wichtigste Prüfungskriterien waren

- die Einhaltung des Konzessionsvertrages,
- die korrekte Veranschlagung der Baukosten im Hinblick auf den Zielkonflikt bei Bechtel als Bauträger und mittelbarem Anteilseigner der LAP und
- eine überzeugende organisatorische Aufstellung für das Management der Bauprojekte.

Zusätzlich hat die KfW IPEX-Bank einen hausinternen technischen Sachverständigen mit der Prüfung beauftragt, die zufrieden stellend abgeschlossen wurde, nachdem hier zusätzlich festgestellte Fragen der Erdbebensicherheit adressiert wurden. Louis Berger überwachte zudem fortlaufend den Baufortschritt. So konnten sich die Banken der vertragsgemäßen Erfüllung der Bauverpflichtungen zu den vereinbarten Preisen vergewissern.

Das Bonitätsrisiko der Gesellschafter

Die Bonität der Fraport konnte aufgrund der umfassenden Publizitätspflichten des börsennotierten Unternehmens gut von den Banken eingeschätzt werden. Gleiches galt für die Beurteilung der fachlichen Kompetenz der Fraport für den Betrieb des Flughafens Lima (Fraport schloss einen Betreibervertrag mit LAP). Alterra war nicht börsennotiert und daher nicht publizitätspflichtig, so dass OPIC und KfW IPEX-Bank die Alterra darauf verpflichteten, alle Eigenkapitaleinschuss- und Sponsor-Support Verpflichtungen mit Bankbürgschaften akzeptabler Kreditinstitute zu unterlegen.

Das Währungs- und Zinsrisiko

Eine nicht zu vernachlässigende Frage bei der Prüfung von Projektfinanzierungen stellt sich in Bezug darauf, ob der Kreditnehmer ausreichend Einnahmen in der Währung erzielt, in der die Finanzierung valutiert. Im Fall von LAP war dies der Fall, da mit 96 Prozent fast alle Umsätze in US-Dollar und damit in der Kreditwährung anfielen. Ein Zinsänderungsrisiko bestand lediglich während der Auszahlungsphase bis Ende 2005, da in dieser Zeit von den Banken der variable Interbanken-Zinssatz USD-Libor berechnet wurde. Danach wurde für die Finanzierung ein Festzins für die verbleibende Laufzeit von 13 Jahren fixiert.

Umweltrisiken

LAP hat den Banken eine Umweltstudie der internationalen Consultants Golder und Lahmeyer vorgelegt, deren Ergebnisse von eigenen Beratern nochmals verifiziert worden sind. LAP hat daraufhin einen Aktionsplan erarbeitet, mit einem besonderen Augenmerk auf

- die Beseitigung von ölbelastetem Grund und Boden an mehreren Stellen des Flughafengeländes,
- auf die Verbesserung der Wasserversorgung und -aufbereitung,
- auf die Verringerung von Emissionen und
- die Umsetzung eines angemessenen Müllentsorgungskonzeptes.

Für die Beseitigung der im Rahmen der Flughafenübergabe festgestellten Vorbelastungen kam zum Teil die Regierung Perus auf. Im Kreditvertrag wurde LAP verpflichtet, unter anderem die Richtlinien der IFC (International Finance Corporation) und der WHO (World Health Organization) einzuhalten und regelmäßig detailliert über Umweltbelange zu berichten, so dass eine effektive Überwachung ermöglicht wurde und die Umweltrisiken den Banken tragbar erschienen.

Ablauf und Abschluss des Projektes

Im Sommer 2001 kam die KfW IPEX-Bank mit dem Projekt erstmals in Kontakt und führte erste Prüfungen durch. Vor dem Hintergrund des 11. September 2001 jedoch waren wesentliche Teile der ersten Beraterberichte zu überarbeiten, insbesondere eine neue Verkehrsprognose zu erstellen und abzustimmen. Intensive Abstimmungs- und Verhandlungsprozesse zum Financial Model, zur Ausgestaltung der Konzession und der Finanzierungsverträge inklusive Auflagen für die Gesellschafter und eine Vielzahl von Konsultationen mit Beratern, Anwälten, zwischen OPIC und KfW IPEX-Bank, mit Fraport und Alterra, abwechselnd in Frankfurt, Washington und Lima führte dazu, dass erst 2003 die Finanzierung abgeschlossen werden konnte. In der Folgezeit zahlte sich aber die sorgfältige Prüfung vonseiten der Banken aus: Das Projekt entwickelte sich sehr erfolgreich, die geplanten Baumaßnahmen konnten pünktlich und im Budget abgeschlossen werden und die Verkehrszahlen stiegen deutlich stärker, als in den Prognosen angenommen. Zusammen führte dies dazu, dass LAP im Juli 2007 erfolgreich eine Anleihe im US-amerikanischen Markt platzieren konnte, mit deren Erträgen die Projektfinanzierung von OPIC und KfW IPEX-Bank vorzeitig zurückgeführt wurde. Der Vorteil für die LAP: Damit muss die Betreibergesellschaft eine geringere Zinslast tragen, und ihre Gesellschafter unterliegen nicht mehr den engen Auflagen aus der Projektfinanzierung. Im August 2007 übernahm Fraport die Gesellschafteranteile von Alterra, um im Mai 2008 19,99 Prozent ihrer Anteile an die Weltbank-Tochter IFC und 10,0 Prozent ihrer Anteile an einen peruanischen Infrastrukturfonds weiterzuveräußern.

10.5 Kündigung – was jetzt?

Die Welt der Karriere ist rauer geworden, jeden kann die Kündigung treffen, wenn die nächste Rationalisierungswelle durchs Unternehmen rollt, wenn der Standort verlagert, der Betrieb verkauft, zerschlagen oder neu strukturiert wird. Und selbst dann, wenn man als Mitarbeiter auf der Seite des kaufenden Unternehmens steht, gibt es schon lange keine Jobgarantie mehr. Das trifft auf Industrieunternehmen (Siemens; Schaeffler/Conti) ebenso zu wie auf Handelsunternehmen (Karstadt) oder Banken. Umso wichtiger ist es, schon in ruhigeren Zeiten an seiner Positionierung zu arbeiten. „Rainmaker werden natürlich in jeder Situation gesucht", sagt Christine Kuhl, Partnerin bei der Personalberatung Ray & Berndtson. „Das sind Leute, die aus ihrem großen Kundennetzwerk immer wieder erfolgreich Neugeschäft gewinnen und die sich so eine Erfolgsgeschichte aufgebaut haben." Nun muss man dort erst einmal hinkommen, aber schon Einsteiger sollten an ihrer „Unverzichtbarkeit" arbeiten – wann sonst fängt man damit an? Ziel ist es, sich als „Walking Asset" zu positionieren, als jemand, der nicht um seinen Job bangen muss, sondern im Gegenteil Halteprämien aushandeln kann, kommt es zur großen Fusion (Kapitel 7.8). „Entscheidend ist, eine hohe Visibilität im Unternehmen zu erreichen", sagt Beraterin Kuhl, „man muss sich als jemand bekannt machen, der Impulse setzt, der Dinge voran bringt und einen positiven Beitrag zu Umsatz und Erlösen leistet." Dafür reichen exzellente Ergebnisse allein nicht aus, nur mit aktiver Netzwerkarbeit im Unternehmen werden diese auch an den richtigen Stellen bekannt. Wer zudem erfolgreich eine Führungskraft in den oberen Etagen als Mentor für sich gewinnen konnte, hat sich einen gewissen Anker im Unternehmen geschaffen.

Trotz allem: Karriere, insbesondere Expertenkarriere, ist heute vielfach mit extrem starker Spezialisierung verbunden. Jüngeres Beispiel: Kreditderivate. Plötzlich wollte keine Bank mehr damit Geschäfte machen. Wer auf dieses Gebiet spezialisiert war, hatte ein Problem. „Man kann noch so gut sein: Wenn Firmen kein Budget für die entsprechenden Positionen zu Verfügung steht, dann gibt es auch keine Jobalternativen“, sagt Joachim Skura, Seniorberater bei Kienbaum Executive Consultants. Wichtig ist es deshalb, sich bewusst mit dem Thema auseinanderzusetzen und sich über Alternativen Gedanken zu machen. „Das öffnet Handlungsspielräume und senkt die emotionale Hürde, sich bewusst zu machen, nicht zu den Gewinnern zu zählen.“ Gerade in sehr gut bezahlten Bereichen wie dem Investmentbanking ist es nicht unüblich, plötzlich nur noch ein Viertel vom Vorjahresgehalt zu verdienen. Skura: „Da implodieren immer wieder ganze Lebenskonzepte, weil die Familie sich an einen bestimmten Lebensstil gewöhnt hat, der dann nur noch schwerlich finanzierbar ist.“

Erfahrene Investmentbanker allerdings sind das zyklische Auf und Ab ihres Geschäfts ohnehin gewohnt, „dann nimmt man eben mal ein Sabbatical, oder Elternzeit, und kommt zurück, wenn die Märkte wieder laufen“, sagt Dr. Christian Götsch, Geschäftsführer beim Karrieredienst Experteer. Hochbezahlte Investmentbanker haben nach seiner Ansicht ohnehin ein zu spezifisches Know-how, als dass sie in anderen Branchen unterkommen könnten – wer braucht schon Kreditderivate, wenn selbst die Banken keinen Bedarf daran haben? Kienbaum-Berater Skura sieht das grundsätzlich optimistischer: „Qualifizierte Leute sind nicht wirklich festgelegt, das sind ‚Bright Guys'. Wer sich mit Kreditderivaten auseinandergesetzt hat, kann sich auch in andere Themen einarbeiten.“ Eine Einschränkung gibt es natürlich: „Sie müssen sich Zeit dafür nehmen – und dabei womöglich auf Gehalt verzichten.“

Wohin aber? Leichter haben es die Mitarbeiter in den Konzernfunktionen. Personal, Marketing, Controlling, Rechnungswesen, das kann man überall machen, „und Risikomanager sind auch überall gefragt“, sagt Christine Kuhl von Ray & Berndtson. Investmentbanker finden ihren Weg in Beratungsgesellschaften, ins Treasury eines Großunternehmens oder zu einer Pensionskasse. Industriekonzerne haben eigene M&A-Teams, Energiekonzerne eigene Trading Desks, „und wer aus dem Corporate Banking kommt, findet vielleicht Möglichkeiten als CFO im Mittelstand.“ Damit beschreibt sie, was Experteer-Chef Götsch als „Seite des Tischs wechseln“ bezeichnet – man trägt sein Know-how in die Branche, die man bisher als Dienstleister bedient hat, man geht als Vertriebler in den Einkauf, und so weiter, immer der Wertschöpfungskette entlang. Voraussetzung für diese Strategie: „Mentale Mobilität. Man muss seinen Branchendünkel überwinden“, sagt Götsch. Dabei hilft das Wissen, „die kochen auch nur mit Wasser“.

Bei alledem ist für Joachim Skura von Kienbaum noch eines entscheidend: das Alter. „Je nach Lebensphase sieht die Entscheidungsmatrix sehr unterschiedlich aus.“ Er unterscheidet die „Starter bis 30“, die noch die höchste Flexibilität aufbringen können, ohne Nachteile zu erleiden. Dann kommen die 30- bis 45-Jährigen mit einem „voll verwertbaren Profil“, für die das meiste von dem hier Beschriebenen gilt. Außerdem gibt es die Älteren und Etablierten, die am besten dastehen, wenn sie erreicht haben, wonach sie möglichst schon als Starter gestrebt haben: Sie sind zum Rainmaker oder zum Walking Asset geworden.

10.6 Vom Image des Bankers

„Vertrauen ist der Stoff, der die virtuelle Finanzwelt zu einem verlässlichen Medium werden lässt. Gibt es einen menschlicheren Ort?“, fragt Frieder Schwitzgebel, freier Journalist und Geschäftsführer des Forum Philosophie & Wirtschaft e. V. am Philosophischen Seminar der Johannes Gutenberg-Universität Mainz. Hier gibt er selbst ein paar Antworten:

„Warum schläft ein Broker nackt?“

Antwort: „Weil es keine Nadelstreifenpyjamas gibt.“ Es gibt ein paar Dinge, die das Leben von Bankern und Brokern schwer machen. Vorurteile zum Beispiel. Sei es aus Neid, Unwissenheit oder sonst etwas - immer wieder wird Professionals aus dem Bereich der Finanzdienstleistung mit Voreingenommenheit begegnet. Da scheint das Zerrbild des mittelalterlichen Wucherers wieder auf. Maßlosigkeit und blinde Spekulationswut werden als Schlüsselqualifikationen des Bankwesens identifiziert. Dazu kommt die Unterstellung hämischer Freude beim Im-Regen-Stehen-Lassen des Kunden genau in dem Augenblick, in welchem er nur noch diesen einen letzten kleinen Kredit gebraucht hätte, um endlich den Durchbruch zu schaffen.

Vorurteile natürlich. Das wird jeder zugeben, der über dem Widerkäuen von Klischees nicht das Selbstdenken aufgegeben hat. Die Charakterstärken und -schwächen der Damen und Herren der Finanzbranche sind genauso normalverteilt wie die anderer Sparten. Niemand kann im Ernst glauben, dass Banker schlechtere Menschen sind als die Kollegen vom Energiekonzern. Aber, so setzt der Bankenkritiker hinterher, es könnte im Bankgeschäft strukturell bedingte Einflüsse geben, die die eher schlechten Neigungen, wie sie alle Menschen in sich tragen, besonders leicht in Erscheinung treten lassen.

Eine Branche mit gutem Schnitt

Solche branchenspezifischen Konstellationen gibt es tatsächlich. Die Korruptionsforschung hat sich beispielweise immer wieder gefragt, warum gerade die Bauwirtschaft ein solch hervorragender Inkubator für krumme Geschäfte sei. Auch in diesem Kontext wurde die Hypothese überdurchschnittlicher moralischer Verkommenheit der Akteure verworfen. Stattdessen konnte man strukturelle Eigenschaften der Branche benennen, die Zwangslagen erzeugen, in denen illegales Agieren tatsächlich als einziger - zumindest kurzfristig - Erfolg versprechender Weg erscheint: ruinöse Gewinnmargen, sehr eingeschränkter Wettbewerb und eine starke Dominanz der öffentlichen Hand auf der Auftraggeberseite. In dieser Konstellation geraten Unternehmen tatsächlich leicht ins Potenzialfeld krimineller Tendenzen. Und es müssten schon Heilige in der Geschäftsführung sitzen, wenn die Versuchungen völlig wirkungs- und folgenlos blieben.

All dies gilt für die Finanzdienstleistung nicht. Die Wettbewerbssituation in der Branche ist verglichen mit anderen Wirtschaftszweigen eher durchschnittlich, auch wenn das ihre Vertreter meist anders wahrnehmen. Zudem können sich die möglichen Margen sehen lassen – hier herrscht unter Bankvorständen Jammern auf hohem Niveau. Warum, um alles in der Welt, also hat die Branche ihren Ruf weg? Warum muss immer Herr Ackermann herhalten, wenn man den Prototypen des selbstgefällig rücksichtslosen Managers karikieren will? Und warum gehen Bankerwitze häufig tiefer unter die Gürtellinie als Ärztewitze?

Von Derivaten und Konventionen

Es gibt da tatsächlich eine Eigenart der Bankbranche, die das Leben in und mit ihr zu einer Herausforderung der ganz besonderen Art macht. Letztlich ist das meiste, was Banken an monetären oder investiven Funktionen erfüllen, von hochgradig virtueller Beschaffenheit. Riesige Vermögen wandern als Datenstrings um die ganze Welt. Werte ex- und implodieren im Takt nervöser Zuckungen von Anlegern. Bis in die Substanz hinein – den Geldbegriff selbst – ist alles reine Konvention, also das Ergebnis von Verträgen, gegenseitigen Abhängigkeiten und sich zyklisch kompensierenden Wechselspielen. Das spür-, sicht- und fühlbar Materielle ist völlig in den Hintergrund geraten. Potenziert wird dieses Milieu von Virtualität mit dem Anwachsen der Derivatgeschäfte. Verträge, die wiederum auf abgeleiteten Größen der großen Konvention Finanzmarkt basieren. Oder eben frei schweben.

Das ließe sich freilich auch positiv formulieren: Zahlungsverkehr, Kredit- und Investitionsgeschäft sind ihrem Wesen nach Transaktionen, die auf Vertrauen basieren. Die es nur gibt, weil Menschen sich auf die große weltweite Kooperation „Geld" einlassen. Weil sie auf die Stabilität von Gesetzen vertrauen. Und selbst darüber hinaus – im Milieu der nicht gesetzlichen Zahlungsmittel – weil Menschen dem realisierbaren Wert eines Wechsels vertrauen. Vertrauen also ist der Stoff, der die virtuelle Finanzwelt zu einem verlässlichen Medium werden lässt. „Gibt es einen menschlicheren Ort?", könnte man fragen.

Nun scheint bei allem Lob des Vertrauens die Virtualität der Bankenwelt eine Verunsicherung zu erzeugen. Einen leichten Schwindel, den unterschwellig gerade die erleben, die in dieser Welt arbeiten. (Anders als jene lautstarken Kritiker vermuten, die sich das Objekt ihrer Häme als handfest durchtrieben denken.) Es ist leichter „in Stahl zu machen" als „in Geld". Der Industrielle im glühenden Schein rauchender Öfen, und selbst der Chip-Hersteller in der staubfreien Atmosphäre des Reinraums haben vor Augen, was ihr Geschäft ist. Diese Gnade der Anschaulichkeit wird dem Banker nicht zuteil. Es bleibt etwas Derivatives, dem er sein Brot verdankt. Dieser Verunsicherung, dieser bedrängenden Dominanz des Virtuellen, muss die Branche daher umso deutlichere und sichtbare Symbole der Solidität entgegensetzen. Der elaborierte Dresscode wird so zum Stilmittel der Kompensation. Die glitzernde Architektur der Bankenviertel dient demselben Zweck. Wer am späten Abend einen letzten müden Blick auf seine Oyster Perpetual Explorer wirft, bevor er im Panoramalift 26 Etagen zurück auf die Erde gleitet, der tröstet sich: Es kann nicht ohne Bedeutung sein, was ich mache.

Nur kein Neid!

Aber wenigstens hier soll der Spott verstummen. Sie hat System und guten Grund – die Welt der Banken. Wo alles auf Konvention beruht, sind Statussymbol und Kodex angemessene Medien der Selbstvergewisserung. Wo das Virtuelle dominiert, ist der Hang zu architektonischem Pomp legitim. Doch genau hieraus speisen sich Vorurteile und schlecht kaschierter Neid gegenüber den Vertretern der Finanzwelt. Man hält ihren Lifestyle für aufgesetztes Gehabe. Man unterstellt ein Missverhältnis zwischen Schein und Sein. Dabei hat es ganz und gar nichts mit Oberflächlichkeit zu tun, wenn diese Branche den Gestus des Konservativen, Konventionellen und Etablierten zur Schau stellt. Sie bekennt sich damit zu den Grundlagen ihrer und unserer Geldwirtschaft.

Keine Angst vor scheelen Blicken also. Jeder Broker, jede Bankerin lebt mit Haut und Haar im Herzen dessen, was menschliche Gemeinschaft ausmacht. Die besteht nun einmal aus Konventionen oder sozialen Normen verleimt mit dem Vertrauen darauf, dass möglichst viele verlässlich weiter mitspielen. Gepflegtes Auftreten und Nadelstreifen sind kein schlechtes Sinnbild für diese Grundlagen unserer Gesellschaft.

UNTERNEHMENSADRESSEN VON A–Z

Beim Zustandekommen dieses Buches war eine Vielzahl von Banken, banknahen Dienstleistern sowie Bildungseinrichtungen für das Kreditgewerbe behilflich. Insbesondere die Interviewpartner aus diesen Unternehmen sorgen mit ihren praxisnahen Informationen für den ausgesprochen hohen Nutzwert dieses Karriereplaners. Allen, die dazu beigetragen haben, möchten wir an dieser Stelle ganz herzlich danken.

Ausführliche Informationen zu den Unternehmen und den sich jeweils bietenden Karrierechancen finden Sie am einfachsten mit Hilfe der Internetadressen, die Sie als „Web-Links" im Textteil des Buches finden. Auf den nachfolgenden Seiten haben wir die wichtigsten Anschriften noch einmal zusammengefasst.

Aareal Bank AG

Paulinenstraße 15
65189 Wiesbaden
Ansprechpartner: Dirk Schiffauer
E-Mail: dirk.schiffauer@aareal-bank.com
Telefon: (0611) 348 2334
Internet: www.aareal-bank.com

Das Unternehmen

Die Aareal Bank AG mit Hauptsitz in Wiesbaden ist mit 18 Standorten auf drei Kontinenten in Europa, Nordamerika und im asiatisch/pazifischen Raum vertreten. Mit Mitarbeitern aus 31 verschiedenen Nationen und einer Geschäftstätigkeit in über 25 Ländern verfügt sie über internationale Finanzierungsexpertise und gehört zu den führenden Unternehmen in der internationalen Immobilienbranche. Die Muttergesellschaft des Konzerns ist die im MDAX gelistete Aareal Bank AG. Unter ihrem Dach sind die Unternehmen der Gruppe in den Geschäftsfeldern Strukturierte Immobilienfinanzierungen und Consulting/Dienstleistungen gebündelt.

Strukturierte Immobilienfinanzierungen: Den traditionellen Schwerpunkt der Geschäftstätigkeit bildet das Segment Strukturierte Immobilienfinanzierungen. Die Aareal Bank begleitet nationale und internationale Kunden bei ihren Immobilienprojekten in über 25 Ländern. Ihre besondere Stärke ist dabei die Kombination aus lokaler Marktexpertise und branchenspezifischem Know-how. Neben Fachleuten vor Ort verfügt die Bank über Expertenteams für Logistik-, Shoppingcenter- und Hotelfinanzierungen.

Consulting/Dienstleistungen: Der zweite Geschäftsbereich Consulting/Dienstleistungen umfasst eine Fülle von Leistungen für Kunden aus der institutionellen Wohnungswirtschaft im Kernmarkt Deutschland. Die Aareal Bank Gruppe bietet dieser Klientel IT-Systeme und die dazugehörigen Beratungsdienste sowie integrierte Zahlungsverkehrssysteme und einen umfassenden Service in der Verwaltung von Wohnungsbeständen. Auf beiden Gebieten ist sie deutscher Marktführer.

Das Traineeprogramm der Aareal Academy: Internationale Aktivitäten prägen das Traineeprogramm der Aareal Academy zum Beispiel durch den Einsatz in den Länderreferaten der Aareal Bank Gruppe oder in einer ihrer Filialen weltweit. In zwölf Monaten durchlaufen die Trainees die Praxis eines internationalen Immobilienspezialisten, begleitet von einem strukturierten, aber dennoch individuell zugeschnittenen theoretischen Ausbildungsteil der Aareal Academy.

Das Angebot

Für Studenten Praktika
Personalplanung 2008 und 2009 je ca. 10 Hochschulabsolventen für das Traineeprogramm der Aareal Academy
Direkteinsteiger nach Bedarf
Fachrichtungen Betriebswirtschaftslehre, Informatik, Jura, Mathematik, Wirtschaftsingenieurwesen, Wirtschaftswissenschaften

Der Einstieg

Bewerbung vollständige Bewerbungsunterlagen (Anschreiben, Lebenslauf, Zeugnisse); gerne per E-Mail
Auswahl persönliche Gespräche und Auswahltag (bei Aareal Academy)
Voraussetzungen mindestens zwei Fremdsprachen, Internationalität, hohes Engagement, Offenheit für andere Kulturen
Fachliche Qualifikation überdurchschnittlicher Hochschulabschluss, Praktika (auch im Ausland)
Persönliche Qualifikation soziale Kompetenz, Kommunikationsfähigkeit, unternehmerische Einstellung, Teamfähigkeit

Akademie Deutscher Genossenschaften e.V.

www.adgonline.de
Schloss Montabaur
56410 Montabaur

Akademie für Finanzmanagement AG

www.affm.de
Reuchlinstraße 27
70176 Stuttgart

alpha portfolio advisors GmbH

www.alphaport.de
Wiesbadener Weg 2a
65812 Bad Soden am Taunus

Berlitz Deutschland GmbH

www.berlitz-business-seminare.de
Hahnstraße 68–70
60528 Frankfurt am Main

Cominvest Asset Management GmbH

www.cominvest.de
Platz der Einheit 1
60327 Frankfurt am Main

Commerzbank AG

www.commerzbank.de
Taunusanlage 9
60329 Frankfurt am Main

Bayerische Landesbank (BayernLB)

Brienner Straße 20
80333 München
Ansprechpartner: Daniel Smolnik
E-Mail: trainee@bayernlb.de
Telefon: (089) 2171 26952
Internet: www.bayernlb.de/karriere

Das Unternehmen

Die BayernLB entstand 1972 durch den Zusammenschluss der Landesbodenkreditanstalt und der Bayerischen Gemeindebank. Heute gehört die BayernLB zu den führenden Banken Deutschlands und zählt auch international zu den renommierten Finanzadressen. Hauptsitz der BayernLB ist München, Kernmarkt ist Bayern und daran angrenzende Regionen. Darüber hinaus ist die BayernLB an ausgewählten Finanzplätzen in der ganzen Welt präsent. Die BayernLB führt die Rechtsform „Anstalt des öffentlichen Rechts". Eigentümer sind – indirekt über die BayernLB Holding AG – zu je 50 Prozent der Freistaat Bayern und der Sparkassenverband Bayern.
Die BayernLB ist eine auf Kernregionen fokussierte Bank, die im engen Verbund mit den bayerischen Sparkassen und den übrigen Partnern der Sparkassen-Finanzgruppe agiert. Mit diesem Geschäftsmodell hat sich die BayernLB ein klares Profil als regional verwurzelte Bank mit globalem Netzwerk und umfassender Erfahrung auf den internationalen Finanzmärkten gegeben. Die BayernLB ist zugleich weltweit als Geschäftsbank tätig und betreut eine Vielzahl von Staats- und Kommunalkunden, Finanzinstitutionen, Unternehmen sowie Immobilienkunden. Unseren Kunden bieten wir Beratung und Betreuung auf höchstem Niveau und eine breite Palette innovativer Finanzierungslösungen.
Die Verbundenheit mit dem Freistaat Bayern und seiner exportorientierten Wirtschaft gehört zu den festen Fundamenten der Bank. Zugleich ist sie der Ausgangspunkt für eine Vielzahl internationaler Aktivitäten. Wir beraten und betreuen unsere Kunden sowie die Kunden der Sparkassen und erleichtern ihnen die Erschließung von internationalen Märkten durch eigene Stützpunkte und Partnerbanken.

Das Angebot

Für Studenten (m/w) Praktika und Abschlussarbeiten
Personalplanung 2008/09 30 Hochschulabsolventen (m/w) p. a. für unsere Traineeprogramme; Direkteinstieg auf Anfrage
Fachrichtungen Wirtschaftswissenschaftliches Studium oder ein anderes Hochschulstudium mit erkennbarer Wirtschaftsorientierung sowie Jura und Mathematik mit überdurchschnittlichem Abschluss
Startprogramme Individuell konzipierter Berufseinstieg für Hochschulabsolventen (m/w) im Rahmen unserer 15-monatigen Traineeprogramme
Auslandseinsatz Bei sinnvoller Ergänzung im Rahmen der Traineeprogramme möglich

Der Einstieg

Bewerbung Bewerbungsschreiben; Lebenslauf; Nachweis über die Hochschulreife (Abiturzeugnis) sowie die bisherigen Studienleistungen; Nachweis über Praktika sowie relevante Zusatzqualifikationen
Auswahl Bedarfsorientierte Auswertung der Bewerbungsunterlagen, eintägiges Assessment-Center
Pluspunkte Kaufmännische Ausbildung; Auslandserfahrung
Fachliche Qualifikation Studium und Fachrichtung; insgesamt sehr gute Abschlussnoten; erste Berufserfahrung durch Praktika, Nebentätigkeiten oder Lehre im Bankenbereich; Fremdsprachenkenntnisse; Teamfähigkeit; Spaß im Umgang mit Kunden
Persönliche Qualifikation Eigeninitiative; Ideenreichtum; Spaß an der Dienstleistung und am Kundenkontakt; kommunikatives Talent; Aufgeschlossenheit und Teamfähigkeit

Delta Lloyd Deutschland AG

www.bundesbank.de
Wilhelm-Epstein-Straße 14
60431 Frankfurt am Main

Deutsche Bundesbank

www.deltalloyd.de
Wittelsbacherstraße 1
65189 Wiesbaden

Deutsche Immobilien-Akademie an der Universität Freiburg GmbH

www.dia.de
Eisenbahnstraße 56
79098 Freiburg

Deutsche Postbank AG

www.postbank.de
Friedrich-Ebert-Allee 114-126
53113 Bonn

Dresdner Bank AG

www.dresdner-bank.com
Jürgen-Ponto-Platz 1
60301 Frankfurt am Main

Dresdner Kleinwort

www.dresdnerkleinwort.com
Theodor-Heuss-Allee 44-46
60486 Frankfurt am Main

Experteer GmbH

www.experteer.com
Lenbachplatz 3
80333 München

Feri Rating & Research AG

www.feri.de
Rathausplatz 8–10
61348 Bad Homburg vor der Höhe

FernUniversität in Hagen

www.fernuni-hagen.de
Universitätsstraße 11
58097 Hagen

Fitch Deutschland GmbH

www.fitchratings.com
Junghofstraße 24
60311 Frankfurt am Main

Frank Elsner Kommunikation für Unternehmen GmbH

www.elsner-kommunikation.de
Höchlstraße 2
81675 München

Frankfurt School of Finance & Management GmbH

www.frankfurt-school.de
Sonnemannstraße 9–11
60314 Frankfurt am Main

Frankfurter Sparkasse

www.frankfurter-sparkasse.de
Neue Mainzer Straße 47–53
60311 Frankfurt am Main

Goldman, Sachs & Co. oHG

www.gs.com
Friedrich-Ebert-Anlage 49
60308 Frankfurt am Main

Hamburger Sparkasse

www.haspa.de
Wickingerweg 1
20537 Hamburg

Harcourt Investment Consulting AG

www.harcourt.ch
Stampfenbachstrasse 48
8006 Zurich
Switzerland

Hypovereinsbank AG

www.hvb.de
Arabellastraße 12
81925 München

Ideenkapital Client Service GmbH

www.ideenkapital.de
Berliner Allee 27–29
40212 Düsseldorf

KfW IPEX-Bank GmbH

Palmengartenstraße 5–9
60325 Frankfurt am Main
Ansprechpartner: Bewerberservice
E-Mail: personal.ipex@kfw.de
Telefon: (069) 7431 3817
Internet: www.kfw.ipex-bnak.de

Das Unternehmen

Seit dem 1.1.2008 führt die KfW IPEX-Bank ihre Geschäfte als rechtlich selbständige KfW IPEX-Bank GmbH. Dabei ist sie mit einer Erfahrung von mehr als 50 Jahren auf dem Gebiet der internationalen Projekt- und Exportfinanzierung direkter Ansprechpartner der deutschen und europäischen Industrie im In- und Ausland. Mit einem Portfolio von rund 61,8 Milliarden Euro (Stand 31.12.2007) ist sie eine führende Adresse in diesem Markt.
Als neue Spezialbank und 100-prozentige Tochter der KfW Bankengruppe wissen wir, dass nur Zuverlässigkeit und Qualität zu nachhaltigem Erfolg führen. Deshalb verstehen wir uns nicht als kurzfristiger Impulsgeber, sondern als flexibler Partner, der jede Hürde nimmt.
Die KfW IPEX-Bank GmbH bietet ein breites Spektrum an Finanzierungsprodukten an: Es reicht von Hermes-gedeckten Exportfinanzierungen, Unternehmenskrediten und Forfaitierungen über komplexe strukturierte Finanzierungen im In- und Ausland bis hin zu kurzfristigen Finanzierungen wie zum Beispiel der Bereitstellung von Avalen.
Ihr Angebot richtet sich an deutsche und europäische Großunternehmen, aber auch an mittelständische Unternehmen in den Geschäftssparten Grundstoffindustrie, Verarbeitendes Gewerbe, Handel und Gesundheit, Energie und Umwelt, Telekommunikation, Medien, Schifffahrt, Luftfahrt, Schienen- und Straßenverkehr sowie Flug- und Seehäfen und Bauwirtschaft.
Die KfW unterhält Auslandsrepräsentanzen in São Paulo, Moskau, Mumbai und Bangkok, die sukzessive in die KfW IPEX-Bank GmbH überführt werden. Darüber hinaus unterhält die KfW weitere Außenbüros in den verschiedenen Ländern. In London, New York, Istanbul und Johannesburg ist die KfW IPEX-Bank GmbH bereits mit einem Büro vertreten. Ein weiteres Außenbüros in Abu Dhabi befindet sich im Aufbau.

Das Angebot

Treffpunkt Zukunft: Traineeprogramme der KfW IPEX-Bank GmbH

- Traineeprogramm Internationale Projekt- und Exportfinanzierung
- Traineeprogramm Forderungsmanagement

Dass wir unserem Anspruch auch nach innen gerecht werden, zeigt sich in vielerlei Hinsicht – zum Beispiel bei unseren Traineeprogrammen für Hochschulabsolventinnen und Hochschulabsolventen. Das beginnt bei der Auswahl unserer zukünftigen Trainees. Wir nehmen uns Zeit für Sie. Das heißt, wir lernen uns in einem intensiven persönlichen Gespräch kennen. Während unseres 15-monatigen Programmes haben Sie dann die Gelegenheit, Ihre Ideen und Ihr Fachwissen engagiert einzubringen und sich individuell zu entwickeln. Dabei lernen Sie im gezielten Training-on-the-Job und Training-off-the-Job die unterschiedlichsten Aufgaben, Projekte und Entscheidungsvorbereitungen kennen – und erwerben ganz spezifisches Bank- sowie Produktwissen. Schritt für Schritt gehen Sie in Richtung Ihrer Zielposition. Wir unterstützen Sie auf diesem Weg.

Der Einstieg

Während Ihrer Traineezeit werden Sie durch unsere Personalreferenten betreut. In den einzelnen Fachabteilungen stehen Ihnen Tutorinnen oder Tutoren mit Rat und Tat zur Seite. Nach jeder Station bekommen Sie ein umfassendes Feedback hinsichtlich Ihrer Leistung und Entwicklung. Unsere Traineeprogramme zielen auf die Übernahme einer Tätigkeit als Junior-Projektmanager/-in im Risikovertragsmanagement bzw. im Forderungsmanagement der KfW IPEX-Bank, um weltweit maßgeschneiderte Finanzierungen für Projekte und Exporte zu betreuen bzw. das Zahlungsmanagement nationaler und internationaler Finanzierungsverträge zu pflegen.

L-Bank

L-Bank
Schlossplatz 10
76113 Karlsruhe
Telefon 07 21 / 15 0 - 0
www.l-bank.de
Aus- und Weiterbildung
Telefon 07 21 / 15 0 - 16 70
thomas.bell@l-bank.de

Das Unternehmen

Als Staatsbank für Baden-Württemberg erfüllt die L-Bank ihren gesetzlichen Förderauftrag durch Finanzierungslösungen für Hausbanken, Unternehmen, Kommunen sowie für Familien mit Kindern. Sie übernimmt die finanztechnische Abwicklung der meisten Förderprogramme des Landes. Dabei steht sie nicht im Wettbewerb mit den Banken und Sparkassen, sondern arbeitet aktiv mit ihnen zusammen.
Durch eine explizite Garantie für die bankmäßigen Verbindlichkeiten ermöglicht das Land als Eigentümer der L-Bank eine optimale Refinanzierung an den nationalen und internationalen Kapitalmärkten. Erwirtschaftete Erträge der Bank werden zur Finanzierung neuer Fördermaßnahmen eingesetzt.

Das Angebot

Für Studenten Traineeprogramm oder Praktikum
Personalplanung 2009 für das Traineeprogramm ca. 3 bis 5 Hochschulabsolventen
Fachrichtungen Wirtschafts- und Rechtswissenschaften, Mathematik, Informatik
Startprogramm Individuelles Training-on-the-job
Interne Weiterbildung Systematische und zielgerichtete Weiterbildung

Der Einstieg

Bewerbung Vollständige Bewerbungsunterlagen (auch als pdf-Datei)
Auswahl Informations- und Auswahltag (Assessment Center)
Pluspunkte Banklehre, internationale Zusatzqualifikation, außeruniversitäres Engagement
Fachliche Qualifikation Überdurchschnittlicher Hochschulabschluss, bankbezogene praktische Erfahrungen, aktives Englisch, Auslandsaufenthalt
Persönliche Qualifikation Leistungsorientiert, teamfähig, belastbar

ING-Diba AG

www.ing-diba.de
Theodor-Heuss-Allee 106
60486 Frankfurt am Main

Kienbaum Consultants International GmbH

www.kienbaum.de
Ahlefelder Straße 47
51645 Gummersbach

Landesbank Baden-Württemberg

www.lbbw.de
Augustaanlage 33
68165 Mannheim

Deutsche Postbank AG

www.postbank.de
Friedrich-Ebert-Allee 114–126
53113 Bonn

Quirin Bank AG

www.quirinbank.de
Kurfürstendamm 119
10711 Berlin

Ray & Berndtson Unternehmensberatung mbH

www.rayberndtson.de
Olof-Palme-Straße 15
60393 Frankfurt am Main

School of Management and Innovation
www.steinbeis-smi.de
Guertelstraße 29A/30
10247 Berlin

Stoxx Ltd.
www.stoxx.com
Wilhelm-Leuschner-Straße 78
60329 Frankfurt am Main

Südwestbank AG
www.suedwestbank.de
Rotebühlstraße 125
70178 Stuttgart

Towers Perrin/ Rauser Towers Perrin
www.towersperrin.com
Eschersheimer Landstraße 50
60322 Frankfurt am Main

Union Investment Privatfonds GmbH
www.union-investment.de
Wiesenhüttenstraße 10
60329 Frankfurt am Main

Wissen | Media Verlag GmbH
www.bertelsmann.de
Neumarkter Straße 20
81673 München

DIE AUTOREN

Carsten Michael

Seit 2007 ist der Autor Herausgeber des Internet-Fachmagazins „Bank Lounge“. Als interaktive Informationsquelle zu Themen, Trends und Hintergründen rund ums Banking dient die „Bank Lounge“ als Plattform für den Meinungsaustausch unter Führungskräften und Experten der Branche.

Darüber hinaus ist der diplomierte Volkswirt als Finanzjournalist tätig, schreibt Fachbücher und hält Vorträge über den Bankenmarkt in Deutschland.

Zuvor veröffentlichte er in der „Financial Times Deutschland“ als Mitglied der Frankfurter Redaktion Unternehmensberichte und Kommentare zu Branchentrends, schwerpunktmäßig aus dem privaten und dem genossenschaftlichen Bankensektor, und leitete mehrere Jahre das Team Corporate Publishing bei NewMark Finanzkommunikation, einer auf diesem Gebiet führenden PR- und Marketingagentur mit Sitz in Frankfurt am Main. Seine journalistische Laufbahn begann er beim Bankmagazin im Wiesbadener Gabler Verlag.

Mit der Finanzbranche verbunden ist Carsten Michael bereits seit seiner Ausbildung zum Bankkaufmann bei der Berliner Commerzbank AG. Seinen akademischen Grad erlangte er 1996 in Marburg mit Abschluss des VWL-Studiums.

INTERNET-TIPP Unter www.banklounge.de finden Sie viel zusätzliches Bonusmaterial zum Buch.

Norbert Abraham

Der Autor ist seit 1997 als Unternehmensberater für Executive Search & Human Capital Consulting in der Finanzindustrie tätig und geschäftsführender Gesellschafter bei ingeniam, einer spezialisierten Executive-Search-Boutique.

Seine umfassende Beratungskompetenz fußt auf langjähriger Linienerfahrung im nationalen und internationalen Management von Banken und Finanzdienstleistern. In mehreren hundert Mandaten hat er sie bereits erfolgreich umgesetzt. Die in seinen Führungsfunktionen erworbenen Erkenntnisse verbindet er mit neuesten Instrumenten der wissenschaftlichen Eignungsdiagnostik. Seine Analysen möglicher Kandidaten berücksichtigen nicht allein Leistungen aus der Vergangenheit, sondern auch ihr weiteres Potenzial und eventuelle Führungsrisiken.

Der Beratungsansatz des ausgebildeten Juristen umfasst drei Schwerpunkte:

- Executive Search – auf allen Ebenen und in der gesamten Organisationsstruktur von Banken und Finanzdienstleistern
- Eignungsdiagnostik – sichere Unterstützung der Auswahl des „Best Fit“ anhand aussagekräftiger und renommierter Testverfahren
- Coaching – Begleitung von Kandidat und Arbeitgeber über die Einstellungsphase hinaus – angefangen bei der Identifikation von Karrierehindernissen bis hin zur Analyse der Effizienz, der Zusammensetzung und Zusammenarbeit von Führungsgremien

Zu seinen Kunden zählen große internationale Finanzkonzerne, nationale Banken sowie kleinere regionale und mittelständische Institute; darüber hinaus Spezialanbieter, Hedgefonds, Investoren, Beratungsunternehmen und Private-Equity-Häuser.

Web-Link www.ingeniam.de

STICHWORTVERZEICHNIS

GPSR Compliance

The European Union's (EU) General Product Safety Regulation (GPSR) is a set of rules that requires consumer products to be safe and our obligations to ensure this.

If you have any concerns about our products, you can contact us on ProductSafety@springernature.com

In case Publisher is established outside the EU, the EU authorized representative is:

Springer Nature Customer Service Center GmbH
Europaplatz 3
69115 Heidelberg, Germany

Batch number: 10577848

Printed by Printforce, the Netherlands